# Petit glossaire amoureux de la Bible et des textes sacrés de l'Inde

**Une promenade dans leurs mots, en compagnie de sages et de saints d'Orient et d'Occident. Pour les rafraîchir et qu'ils nous comblent !**

Seconde édition

# Petit glossaire amoureux de la Bible et des textes sacrés de l'Inde

Une promenade dans leurs mots, en compagnie de sages et de saints d'Orient et d'Occident. Pour les rafraîchir et qu'ils nous comblent !

Seconde édition

**Jean-Claude Delestrin**

**2025**

En application de l'art. L.137-2.-I. du code de la propriété intellectuelle, toute reproduction et/ou divulgation de parties de l'oeuvre dépassant le volume prévu par la loi est expressément interdite.

© Jean-Claude Delestrin, 2025

Relecture : Prénom Nom ou entité
Correction : Prénom Nom ou entité
Autres contributeurs : Prénom Nom ou entité

Édition : BoD · Books on Demand, 31 avenue Saint-Rémy, 57600 Forbach, bod@bod.fr
Impression : Libri Plureos GmbH, Friedensallee 273, 22763 Hamburg (Allemagne)

ISBN : 978-2-3225-3334-3
Dépôt légal : Août 2025

Couverture : Le Docteur Fautrieus, eau-forte de Rembrandt, 1652

## *PRÉFACE*

J'ai eu l'immense chance de connaître Mme Genton Sunnier (sous son nom hindou, Mâ Suryananda Lakshmi, contracté familièrement en Mâ dans cette préface, puis en MSL dans le glossaire) et d'assister à certaines de ses conférences consacrées à la foi chrétienne et à la spiritualité hindoue. Ceci de juin 1979 à mai 1996, année de son décès. Une dizaine d'années plus tard, j'ai eu aussi la chance d'avoir accès à l'intégralité des enregistrements de ses conférences, données de 1974 à 1996, et de pouvoir les écouter pendant de nombreuses années. Ce faisant, il m'est arrivé d'en transcrire des petits passages, que je trouvais particulièrement éclairants par rapport à la compréhension des textes sacrés, et de noter les citations qui me semblaient remarquables. Et aussi de consigner des définitions de mots ou des explications à propos de noms propres données au cours de ces conférences. Car ces définitions, souvent singulières, donnaient un sens logique à des textes qui, sinon, n'en avaient tout simplement pas ! Postérieurement, l'idée m'est venue d'organiser ces notes par thèmes, en identifiant un mot-clé dans le texte ou la citation, puis d'en faire un classement alphabétique. Au fil du temps, j'y ai ajouté d'autres citations, parfois plus longues, selon le même principe, citations qui venaient des grands sages de l'Inde des XIX$^e$ et XX$^e$ siècles et de quelques autres sages et saints européens.

Finalement, je me suis dit que ce lexique, réalisé pour mon seul bonheur, pourrait aussi intéresser ceux qui, comme moi, seraient animés d'une quête de sens et ne se retrouvaient pas dans les credo religieux traditionnels de tous bords, anciens et modernes, d'Europe et d'Asie, et chercheraient à mieux comprendre « par eux-mêmes », si tant est que cela soit possible, les textes sacrés. Principalement la Bible, mais aussi les Puranas hindous, en utilisant le sens que Mâ donnait aux mots, sens qui est sensiblement différent du sens usuel. J'ai pensé aussi que le classement par mot permettait de rentrer dans le sujet avec légèreté, dans un temps compté, de ci, de là, au fil des jours, à petite dose, progressivement, et que ceci était non seulement bien dans le sens de l'époque mais aussi non dépourvu de valeur. D'où l'idée de publier le présent ouvrage.

Voici pour ce qui est de la genèse de ce glossaire.

Puisque, au-delà des citations de la Bible et d'autres textes sacrés, l'essentiel du contenu des articles est la transcription d'extraits de conférences de Mâ, voici maintenant quelques éléments sur sa vie et son œuvre, éléments contextuels qu'il importe d'avoir en tête pour mieux saisir ce qu'elle a voulu dire.

Mme Genton Sunnier, issue d'une famille de missionnaires et de pasteurs protestants, avait une certaine culture littéraire et musicale, mais plus profonde que large, et ce n'est pas ce qui la caractérisait. Elle avait étudié le grec, mais pas l'hébreu. Sa vie a été celle d'une femme assistante de son mari médecin, en Suisse, dans le Valais, d'une mère et d'une grand-mère, très occupée par les tâches de la vie concrète. Ce qui la caractérisait, c'est qu'elle avait une lecture rafraîchie et rafraîchissante, pleine de bon sens, très logique, exempte de superstition, et surtout pénétrante des textes chrétiens (Ancien et Nouveau Testaments principalement), lecture qu'elle faisait à la lumière de certains textes hindous (Hymnes védiques et upanishadiques, Mahabharata dont la Bhagavad-Gita et l'épisode de la princesse Kunti) et surtout à la lumière des enseignements des maîtres hindous des $XIX^e$ et $XX^e$ siècles, dont son maître Sri Aurobindo.

Outre ce qu'elle est devenue à l'issue d'une sadhana – c'est-à-dire plus personne, plus un « moi je » ayant la moindre importance personnelle, et, en même temps, une personne en qui il n'y avait plus aucune différence entre ce qu'elle était, ce qu'elle disait et ce qu'elle faisait – elle a, selon son expression, « revécu » et revisité les textes bibliques, à la lumière des apports de l'Inde. Elle a aussi expliqué et commenté un grand nombre de textes issus des Vedas, des Upanishads et du Mahabharata, dont son joyau, la Bhagavad-Gita.

On peut aujourd'hui accéder à ces explications et commentaires dans plusieurs de ses ouvrages sur le thème de la foi chrétienne et de la spiritualité hindoue, ouvrages lumineusement clairs, nourrissants, et apaisants, en particulier dans le livre qu'elle a consacré à l'Apocalypse de Jean, sa grande œuvre.

Pour faciliter la compréhension des articles de ce glossaire, il est utile de savoir dès maintenant en quoi consiste l'apport de la tradition spirituelle indienne :

\* Tout d'abord, le sens de l'unité. Contrairement à ce que l'on peut penser de sa religion polythéiste, où les dieux se comptent par centaines, l'Inde a le sens de l'unité de toutes choses, souvent plus que les religions monothéistes !

\* Une vision de l'homme structurée en sept plans, correspondant aux sept chakras de l'Inde, parfois regroupés en quatre ensembles comme suit :

- Le plan physique entièrement et passivement soumis aux lois matérialisées en lui.

- Le plan vital ou énergie créatrice dont la loi est la croissance.

- Les deux plans mentaux, sièges de la différenciation, sous les deux aspects du mental vital, traitant des choses de la vie concrète, et du mental supérieur, celui des philosophes, tous deux dualistes.

- Le plan spirituel, regroupant les plans du verbe de vérité, qui est ici-bas celui du silence intérieur, après que l'agitation du mental dualiste s'est apaisée, puis le plan psychique qui est celui de la conscience spirituelle rayonnante et régénératrice et, enfin, le plan spirituel proprement dit, celui de la conscience d'être, éternelle, infinie béatitude et authenticité parfaite de l'Absolu. (Voir ici l'article consacré aux sept plans de la conscience et de la vie.)

\* L'idée que le macrocosme est dans le microcosme, et qu'ainsi Dieu est en l'homme. Dans sa conférence de Giez en mai 1996, Mâ, déjà très fatiguée, peu avant sa mort, disait vouloir que ce qui reste d'elle soit une phrase qui résume bien de quelle manière elle éprouvait la transcendance : « Le seul vrai Dieu se trouve en l'homme, en tous les hommes, également, immémorialement, dans la structure même de leur être, dans la loi qui les régit et auxquels toutes les inventions des peuples et le despotisme des religions ne peuvent rien changer, jamais. »

\* L'idée que les textes sacrés concernent la libération du petit moi individuel de l'homme, ici et maintenant, et non pas de petites histoires humaines situées dans le temps.

\* Enfin, l'apport de l'Inde, c'est cette magnifique lignée de sages et de saints que la deuxième moitié du XIXe siècle et la première moitié du XXe nous ont apportées, de Sri Ramakrishna à Mâ Ananda Moye en passant par

Sri Aurobindo, Ramana Maharshi, Swami Ramdas et Swami Vivekananda. Les paroles de ces maîtres ont été enregistrées et constituent une formidable compilation de paroles lumineuses et surtout nourrissantes. Dans ce groupe, Sri Aurobindo occupe une place particulière, à double titre, parce qu'il a reçu une éducation à l'occidentale et qu'il maîtrisait plusieurs langues européennes, ce qui nous le rend donc très accessible, et aussi parce qu'il a été le maître de Mâ. Romain Rolland a composé une biographie de l'immense Ramakrishna, intitulée *La vie de Ramakrishna*, Ramakrishna dont Mâ disait qu'il avait été son « maître en vision ».

Pour faciliter la compréhension des articles du présent glossaire, il est utile d'avoir en tête quelques convictions et éléments de méthode que Mâ avait faits sienne pour délivrer ses conférences et rédiger ses livres, à savoir :

* Tout d'abord, il convient, à l'instar de Mâ dans ses commentaires des textes, de revenir aux diverses racines des mots dans la langue de leur rédaction (grec, hébreu, sanskrit). Souvent, comme elle aimait à le dire, « les définitions des mots de langues anciennes sont comme des constellations qui ont des sens différents, qui rayonnent les uns sur les autres, et ce qui paraît contradictoire est finalement une révélation ». Mâ utilisait la Bible Segond (édition de 1910), mais revenait souvent au texte grec des Évangiles et, au besoin, corrigeait des erreurs de traduction. Pour les textes védiques, elle s'appuyait sur la traduction de Sri Aurobindo, qui était un linguiste reconnu.

* Sans enlever leur possible valeur historique et ethnologique aux textes, il faut adopter une lecture des textes sacrés intériorisée, dépersonnalisée, et donc dédramatisée, en voyant dans les personnages non pas des individus mais des composantes ou des plans de conscience de tout être humain (ceci est d'ailleurs cohérent avec les conceptions de la psychologie moderne, qui nous voit nous-même dans les personnages de nos rêves !). En ce sens, les textes sacrés apparaissent parfaitement compatibles avec la psychologie moderne en particulier celle de Carl Gustav Jung, mais pas seulement.

* Il faut avoir revécu les situations décrites et transmises par les textes sacrés pour avoir la possibilité d'en transmettre le sens, l'esprit, qui sinon reste caché. Tant il est vrai qu'on ne peut transmettre, de manière pénétrante, que ce que l'on a vécu et dépassé. En particulier, au cours de ses conférences, Mâ essayait de « donner les choses » selon son expression, plutôt que de seulement les expliquer. Il n'était pas rare que le

« vent de l'Esprit » souffle sur ces conférences, et cela faisait un effet extraordinaire sur l'auditoire, qui se sentait à la fois rassasié et « lavé ».

\* Il faut refuser toute conclusion qui serait contradictoire avec les découvertes avérées de la science, y compris de la psychologie, notamment jungienne, ou en opposition au bon sens !

\* Enfin, il faut affirmer que « tout se passe dans notre tête », ici et maintenant, non pas dans un ailleurs, et que tout est une question de regard porté sur les choses et « d'état d'esprit » comme le dit le Dalaï-lama.

Mon intention initiale était de ne rien écrire d'autre que la transcription des paroles de Mâ, y compris les nombreuses citations d'autres maîtres dont elle émaillait ses conférences. Ceci pour ne pas fausser les choses. Mais il est vite apparu que ce n'était pas possible dans la mesure où, s'agissant d'extraits et de citations, voire de citations de citations, il fallait en situer le contexte et expliciter ce qui était sous-entendu. Par ailleurs, j'ai quand même ressenti le besoin d'ajouter des citations d'autres auteurs valables, et de donner des explications, pour diverses raisons, dont celle de rendre la lecture plus fluide. Et aussi pour des raisons qui tiennent au changement d'époque. Pour bien les distinguer, les transcriptions et citations, parfois longues, sont placées en retrait du texte courant portant les explications et commentaires.

Encore une fois, précisons que, dans le glossaire, le nom de Mâ Suryananda Lakshmi a été réduit au sigle MSL.

J'espère que les transcriptions qui suivent apporteront au lecteur un peu de la lumière des conférences et des ouvrages dont elles sont issues. Et je souhaite aussi de tout cœur qu'elles lui communiqueront l'envie de se nourrir directement à leur audition ou à leur lecture.

**Abraham**

Premier dans l'ordre alphabétique, le nom Abraham revient 238 fois dans la Bible, ce qui le situe non loin des cent mots les plus utilisés. C'est dire l'importance de cette belle figure, qui apparaît dès le premier livre, au chapitre 12 de la Genèse. Le mot « figure », plutôt que « personnage », est utilisé ici intentionnellement, pour une raison qui sera expliquée ultérieurement. Les citations de Mâ Suryananda Lakshmi (nom qui sera désormais réduit aux initiales MSL), incluses dans ce premier article, vont nous faire entrer de plain-pied, et un peu brutalement, dans une interprétation des textes sacrés et dans une conception de Dieu, de la vie spirituelle, et au final de la vie tout court, disons, non conventionnelles.

Tout d'abord, voici quelques précisions sur l'étymologie du nom Abraham. Au chapitre 12 de la Bible, Abraham n'est encore qu'Abram, qui signifie « père ». On peut aussi voir dans la racine hébraïque du mot Abram le sens de « s'élancer vers le haut, être puissant, fort, courageux ». À noter que les noms hébreux, comme ceux d'autres langues anciennes, sont souvent les mots qui désignent la qualité, la caractéristique principale de ceux qui les portent. Plus tard, Abram deviendra Abraham, nom qui signifie « père d'une multitude » (Genèse 17;4). Mais Abraham doit aussi, et surtout, être vu comme « l'ami de Dieu », ainsi que le mentionne l'apôtre Jacques :

> « Ainsi s'accomplit ce que dit l'Écriture : Abraham crut à Dieu, et cela lui fut imputé à justice ; et il fut appelé ami de Dieu. » Épître de Jacques 2;23

Jacques, ci-dessus, fait référence à Ésaïe :

> « Mais toi, Israël, mon serviteur, Jacob, que j'ai choisi, race d'Abraham que j'ai aimé ! » Ésaïe 41;8

C'est donc un rapport d'amitié qui existe entre Dieu et Abraham ! Un rapport de familiarité, pas de respect distant et craintif ! Abraham apparaît, dans la chronologie biblique, après les premiers hommes, après Adam et Ève et leurs enfants Caïn et Abel, après leurs descendants dont Noé, après Sem et ses descendants, dont Théra qui engendre Abram. Abraham n'est donc pas chronologiquement la première figure de la Genèse, mais il en est, avec Moïse, une figure centrale, la plus imposante ; il est le premier des patriarches, celui avec qui Dieu noue « l'Alliance » dans sa forme complète, l'alliance nouée avec Noé et ses fils, après le déluge, étant plus une promesse limitée au plan concret.

Venons-en maintenant à ce que MSL dit d'Abraham lors d'une conférence :

> « Ce qui frappe chez Abraham, c'est son interminable obéissance qui le conduit à parler avec l'Éternel comme avec un ami, peut-être la chose la plus précieuse qui puisse exister dans une vie, une relation faite de confiance et de simplicité réciproques, libre d'exigence et d'obligation. C'est la possibilité d'un dialogue qui devient le monologue de l'Esprit. »

À noter, pour commencer, l'observation faite que dans l'amitié humaine, il y a déjà les prémices de la transformation psychologique, dont nous verrons au fil des citations du glossaire, qu'elle est l'objet de la vie spirituelle. À savoir dépasser le point de vue de la conscience mentale dualiste, pour rentrer dans la conscience de l'unité. Le dialogue amical devient un monologue, le « deux » se fait « un ». C'est le rapport amical de Montaigne et de La Boétie. Maintenant, pour bien comprendre la figure d'Abraham et le sujet, la nature et enfin le contenu de « l'Alliance » qu'il va nouer avec l'Éternel, il est important de rappeler la situation de conscience dans laquelle il se trouve : Abraham hérite de la situation de conscience qu'Adam et Ève découvrent après qu'ils ont « mangé de la pomme ». L'homme, qui vivait au paradis terrestre de la conscience de l'unité, état qui pour notre conscience mentale dualiste est inconscience, va maintenant accéder à la conscience de la dualité. Il est devenu un « moi je », un individu qui est donc un tout indivisible, mais qui se perçoit séparé du reste du monde. Il a, ou plutôt il s'éprouve, comme une conscience mentale de soi. Abraham est donc dans la même situation qu'Adam et Ève après qu'ils ont mangé du fruit de l'arbre de la connaissance du bien et du mal, situation dont il est dit poétiquement :

> « Alors ils entendirent la voix de l'Éternel Dieu qui parcourait le jardin avec la brise du soir. L'homme et sa femme allèrent se

cacher devant l'Éternel Dieu parmi les arbres du jardin. » Genèse 3;8

Citation et situation qui sont commentées comme suit par MSL :

> « Cet épisode intervient lui-même après l'épisode de la pomme, qui doit être compris comme la naissance de la conscience incarnée au sens de la dualité : l'homme perd la nudité de l'Esprit, qui est l'unité de la vie, l'identité sans problème. Ils sont nés à la nécessaire complication de la dualité, de la conscience du moi individuel qui permettra la remontée vers la conscience et la connaissance de l'Éternel, qu'est "la voix de l'Éternel qui parcourt le jardin vers le soir". »

Telle est donc la situation de conscience de soi, de connaissance de soi, situation psychologique donc, dont Abram est l'héritier au chapitre 12 de la Genèse, en tant que descendant d'Adam et Ève. À noter que la Bible décrit non seulement l'évolution de l'homme au fil des millénaires, mais aussi l'évolution de chaque homme particulier de sa naissance à sa mort. La psychologie nous dit que, passé les premiers mois, notre conscience se transforme. Nous passons d'une conscience dite « océanique » à une conscience dite « dualiste », centrée sur le moi, une entité qui se construit par différence et séparation d'avec le reste du monde. La figure du moi donne naissance par contrecoup à la figure de « l'autre », conçu comme un autre ego, au sentiment de son regard posé sur nous, et à la pudeur. C'est la fin de la nudité de l'Esprit. L'Esprit se voile de tuniques.

MSL, dans sa conférence, continue comme suit, sachant que la « voix de l'Éternel », dont il est question ci-après, n'est pas à l'extérieur de nous, mais dans notre cerveau, et qu'aucun microphone ne pourrait l'enregistrer !

> « Nous ne nous connaissons pas ; les autres encore moins, et nous en avons besoin pourtant ! C'est par la "voix de l'Éternel", en nous, que l'homme peut apprendre à se connaître et à savoir qu'il est aimé, aimé par Dieu, aimé par la vie. Le jardin, c'est nous-même, et la voix, c'est la voix de la Vérité qui passe en

nous. Abram, comme bien des hommes après lui, va devoir se pencher sur cette expérience faite par des générations. »

Donc l'expérience de la « voix de l'Éternel » et les expériences de la vie le feront grandir, lui feront reprendre conscience de l'unité de toute la vie, mais cette fois dans un corps d'homme mentalement développé. Ainsi, Abram devient Abraham. Dans ce sens, celui d'une expérience, de quelque chose qui s'éprouve, le religieux se rapproche des sciences expérimentales. Il n'est en tout cas jamais incompatible avec elles puisqu'il s'agit de faits, même s'ils sont subjectifs, et non de croyance, de superstition, de morale ou d'imagination sentimentale ! Le récit biblique commenté par MSL continue :

« L'Éternel dit à Abram : Va-t'en de ton pays, de ta patrie et de la maison de ton père, vers le pays que je te montrerai. » Genèse 12;1

Ce que MSL commente comme suit :

« Le petit ego dualiste voit dans cette déclaration un homme qui s'appelle Abram, qui quitte sa famille qui l'entoure au départ, avec force pleurs sans doute, qui va vers l'inconnu et qui deviendra célèbre. Ce sens étroit, qui limite les choses à un homme, à une personne, est une sottise ! Quand Dieu parle, c'est l'Éternel qui parle, l'infini, infini dont il est plusieurs fois fait état dans la Genèse. »

Voilà la raison pour laquelle, au début de cet article, il est choisi de parler de la « figure » d'Abram plutôt que du « personnage », terme qui limite Abram à une personne particulière ayant peut-être ou probablement existé, mais cela est tout à fait secondaire.

Et MSL de continuer comme suit :

« Le pays que Dieu destine à Abram, c'est le ciel de la connaissance, l'amour parfait, la fécondité inépuisable de l'esprit, pas un lopin de terre pour lequel on va se battre. Car

> nous savons bien que rien, aucune possession physique, n'est perpétuelle. »

Le pays en question est le pays de Canaan, pays de « lait et de miel » (le miel des Vedas dans l'hindouisme, la douceur de la connaissance), dont il est dit par ailleurs qu'il est donné « en possession perpétuelle ». Il est intéressant de noter que la racine hébraïque du mot « Canaan » veut dire « humilité », ce qui a, dans cette lecture, plus rapport avec la caractéristique d'Abram, déjà soulignée précédemment, qu'avec une caractéristique de territoire. Donc tout concourt à nous convaincre que le pays que l'Éternel promet à Abram n'est pas une aire géographique mais tout autre chose.

MSL continue à commenter Genèse 12;1 comme suit :

> « Ce "Va-t'en" signifie, aie le courage de me suivre dans l'inconnu que seul connaît Dieu. Détourne-toi de ce qui t'est familier, de tes affections, habitudes, de cette foi que tu retrouveras autrement "éprouvée par le feu de la vérité", cet or "éprouvé par le feu" dont il est fait état dans l'Apocalypse. Cet or, c'est nous-même. Le feu est celui de la purification [de l'ego] et de l'illumination. Ainsi compris, le texte a une respiration plus haute, plus vaste, plus libre et nous avons les ailes de notre âme, de l'esprit, de notre être tout entier en fait, qui nous entraînent vers les vastitudes d'une vision de la vie plus juste, plus haute, plus belle, et surtout plus complète. Cette situation est celle décrite par Saint Jean de la Croix dans son ouvrage intitulé *La Montée du Carmel* :
>
> "Oh ! l'heureux sort ! Par une nuit obscure je sortis (…) alors que ma demeure était déjà en paix."
>
> Abram doit donc quitter un certain ordre pour aller vers l'immensité. Une autre promesse, celle de "l'Alliance", est :
>
> "Je ferai de toi une grande nation." (Genèse 12;2)

Là aussi, quand Dieu parle, ce n'est pas à l'ego qu'il s'adresse, mais à Dieu en nous-même[1]. Il faut donc comprendre ici : Je te révélerai ce que tu es vraiment, ta vraie nature, qui est universelle qui est l'immensité, selon l'injonction de l'humble Swami Ramdas :

"Souvenez-vous que vous êtes universels et non pas individuels, éternels et non pas mortels !"

[…] Le chapitre 12 de la Genèse est donc bien au-delà[2]: Tu naîtras intérieurement à la conscience de ton universalité, de ton éternité, à la conscience de ce que tu es, et ce, pas seulement pour toi, et toutes les familles de la terre seront bénies en toi. Qu'est-ce donc que cette introduction du chapitre 12 de la Genèse ? C'est l'ouverture du chemin [sous-entendu que constitue la vie et que décrit la Bible] qui conduit notre conscience individuelle incarnée vers la vastitude, l'immensité, la générosité : personne d'entre nous n'est "moi je" et nous nous ligotons avec ce "moi je", ainsi que l'exprime Rabindranath Tagore dans *L'Offrande lyrique* :

"Mon propre nom est une prison, où celui que j'enferme pleure."

Notre vrai moi, c'est l'Éternel, notre vraie nature, l'Esprit, notre vrai destin, c'est de nous en aller vers cet inconnu au fond de nous-même et de la vie et qui est notre plénitude, lumière parfaite et bienheureuse. Abraham, le premier des patriarches, est impressionnant, et, en même temps, il a cette merveilleuse simplicité de celui qui converse avec l'Éternel comme on converse avec soi-même. Et c'est d'ailleurs bien la réalité : il

---

[1] Dans le cas de la citation ci-dessus, c'est donc Dieu qui s'adresse à Dieu en Abram.

[2] Sous-entendu, doit être compris au-delà de l'interprétation au premier degré.

converse en lui-même, lui-même qui est ce grand Moi à l'intérieur de chacun que l'on nomme Dieu, l'Éternel. Abraham est né à la conscience de Soi. Il est devenu l'un de ceux qui ont connu l'Éternel, qui ont compris ce qu'est l'Éternel, pas un personnage, mais la source de toute vie, la vérité de toute l'existence, l'homme dans l'unité intérieure et extérieure. On est très au-delà de la dualité mentale ! Le péché, à savoir se faire prendre au piège de la dualité du moi individuel, est comme absent ! Ce n'est pas une grâce spéciale, mais c'est parce qu'Abraham ne cesse de grandir dans Cela [le Cela des hindous, terme neutre qui désigne l'Absolu] que l'Éternel veut lui révéler et lui faire incarner, car les deux choses se tiennent. Abraham est donc un commencement de la connaissance, de la lumière en l'homme. Il est un phare de vérité, dépouillé de toute personnalité. Il est impersonnel et vient à l'Éternel par l'Éternel. »

Il faut comprendre « dépouillé de personnalité » dans le sens de « dépouillé de ''moi je'' qui veut affirmer sa spécificité ». Car les saints et les sages, qui sont dépourvus de tout sentiment d'importance personnelle, conservent, et même magnifient « leur » personnalité, mais une personnalité dont, en quelque sorte, ils ne sont plus propriétaires ! Nous entrons donc, avec ces citations de MSL à propos d'Abraham, très directement et de manière abrupte, dans une lecture des textes et dans une conception de Dieu, de la vie spirituelle et de la vie tout court, qui n'ont pas grand-chose à voir avec les conceptions habituelles, notamment celles qui ont cours dans la majorité des églises !


**Aditi**


Aditi est un mot sanskrit qui signifie « sans limite », « déliement », « liberté ». Dans la mythologie hindoue, Aditi est la Mère suprême. Elle est sans limite, ainsi que l'exprime MSL :

« La Mère suprême, la Mère divine à son sommet, indifférenciée, une avec l'Absolu. »

Les trois citations ci-dessous, extraites de l'ouvrage de MSL intitulé *Quelques aspects d'une Sadhana*, précisent la notion et décrivent ce qu'est la réalité palpable de « la Mère divine à son sommet » :

« La Mère divine est l'œil de la Connaissance. Elle trône là, au milieu du front des rishis, de ceux qui voient la Vérité. Mais Son pouvoir et Sa présence s'étendent à tout ce qui est. »

Aditi est l'œil, ce qui voit, donc la conscience. Elle est aussi décrite comme la première différenciation de la conscience originelle :

« lorsqu'une infime parcelle de la Conscience inaltérable de Brahman se condense […] c'est la conscience de Brahman à son premier degré de projection. »

Et en l'homme Aditi se situe :

« au sommet de la tête, au-dessus de l'œil gauche qui est l'œil sattvique de la vision spirituelle. Les sages parvenus au suprême samâdhi demeurent en Elle. »

Voir aussi l'article traitant du terme « Mères divines ».

MSL faisait le parallèle entre la Mère divine à son sommet, et la notion du Christ telle qu'elle est exprimée par Saint Paul, dans l'une des fulgurances dont il est capable :

« Christ est l'image du Dieu invisible, le premier né de toute la création, celui en qui, par qui, pour qui toutes choses ont été créées et subsistent. » (sic[3]) Épître aux Colossiens 1;15-17

---

[3] La référence exacte, mais moins synthétique, dans la traduction Louis Segond 1910 est : « Il est l'image du Dieu invisible, le premier-né de toute la création. Car en lui ont été créées toutes les choses qui sont dans les cieux et sur la terre, les visibles et les invisibles, trônes, dignités, dominations, autorités. Tout a été créé

Pour MSL, comme pour saint Paul, le Christ est donc aussi la première différenciation de l'unité, exactement comme la Mère divine. Cette affirmation établit très clairement une chose : le Christ, pas plus que la Mère divine, n'est une personne ! Sa conception du Christ est développée dans l'article traitant du mot « Christ ».

**Adoration**

Curieusement, alors que l'adoration est au cœur des religions, le verbe « adorer » n'est utilisé que seize fois dans toute la Bible ! Dans le monde contemporain, l'adoration et le spectacle de l'adoration des fidèles rendent au mieux perplexe, parfois condescendant l'égard des adorateurs, souvent critique. L'observateur extérieur y voit un phénomène étrange, mais plus souvent le résultat de la superstition[4] ! Il en a peut-être toujours été ainsi. MSL disait du dieu hindou Hanuman, qu'il est l'adorateur parfait, et que c'est du fait de cette étrangeté qu'il est représenté sous la forme d'un singe ! Voici ce qu'elle disait à propos de l'adoration :

> « On ne vient à Dieu, l'Absolu[5], que par l'adoration des visages de Dieu qui nous sont donnés par la vie. Cette adoration d'un Dieu que souvent l'on ne connaît pas, dont on ne connaît souvent que le Nom, n'est pas exempte de perplexité, perplexité qu'il est nécessaire de dépasser. »

Elle ajoutait que, sans l'adoration, et aussi sans l'amour, le chemin spirituel est à la fois plus complexe et plus périlleux. L'adoration simplifie et sécurise. Ajoutons qu'on ne peut pas la vouloir. Elle vient d'elle-

---

par lui et pour lui. Il est avant toutes choses, et toutes choses subsistent en lui. Il est la tête du corps de l'Église ; il est le commencement, le premier-né d'entre les morts, afin d'être en tout le premier. »

[4] Parfois à juste titre !

[5] L'Absolu doit être compris comme le « Père » de la Trinité chrétienne, le « Cela » des hindous.

même… ou pas ! Ce n'est pas quelque chose de sentimental. C'est une grâce.

**Adultère**

Le mot est utilisé 57 fois dans la Bible. MSL lui donnait la signification suivante :

> « Adultère vient du latin *ad* ("vers") et *ulter/alter* ("l'autre")… donc "aller vers l'autre". »

Pour le lecteur de la Bible, le mot ne doit donc pas, ou pas seulement, être considéré dans son sens habituel, mais dans son sens étymologique beaucoup plus général.

Nota : un autre sens étymologique est « altérer », mais cette signification plus fermée et dépréciative « colle » moins bien aux textes. Enfin, comme dit précédemment, il faut remarquer que « l'autre » est une création de la conscience dualiste, conscience qui est séparative. La « sacralisation » de l'autre, la survalorisation du « sens des autres » sont en quelque sorte des compensations maladroites de l'égoïsme fonctionnel inhérent à la conscience dualiste. Compensations qui ont une valeur, bien que souvent assez superficielle, car suffisantes malgré tout pour assurer un minimum de « vivre ensemble ». Dans la parabole dite « du jeune homme riche » (sic[6]) le Christ répond assez sèchement au jeune homme qui l'appelle « bon maître ». Il le fait en faisant curieusement référence, en premier lieu, au commandement relatif à l'adultère, car Jésus a probablement bien vu le problème de cet homme dont il est dit qu'il a « beaucoup de biens », comprendre beaucoup d'attachements de tous types et pas seulement des biens matériels ! L'attachement, c'est se tourner vers ce qui est « autre » (et qui parfois est aussi « les autres » !) plutôt que de se centrer sur l'essentiel. Ceci, c'est l'adultère. Rien de moral donc, simplement une erreur d'appréciation, ou un faux pas.

---

[6] En fait, de « l'homme riche » en corrigeant l'erreur de traduction du texte de Marc 10;17-31.

Voici ce qu'en dit MSL :

> « L'opposé de l'adultère, c'est notre destin qui est d'aller à Dieu et de nous connaître en Dieu. Il n'y a de "bon" que Dieu seul, non dans le sens moral, mais dans le sens où il n'y a de "valable" que Dieu seul. Chercher Dieu et Dieu seul, car il n'est pas "l'autre" mais nous-même (on se disperse dans les attachements, désirs, attractions pour d'autres !). On peut dire aussi que Dieu n'est pas "l'autre" car il est nous-même[7] ! On est adultère quand on se détourne de l'unité essentielle et fondamentale de toute la vie, pour nous disperser dans l'action et dans tant de choses qui remplissent notre attente, nos désirs. L'adultère est l'opposé de la concentration sur notre vraie nature divine qui ne change jamais[8]. Pascal l'avait compris qui écrivait :
>
> "Tout le malheur de l'homme vient de ce qu'il ne sait pas être heureux entre les murs de sa chambre."
>
> Sri Aurobindo, lui, a passé les vingt dernières années de sa vie dans sa chambre à repenser le monde. On peut faire le lien avec la parole de l'Éternel, "je veux mon peuple tout à moi", qui n'est pas une revendication de jalousie exclusive d'une personne individuelle, mais l'affirmation de la nécessité de la concentration. »

Voici, sur le même sujet, cette autre citation :

> « L'adultère, c'est donc d'aller vers l'autre, alors qu'il faut se concentrer et non se disperser. C'est la seule "bonté" dans le sens utilisé dans l'histoire de "l'homme riche", c'est la seule perfection. Cela n'exclut pas le sens moral ou social, mais ne se réduit pas à cela. La bonté est la vérité essentielle, centrée sur

---

[7] C'est aussi ce qu'affirme Zwingli. Voir à ce sujet l'article « Zwingli ».

[8] Nature divine qui, elle, est stable.

Dieu, Dieu seul et rien d'autre… en attendant que ce soit Dieu qui fasse, et non pas nous. »

Concluons l'article en disant que nos vies affairées dans le monde des formes, nos vies oublieuses de leur but, sont l'adultère !

## Agenouillement

L'agenouillement est une pratique qui a presque disparu, même dans les églises. Ce n'est pas un hasard, car la société valorise plus l'expression orgueilleuse du « moi je » que celle de l'humilité ! Ceci s'observe bien à la télévision, miroir de nos sociétés.

Voici ce que MSL disait à propos de l'agenouillement :

« Je ne m'agenouille pas devant Toi, je m'agenouille en Toi. »

C'est toute la différence entre l'intelligence humaine mentale dualiste, et la vraie intelligence spirituelle, qui est dans l'unité, qui est celle de Dieu ! L'homme ne s'agenouille pas, spirituellement parlant, devant une personne, devant « un autre », mais, d'une manière bien comprise, devant « soi-même », le « semblable », « l'identique », tous deux finissant par fusionner et s'éprouver comme l'unité de la transcendance en nous-même, Dieu. Une transcendance qui donc, au fil du temps et de la maturité venue, s'éprouve de moins en moins comme distincte de ce qui est ressenti comme « soi-même ». Voir à ce propos ce qui est dit du sixième plan de la conscience et de la vie, qui correspond dans le livre de l'Apocalypse à l'église de Philadelphie, dans l'article relatif au mot « plans ».

## Agneau

Le mot « agneau » est utilisé presque 200 fois dans la Bible, sans doute plus que tout autre nom d'animal. Mais quelle est sa signification, évidemment symbolique ? Voici la réponse que donne MSL :

« L'Agneau, c'est le moi individuel rendu à sa pureté originelle, c'est-à-dire l'homme transfiguré, car…

"Je ne vis point de temple dans la ville ; car le Seigneur Dieu tout-puissant est son temple, ainsi que l'agneau. La ville n'a besoin ni du soleil ni de la lune pour l'éclairer ; car la gloire de Dieu l'éclaire, et l'agneau est son flambeau. Les nations marcheront à sa lumière, et les rois de la terre y apporteront leur gloire." (Apocalypse 21; 22-24)

La "place" de la ville dont il est question au chapitre 22, c'est la conscience de l'homme redevenue transparente de Dieu seul. "Il n'y a point de temple" car seuls Dieu et l'Esprit l'éclairent, et la pureté du moi individuel qui est transparent de Dieu seul. Nous retrouvons ici la fin du raja yoga des aphorismes de Patanjali :

"Chitta recouvre Purusha."

Redevenant un, la conscience et l'intelligence mentale recouvrent le Père, l'origine. Ils sont devenus un.

Plus beau encore, au moment où l'homme est transfiguré, les "rois de la terre" viennent dans la cité sainte, ils ne sont pas détruits, mais toutes les puissances terrestres sont transfigurées. »

Elles sont « transfigurées », c'est-à-dire qu'elles n'ont plus le même visage. Pour revenir à « Chitta recouvre Purusha », expression qui est relative à la conscience, on pourrait peut-être faire le rapprochement, voir l'analogie, avec les tentatives de la pensée dualiste honnête qui s'efforce de dire la réalité en restant au plus proche d'elle, en étant en quelque sorte « isomorphe » avec elle, pour utiliser l'expression mathématique. Son effort, appliqué à décrire ce qui est de l'ordre du spirituel, reste vain néanmoins. Car les deux choses ne sont pas du même ordre : la dualité ne peut pas rendre compte de l'unité, pour ainsi dire « par construction » ou structurellement ! Dans ce dernier commentaire de MSL on touche aussi du doigt le chemin parcouru de la Genèse à l'Apocalypse. Adam et Ève vivent dans l'unité avant de « manger la pomme » de l'arbre de la

« connaissance du bien et du mal », donc quand ils sont encore dans le paradis de l'inconscience ; l'homme « réalisé », lui, est aussi dans l'unité. Mais cette fois dans un corps où l'intelligence mentale, « chitta », s'est développée au fil de l'évolution millénaire de l'espèce, puis a été dépassée. Il ne s'agit donc pas d'un retour à la situation antérieure, et la Bible, de la Genèse à l'Apocalypse, est la description du devenir évolutif de la conscience humaine. Et maintenant, sur le même sujet, un point plus spécifique souligné par MSL à l'occasion d'une conférence :

> « L'agneau est le moi individuel pur, obéissant à Dieu, et découvrant tout ce qu'il y a d'égoïsme et d'orgueil à dépasser. »

Nous sommes ici bien loin de la conception sentimentale de « l'Agneau de Dieu » ! Et, concevoir « l'agneau » comme étant la conscience de soi purifiée, comme l'ego purifié, « transparent », donne un sens logique à des versets qui, sinon, resteraient hermétiques. Ajoutons que Van Eyck, au XV$^e$ siècle, avait parfaitement perçu et représenté la chose : on peut voir dans la cathédrale de Gand son polyptyque appelé *L'Adoration de l'agneau mystique*. Le regard de l'agneau n'est pas celui d'un animal, et il est plus que celui d'un humain. C'est le regard de la conscience divine qui se « plante » dans nos yeux, c'est ainsi qu'on l'éprouve face au tableau ! Et l'agneau, à juste titre, est représenté au centre de toute la vie, de la ville dans les lointains, de la nature, de tous les personnages qui sont en fait des parties de l'être humain, qui sont en adoration. Ce polyptyque est en fait une représentation allégorique de l'être humain « réalisé » que nous décrivent les sages et les saints, dans toute sa complexité, l'agneau, donc l'ego dans sa transparence divine, en étant le centre, le cœur. L'ego sous sa forme de « moi je » s'étant comme évaporé.

**Agonie**

Sauf erreur, le mot n'est utilisé qu'une seule fois dans toute la Bible, dans l'épisode du « spectacle » de Golgotha. C'est dire s'il est important de bien le comprendre puisqu'il a donc été utilisé très intentionnellement ! Voici le verset en question :

« Étant en agonie, il priait plus instamment, et sa sueur devint comme des grumeaux de sang, qui tombaient à terre. » Luc 22;44

Voici ce que MSL dit de ce verset :

> « Le mot "agonie" vient du grec *agonia* qui est la lutte dans les jeux sportifs, les compétitions sportives, et, secondairement, l'angoisse et la souffrance. L'agonie est donc un combat. Jésus à Pâques est dans le combat entre le manifesté et le non manifesté. Jésus est à Gethsémané dans le combat qu'il doit livrer en lui-même et qu'il accomplira après en "spectacle" pour les autres, à Golgotha[9]. Il y a donc à Gethsémané un combat que Jésus doit livrer en lui-même pour accomplir, en lui-même d'abord, ce qu'ensuite il accomplira en spectacle pour les autres, royalement, puisque c'est lui, le souverain maître de toute sa passion. Et l'angoisse de Jésus à Gethsémané, c'est notre ignorance, ce n'est pas la peur du supplice, c'est l'angoisse de l'ignorance de l'humanité. Car Jésus sait qu'il est tout seul, dans la vision qu'il a de la Vérité, et il l'a dit à ses disciples au cours du repas de la Pâque :
>
> "J'ai encore beaucoup de choses à vous dire mais vous ne pouvez pas les porter maintenant." Jean 16;12
>
> Jésus sait qu'il est seul à savoir, seul dans sa vision de l'union du Père avec le fils et par lui avec le monde entier et l'humanité entière. Jésus sait qu'il est seul, que personne ne comprend, et que, quand il sera parti, on comprendra encore moins bien ! Son angoisse à Gethsémané, c'est d'assumer la loi de la rédemption dans l'incarnation, et de savoir que cette rédemption est à peu près inaccessible à la compréhension des hommes, et qu'il faudra des siècles et des siècles et des siècles d'erreurs, de violence, d'incompréhension et d'errements alors qu'il aura tout vécu dans une connaissance parfaite de chaque seconde de sa passion. Jésus

---

[9] Voir l'article relatif au nom « Gethsémané ».

prie d'une manière assez dramatique dans le récit de Matthieu et dit : "Père s'il est possible que cette coupe s'éloigne de moi", c'est-à-dire comprendre : "Père s'il était possible que le chemin soit différent, moins difficile, plus compréhensible, cette mort à soi que l'homme n'accepte pas, ne comprend pas". "Toutefois, non pas ce que je veux mais ce que Toi tu veux". »

Il ne s'agit donc pas, contrairement à la compréhension habituelle, d'une angoisse face à la perspective de la souffrance et de la mort. Mais de la solitude[10] et de l'angoisse face à l'immensité de la tâche qu'il est seul à pouvoir accomplir, à pouvoir et à devoir porter ! Là encore, on est donc bien loin de la compréhension traditionnelle ! Voir aussi à ce propos l'article « Tentation », où Luc reprend la même scène en utilisant ce même mot.

**Aimé**

Le mot « amour » et le verbe « aimer » dans ses différentes conjugaisons, sont employés environ 400 fois dans la Bible. Aimer est au sommet des Dix Commandements, et au cœur de la religion chrétienne. Il en est question, en des termes intrigants, dans la prière sacerdotale :

« Tu m'as aimé avant la fondation du monde. » Jean 17;24

MSL disait de cette prière que c'est l'un des plus beaux textes de la Bible. Effectivement, le souffle de l'Esprit s'y éprouve instantanément, et c'est quasi miraculeux, après toutes les probables erreurs de copie et de traduction. Ce qui est dit dans la citation ci-dessus, c'est que le Christ préexiste à la fondation du monde. Ce qui établit, s'il en était encore besoin après ce qui a été dit précédemment, que le Christ n'est pas une personne, puisqu'il « existe », qu'il « est », avant la création d'un monde de formes. Et cela établit aussi, conséquemment, que l'amour dont il est

---

[10] Voir le sens particulier qu'il convient de donner à ce mot dans l'article correspondant.

question ici, n'est pas un amour humain, pas l'amour de quelque chose ou de quelqu'un en particulier. Et encore moins, évidemment, une préférence ou un amour sentimental, mais un amour substantiel, générique, essentiel. Voir à ce sujet l'article consacré au mot « amour ».

**Amen**

Ce mot est utilisé 52 fois dans la Bible. Il est souvent traduit de l'hébreu par « en vérité ». De ce fait, il a un point commun avec le mot « justice ». En effet, dans le contexte biblique, le mot « justice » peut être utilement remplacé par le mot « vérité », substitution dont on constatera qu'elle éclaire souvent bien mieux le sens de la phrase. D'ailleurs on notera que le premier et principal rôle de l'institution qui s'appelle « Justice » est précisément de révéler la « vérité ». MSL, elle, donne au mot « Amen » une signification différente :

> « "Amen", en hébreu, signifie "de l'autorité de". »

La citation suivante précise les choses :

> « Souvent traduit dans la Bible par "en vérité", le mot hébreu "Amen" signifie "de l'autorité de", en fait de l'autorité de l'Esprit, de la supra-conscience selon l'expression de Sri Aurobindo. Il [Jésus] s'établit dans cette conscience où il est un avec Dieu. En "montant sur la montagne", il se concentre en Dieu. »

De fait, les deux significations se rejoignent, ainsi qu'on l'observe dans la vie courante : Quelqu'un qui parle un langage de « vérité » est perçu comme parlant avec autorité. Commentaire latéral, on notera que bon nombre des paroles les plus inspirées des Évangiles sont prononcées après que Jésus est « monté sur la montagne », donc, après qu'il a « pris de la hauteur » par rapport à la situation de l'homme mental ordinaire, dualiste.

**Amour**

Le mot est utilisé 121 fois dans la Bible. Si l'on y ajoute les 400 occurrences du verbe « aimer », le groupe amour/aimer se situe dans les 50 mots les plus utilisés et l'on mesure son importance. D'ailleurs, les chrétiens, même quand ils ne sont pas condescendants vis-à-vis des autres religions, aiment affirmer que l'amour serait une singularité, voire une exclusivité du christianisme. Il serait plus exact de dire que c'en est une particularité, éventuellement la tonique majeure, comme celle, mais pas plus que celle, du bhakti yoga, le yoga de la dévotion. Il suffit de lire la Bhagavad-Gita (voir à ce titre et par exemple l'article consacré au mot « bien-aimé » ci-après) ou les poèmes de Rabindranath Tagore pour se convaincre qu'il n'y a pas d'exclusivité en la matière. Ceci est d'ailleurs logique, car l'amour est humain et n'appartient à personne et à aucun peuple, organisation ou doctrine en particulier ! MSL aimait à dire qu'il y a l'Amour, et qu'il y a les amours et que l'amour humain se réduit souvent à une préférence personnelle. Il est l'amour de quelqu'un, ou de quelque chose. Au plus haut, il est celui dont parle Saint Paul dans ses épîtres, et dont C.G. Jung disait que, à sa connaissance, c'était ce qu'il y avait écrit de plus beau sur le sujet :

> « L'amour est patient, il est plein de bonté ; l'amour n'est pas envieux ; l'amour ne se vante pas, il ne s'enfle pas d'orgueil, il ne fait rien de malhonnête, il ne cherche pas son intérêt, il ne s'irrite pas, il ne soupçonne pas le mal, il ne se réjouit pas de l'injustice, mais il se réjouit de la vérité, il pardonne tout, il croit tout, il espère tout, il supporte tout. L'amour ne meurt jamais. »
> Corinthiens 13;4-8

Cette quintessence de l'amour humain, que Saint Paul décrit négativement puis positivement, se rapproche de l'amour divin dont la Bible et dont MSL nous parlent :

> « De quel amour parle-t-on dans la Bible ? D'un amour qui ne sait plus dire "moi je", qui n'attend plus rien pour sa propre satisfaction. D'un amour qui aime Dieu pour l'amour de la vérité, de l'Absolu, de la foi en l'Éternel, de l'infini, de la toute

conscience radieuse de l'Esprit. Cet amour ne peut pas monter au cœur de l'homme depuis l'homme, mais depuis Dieu en l'homme, ce qui est tout différent. On apprend en aimant, pas en disant "moi je", en se préparant au regard et à l'ouïe qui ne sont pas "de la chair". L'amour est conçu par Dieu en l'homme, pas par l'homme ! »

Donc l'homme peut désirer et vouloir aimer, mais il ne peut pas aimer par l'exercice de sa volonté ! Maintenant, voici une citation de MSL faite en commentaire de la Bhagavad-Gita (peut-être en commentaire de 4;3), qui met l'amour au cœur du processus de transformation psychologique que devrait être une vie « bien vécue », qu'elle soit agréable ou désagréable, heureuse ou malheureuse, facile ou difficile :

« L'amour de Dieu est le chemin, celui qui nous mène du fini à l'infini, du temporel à l'éternel, de la dualité à l'unité, de l'humain au divin. »

MSL disait d'elle-même que, certes, elle était d'une personnalité aimante, mais que son amour venait d'ailleurs. Ce qui est bien cohérent avec le distinguo fait ci-dessus entre « les amours » et « l'Amour ». Elle a émaillé ses conférences de nombreux commentaires ou citations à ce propos :

« L'Amour divin c'est la lucidité de l'Esprit, pas un sentimentalisme. »

« Ramakrishna résumait magistralement l'essentiel de la vie spirituelle en disant :

"Tout se réduit à ceci qu'il faut aimer Dieu, et goûter sa douceur."

Ce second point est très important car, "un saint triste est un triste saint" ! »

On pourrait dire, pour insister, que ce second point est essentiel. Car un amour sans joie, qui ne goûte pas la « douceur » de la vie, sans adhésion totale à la vie telle qu'elle est, est en fait le révélateur d'un ego pas totalement purifié, de désirs, peurs et souffrances inconscients, qui n'ont pas encore émergé consciemment et dont on n'a pas encore pu se détacher. La joie est donc un bon marqueur d'un amour vrai, non composé, et son absence est à l'inverse le signe d'une transformation encore inachevée.

> « Le secret le plus haut, c'est l'union de l'amour, le "festin de la communion spirituelle". »
>
> « L'Amour, c'est le don de soi, l'oubli de soi, la disponibilité pour recevoir ce qui peut nous être donné, la vie, et sa compréhension de l'unité, de la communion de la vie. »[11]

Ou bien encore, citant l'Évangile :

> « Père, tu m'as aimé avant la fondation du monde. » Jean 17;24

Parole que MSL commentait comme suit :

> « Il faut comprendre dans cette déclaration que nul ne vient à la plénitude du Père sans passer par l'amour total, parfait, de celui qui le représente à nos yeux, la divinité d'élection, l'Ichta des Hindous. »

À noter, au-delà du commentaire de MSL, d'une part, que dans la citation de l'Évangile l'amour préexiste à la création, et d'autre part, que le Père n'est bien évidemment pas une personne puisque lui aussi préexiste à la fondation du monde. Et pour terminer, cette mise au point presque un peu sèche de MSL, face à son auditoire, lors d'une conférence :

> « Au bout de l'Amour il y a Dieu… mais qu'est-ce que l'Amour ?

---

[11] Citation de mémoire, donc approximative.

Une préférence ? non !

Choisir ?... non !

S'attacher ?... non !

L'Amour, c'est créer dans la liberté, la joie et l'harmonie de toute la vie. »

Donc, bien que ce ne soit pas la première chose à laquelle on pense à son propos, l'amour, à ses différents niveaux, rend l'homme créatif. D'ailleurs ne dit-on pas que l'on ne fait bien que ce que l'on aime ? Et, sans amour, l'humanité aurait cessé d'exister depuis longtemps ! Pour bien des raisons, à commencer, à un niveau trivial, faute de reproduction physique et psychique de notre humanité au travers de notre descendance !

**Amrita**

Amrita signifie littéralement en sanskrit « non-mort » ; de -*a* privatif, exprimant la négation, et de *mrita*, « mort ». C'est le nom de l'un des Bouddhas. Dans l'hindouisme, c'est le nectar d'immortalité que boivent les dieux, nectar comparable à l'ambroisie, la substance délicieuse qui assure l'immortalité aux dieux grecs. Dans les textes védiques, c'est Soma, mot sanskrit qui signifie « jus ». MSL en dit :

« "Amrita" est un autre nom pour désigner Shiva. »

Il y a donc paradoxe, puisque Amrita, qui donne l'immortalité, serait identique à Shiva, le dieu destructeur de la Trimurti hindoue. Celle-ci est constituée de Brahmâ (le créateur, que l'on n'adore pas, qui ne doit pas être confondu avec Brahman, l'Absolu, Cela), Vishnou (le sauveur, celui qui sauve, qui délivre des efficacités négatives de l'ego conçu comme un « moi je » et qui protège le mental humain de la destruction à la fin du processus de purification), Shiva (le destructeur de l'ego, donc le purificateur). C'est pour cette raison que dans la statuaire hindoue, Shiva est parfois représenté par une figure masculine allongée, comme dormant, surmontée d'une figure féminine, sa parèdre, représentant sa puissance exécutrice, dansant la Tandava sur son corps, avec un collier de têtes de mort qui représentent toutes les fausses personnalités détruites dans le processus de purification de l'ego. Le paradoxe n'est donc qu'apparent : c'est la mort à l'ego sous sa forme de « moi je », sa purification par Shiva, qui fait entrer dans l'immortalité que confère Amrita.

**Ange**

Le mot « ange » est utilisé 274 fois dans la Bible Louis Segond, ce qui en fait un des 100 premiers mots les plus utilisés de la Bible. L'ange, ou les anges, intervient à des moments importants tels que l'Annonciation, mais ils ne sont pas toujours « angéliques », comme dans l'épisode de la lutte de Jacob avec l'ange ! Voici ce qu'en dit MSL :

> « Le mot "ange" vient du grec *angelos*, qui signifie le "messager". C'est un élément soudainement perceptible et sensible de notre conscience qui est lumineuse de la lumière de l'Esprit qui nous habite, un messager de l'Esprit, une forme lumineuse qui apparaît dans une vision spontanée. La foule des anges est identique à la foule des dieux en Inde. L'ange est une personnification des énergies spirituelles, une cristallisation spirituelle de la lumière supra-consciente éternelle et infinie. »

L'apparition de l'ange dans la vie n'est pas forcément spectaculaire. Elle ne ressemble en rien aux représentations des retables des églises baroques ! Ce n'est pas, ou en tout cas pas forcément, une lumière éblouissante pour nos yeux de chair. Mais, par exemple, dans un calme parfait, la grâce d'une compréhension claire qui balaye l'intégralité du champ d'une situation complexe et indémêlable, la grâce d'une intelligence spirituelle toute pénétrante, qui, au-delà des mots, saisit l'esprit d'une situation, et a pour conséquence dans les plans inférieurs, une intelligence psychologique clairvoyante et une intelligence pratique pertinente. La vie concrète de l'homme s'en trouve transformée. Ses doutes et son angoisse sur le sujet concerné ont disparu. Ceci est un fait qui s'éprouve, quoi que ceux qui ne l'ont pas vécu puissent affirmer. C'est une grâce. Voici une autre citation de MSL sur le même sujet :

> « L'ange est un messager de la lumière de l'Esprit, lumière de notre âme, instruite de la plénitude de l'unité, de la vérité de l'Esprit qui est Dieu. »

Commentaire périphérique : Tout comme l'âme, il faut voir l'ange dans notre corporéité, dans notre cerveau et non dans une extériorité ainsi que l'affirmait MSL :

> « L'âme est le corps, le corps est l'âme. »

C'est sans doute là qu'il faut voir l'origine de la tentative de constitution de la morphopsychologie en science, ce qu'elle n'est pas. C'est là aussi qu'il faut sans doute voir l'origine des transformations physiques qui accompagnent parfois la sadhana, le nom donné en Inde au processus de purification de l'ego, appelé quête spirituelle en occident.


### Angoisse (à Gethsémané)

Le mot « angoisse » apparaît 47 fois dans la Bible. Le dictionnaire nous dit que le mot "angoisse" tire son origine du latin *"angustia"*, qui signifie "étroit, resserré". Ce terme désignait à l'origine un espace étroit, un passage resserré ou une situation de confinement. L'angoisse et l'anxiété sont très présentes dans la vie de l'homme ordinaire centré sur l'ego. À des degrés d'intensité et pour des motifs divers, conscient ou inconscient. Et effectivement, la vie centrée sur l'ego met l'homme dans une situation « d'étroitesse », de « confinement » comme le suggère l'origine latine du mot, et comme l'affirme le poète :

> « Mon propre nom est une prison, où celui que j'enferme pleure.
> Sans cesse je m'occupe à en élever tout autour de moi la paroi, et

> tandis que, de jour en jour, cette parois grandit vers le ciel, dans
> l'obscurité de son ombre je perds de vue mon être véritable »
> L'Offrande lyrique poème N° 29, Rabindranath Tagore

Les angoisses vont des plus superficielles et simples à comprendre, comme celles que la psychologie appelle « névrotiques », qui résultent d'un conflit entre un désir et un interdit. Jusqu'aux angoisses les plus archaïques que la psychologie nomme « d'anéantissement » ou « d'effondrement » ou « de morcellement » ou encore « de vidage narcissique ». Des appellations qui suggèrent toutes que ces angoisses sont en relation avec l'ego, avec l'unicité de la personne et avec la différenciation du sujet et de l'objet. En passant par des angoisses comme l'angoisse « de séparation », catégorie dans laquelle on doit sans doute pouvoir classer l'angoisse de mort. Au cœur de toutes ces angoisses il a l'ego, de sa saine constitution chez l'enfant, à sa forme achevée, y compris sa forme contemporaine de « moi je »[12]. Mais s'agissant de l'angoisse de Jésus à Gethsémané, qu'en est il ? Voici ce qu'en dit MSL à l'occasion d'une conférence :

> « L'angoisse du Christ à Gethsémané n'est pas celle d'un homme
> avant la torture ! Mais celle de Dieu face à l'ignorance des
> hommes. C'est l'angoisse d'échouer dans cette rédemption, qui
> est l'articulation de la création, et qu'il apporte au monde. »

Pour MSL, à cet instant précis, au Jardin des Oliviers, Jésus est déjà totalement le Christ ( dans le sens de Colossien 1; 15-17) et en passe de s'unir avec le Père, de rentrer totalement dans l'unité du Père, du Soi, Cela, tel Ramakrishna avec l'aide Totapuri au temple de Dakineshwar ( voir article «Jésus à Golgotha» ): Il a donc dépassé l'ego dans sa forme commune et cette angoisse n'est pas, à tout le moins, une angoisse « névrotique » ou de « séparation ». S'il fallait chercher un rapprochement avec les catégories de la psychologie, ce serait peut être avec une angoisse « archaïque », ontologique. Peut être celle de la perte des derniers repères avant de rentrer dans l'Absolu, avant la fusion avec le Père: « Le Père et moi nous sommes un » Jean 10;30. Voir aussi l'article « Agonie » plus

---

[12] Le « moi je » a été magnifiquement illustré dans sa facette boursouflée et angoissante par le dessinateur Tomi Ungerer (The party) et dans sa facette d'absence d'empathie et d'univers cloisonné par le dessinateur Olivier Voutch.

haut dans le glossaire, où il est question du combat intérieur du Christ à Gethsémané et de l'angoissante solitude qui est la sienne.

**Apocalypse**

Le dictionnaire nous dit que « Apocalypse » vient du latin *apocalypsis*, lui-même emprunté au grec *apokálupsis* qui signifie « dévoilement, révélation ». Faut-il avoir perdu le sens de l'intelligence spirituelle pour ne voir dans ce mot et dans le merveilleux Livre éponyme que l'annonce de catastrophes ! Comment retrouver le sens spirituel des Écritures ? Thérèse d'Avila donnait une réponse :

> « Les textes sacrés sont difficiles à comprendre, il y faut beaucoup d'oraison. »

Ce n'est donc pas, ou pas seulement, l'intelligence intellectuelle qui permet de comprendre les textes sacrés, mais l'oraison, à savoir la ferveur de la prière. Ci-dessous, extrait d'une conférence de MSL, voici une caractérisation de ce qu'est l'intelligence spirituelle, bien différente de l'intelligence humaine dualiste, et sans laquelle il est vain de vouloir comprendre un texte comme celui de l'Apocalypse :

> « L'intelligence spirituelle selon Dieu, c'est la compréhension de toute la création selon sa vérité essentielle, originelle et permanente : Dieu ! Cette compréhension dans la vérité essentielle n'est pas possible tant que l'homme est centré sur l'ego. L'ego en soi n'est pas incriminable, c'est l'attachement à l'ego. Son nom dans la Bible, c'est "Babylone", c'est cela l'impudence et c'est cela l'adultère [se tourner vers l'autre, voir l'article « Adultère » ci-avant]… ce qui est donc bien loin d'un simple problème moral humain. Babylone, c'est le culte forcené de l'ego. »

Deux commentaires périphériques à la citation ci-dessus :

- La télévision donne souvent de bons exemples du culte de l'ego, du « moi je ».

- Un bon marqueur de l'attachement au petit ego est la susceptibilité, un trait de caractère que le psychologue C.G. Jung voyait comme plutôt masculin, et dont, pour la petite histoire, il disait que les femmes aimaient bien à le révéler !

Et voici maintenant, une citation de MSL relative au Livre de l'Apocalypse vu comme une description du processus de purification de l'ego :

> « "Apocalypse" vient d'un mot grec qui signifie « révélation ». Révélation de quoi ? De choses cachées[13] qui concernent non pas le déroulement des évènements concrets du monde, mais le processus de notre naissance intérieure à la vérité, à la connaissance et à la miséricorde, processus par lequel nous grandissons, nous nous purifions et renaissons à la lumière de l'Esprit. C'est un processus qui va de purification en purification, de chapitre en chapitre et dont le résultat est, à la fin de l'Apocalypse, la descente de la Jérusalem nouvelle qui est l'homme transfiguré qui se connaît fils unique de Dieu. »

La purification est le but du « sacrifice » tant dans la Bible que dans la Bhagavad-Gita. C'est pour cela qu'il est si souvent fait état de « sacrifice » dans les textes sacrés anciens. Le sacrifice est intérieur. Inutile de dire, donc, que le vrai sacrifice n'a rien de sanglant ! La seule victime en est cette déformation de l'ego qu'est le « moi je » !

**Ascèse**

Le mot n'est pas employé dans la Bible, bien que Saint Jean le Baptiste ait été un ascète. Il est en revanche très utilisé dans les textes de l'hindouisme.

---

[13] Comprendre que « ces choses cachées » sont inaccessibles au mental dualiste raisonneur de l'homme, mais pour autant accessibles à tout homme. Il n'y a rien de secret ou d'occulte en cela !

Le dictionnaire de l'Académie française indique qu'il est emprunté du grec *askêsis*, « exercice », dérivé de *askein*, « fabriquer, pratiquer ; s'exercer à ». L'ascèse ainsi conçue serait donc le résultat d'une activité de la volonté consciente en vue d'un résultat, à savoir l'union avec Dieu, la connaissance de Dieu. Mais est-il manière plus violente d'affirmer son ego, soit l'opposé du but recherché, que de vouloir, par des voies parfois mortifères, assurer son salut ? Et aussi manière plus inefficace, car, comme Alan Watts l'écrivait de manière imagée et humoristique : « Autant vouloir s'élever en tirant sur les lacets de ses chaussures ! » L'Inde, selon MSL, partage ces avis :

> « En Inde l'ascèse est considérée comme un état de faiblesse. Un très vieux texte recommande aux brahmanes "le pardon à l'égard des enfants, des vieillards et des ascètes" :
>
> - Les enfants parce qu'ils n'ont pas encore la maturité nécessaire
>
> - Les vieillards car ils n'ont plus l'énergie pour cela
>
> - Les ascètes parce qu'ils sont encore trop dans une volonté personnelle de faire par eux-mêmes leur salut. »

Les deux premières constatations ci-dessus font l'objet, dans le langage courant, d'une formule synthétique très parlante : « Si jeunesse savait ! Si vieillesse pouvait ! »

La troisième constatation revient à dire que l'ascète est encore dans une forme de volonté égoïste au sens fonctionnel et non moral du terme, précisément à l'opposé du but visé, à savoir la libération de l'ego.

**Aum (ou Om)**

« Aum » est, en sanskrit, une syllabe sacrée. Voici ce qu'en dit MSL :

> « "Aum" peut être traduit par "Amen". C'est la syllabe primordiale, créatrice, qui favorise l'intériorisation et la concentration d'esprit. »

Voir aussi plus haut l'article traitant du mot « Amen », qui est donc un peu l'équivalent occidental du « Aum » oriental.

**Avatar**

Le dictionnaire de l'Académie française indique que le mot est emprunté au sanskrit *avatara*, « descente sur terre d'êtres supraterrestres », composé de *ava*, « en bas », et d'un dérivé de *tarati*, « il traverse ». Ainsi, Jésus ou Krishna sont des avatars, des incarnations de Dieu ici-bas sur la terre, « descendues » sur la terre. Plus proche de nous, au XIX$^e$ siècle, Ramakrishna Pramahamsa l'a peut-être été aussi. MSL disait qu'un avatar se distingue d'un sage, celui qui aime la Vérité, ou d'un saint, celui qui aime Dieu, par le fait qu'il est Dieu dès la naissance, dès le début de son incarnation, alors que le sage et le saint ont un long parcours de purification avant de connaître puis devenir Dieu. Pour l'Inde, ce parcours peut durer de multiples vies. (Voir aussi à ce sujet l'article consacré au nom « Zwingli » à la toute fin du présent glossaire.)

Ci-dessous une citation de MSL relative à l'unicité de l'incarnation divine :

> « L'Avatar, l'incarnation divine, est une seule et toujours la même sous tous les noms qu'elle se donne pour se faire connaître et se faire aimer. »

C'est d'ailleurs très logique puisque

> « Dieu est un » (sic) Deutéronome 6;4,

et non pas comme cela a été faussement traduit dans l'édition Louis Segond de 1910 « Dieu est le seul Éternel » ce qui constitue par ailleurs un pléonasme ! Et puisque « Dieu est un », très logiquement, l'avatar est toujours le même, quelles que soient les différences des apparences formelles !

## Barabbas

Sans vouloir enlever leur possible réalité historique aux personnages des textes sacrés, force est de constater que le texte est souvent plus logique et plus éclairant quand on les dépersonnalise, en les considérant non pas comme des individus, mais comme des composantes, des facettes, des plans de conscience de l'homme en général. Voire en les considérant comme des figures archétypiques, archaïques, partagées par toute l'humanité, dirait le psychologue C.G. Jung. Telle était la conception qu'en avait MSL. D'expérience, une telle approche rend les textes sacrés plus satisfaisants sur le plan de la logique, mais surtout plus nourrissants, et, au final, efficaces.

Voici une illustration à travers une citation extraite d'une conférence de MSL, citation relative à la figure de Barabbas :

> « Barabbas est un révolté politique. Il représente le plan vital de l'être qui se révolte contre la Loi… car l'être humain a la nostalgie de la liberté et le sens de la liberté est sa vraie nature. Le sens de la liberté de l'Esprit, pas en tant qu'individu mais en tant que Dieu qui est chaque individu et tous les individus. C'est la grande liberté de la sainteté, celle qui s'ignore elle-même. L'homme doit monter à cette conscience que Dieu est tout et est lui-même. Mais Barabbas cherche la liberté là où l'on ne peut pas la trouver. Ce n'est pas dans la licence qu'est la liberté. Ce n'est pas dans l'extériorité mais dans l'intériorité. Pilate donne le choix aux Juifs : épargner Jésus, ou épargner Barabbas. Ils choisissent Barabbas… car le mental raisonnable de Pilate est impuissant contre la haine ! Barabbas, le révolté politique qui se rebelle contre la Loi. Mais Barabbas, c'est le plan vital, qui doit aussi être préservé. De la même manière, dans le Mahabharata, dans l'épisode de l'incendie de la forêt de Kandava que Agni [le feu de l'amour divin] va brûler, Takachahe, le forgeron des formes, est préservé par Indra [un précurseur de Shiva, le destructeur des formes]. Car le but n'est pas la destruction [des

formes] mais la transfiguration et la descente de la lumière dans l'inconscience. »

Une telle lecture des textes, exempte de jugement moral, non sentimentale, intérieure et psychologique plutôt qu'extérieure et au premier degré, satisfait bien mieux l'esprit logique, souvent le comble, donne de la cohérence aux textes des diverses religions et au final permet de saisir pourquoi ces textes sont parvenus jusqu'à nous : s'ils n'étaient que des histoires du passé, comme tant d'autres, ne nous concernant somme toute qu'assez peu dans nos vies présentes, ils n'auraient eu ni la diffusion, ni la pérennité qu'ils ont démontrées ! Osons l'hypothèse que ces textes ont traversé les siècles car ils sont utiles, voire parce qu'ils sont une nourriture nécessaire à l'homme. Utiles par ce qu'ils lui permettent de se comprendre, de comprendre la logique de la vie, et parce qu'ils l'aident dans une transformation psychologique qui, bien que parfois pénible au début, va finalement le combler ! Nécessaires parce que sans eux la transformation psychologie qui est son devenir évolutif, ne peut pas, ou très difficilement, se produire. Ces textes seraient alors en quelque sorte un manuel de psychologie sans le mot pour le dire, issus du fond de la conscience de l'humanité, qui est Dieu lui-même en l'homme, une description par analogie de ce qui se passe dans le cerveau de tout homme, depuis la nuit des temps. Ils seraient aussi et ainsi une somme de recommandations visant à assurer l'évolution psychologique de tout ou partie de l'espèce, à dépasser le « moi je », et finalement à faire l'expérience de la vérité, de la liberté et du bonheur des saints ! Les articles du glossaire peuvent d'ailleurs être vus comme une tentative intellectuelle pour illustrer ce propos. Mais il est clair que seule une lecture « engagée », selon l'expression de Zwingli (voir le dernier article du glossaire), et l'expérience vécue de la parole des sages et des saints « pénétrant en [nous] », selon les mots de Jésus, peuvent réellement nous le faire éprouver et nous en convaincre.

## Bâton (verge/houlette)

Le mot est utilisé 35 fois dans la Bible. Mais si l'on compte les 151 usages du mot « verge », qui lui est équivalent, et les cinq de « houlette », le bâton de berger terminé par un crochet destiné à attraper la patte des moutons, on peut considérer que la notion associée au mot revient souvent et s'intéresser à sa signification. Voici ce qu'en dit MSL :

> « Dans la Bible, le bâton est la conscience droite de la vérité dirigée par Dieu. Quand Moïse devient "Dieu pour pharaon" son bâton intervient comme une conscience droite, qui n'est donc pas angoissée, même quand elle marche dans l'égoïsme et l'orgueil du "moi je". »

Le bâton peut aussi prendre la forme d'une « verge de fer ». Par exemple, celle qui « brise les vases d'argile », la conscience droite qui brise nos fausses et fragiles conceptions, actions, désirs inspirés par un ego encore égoïste et orgueilleux. On peut par exemple citer à l'appui deux versets parmi d'autres :

> « Il les paîtra avec une verge de fer, comme on brise les vases d'argile, ainsi que moi-même j'en ai reçu le pouvoir de mon Père. » Apocalypse 2;27

> « Tu les briseras avec une verge de fer, Tu les briseras comme le vase d'un potier. » Psaume 2;9

## Bête

Les bêtes apparaissent et sont décrites au chapitre 13 de l'Apocalypse de Jean. Elles font partie, de la vision de Jean sur l'île de Patmos, vision qu'il a transcrite. MSL aimait à dire que quelqu'un à côté de Jean n'aurait rien vu et entendu car, « tout se passe dans notre cerveau ». Apparitions effrayantes à première vue, qui, avec celles du dragon et du reste du bestiaire apocalyptique, ont dû contribuer à l'idée selon laquelle le Livre de l'Apocalypse serait un récit des catastrophes à venir. Ce qu'il n'est évidemment pas, y compris bien sûr pour MSL. Voyons la lecture qu'elle en fait, lecture tout autre, à la fois symbolique et psychologique :

> « "La Bête qui monte de la mer" c'est l'inconscient destructeur, la mer désignant toujours l'inconscience dans les textes sacrés. "La Bête qui monte de la terre" c'est l'ignorance de la conscience mentale. Le chapitre 13 de l'Apocalypse, c'est de la psychanalyse avant l'heure, imagée et claire, faite avec le vocabulaire disponible à cette époque, mais attention, une analyse qui descend du haut de l'Esprit et pas des raisonnements d'homme. »

Rappelons le texte du chapitre 13 dans sa traduction Louis Segond, édition de 1910 :

> « Puis je vis monter de la mer une bête qui avait dix cornes et sept têtes, et sur ses cornes dix diadèmes, et sur ses têtes des noms de blasphème. La bête que je vis était semblable à un léopard ; ses pieds étaient comme ceux d'un ours, et sa gueule comme une gueule de lion. Le dragon lui donna sa puissance, et son trône, et une grande autorité. Et je vis l'une de ses têtes comme blessée à mort ; mais sa blessure mortelle fut guérie. Et toute la terre était dans l'admiration derrière la bête. Et ils adorèrent le dragon, parce qu'il avait donné l'autorité à la bête ; ils adorèrent la bête, en disant : Qui est semblable à la bête, et qui peut combattre contre elle ? Et il lui fut donné une bouche qui proférait des paroles arrogantes et des blasphèmes ; et il lui fut donné le pouvoir d'agir pendant quarante-deux mois. Et elle ouvrit sa bouche pour proférer des blasphèmes contre Dieu, pour blasphémer son nom, et son tabernacle, et ceux qui habitent dans le ciel. » Apocalypse, chapitre 13

MSL, dans sa conférence dédiée au sujet, reprend successivement les différents passages du texte à la lumière de sa connaissance de l'Inde, de la symbolique et de l'héraldique :

> « "Une bête qui avait dix cornes et sept têtes, et sur ses cornes dix diadèmes…" : la "corne" est l'abondance en langage symbolique, l'abondance de l'esprit, et le chiffre 10 correspond aux dix étapes d'une révélation totale comme aux dix incarnations de Vishnou, le dieu sauveur. Elle a aussi sept têtes qui correspondent aux sept plans de la conscience et de la vie, et dix diadèmes qui sont les signes de la victoire, ou de la royauté. Dans tous les cas, il y a donc beaucoup d'éléments positifs dans cette bête qui vient de l'inconscient. Mais il y a aussi beaucoup de négatif. »

Voir aussi l'article correspondant au nom « Vishnou ».

Continuons maintenant avec l'aspect négatif en notant que, suivant le dictionnaire, le mot « blasphème » vient du latin *blasphemia*, « blasphème, diffamation », venant lui-même du grec *blaptein*, « léser, nuire », et *phêmê*, « réputation ». Donc, il y a dans le mot « blasphème » l'idée d'une transformation négative malveillante et intentionnelle de quelque chose de positif, qui est réputé valable.

> « "…et sur ses têtes des noms de blasphème…" : le blasphème est une parole de mauvais augure, qui ne doit pas être prononcée dans un lieu sacré. Or l'homme est sacré, l'homme est aussi un lieu sacré ainsi qu'il est dit dans la Gita :
>
> "Je suis la demeure et l'habitant."
>
> L'homme est la demeure sacrée de Dieu ! C'est aussi ce qu'affirme l'Évangile de Thomas, logion 3 :
>
> "Le Royaume est au-dedans de vous et il est au dehors de vous."
>
> En parlant mal, l'homme se détruit, en parlant bien, l'homme progresse, s'accomplit et grandit jusqu'à la plus haute vérité. »

Donc la bête qui porte ces paroles de blasphème a une activité nuisible, tant il est vrai que l'homme devient ce qu'il pense et ce qu'il dit, une autre réalité psychologique.

Continuons avec la caractérisation de la première bête.

> « "La bête était semblable à un léopard ; ses pieds étaient comme ceux d'un ours, et sa gueule comme une gueule de lion…" : la bête est donc un être hybride, déformé, avec un aspect de fantasme. Le léopard lui-même dans l'héraldique est déjà un être curieux car représenté passant [donc de profil] mais avec une tête de face, et cette tête n'est pas une tête de léopard mais une tête de lion. Ses pattes sont celles d'un ours, animal pataud mais capable de fureur inattendue et subite. La gueule de lion correspond au plan matériel, concret. Donc cet animal est une image incroyable… et pourtant… l'homme qui veille, l'homme qui prie, efface cette image qui ne veut rien dire, mais c'est là que, point très important, tout bascule, car :

> "Le dragon lui donna sa puissance, et son trône, et une grande autorité" : la bête devient le mal quand l'ego[14] lui donne sa puissance, son "trône" [donc son autorité royale]. La conscience mentale humaine donne à l'inconscient sa mauvaise puissance ! Le mental peut purifier l'inconscient, qui devient alors une réserve de lumière, en l'abreuvant de prière. Mais si le mental se centre sur le "moi je", alors, l'inconscient, la bête, devient terrifiant. Donc, on peut être maître de l'inconscient si on le veut, en chantant le nom de Dieu, en se donnant à lui avec une douce persévérance et une joie pleine de santé. Donc, dans le texte, à la place de la raison raisonnable, l'intelligence mentale cède son autorité à l'inconscient, la bête qui monte de la mer, et au subconscient, la bête qui monte de la terre. L'Esprit pourrait démasquer l'œuvre de l'inconscient et la démission de

---

[14] Car la deuxième bête c'est le dragon, l'ego, le moi individuel sous sa forme dégradée, pervertie, de « moi je ».

l'intelligence mentale de l'ego ! Mais là il "donne son autorité". Actuellement [en 1980, année de la conférence, mais c'est encore plus accentué aujourd'hui en 2024 !] l'inconscient règne dans tous les domaines : arts, télévision, religions, spiritualités. L'intelligence au contraire grandit du côté des sciences, mais s'affaiblit du côté des religions. Le moi intelligent démissionne de sa divinité et laisse l'inconscient régner à sa place. La raison, l'intelligence a sa noblesse, mais démissionne.

"Et je vis l'une de ses têtes comme blessée à mort ; mais sa blessure mortelle fut guérie" : la conscience est pourtant avertie du danger, car ta tête porte les traces de la mort. La vision est porteuse de mort ! C'est faux ! Il y a danger mortel, mais la blessure guérit et l'avertissement disparaît.

"Et toute la terre était dans l'admiration derrière la bête" : la conscience entière accepte la domination de cette bête hybride dont la blessure disait qu'elle était dangereuse. L'être entier est en admiration donc "embarqué" en quelque sorte derrière l'inconscient qui se retrouve dans les journaux, dans la télévision, et jusque dans les endroits les plus inattendus, dans les réclames par exemple.

"Et ils adorèrent le dragon, parce qu'il avait donné l'autorité à la bête" : c'est l'adoration de l'ego, les bacchanales.

"Qui est semblable à la bête, et qui peut combattre contre elle ?" : c'est maintenant le déchaînement du désordre. Or, comme disait J.-S. Bach : "On ne peut pas créer dans le désordre". Maintenant le fantasme règne. Un seul mot vrai ferait reculer et le dragon et la bête, mais…

"Et il lui fut donné une bouche qui proférait des paroles arrogantes et des blasphèmes ; et il lui fut donné le pouvoir d'agir pendant quarante-deux mois" : mais la bouche ne prononce pas un seul mot vrai. Cette bouche fait penser à la bouche d'Agni, le feu de l'adoration, qui lui prononce des paroles de vérité. Au travers de sa bouche, l'inconscient est doué ici d'une faculté de parler mal, orgueilleusement et égoïstement, perturbant et salissant l'homme.

"... il lui fut donné le pouvoir d'agir pendant quarante-deux mois" : le "pouvoir" doit être compris comme la "liberté" d'agir, mais pendant un temps limité. Dans la Bible le temps de l'épreuve est toujours limité : dix jours, dix ans, quarante ans. Le chiffre quarante-deux correspond à six fois sept : six plans de conscience, car le septième, celui de l'Absolu, de l'Esprit, arrête le pouvoir de la bête ; sept car chaque plan de la conscience possède sept échelons qui doivent être accomplis.

L'inconscient se brise sur le septième plan qui est le plan de l'Esprit. La bouche, qui ne dit pas la vérité, sème en nous le doute si douloureusement et blasphème contre Dieu, mais, pour un temps limité. »

Avec l'interprétation de ce chapitre 13, il est maintenant clair que l'Apocalypse peut être lue comme un manuel primitif[15] de psychologie, réalisé avec la pensée analogique et avec les mots polysémiques de l'époque. Mais une psychologie qui vient des forces de l'Esprit en nous et ne se réduit pas à une construction intellectuelle, aussi séduisante soit-elle.

**Bethléem**

C'est le nom du lieu de naissance de Jésus, donc du sauveur, puisque « Jésus » signifie sauveur, « celui qui » ou peut-être plus

---

[15] Dans le sens étymologique du mot « qui est à son origine, à ses débuts » et nullement dans un sens dépréciatif.

impersonnellement « ce qui » nous sauve des efficacités négatives de l'ego quand il devient un « moi je »[16].

Voici ce que MSL disait au sujet du lieu de naissance du sauveur :

> « Le nom "Bethléem" signifie "la maison du pain, la maison de Dieu" donc la nourriture et en même temps la demeure. »

Donc Jésus, qui est Dieu, est une nourriture. Il est celui ou cela qui nourrit, qui est nourricier. Et il nous nourrit pour nous sauver de l'étroitesse de l'ego dans sa forme de « moi je » et nous faire naître à la vastitude de l'esprit. Fonction qui est aussi celle de Vishnu, le dieu sauveur, en Inde. Fonction nourricière qui, traditionnellement, en tout cas sur le plan concret, est plus féminine que masculine. Ce qui justifie l'affirmation du pape Jean-Paul Ier selon laquelle Dieu est encore plus une « Mère » qu'un « Père », et fait penser aux figures également féminines de « Mère divine » dans l'hindouisme, et aussi aux déesses mère primitives d'un grand nombre de civilisations. Toujours par rapport à cette fonction nourricière de Dieu, on peut faire le lien avec la manne que reçoit le peuple juif dans le désert : cette nourriture dont MSL faisait remarquer qu'elle ne se conservait pas et dont le peuple (qui est nous-même dans notre complexité psychologique) recevait juste la quantité dont il avait besoin (donc pas, ou pas seulement, une nourriture matérielle, mais une nourriture assurant la croissance de tout notre être). Et on peut également faire le lien avec les paroles de Jésus qui se présente comme le « pain de vie » :

> « Le Seigneur Jésus a dit : "Je suis le pain de vie. Celui qui vient à moi n'aura jamais faim, et celui qui croit en moi n'aura jamais soif". » Jean 6;35

D'où aussi le sacrement eucharistique réalisé avec une hostie, du pain sans levain, sans le levain de l'orgueil qui fait enfler l'ego, nourriture divine, qui, contrairement aux nourritures intellectuelles ne présente pas le risque

---

[16] Plus tard dans l'évolution humaine, il est aussi celui qui protège le mental humain de la destruction dans le processus de sa transfiguration et « accomplissement dans la fusion de l'unité » (Voir à ce sujet ce qui est dit de Vishnu, le sauveur, dans l'article consacré à la Trimurti).

de nous conduire à l'inflation psychologique décrite par C.G. Jung (l'orgueil de celui qui a acquis un peu de connaissance de soi). Et MSL présente Dieu non seulement comme une « nourriture », qui permet la croissance transformatrice, mais aussi comme une « demeure », le point d'arrivée, un lieu psychologique, celui où la conscience de soi et du monde est transfigurée, et où la conscience d'être prévaut. Ceci est parfaitement logique dans la mesure où Jésus est le Christ, donc la première différenciation de l'unité divine. De même que la Mère divine en Inde. Le Christ est donc la totalité de la création, ainsi que l'exprime Saint Paul dans Colossiens 15-17, et non pas une personne, ou pas seulement une personne. Voir à ce sujet l'article consacré au mot « Christ ».

## Bhagavad-Gita (ou Bhagavadgita)

La Bhagavad-Gita est l'un des plus beaux textes sacrés qui soit et le joyau de l'hindouisme. Il est surtout extrêmement accessible au mental dualiste occidental, et encore plus grâce à la traduction et aux commentaires qu'en a faits Sri Aurobindo, le grand penseur du XX$^e$ siècle, l'un des rares sages à avoir une double culture orientale et occidentale.

Voyons ce que MSL dit de ce texte et de son nom :

> « Ce terme sanskrit se traduit littéralement par "chant du bienheureux" ou "chant du Seigneur" et, dans la pratique, désigne le chant du bienheureux seigneur Krishna, chant qui constitue la partie centrale du poème épique Mahabharata. Ghandi en disait que c'est "le récit du combat de notre conscience avec elle-même". La Gita est un texte védantique. Les textes védantiques sont l'accomplissement, la suite et la fin des hymnes védiques, qui constituent le Veda. Le Veda qui est relatif à la connaissance dans un monde créé, le monde des dieux. Veda qui, au travers des textes védantiques, dont les Upanishads, dont la Gita, s'accomplit dans la connaissance de l'unique, la connaissance du Brahman unique et absolu. Or, la Gita, qui ne cesse de prêcher pour le Moi de l'univers, en même

temps, parle des œuvres et de l'adoration du seigneur. Les deux états ne sont pas contradictoires : adoration et œuvre sont le chemin qui est déjà Dieu, puisque la Mère divine se met elle-même dans sa création. De même que le Christ, est lui-même celui

"en qui, par qui, pour qui toutes choses ont été créées et subsistent." (sic[17], Colossiens 1;16-17)

Et Dieu nous conduit sur ce chemin à la mesure de nos vraies possibilités ! »

La citation ci-dessus a un caractère très philosophique. Elle est relative à l'apparente opposition entre, d'une part, la connaissance au sens moniste (conception philosophique selon laquelle tout n'est qu'un et tout est Dieu) et, d'autre part, la connaissance dans la conception dualiste (conception philosophique selon laquelle la matière est séparée de l'Esprit), pour finalement montrer que cette contradiction n'est qu'apparente et non substantielle. Pour autant, MSL répétait souvent, et cette fois très pratiquement, quelque chose, synthétisé et cité de mémoire comme suit :

Dans la Bhagavad-Gita, comme dans la Bible, il n'est question à première vue que de personnages et d'histoires qui se sont passées dans des temps reculés. Dans la Gita, il s'agit de l'histoire d'Arjuna, fils de la princesse Kunti, qui dialogue avec Krishna, huitième incarnation de Vishnou et en même temps, incarnation de l'Absolu, au 16/16ᵉ. Donc en totalité. Arjuna, prince guerrier et archer divin, a des doutes : doit-il participer, ou pas, à un combat qui va l'opposer à des membres de sa famille, les Kaurava, qui sont dans l'armée opposée ? Mais ne voir que des histoires qui se passent dans le temps et dans l'espace, donc extérieurement, non seulement présente un intérêt limité, mais fait qu'ils paraissent souvent au mieux illogiques, contradictoires, moralement déroutants, et, au pire, incompréhensibles. Dans la Gita, comme dans tous les textes sacrés, les personnages doivent être considérés comme des parties de nous-même, des plans de conscience de l'être humain. L'objet du texte est la description du chemin à parcourir, ici et maintenant, de ses difficultés, des solutions

---

[17] Voir la citation exacte en note n°3 dans l'article « Aditi ».

possibles pour dépasser ces difficultés, et au final pour accomplir notre destin évolutif. Et ce destin, c'est le dépassement de la conscience dualiste pour retrouver le sens de l'unité, ce qui s'appelle Dieu. Lorsque le Mahatma Gandhi disait de la Gita qu'elle est une description du combat intérieur des différents plans de la conscience humaine, c'est dire qu'il voyait dans le texte à la fois une description de la psychologique humaine et, au-delà, du chemin vers sa maturation. Car, finalement, la sainteté n'est rien d'autre que la maturité de l'homme qui a dépassé le mental dualiste et pour qui l'ego n'est plus un « moi je » mais un point de vue « transparent de Dieu seul ». MSL disait aussi que la religion pratiquée avec vérité, s'appuyant sur la lecture engagée des textes sacrés, bien que cela ne soit pas son but premier, pouvait conduire en bénéfice secondaire au même résultat que les cures psychologiques et psychanalytiques, surtout jungiennes : le bonheur de l'homme. Mais là où la première faisait les choses « par le haut et avec audace », la seconde les faisait « par le bas et avec d'infinies précautions ». Ce rapport des textes sacrés avec une nécessaire transformation psychologique se comprend relativement facilement dans le cas de la Gita, de par son langage, et de par la traduction et les lumineux commentaires qu'en a fait Sri Aurobindo. C'est plus difficile pour la Bible, mais ce fut l'œuvre de la vie de MSL que de l'avoir vécu et d'avoir rendu ce rapport accessible au travers de nombreux ouvrages et conférences. Cette façon de lire et de comprendre les textes sacrés devrait, je l'espère, se cristalliser au fil de la lecture de ce glossaire.

**Bien/mal**

Pour l'homme ordinaire, surtout l'homme occidental, bien et mal constituent une paire d'opposés irréconciliables. Donc des « absolus ». Et des « absolus » dangereux, source de totalitarismes. Pour les jivanmukta de l'Inde, les « libérés vivants », bien et mal ont une signification particulière, car le bien et le mal se situent dans la dualité et Dieu est au-delà de la dualité. Ramakrishna utilisait une image concrète, et très parlante de la vie quotidienne dans l'Inde rurale du XIX$^e$ siècle, pour faire comprendre leur rapport et son dépassement au fil de la croissance en maturité spirituelle :

> « On prend une épine qui s'appelle le bien, et avec on enlève l'épine qui s'appelle le mal, puis on les jette toutes les deux : Dieu est au-delà. »

Parole qui renvoie à cette citation de Pascal, cet humble scientifique et penseur français, trop oublié :

> « Ainsi il y a deux natures en nous : l'une bonne, l'autre mauvaise. Où est Dieu ? Où vous n'êtes pas. »

Pascal situait Dieu, comme Ramakrishna, au-delà du bien et du mal, et avec des mots voisins. Deux citations magnifiques, la première des deux ayant appelé, un siècle plus tard, ce commentaire de MSL :

> « Par ailleurs, passé un certain stade de détachement, on n'a pas besoin de se préoccuper de faire le bien, car le bien se fait de lui-même, parce que ce que nous sommes n'est plus nous, car ce nous est Dieu. »

À ce sujet, Mâ Ananada Moye qui, à une occasion, avait affirmé « être Ramakrishna dans ce corps-ci » (c'est ce que rapportait MSL qui avait été en relation avec elle) allait encore plus loin en affirmant l'irréalité du mal et son aspect de projection dans le sens psychologique du terme :

> « Le bien est vérité, et la vérité est vie ; le mal est aussi irréel qu'une illusion, il est dû à votre propre perversité. »

Dans la continuité, on a presque envie d'ajouter que celui qui conçoit le mal pour les autres devient le mal et est lui-même le mal. On est en tout cas ici bien loin de la conception habituelle, dualiste et morale, du bien et du mal ! Passons maintenant à ce que Saint Paul écrit sur le même sujet mais en utilisant le verbe « juger » :

> « L'homme spirituel juge de tout et il n'est jugé par personne. »
> Corinthiens 29;16

MSL précise dans quel état de conscience de soi Saint Paul dit cela, état qui n'est pas un état de toute puissance, mais l'exact opposé :

« Il n'est plus personne ! Sinon, dit comme cela, ce serait dangereux ! »

Ramkrishna, lui, disait à propos du jivanmukta, le libéré vivant :

« Il est au-delà du bien et du mal, mais il ne fait jamais le mal. »

Nota : il faut essayer d'imaginer, au travers des citations ci-dessus, le terrible danger qui guette celui qui n'a pas la maturité de l'extase, car l'homme qui se perçoit « à la fois comme le centre et le tout » et « qui juge de tout et n'est jugé par personne » et « qui est au-delà du bien et du mal » court, s'il n'est pas parfaitement pur et sans ego dans le sens de « moi je », tous les dangers de l'inflation, tel que l'exprime le psychologue suisse Carl Gustav Jung. À savoir se sentir dans la toute-puissance au risque du délire, tomber dans la mégalomanie, voire sombrer dans la folie s'il lui reste la moindre trace d'orgueil et d'égoïsme (dans le sens fonctionnel et non moral de ces termes). Cela a été le cas de Nietzsche et a aussi failli être le cas, semble-t-il, du neveu de Ramakrishna, Hriday, qui y échappa grâce aux mises en garde de son oncle, en particulier à propos des pratiques occultes (Ramakrishna disait que pratiquement personne n'était assez pur pour pouvoir s'y adonner sans danger).

**Bien-aimé**

Krishna dit d'Arjuna, au chapitre 18 de la Bhagavad-Gita, qu'il est « son bien-aimé, intimement ». Mais Arjuna est aussi en nous en tant que plan de notre conscience, et nous sommes tous son « bien-aimé intimement » ! Toujours dans ce fameux chapitre 18, Krishna, après avoir parlé de l'extase, et dit que peu la connaissent, tient des propos consolateurs en affirmant la possibilité pour l'homme agissant totalement tourné vers Dieu « d'atteindre par [sa] grâce la condition éternelle et impérissable ». Krishna termine par deux très beaux versets, comprenant une affirmation présentée comme « secrète » :

« Dans le Seigneur prends refuge, en toutes les voies de ton être,
et, par sa Grâce, tu parviendras à la paix suprême et à la

condition éternelle [...] Et maintenant, entends la parole suprême, la parole la plus secrète que Je vais te dire ; tu es mon bien-aimé, intimement, c'est pourquoi Je parlerai pour ton bien. Emplis de Moi ta pensée, deviens mon amant et mon adorateur, sacrifie à Moi, sois prosterné devant Moi, à Moi tu viendras, c'est l'assurance et la promesse que Je te fais, car tu m'es cher. Abandonne tous les dharmas et prends refuge en moi seul. Je te délivrerai de tout péché et de tout mal, ne t'afflige point. »
Bhagavad-Gita 18;62-64

Et voici le commentaire qu'en fait MSL :

« On a du mal à croire que Dieu nous aime et pourtant il faut nous remplir de cette pensée essentielle que l'amour de Dieu est la plus grande réalité de la vie ! C'est par Lui que nous devenons des êtres qui connaissent l'unité de toute l'existence. Si nous parvenons à croire que nous sommes les "Bien-aimés intimement", tout ce qui peut nous atteindre devient indifférent. Dans la vie humaine, quand on aime vraiment, tout le reste devient indifférent. Nous appartenons au Seigneur dans un amour qui ne nous est jamais ôté. Les difficultés de la vie prennent une autre saveur : elles sont peut-être un "poison amer pour nos entrailles, mais deviennent un nectar doux comme le miel" (Apocalypse 10;9) qui panse les blessures les plus profondes. "Abandonne tous les dharmas" signifie, abandonne tous les dogmes, tous les rites, les particularités des religions et prends refuge en moi seul. »

Trois commentaires :

- Il est dit ci-dessus que « dans la vie humaine, quand on aime vraiment, tout le reste devient indifférent ». Mais il est symétriquement tout aussi vrai que, étant humainement vraiment aimé, tout le reste devient aussi indifférent : les agressions de la vie n'ont pas prise sur nous. C'est pour cela que l'amour d'une mère pour ses enfants est si important, car cet amour agit comme une enveloppe protectrice qui répond à l'un des premiers besoins des enfants, à savoir être protégés !

- Quand il est écrit que « Dieu nous aime », il faut bien voir que c'est un raccourci. Et se souvenir d'une part que pour MSL Dieu n'est en rien une personne, dans le sens d'un individu, et que, d'autre part, « Il » nous aime du dedans de nous-même, et donc de lui-même. Les sages et les saints nous disent que c'est quelque chose que tout le monde peut éprouver, qui n'a rien de miraculeux, toujours présent, mais que le manque d'estime de soi bien placée, l'agitation mentale, ou les émotions excessives peuvent masquer.

- Dans le bouddhisme on retrouve la même notion de « prendre refuge » à savoir littéralement « prendre refuge dans le Bouddha ». On y retrouve aussi d'ailleurs l'amour sous sa forme empathique de compassion, ce sentiment par lequel nous sommes amenés à éprouver nous-même la souffrance d'autrui.

**Blasphème**

Le mot « blasphème » et le verbe « blasphémer » sont utilisés seulement quinze fois dans toute la Bible. Pour autant leur bonne compréhension est essentielle à celle de versets importants comme ceux de l'Apocalypse en chapitre 13. (Voir à ce propos l'article traitant du mot « Apocalypse ».) Le dictionnaire indique que le mot « blasphème » vient du grec *blaptein* qui signifie « léser, nuire », et du grec *phêmê* qui signifie « réputation ». Un blasphème est un discours, un propos ou une parole considérée comme irrévérencieuse à l'égard de Dieu ou d'une divinité, une parole qui ne doit pas être prononcée dans un lieu sacré. Et l'homme est précisément un lieu sacré ! Il nous est dit que les conséquences du blasphème ne sont pas les mêmes selon la situation :

> « Tout péché et blasphème contre le fils de l'homme sera pardonné aux hommes, mais le blasphème contre l'Esprit ne sera pardonné ni dans ce siècle ni dans le siècle à venir. » Matthieu 12;31-32

MSL commentait ce passage comme suit lors d'une conférence :

> « C'est la meilleure citation justifiant qu'il faille lire les textes sacrés comme décrivant des réalités intérieures. En effet, le péché contre tel ou tel individu est sans importance. En revanche, le péché contre l'esprit des choses, pénétrant toutes choses, de manière à la fois immanente et transcendante, ce péché-là, lui, ne sera jamais pardonné. Non pas pour des raisons morales, mais pour des raisons fonctionnelles parce qu'il conduit à la destruction de l'homme. »

Cette affirmation de MSL n'est pas si facile que cela à comprendre... En fait, il faut sans doute distinguer deux idées différentes :

- L'une, correspondant à la première phrase de la citation, qui est d'ordre général, relative à tout texte sacré, avec l'affirmation qu'une de leurs caractéristiques est de décrire des « réalités intérieures ». Donc ce qui se passe dans notre cerveau, par opposition à des réalités « extérieures » qui se passeraient, en quelque sorte, en dehors de notre enveloppe de peau (ceci supposant que « passer le scalpel » entre « intérieur » et « extérieur » soit possible, ce qui est contestable !)

- L'autre, correspondant au reste de la citation, le sujet principal, qui se rapporte directement à la citation de l'Évangile, justifiant la différence de degré entre deux types de péchés d'une manière assez convaincante pour notre raison.

Pour ce qui est du sujet principal, il faut se souvenir que le « fils de l'homme » désigne Jésus, une personne incarnée dans un monde de forme, un individu parmi d'autres, tel que le conçoit le mental humain ordinaire. Le mental ne percevant pas sa réalité essentielle sous-jacente, sa « substance », selon l'expression de MSL, substance qui est esprit. Alors, dans un monde de formes où tout passe, comme imaginer que le péché, qui n'est qu'un « faux pas » (voir l'article correspondant du glossaire) ait des conséquences éternelles ? Cela serait totalement contradictoire, incohérent, illogique. En revanche, le péché contre l'Esprit, lui, est impardonnable par définition. En effet, le pardon (voir l'article consacré à ce mot) est un allègement qui nous permet de reprendre le chemin en direction du divin, dont la substance est précisément l'Esprit. Alors refuser l'Esprit en péchant contre lui, alors que le but de la vie est le retour à l'Esprit, est auto-contradictoire. Ce ne sera pas pardonné, donc impardonnable, non pas dans un sens moral, non pas dans le sens d'une punition, mais parce que c'est un faux pas rédhibitoire « par construction » ! Sur le chemin de la vie, comme sur les chemins de montagne, ce faux pas se traduit par une chute fatale, mortelle. C'est un péché mortel.

Pour ce qui est de la première phrase et idée, Ramana Maharshi commencerait sans doute par souligner que la différence « intérieur/extérieur » résulte de l'activité du mental dualiste, et que la réalité n'est ni extérieure, ni intérieure, mais tout simplement la réalité ! En fait, substituer « réalité du monde concret » à l'expression « réalité extérieure » et « réalité de notre monde psychique » à l'expression « réalité intérieure » dans la citation de MSL nous aide peut-être un peu à comprendre. Ce que dit MSL, c'est que Jésus discrimine et affirme indirectement que les vrais enjeux ne se situent pas dans le monde concret, visible, mais là où se situe la vie de l'Esprit, puisque c'est là que le péché est impardonnable. Donc, quand on lit les textes sacrés, il faut s'attacher à les comprendre, au-delà des réalités concrètes « extérieures » qu'ils expriment, réalités de peu d'importance, pour les comprendre comme exprimant des réalités « intérieures », invisibles mais bien plus essentielles, celles de la vie de l'Esprit. Ces réalités invisibles ne pouvant s'exprimer qu'avec le langage métaphorique concret de l'époque, il faut donc se garder du risque de n'y voir que de petites histoires sans grande importance !

**Bon/bonté**

Dans le seul Nouveau Testament, les mots « bon », « bonne », « bonté » apparaissent à 188 reprises… ce qui place ce groupe de mots parmi les 50 termes les plus employés. Il est question de bonté en maints endroits dans la Bible mais quel est son sens ? Citons par exemple la parabole dite du « jeune homme riche » :

« Seul Dieu est bon. » Luc 18;19

Et aussi dans le Livre de la Genèse, au septième jour :

« Dieu vit que cela était très bon. » Genèse 1;31

Voyons ce que MSL dit de l'utilisation de cet adjectif dans la parabole en question :

> « "Bon" doit être compris dans le sens de "juste", de "à sa place". Il doit être compris comme le terme sanskrit "*yukta*" qui signifie "en union avec Dieu", "un avec Dieu". »

Voyons maintenant ce que MSL nous dit de la signification de l'adjectif « bon » dans la citation de la Genèse :

> « "Bon" doit être compris comme "valable". C'est le constat de la perfection Divine qui est faite de douceur, de confiance et aussi de persévérance. Dans toutes les circonstances, celui qui a la force de ne pas dominer, qui est doux, finit par "hériter la terre". Comprendre est en définitive la seule source de joie, le seul bonheur. D'ailleurs comprendre ne veut-il pas dire "prendre avec soi" ? »

Nota à propos de l'expression « hériter la terre » : quand on « hérite », on « possède », et, quand on « possède son sujet », c'est qu'on le « comprend ». C'est donc la bonté, l'amour qui donne la capacité de comprendre, et c'est donc lui, étonnamment, qui est la véritable intelligence ! C'est aussi ce qu'affirme Arthur Rimbaud, à sa manière, dans le dernier poème des Illuminations, Génie :

> « Il est l'amour, mesure parfaite et réinventée, raison merveilleuse et imprévue »

**Bonheur**

Tous les hommes cherchent le bonheur, un bonheur stable ! Malheureusement, nous le cherchons en général dans une extériorité, là où il est impermanent car dépendant de conditions que nous ne maîtrisons pas. Ce bonheur est instable et insatisfaisant. Souvent, c'est son opposé, le malheur, qui fait que l'homme se tourne vers la religion et la recherche de sens. À juste titre, car tous les textes sacrés affirment clairement que le bonheur est bien au bout d'un « chemin », souvent long certes, mais il s'agit d'un bonheur d'une autre nature, indépendant des conditions extérieures de nos vies.

Voici quelques citations relatives au sujet, à commencer par un passage d'une conférence de MSL :

> « Le bonheur est la guérison du monde. C'est la "guérison des nations" selon la belle expression de l'Apocalypse de Jean. C'est l'arbre de vie "qui donne du fruit douze fois l'an" et qui est la "guérison des nations". »

Le Dalaï-lama affirme que le bonheur doit se chercher à l'intérieur, car, à l'extérieur il est dans sa nature d'être fugace, de passer, d'être instable. Swami Chitananda, lui, (voir l'article traitant du mot « stable ») considère, à l'image de tous les saints et sages, que le bonheur est notre « nature essentielle », qui est « Satchitananda ». Le terme est constitué de trois mots sanskrits, qui désignent inséparablement l'être, la connaissance et la félicité, et qui, de ce fait, doit s'écrire sans tiret de séparation :

> « Ceci étant votre nature essentielle, on ne peut vous en priver. Ce n'est pas un élément qui vous qualifie, quelque chose que vous n'auriez pas auparavant et qui vous aurait été surajouté, vous avez toujours été SatChitAnanda, existence, conscience, félicité absolue. »

On pourrait se méprendre et penser que Saint Augustin aurait une conception extérieure du bonheur, qui serait celle de la satisfaction frugale des désirs, sans remettre en cause le désir lui-même :

> « Le bonheur, c'est de continuer à désirer ce qu'on possède. »

Interprétation habituelle : Saint Augustin inverse la perspective. Le bonheur, ce n'est pas acquérir quelque chose de matériel ou d'immatériel que nous désirerions, mais en quelque sorte se satisfaire, se contenter et jouir de ce que l'on a, de ce que l'on « possède » déjà. Il est possible que cela ait été l'intention du grand saint, mais, faute d'avoir eu accès au texte original, et compte tenu de ce que Saint Augustin a pu dire par ailleurs, on peut penser qu'une autre interprétation est possible, et plus probable, car, au fond, qu'est-ce que l'homme pourrait posséder de manière stable ? Extérieurement rien ! Ni ce corps périssable, ni ces pensées, ni, bien sûr, toutes les richesses qu'il a pu accumuler sa vie durant. Ce qu'il possède vraiment, c'est ce dont « on ne peut pas vous priver », SatChitAnanda, l'existence, conscience et félicité absolue, indivisiblement. Et cela, c'est la seule chose qu'il faille « désirer » et atteindre. C'est le but de la vie spirituelle, et l'objet des textes sacrés est de nous apporter comment y arriver (ce qui est bien différent de nous l'expliquer).

Nota : l'usage du verbe « désirer » ci-dessus est lui-même discutable tant est vraie l'affirmation de Saint Jean de la Croix, à savoir que pour connaître Dieu (qui n'est pas différent de notre nature véritable selon les sages et les saints), il ne faut « rien, rien, rien, rien, rien désirer », répété cinq fois[18] !

Pour terminer, citons Ramana Maharshi, qui fait le même constat que Swami Chitananda sur le bonheur :

> « On peut dire que le bonheur est notre condition naturelle ou notre nature ; le plaisir et la douleur sont relatifs ; ils tiennent de notre état limité et se développent en fonction des satisfactions des désirs. Si ce développement relatif est stoppé et que l'âme s'immerge dans le Brahman – dont la nature est la paix parfaite – cette âme cesse d'éprouver un plaisir relatif temporaire et jouit d'une paix parfaite : la Félicité. Ainsi, on peut dire que la réalisation du Soi est Félicité. » *L'Enseignement de Ramana Maharshi* (« 4 février 1935 »)

Ce témoignage est parfaitement cohérent avec les observations des sages et des saints de toutes les époques, et assez largement avec celles du psychologue Carl Gustav Jung. Est-il promesse plus réconfortante pour l'homme en proie à la « tribulation », la souffrance psychique ?

---

[18] Voir à ce propos l'article traitant du verbe « désirer ».

## Brahman

D'après le dictionnaire en ligne Wikipédia, ce mot de la langue sanskrite est construit sur la racine verbale *bṛh-* dont le sens épouse celui des verbes français « fortifier, accroître, augmenter, agrandir ». Le participe *bṛhant-* se traduit par « puissant, abondant, vaste, grand ». Dans l'hindouisme, il est la conscience cosmique partout présente, l'absolu à la fois transcendant et immanent, le principe ultime sans commencement ni fin. Voyons ce qu'en dit MSL :

> « "Brahman" veut dire "le sacré" en sanskrit, et, effectivement, l'Absolu lumineux a une saveur qui est le sacré, c'est-à-dire une saveur qui est celle de l'amour. Le Brahman est identique à l'Atman, qui lui-même est l'âme unique, qui est toute la vie et l'accomplissement dans toute la vie. Brahman est un état, l'état de Brahman. C'est un état de connaissance d'où découlent toutes les autres connaissances. C'est la certitude sans laquelle rien n'est certain, la vision sans laquelle il n'est pas de jugement équitable. Le monde des dieux est le monde des visions. Au-delà est le samadhi sans vision, l'état de Brahman, le "SatChitAnanda" révélateur et créateur de soi. Le symbole visuel est la fleur de lotus aux mille pétales. Le symbole auditif est le son de la syllabe "om" ou "aum". »

Voir aussi à ce sujet les articles correspondants aux mots « connaissance » et « extase » et « SatChitAnanda ».

Le mot « Brahman », l'état correspondant et ce qui en découle sont caractérisés par Krishna :

> « Quand un homme est devenu le Brahman, quand dans la sérénité du moi il ne s'afflige ni ne désire, quand il est égal envers tous les êtres, alors, il obtient le suprême amour et la dévotion suprême pour Moi. » Bhagavad-Gita 18;54

Citation que MSL commente en précisant ce qui résulte de cet état :

> « Ceci, cet amour total, c'est le plus grand cadeau qui soit fait à l'homme ! On imagine que quelqu'un qui a connu ce moment, quand il en revient, reste dans l'adoration. Mais cela ne signifie pas que les combats soient finis et que la souffrance cesse. C'est le cas de Jésus à Golgotha avec son angoisse devant l'ignorance des hommes. Jésus porte la souffrance des autres car il est conscient de la souffrance des hommes. Ainsi Ramakrishna et son cancer de la gorge, qui a pris sur lui tant de souffrances qu'il en est peut-être devenu malade, idem pour Ramana Maharshi ou Swami Sivananda. C'est possible ! »

Et pour terminer, citons MSL lors de la conférence donnée le 15 novembre 1987, à propos de la réalisation de Brahman dans la méditation, puis dans le samadhi :

> « Il y a une différence nette entre la réalisation de Brahman et celle des dieux : ces derniers agissent, influent sur l'âme, l'attirent, la conduisent. La Mère conduit en Brahman et, dès lors, en lui, tout se tait et s'immobilise. Brahman est un état, l'état de l'âme dans sa plénitude absolue et immuable. Il est cela sans qui rien n'est, l'existence absolue et l'accomplissement parfait pour l'âme qui le perçoit en elle. La Mère conduit en Brahman et dès lors tout se tait et s'immobilise. »

Au passage, commentaire périphérique, on voit bien ici combien il serait erroné d'opposer le prétendu monothéisme des trois religions du Livre, au prétendu polythéisme de l'hindouisme. Par ailleurs, pour symétriser, notons que la notion « des dieux » est explicite dans la Bible :

> « Mais Dieu sait que, le jour où vous en mangerez, vos yeux s'ouvriront, et que vous serez comme des dieux, connaissant le bien et le mal. » Genèse 3;5

D'ailleurs « dieux », avec un « d » minuscule et au pluriel, apparaît dans plus de 200 versets de la Bible !

**Brigands/malfaiteurs**

Les deux mots apparaissent seulement une petite trentaine de fois dans la Bible. Jésus est crucifié entre deux brigands (ou deux malfaiteurs). L'un d'eux formule une demande :

> « Souviens-toi de moi, quand tu viendras dans ton règne. » Luc 23;42

Voici comment MSL interprète cet épisode et ce que les « brigands » sont en nous-même :

> « Ce brigand, c'est la prière sincère de celui qui se donne à Dieu. Jésus répond :
>
> "Je te le dis en vérité, aujourd'hui tu seras avec moi dans le paradis." (Luc 23;43)
>
> Le paradis, c'est la toute clarté de l'esprit, l'océan de lait indifférencié des hindous. La promesse de Jésus, c'est la toute clarté de l'esprit. L'autre brigand est la représentation de l'incompréhension du mental dualiste qui ne voit que l'homme en Dieu, qui s'adresse à un individu qui en fait n'existe pas, ou plutôt qui n'existe plus au moment de Golgotha. »

Par rapport à ce dernier point, celui de « l'individu qui n'existe plus » et toute comparaison s'arrêtant là, le comédien Michel Bousquet à la veille de son décès, survenu en 2022, affirmait : « Je ne suis personne. » C'est la même chose, l'individu a disparu ! Toujours dans un ordre d'idée identique ou similaire, Rimbaud écrivait, le 13 mai 1871, à Georges Izambart, son ancien professeur (et protecteur) : « Je est un autre. » La conscience de soi est devenue autre, elle n'est plus ou plus seulement l'identification au corps et aux pensées, la conscience mentale ordinaire. Dans les deux cas, il y a transformation psychologique et cette transformation consiste en l'effacement du « moi je » habituel au profit d'une nouvelle perception de soi. Et MSL de continuer :

> « Jésus à ce moment est ailleurs, il n'est plus personne, il est selon l'expression de Sri Aurobindo, la "supra-conscience" au-delà du bien et du mal, de la dualité du mental. Il laisse le mental dualiste et affronte le moment crucial ou le Dieu personnel doit mourir en lui-même. »

Voir l'article consacré au mot « Jésus à Golgotha » qui traite également du dépassement de la même difficulté par Ramakrishna, cette fois avec l'aide de Totapuri, « l'homme nu » en traduction du sanskrit, celui qui n'a et n'est plus rien.

## Buddhi et chitta

En français l'intelligence est un concept global : il n'y a pas de mots distincts pour nommer et distinguer l'intelligence pratique, celle de la vie, l'intelligence mentale dualiste et l'intelligence spirituelle. Le sanskrit est plus spécifique et distingue « buddhi » de « chitta » :

- « Buddhi » dont le sens premier est celui de « faculté d'éveil », d'où vient le nom de Bouddha, « l'éveillé », qui désigne le Bouddha historique et qui est l'intelligence spirituelle intuitive non dualiste qui ne se laisse plus prendre à l'illusion de Mâyâ.

- « Chitta » qui selon le contexte est la seule intelligence mentale dualiste, ou bien le regroupement de celle-ci (alors appelé « manas ») avec « buddhi ».

Voyons maintenant comment MSL, qui avait cette capacité de connaissance intuitive et spirituelle, exprime la chose lors d'une conférence :

> « "Buddhi", c'est l'intelligence spirituelle, appelée "connaissance", qui vient de Dieu. La connaissance est impersonnelle, infinie, sans nom ni forme. Elle se fait et elle est dans l'unité infinie indivisible. C'est la connaissance de Dieu,

perception intérieure propre de Dieu selon sa nature et non selon nos raisonnements et déductions. »

Ramakrishna précise une caractéristique de buddhi, qui, dans la pratique, permet de la distinguer simplement de chitta :

« Buddhi ne connaît pas de hiérarchie. »

Dans la citation ci-dessus il faut sans doute comprendre que « chitta » discrimine encore mentalement et donc peut hiérarchiser, mais que « buddhi », qui, à son sommet, est au-delà de la dualité, qui est en Dieu (qui est le tout), ne hiérarchise plus. Par ailleurs, la signification de la « connaissance » est donnée au passage dans la définition que MSL donne de « buddhi » : dit avec des mots un peu différents, la « connaissance » n'est pas un catalogue de savoirs mentaux accumulés, savoirs qui relèvent donc de chitta ! Elle est la connaissance du fait que le monde des formes où objets et sujets sont perçus comme séparés, est une illusion : la Mâyâ de l'Inde. Et elle est aussi et simultanément la perception de la réalité sous-jacente, à savoir l'unité de toute la vie infinie, qu'on appelle Dieu. La « connaissance » tout court, c'est la connaissance de soi, de ce que nous sommes réellement, la fin de la fausse identification exclusive au corps et à la pensée, le « Connais-toi toi-même » du fronton du temple de la pythie à Delphes. La connaissance de soi qui est

« le Moi de l'univers de la Gita, le Soi du Vedanta, le Père des Chrétiens, l'Absolu des philosophes [et de l'Inde]. » MSL

Voir l'article suivant consacré au mot « but » et l'article consacré au mot « connaissance ».

**But**

Vaste question « de sens » que de savoir si la vie a un but ! En fait, il n'y a probablement pas de réponse « vraie » à la question tant qu'elle reste à un niveau intellectuel, tant qu'elle n'a pas été reçue et perçue dans la vie.

Voici ce que dit MSL, elle qui a vécu la chose, à l'occasion d'une conférence :

> « Notre seul but doit rester Dieu et Dieu seul, pas les satisfactions intellectuelles, psychiques, spirituelles, mais seulement Dieu, qui est très longtemps l'inconnu, et dont on ne peut rien dire. C'est quelque chose d'exceptionnel, très long et très difficile. »

Cette citation, qui ne renseigne pas beaucoup sur la nature du but, mais confirme qu'il y en a bien un, contient l'affirmation selon laquelle il est très difficile à atteindre et précise ce qu'il ne doit pas être. L'Évangile confirme la difficulté : dans l'histoire du « jeune homme riche »[19], il est affirmé que ce but sera plus difficile à atteindre « que pour un chameau de passer par le chas d'une aiguille ».

Commentaire périphérique, ceci laisse évidemment les disciples assez dépités, d'où leur question : « Qui peut donc être sauvé ? » Ce à quoi Jésus répond : « Aux hommes cela est impossible, mais à Dieu tout est possible » (sous-entendu, Dieu en nous, sinon ce serait de la superstition). Ce qui semble indiquer que dans la traditionnelle question de la grâce et des œuvres, c'est la grâce qui est prépondérante. Nous verrons plus loin que les choses ne sont pas si simples. Ni antagonisables.

Voici maintenant trois citations, toujours de MSL, relatives cette fois à ce qu'est ou devrait être le but de la vie :

> « Le but de l'existence ici-bas est la transfiguration intérieure. »

> « Le but de Dieu à notre égard, c'est la béatitude[20]. Une béatitude qui est indépendante des difficultés du chemin, car il y a des moyens pour les dépasser et naître à quelque chose qui ne change plus, et qui est la joie, et Dieu en nous-même. Ce quelque

---

[19] Sic, car il y a erreur de traduction, la bonne traduction étant « de l'homme riche ».

[20] Voir les Béatitudes du Christ, Matthieu 5;1 à 20, l'un des plus beaux textes de la Bible.

chose qui ne change plus[21], c'est de vivre dans l'unité et non plus dans la dualité,

"afin que tous soient un, comme toi, Père, tu es en moi, et comme je suis en toi, afin qu'eux aussi soient un en nous." (Jean 17;21)

C'est cela la vérité et il n'y en a qu'une et simple ! Ce n'est pas très difficile à savoir et à comprendre, mais la difficulté, c'est de le vivre, au lieu de vivre le petit "moi je". Il y faut un grand effort de persévérance et d'amour pour arriver à commencer à vivre un peu que Dieu est tout et nous-même. »

« Le but est Dieu et Dieu seul ! Si le but est Dieu seul, nous n'avons rien à craindre et nous atteindrons quelque chose[22] de la connaissance du divin. L'homme, souvent, s'imagine chercher Dieu et en fait il se cherche lui-même. Avant d'atteindre le but, il faut se décharger du poids de quantité d'éléments liés à l'ego. Ceci étant, le but n'est pas de détruire l'ego, mais de le ramener à l'ego originel, au sens de l'Absolu, qui est la Mère divine en Inde et Jésus-Christ pour les chrétiens. Ils sont tous deux

---

[21] Cf. la « prière sacerdotale », un autre parmi les plus beaux textes de la Bible.

[22] Est-il affirmation plus apaisante pour le chercheur qui désespère d'atteindre le but dans son intégralité ? Il en va de la vie spirituelle comme de la résistance électrique des alliages supraconducteurs. Quand la température baisse, leur résistance diminue continûment. Mais passé une certaine valeur, celle dite de la température de transition, il y a une discontinuité et il est impossible de mesurer la moindre résistance quelle que soit la précision des instruments de mesure… car il n'y en a tout simplement plus ! Il nous est dit ici qu'il en est de même de la libération de l'ego : dans ce travail de transfiguration de la conscience qu'est la vie, chaque homme fait jour après jour un petit bout de chemin, et il atteint « quelque chose de la connaissance du divin ». Mais au-delà d'un certain effort, il y a une discontinuité : moksha en Inde, la « libération », quand l'ego sous sa forme de « moi je » a disparu totalement et que seul subsiste l'ego divin, l'agneau mystique de l'Apocalypse, « transparent de Dieu seul ». C'est très rare !

> l'unique différenciation dans laquelle l'univers se situe et hors de laquelle il ne se situe pas.
>
> Le but peut aussi s'appeler recherche de la vérité. La vérité n'a pas de commencement ni de fin. C'est le devenir, dans la recherche de la connaissance de soi, qui a un commencement, et une fin. La connaissance de soi, qui est le Moi de l'univers de la Gita, le Soi du Vedanta, le Père des Chrétiens, l'Absolu de tout philosophe qui pousse un peu loin sa démarche. »

Cette fois, la nature du but visé est explicite : c'est moksha pour l'Inde, la libération, l'allégement de l'ego sous sa forme dégradée de « moi je », la libération des illusions de la dualité, la Mâyâ de l'Inde, pour retrouver le sens originel de l'ego. Recherche dont il nous est dit qu'elle est identique à la recherche de la vérité, elle-même identique à la recherche de la connaissance de soi. Cette « recherche de la vérité » était le seul but de la petite et merveilleuse Thérèse de Lisieux. Et aussi celle de Léon Tolstoï, dont les dernières paroles furent, mourant dans une gare de Russie après avoir quitté les terres de son domaine : « J'aime la vérité… beaucoup… j'aime la vérité ». Et il est également dit que cette « recherche de la connaissance de soi a un début et une fin » et cette fin est bien sûr la connaissance du « Soi », identique à Dieu et dont Ramana Maharshi a tant parlé à ses visiteurs de Tiruvanamalai. Et maintenant, cet aphorisme relatif aux conditions d'accès au but :

> « La pratique devient solidement fondée par de longs et constants efforts accompagnés d'un grand amour pour le but à atteindre. » Aphorismes de Patanjali, 14$^e$ verset

Ce qui est dit, c'est que dans la vie spirituelle, comme dans la vie tout court, en définitive, on ne fait vraiment bien et efficacement, que ce que l'on aime… passionnément ! Et pour terminer, cette citation de C.G. Jung à propos du but de la vie, et de la psychanalyse en particulier:

> « Le but du développement psychique est le Soi. Vers celui-ci il n'existe point de développement linéaire, mais seulement une approche circulaire, "circumambulatoire". » *Ma vie* (chapitre 6)

Le psychologue C.G. Jung voyait dans les mandalas des images de ce cheminement, de la structure de la psyché, et du but à atteindre, à savoir le Soi, autrement dit Dieu. Encore une fois, psychologie et religion, dans leur honnêteté, humilité, une fois dépouillées de leurs dogmatismes, une fois centrées sur la vérité de l'expérience et de la connaissance de soi, sont des chemins qui conduisent vers des buts similaires. Mais pas forcément avec la même intensité, avec la même vitesse et la même complétude d'achèvement.

**Caïphe**

Le commentaire liminaire est ici le même que dans l'article consacré au nom « Barabbas » : il est possible et important, pour se nourrir du texte, de voir au-delà du personnage historique de Caïphe, une personnalisation d'un plan de conscience humain. Dit dans un langage psychologique jungien, d'y voir une figure archétypique. À partir de ce moment, le texte nous concerne tous directement, en quelque sorte « pour action ». MSL disait de ce personnage ou plutôt de cette figure :

> « Caïphe, c'est le plan mental vital de la conscience humaine[23]. Il est un homme de pouvoir sous l'emprise des passions humaines, de la jalousie en particulier, et se situe sur le plan dualiste. Il ne voit en Jésus qu'un homme. Quand, dans le récit de la Passion, Matthieu 26;63-65, Caïphe dit au Christ "Je t'adjure, par le Dieu vivant, de nous dire si tu es le Messie, le Fils de Dieu", et que Jésus répond "Tu le dis", et que Caïphe, de manière théâtrale, déclare "Il a blasphémé ! Qu'avons-nous encore besoin de

---

[23] Voir pour l'explication des caractéristiques de ce plan, l'article consacré à « Jérusalem (nouvelle) »

témoins ? Vous venez d'entendre son blasphème", il a d'une certaine manière une réaction saine. Car Caïphe ne voit en Jésus qu'un homme, un individu… et dire en tant qu'individu "Je suis Dieu" est effectivement un blasphème [voir de la mégalomanie, de la folie] car l'individu n'est pas Dieu, ne peut pas être Dieu[24]. C'est tout autre chose quand c'est Dieu qui parle en l'homme, Dieu qui est tous les individus et chaque individu ! Ce n'est vrai de dire "Je suis Dieu" qu'au-delà de Golgotha, pas avant. Avant c'est un mensonge du mental humain ! »

Est-il possible d'être plus limpide dans l'exégèse ?

**Cela**

Mot très important ! Le terme « Cela », terme neutre, est utilisé dans les textes sacrés hindous pour désigner la réalité qu'en Occident on appelle « Dieu ». Notamment dans la Kena Upanishad, qui est l'une des plus belles, mais qui a en plus cette caractéristique merveilleuse de non seulement dire les choses, mais en plus de les « donner », ce qui y est très différent, et surtout très rare et très précieux. Par exemple dans ce verset :

> « Cela, comme un éclair qui éclate sur nous, ou comme un battement de paupières »

Phrase qui exprime de manière saisissante la fulgurance et la fugacité de l'irruption de « Cela » en l'homme et à laquelle MSL ajoute l'information suivante :

---

[24] L'individu ne peut pas être Dieu par définition, par construction dirait-on en mathématique. Car l'homme en tant qu'individu identifié à son corps et à ses pensées est certes un tout indivisible, mais il est en même temps une division de la création, une toute petite partie d'elle qui s'en est éloignée et apparemment autonomisée, qui s'éprouve autre, alors que Dieu est la totalité de la création et de sa vie.

> « En sanskrit, "Cela" est la manière de désigner l'Absolu, le Père pour le Christianisme, l'indéfinissable. »

À noter que Jésus lui aussi a utilisé cette même image de l'éclair, pour exprimer la soudaineté de l'irruption de Dieu en l'homme :

> « Car, comme l'éclair resplendit et brille d'une extrémité du ciel à l'autre, ainsi sera le Fils de l'homme en son jour. » Luc 17;24

Et maintenant, toujours dans la Kena Upanishad à propos de l'impossibilité d'accéder à « Cela » par la pensée et la volonté consciente de soi, ces trois assertions sans appel :

> « Sache que le Brahman est Cela, et non ceci qu'on recherche ici-bas. Il est inconnu au discernement de ceux qui lui appliquent leur discernement. Par ceux qui ne cherchent pas à lui appliquer le discernement, il est discerné. »

Phrase magnifique que MSL commente en situant les Upanishads par rapport au Veda :

> « La Kena Upanishad fait partie du Vedanta, soit "la fin du Veda", donc le retour à l'Unité, donc similaire à l'Apocalypse, par opposition au Veda qui veut dire la connaissance et qui se situe dans un monde créé, le monde des dieux, l'équivalent de la Genèse ou l'on parle "des dieux". »

Voir sur ce dernier point le Livre de la Genèse en son verset 3;5, où « dieux » est orthographié avec un « d » minuscule et au pluriel, et non « Dieu » avec un « D » majuscule et bien évidemment au singulier.

Et maintenant, vue par MSL, la place qu'occupe « Cela » dans la Trimurti, la Trinité de l'Inde, et le sens qu'il faut y voir :

> « L'Absolu [Cela], le Créateur [le Christ] et l'Avatar [l'incarnation dans la création du Saint-Esprit] sont l'équivalent de la Trinité Chrétienne à savoir Le Père [l'Absolu], le Fils [la première différenciation de l'unité qui est aussi le créateur, voir Saint Paul, Colossiens], et le Saint-Esprit [l'Esprit étant la

substance du Père et du Fils]. C'est aussi l'équivalent de Sat [Être] – Chit [Connaissance] - Ananda [Béatitude], et ce indivisiblement, qui est l'Unité que je suis. Le logion 3 de l'Évangile de Thomas donne l'origine de cette "Unité que je suis" à savoir "né de la Lumière, là où la lumière s'est produite d'elle-même". »

Et maintenant, extraite du Rig-Veda, plus précisément de l'épisode du Colloque entre le dieu Indra et le sage Agastia, voici une autre citation relative à « Cela » :

« Cela n'est pas aujourd'hui et Cela n'est pas davantage demain. Qui donc connaît Cela qui est suprême et merveilleux ? Cela se meut et agit dans la conscience de chacun, mais aussitôt qu'il est approché par la pensée, Cela s'évanouit. »

Magnifique description de ce qui se joue et peut s'éprouver dans l'intimité de notre être, merveilleuse psychologie qui nous vient de la nuit des temps[25] ! Encore une fois, on notera l'insistance de la Kena Upanishad à ancrer l'idée que « Cela » est hors du temps et échappe à la pensée, avant même qu'elle s'en saisisse, dès qu'elle s'en « approche » ! Ce que MSL commente comme suit :

« Le mot "Cela" est choisi car il n'a pas de couleur particulière. "Cela" doit rester l'inconnu. »

C'est ainsi qu'il faut comprendre l'injonction du Christ à Marie de Magdala, quand, le jour de Pâques, elle découvre le tombeau vide, qu'elle se précipite vers lui, et qu'il la retient d'aller plus avant :

« Ne me touche pas, car je ne suis pas encore monté vers mon Père et votre Père, vers mon Dieu et votre Dieu. » Jean 20;17

---

[25] Le Rig-Veda a été rédigé il y a 3 500 ans environ, mais en Inde on dit qu'il a toujours existé. Affirmation qui est compréhensible car dans la mentalité et les langues anciennes, le mot et la réalité qu'il désigne sont une seule et même chose. Et la réalité concernée, ici, est ce qui se passe dans le cerveau humain depuis la nuit des temps.

Aussitôt que le mental veut toucher à Dieu, Cela, il s'évanouit ! Cela se manifeste spontanément, il ne peut être connu, saisi par la pensée, obtenu par la volonté consciente d'elle-même. L'effort à faire est donc l'inverse de ce qui nous est familier. Et c'est pour cela que toutes les pratiques religieuses des religions authentiques ne sont pas des rites magiques, mais des outils pour apaiser le mental.

**César**

Une question pratique importante est de savoir comment arbitrer entre les exigences de la vie temporelle, extérieure, dans la cité, et celles de la vie spirituelle, qui est une aventure intérieure et solitaire (quoi qu'on en dise). À quelle loi faut-il obéir en priorité ? Aux lois de la cité, ou aux « Lois de Dieu »… qui ne sont souvent que de prétendues lois de Dieu ? « Prétendues » car ces « lois » ne sont souvent, quand elles s'opposent aux lois de la cité, que des « traditions d'hommes » selon l'expression du Christ. Et, dans la pratique, il est très rare que des conflits de loyauté se produisent. Cette question a donné lieu à des arbitrages parfois tragiques en France à la fin du XX$^e$ siècle et au début du XXI$^e$ dans la communauté musulmane[26]. Jésus répond magistralement à cette question quand les Pharisiens veulent le piéger :

> « Rendez donc à César ce qui est à César et à Dieu ce qui est à Dieu. » Matthieu 22;21

Ce que MSL commente comme suit :

> « Il faut comprendre ici : "Rendez à la relativité des formes qui changent et qui passent leur tribut, à la terre sa valeur et son poids, mais, en même temps, rendez tout, la vie physique, la vie mentale, la vie spirituelle et faites-en une offrande au Seigneur".

---

[26] Nombre d'attentats terroristes perpétrés en France l'ont été par des personnes considérant que la loi d'Allah était supérieure aux lois de la République, alors que les lois de la République sont aussi les lois de Dieu dans sa création, dans le monde des formes, dans le domaine temporel.

> "Rendez à Dieu ce qui est à Dieu" signifie : "Rendez toute la vie à Dieu par une concentration continuelle de votre esprit sur Dieu, en chantant Dieu, en pensant Dieu à chaque instant". »

Voir aussi à ce sujet l'article traitant du mot « hypocrite ». On notera aussi, au passage, l'importance de la concentration permanente sur Dieu. Jusqu'à en faire une obsession. Ce qui faisait dire à Ramakrishna :

> « Soyez fous de Dieu. »

## Chambre

Le mot « chambre » apparaît 116 fois dans la Bible. La chambre est un lieu extérieur limité par quatre murs, mais aussi un lieu intérieur, « le lieu secret » donc en nous-même :

> « Mais quand tu pries, entre dans ta chambre, ferme ta porte, et prie ton Père qui est là dans le lieu secret ; et ton Père, qui voit dans le secret, te le rendra. » Matthieu 6;6

Il y a ici l'affirmation que Dieu est en l'homme, dans son intériorité, que tout se passe « dans notre tête » et non dans une extériorité. Dieu ne voit pas « dans le secret » depuis l'extérieur de l'homme, mais de l'intérieur de l'homme. La même chose a été dite plus tard, en creux cette fois :

> « Tout le malheur de l'homme vient de ce qu'il ne sait pas être heureux entre les murs de sa chambre. » Pascal

Même venant de Pascal, il ne faut pas voir là une critique janséniste de la joie et de l'amour de la vie. Mais l'observation exempte de jugement d'un fait : la propension de l'homme à se disperser dans la multiplicité des choses de la vie est à l'origine de son insatisfaction, voire de son malheur. Dans les deux citations, en filigrane, et en écho à la fin de l'article précédent, on retrouve l'importance de la concentration.

## Chitta et Purusha

À propos de « chitta », voir l'article relatif à « buddhi », qui traite aussi de ce terme. Voici par ailleurs, et en complément, ce qu'en dit MSL :

> « Selon le contexte, "chitta", mot sanskrit, signifie « conscience, pensée, esprit, intelligence mentale dualiste, cœur »... Lorsque la pensée est apaisée, elle est transparente, et laisse apparaître l'Âme unique, le Purusha. »

C'est probablement dans ce sens que l'on doit comprendre la phrase :

> « La place de la ville était d'or pur, comme du verre transparent. » Apocalypse 21;21

Car MSL disait que la ville, la nouvelle Jérusalem dans ce verset, c'est l'homme transfiguré, la « place » en étant le centre, le cœur de l'homme avec son mental pacifié, qui ne s'accroche plus à la lumière, qui la laisse traverser comme elle traverse du « verre transparent ». Le mental ne crée plus des « objets » observés par un « sujet » qui est le « moi je », l'ego, identifié ou résultat de l'identification au corps et à la pensée.

Et maintenant, voici une autre façon d'exprimer ce qu'est chitta :

> « Chitta recouvre Purusha. » Aphorisme de Patanjali

« Purusha » est un mot sanskrit qui, selon le contexte, signifie « mâle, personne, héros, principe vital, Esprit, Âme unique de l'univers ». Voir aussi l'article traitant de « ego (purifié) ». Dans l'aphorisme ci-dessus, on peut voir un rapport avec la classique comparaison du mental avec l'océan : quand l'océan est agité de vagues, le fond est invisible, mais quand il se calme, la surface est lisse et, sous la surface de l'eau transparente, le fond apparaît. Il en est de même du mental : agité de pensées, il est opaque, apaisé, il permet de voir la réalité sous-jacente, l'âme unique, Dieu. Ramana Maharshi avait une comparaison très parlante à ce sujet. Il disait : l'homme est comme le spectateur au cinéma, il voit des images qui bougent sur l'écran mais ne voit pas l'écran. Les images projetées, mobiles, c'est le monde des formes, des apparences, l'écran, c'est ce qui est derrière, qui le supporte qui est permanent et invisible à nos yeux de chaire, c'est le Soi (Dieu).

**Chrétien**

MSL était de culture chrétienne. Elle est allée au catéchisme, à l'école dite « du dimanche », et a vécu dans un environnement chrétien, sa famille comprenant au moins un missionnaire en ce qui était alors appelé l'Insulinde (l'Indonésie actuelle). Mais un missionnaire un peu spécial dans ce sens où il n'essayait pas d'amener ses ouailles à changer de religion, mais avait pour objectif de leur apporter une compréhension correcte de leur propre religion ! Sa belle-famille était riche en théologiens, son beau-père étant de mémoire lui-même pasteur. Voici ce qu'elle disait du christianisme et du fait d'être chrétien lors d'une conférence :

> « Être chrétien, ce n'est pas admettre et croire un certain nombre de données mentales ! La sagesse de l'Inde nous dit que la religion commence au-delà de la religion dans une vision unitive de la vie, du monde et de soi-même. En lisant la Bible comme un livre d'histoire [et d'histoires !], on n'y trouve rien pour alimenter son âme et mener une transformation qui conduit au-delà du raisonnement mental dualiste qui est la base de l'être humain. Car l'homme est l'être mental de la création, succédant à la matière soi-disant inerte, aux plantes, puis aux animaux. L'homme porte en puissance la possibilité de grandir au-delà de cette mentalité qui est un "petit rectangle" important, mais qu'il faut dépasser et arriver là où commence l'intelligence religieuse. »

Commentaire périphérique : dans cette conception de la religion, exempte de dogme, de credo, il n'est pas incompatible d'être à la fois chrétien et scientifique. Au contraire, la « vraie » religion se rapproche beaucoup d'une science expérimentale, les choses de Dieu étant plus des percepts que des concepts. Mais dans cette « science », l'objet étudié et le sujet étudiant finissent par se confondre, et la rigueur de l'intelligence mentale, qui y a toute sa place, doit être dépassée. En revanche il n'y a pas de place pour la superstition, qui, rappelons-le, consiste à situer Dieu dans une extériorité. De la même manière, il n'y a aucune incompatibilité entre les diverses religions. Cela se ressent particulièrement en Inde du sud, notamment au Kerala, où il n'est pas rare de trouver réunis sur une affichette collée sur un mur ou à l'intérieur d'une voiture, les symboles religieux du christianisme, de l'islam et de l'hindouisme.

**Christ**

« Christ » vient du grec *christos*, lui-même dérivé de l'hébreu ancien *maschiah*, le « messie », qui signifie « celui qui est choisi, l'élu, l'oint ». Le mot est utilisé plus de 500 fois dans le Nouveau Testament, ce qui en fait le sixième mot le plus utilisé. C'est dire l'importance qu'il y a à bien le comprendre, à préciser aussi clairement que raisonnablement possible ce que recouvre ce nom et mot. Voici ce qu'affirme MSL :

> « Le Christ est le commencement de la création de Dieu, et aussi l'Amen, donc sa complétude, et le véritable. Il est la première tache sur l'Absolu, la première forme que l'Absolu se donne à lui-même pour se faire connaître à l'inconscience du néant, inconscience qu'il va d'abord enfanter à la conscience relative, puis à la conscience une et indivisible de l'Esprit. »

Par « conscience relative » il faut comprendre « conscience mentale », car cette conscience procédant par oppositions est « relative ». La « conscience de l'Esprit », elle, ne procède pas par opposition mais est absolue, « une et indivisible » et est peut-être ou probablement ce que Ramana Maharshi appelle la « conscience d'être », ou ce que C.G. Jung appelle la « conscience du Soi ». En tout cas, ainsi défini, le Christ n'est évidemment pas réductible à une personne. Il est impersonnel. Pour autant, et sans que cela soit contradictoire, la lecture des Évangiles au premier degré conduit bel et bien à voir aussi en Christ une personne, un individu :

> « C'est qu'aujourd'hui dans la ville de David, il vous est né un Sauveur, qui est le Christ, le Seigneur. » Luc 2;11

Les deux affirmations ne sont pas antinomiques, la deuxième constituant une simplification et une facilité de langage permise par l'incarnation en Jésus du Christ infini et éternel. Ceci étant, de multiples passages de la Bible nous invitent à voir en Christ autre chose qu'une personne avec une forme particulière limitée dans l'espace et le temps :

> « Père, je veux que là où je suis ceux que tu m'as donnés soient aussi avec moi, afin qu'ils voient ma gloire, la gloire que tu m'as donnée, parce que tu m'as aimé avant la fondation du monde. » Jean 17;24

Ce que MSL commente comme suit :

> « Dieu se "condense" dans une forme révélatrice de soi, forme qui est la première née de toute la création [le Christ] et qui est donc la première différenciation [de l'unité] et qui est d'ailleurs aussi le dernier palier de la dualité quand elle s'efface dans la toute conscience de l'unité. »

Ce qui se produit à Golgotha. Voir aussi l'article intitulé « Jésus à Golgotha ». Cette même conception du Christ se retrouve ailleurs dans les Évangiles, en particulier dans cette parole de Jésus (qui est le Christ) :

> « Je suis le chemin, la vérité et la vie. Nul ne vient au Père que par moi. » Jean 14;6

Le « Je » du début de la phrase, n'est pas celui d'une personne s'identifiant à « son » corps et à « ses » pensées. Et dans ce processus de transfiguration (« le chemin »), personne (« Nul ») ne peut « [venir] au Père », et passer de la relativité à l'Absolu, sans passer par une étape intermédiaire, à savoir concevoir le Christ (« moi ») en soi-même. C'est sans doute là qu'il faut chercher le sens du dogme catholique de « l'immaculée conception », concevoir Dieu en soi-même, dans sa conscience et le concrétiser jusque dans sa chair, comme c'est le cas pour la Vierge Marie. Ajoutons maintenant cette clarification de MSL faite au cours d'une conférence :

> « Il ne faut pas comprendre ici qu'un individu nommé Jésus aurait une exclusivité quelconque. Mais que le Christ est le point

> de passage obligé à la descente de la conscience absolue dans la première différenciation de l'unité. De même qu'à sa remontée, il est le dernier palier dans la remontée de la conscience différenciée vers l'unité de l'Absolu. »

Dit un peu différemment et par similitude avec la notion de Mère divine en Inde :

> « Jésus-Christ est le premier palier de la différenciation de l'Absolu, mais aussi le dernier palier avant de ré-entrer dans l'Absolu. Donc, comme la Mère divine en Inde, il est la première étape de la différenciation, et aussi la dernière étape avant le retour à l'Absolu. »

Cette même étape intermédiaire est mentionnée dans la description qui est faite du Samâdhi de Ramakrishna guidé par Totapuri. (Voir l'article correspondant à ce mot.) Le Christ n'est donc pas une personne, il est autre chose, une autre réalité, la même réalité que la Mère divine en Inde, la première différenciation de l'unité de l'Absolu dans la conscience. On pourrait peut-être se risquer à dire qu'il est ce monde visible, accessible aux sens, mais aussi, au-delà, l'invisible, dont notre psyché, leurs inter-relations, l'ensemble, cette totalité étant perçue et décrite par l'homme comme l'image de l'Absolu, se mettant dans sa propre création, organisme vivant sans cesse renouvelé, toujours neuf, issu de l'Absolu. Ce qui serait cohérent avec l'affirmation et description de Saint Paul :

> « Il est l'image du Dieu invisible, le premier né de toute la création. Car en lui ont été créées toutes les choses qui sont dans les cieux et sur la terre, les visibles et les invisibles, trônes, dignités, dominations, autorités. Tout a été créé par lui et pour lui. Il est avant toutes choses, et toutes choses subsistent en lui. »
> Colossiens 1;15-17

Passage des épîtres de Saint Paul, souvent cité dans ce glossaire et que MSL citait parfois en le synthétisant de manière rythmée comme suit :

> « Christ est l'image du Dieu invisible, le premier né de toute la création, celui en qui, par qui, et pour qui toutes choses ont été créées et subsistent. »

Citation qui donne le sens d'une totalité indivisible se créant de l'intérieur d'elle-même et pour elle-même, pour sa propre joie, et qui donne mieux le sentiment de la chose que l'affirmation philosophique selon laquelle Dieu est une présence vivante immanente dans la création. Et ceci même si l'on utilise la comparaison selon laquelle Dieu est comme l'alcool dans le vin, partout présent et pourtant invisible. À la fin de cet article et à la lecture de toutes ces citations cohérentes, on mesure à quel point il a fallu « tordre » les textes pour donner à croire que Christ est réductible à une personne ayant vécu en Palestine il y a vingt siècles !

**Clé (de la résurrection)**

Pour tous les sages et les saints de tous les temps et de toutes les traditions, même si tous ne l'expriment pas de cette manière, le but et le sens de la vie, est sa transfiguration et, en quelque sorte, sa propre résurrection, en l'homme, ici, maintenant. Et pour tous ces sages et saints, il y a une constatation clé relative à la recherche de ce but : l'inefficacité absolue de la seule volonté consciente individuelle à obtenir le résultat recherché, et la nécessité de l'abandon à la vie infinie, qui n'est autre que Dieu. C'était le cas en particulier pour MSL qui affirmait :

> « La clé de tout figure dans la parabole dite de l'homme riche :
>
> "C'est impossible à l'homme, mais c'est possible pour Dieu."
>
> Le vrai travail, c'est Dieu qui le fait ! »

Comprendre donc que la clé dans le travail de transformation de la conscience, de transfiguration qui débouche sur la résurrection à la conscience de l'unité, c'est la conviction que c'est Dieu, Dieu en l'homme, pas dans une extériorité, qui fait le travail. Pas nous-même, mais Dieu en nous, pas à l'extérieur de nous. Pour autant, il serait inexact d'opposer « la grâce et les œuvres ». Car, comme le faisait remarquer l'atypique Alan Watts, les œuvres ont une valeur dans ce sens particulier : c'est leur échec dans notre tentative à vouloir nous transformer nous-même qui conduit à la grâce de l'abandon ! Sri Aurobindo, lui, voyait un double mouvement, celui de l'homme vers le « haut », et, venant à sa rencontre, celui de Dieu vers le « bas ». Ce double mouvement à la rencontre l'un de l'autre est illustré magnifiquement par Michel Ange au plafond de la chapelle Sixtine. Voir aussi à ce propos l'article relatif à « faire/laisser faire ».

**Clé (de la compréhension des textes)**

De même qu'il y a un point clé pour que le travail conduisant à la résurrection se fasse ici et maintenant, il y a aussi, selon MSL, un point clé pour comprendre les textes sacrés :

> « La clé de compréhension des textes sacrés, c'est de saisir qu'ils concernent la libération du petit moi individuel de l'homme, et alors il n'y a pas un quart de verset énigmatique dans les textes ; et ceci est très apaisant ! »

Ce changement de point de vue, cette mutation psychologique, est LE sujet de la vie spirituelle. Il devrait donc être au cœur des religions et enseignements religieux du monde et présenté comme tel. Il devrait être inscrit au frontispice de tout lieu religieux, ainsi que le « Connais-toi toi-même » au fronton du temple de la Pythie à Delphes ! En même temps, ce changement de point de vue est très difficile à obtenir, et il fait l'objet d'un « tabou ». Toute personne professant une telle idée étant considérée au mieux comme un original et au pire comme un fou ! Le mot « tabou » est pertinent car le dictionnaire nous dit qu'il vient du polynésien *tapu* ou *tabu* et signifie « interdit, sacré ». Quant au commentaire sur le caractère « apaisant » de la compréhension des textes, on pourrait ajouter que c'est un grand bonheur. Et qu'avec l'âge, « tout passe, tout lasse », mais que ce bonheur-ci demeure.

**Cœur**

Le mot « cœur » apparaît dans 772 versets de la Bible. Le cœur est considéré dans le langage courant, quand il ne s'agit pas de l'organe de notre corps, comme le siège des sentiments positifs et négatifs et aussi du sentiment amoureux. C'est aussi le cas dans la Bible, mais il y est surtout considéré comme le siège de l'intelligence et de la sagesse, et on attend de lui qu'il soit « tourné vers Dieu sans répit » (préface du beau petit livre *Récit d'un pèlerin Russe*, d'un auteur inconnu). Les citations qui suivent montrent la palette des acceptions possibles pour ce mot, celles-ci réalisant comme une constellation de nature à faire émerger le sens :

> « L'Éternel vit que la méchanceté des hommes était grande sur la terre, et que toutes les pensées de leur cœur se portaient chaque jour uniquement vers le mal. » Genèse 6;5

> « Abraham tomba sur sa face ; il rit, et dit en son cœur : Naîtrait-il un fils à un homme de cent ans ? Et Sara, âgée de quatre-vingt-dix ans, enfanterait-elle ? » Genèse 17;17

> « Son cœur s'attacha à Dina, fille de Jacob ; il aima la jeune fille, et sut parler à son cœur. » Ennèse 34;3

> « Ésaü conçut de la haine contre Jacob, à cause de la bénédiction dont son père l'avait béni ; et Ésaü disait en son cœur : Les jours du deuil de mon père vont approcher, et je tuerai Jacob, mon frère. » Genèse 27;41

> « Que votre cœur soit tout à l'Éternel, notre Dieu, comme il l'est aujourd'hui, pour suivre ses lois et pour observer ses commandements. » Rois 8;51

On peut constater que la tonique générale du mot est celle de la centralité, de l'intériorité, de l'intimité, de quelque chose d'essentiel, et que le coeur apparait comme le lieu du souffle de la vie psychique. Pour ce qui est de la centralité et du caractère essentiel, c'est d'ailleurs aussi ce que dit le langage courant (cœur de palmier, cœur de métier, cœur d'un sanctuaire, etc, etc). Le coeur est donc plus que le siège de nos sentiments.

## Colère

Le mot apparaît dans un peu plus de 350 versets de la Bible, ce qui le situe dans les 100 mots les plus utilisés. Il est donc important de comprendre pourquoi il est employé si souvent et les enjeux derrière ce sentiment. Pour ce qui est du premier point, c'est peut-être parce que parmi les sentiments négatifs, c'est l'un des plus communs et il est très nettement dominant par exemple dans les interviews des journaux télévisés et dans la vie sociale et politique. Pour ce qui est du deuxième point, des enjeux derrière ce sentiment, commençons par une citation qui nous vient de l'Inde et qui fait état des conséquences de la colère pour celui qui l'éprouve :

> « La colère et la rancœur ôtent la mémoire. » (Gita ou Veda)

Citation que MSL commentait comme suit :

> « La colère ôte le souvenir que Dieu est en nous, que nous sommes fils de Dieu et en Dieu. »

En fait, on peut constater que le phénomène existe pour bien d'autres sentiments, tels que la jalousie, la toute-puissance, la peur, la tristesse, etc. d'où le commentaire complémentaire de MSL :

> « Sous l'emprise de ses émotions, l'homme perd la mémoire de ce que nous sommes vraiment, à savoir Dieu lui-même, l'éternel, l'infini, et non l'ego individuel et son petit "moi je". »

Le calme du mental est une condition nécessaire, bien que non suffisante, à la connaissance de Dieu. Cela est répété unanimement par tous les saints et les sages de tous les temps. Ainsi Ramana Maharshi, répondant à une question relative à l'apaisement du mental, disait, le 4 février 1935 :

« Les contacts extérieurs, c'est-à-dire avec les objets autres que soi-même, rendent le mental agité. La perte d'intérêt pour le non-Soi est la première étape. Puis suivent les habitudes d'introspection et de concentration caractérisées par la maîtrise des sens extérieurs et des facultés intérieures […] Toutefois si l'aspirant, par tempérament, n'est pas fait pour vichara-marga [l'introspection analytique] il doit développer la bakti [la dévotion] vers un idéal, que ce soit Dieu, le guru, l'humanité en général, la morale, ou même l'idée de beauté […] À défaut d'investigation et de dévotion, on peut recourir à la méthode naturelle et apaisante du pranayama [le contrôle de la respiration] appelé yoya marga. Lorsque la vie est en danger, tout l'intérêt se concentre sur un seul point, celui de la sauver. De même, si le souffle est retenu, le mental ne peut plus se permettre de bondir vers ses jouets favoris, les objets extérieurs. Par conséquent le mental se calme. »

Au passage, dans la citation ci-dessus relative aux moyens de calmer le mental, on reconnaît trois des principaux yogas :

- Le jnana yoga (la voie de la logique intellectuelle, justement celle suivie par Ramana Maharshi)

- Le bhakti yoga (la voie de l'amour, l'amour d'un Dieu, d'un guru, de l'humanité, de la beauté, ce dernier étant à lui seul un yoga spécifique)

- Le hata yoga (la voie des postures et de la respiration)

**Combat/combattant**

Gandhi disait de la Bhagavad-Gita, qu'elle est le récit du combat des différents plans de conscience de l'homme. Combat en l'homme, combat intérieur. Dans ce texte védantique, il est question d'Arjuna, qui veut refuser le combat, et de Krishna, qui le presse de l'accepter. Krishna y affirme qu'à chaque homme son combat particulier :

« Ta nature te prescrira ta tâche. » Bhagavad-Gita, chapitre 18

Ce que MSL commente comme suit :

> « Car chaque homme est un équilibre particulier du divin. L'homme ici-bas est le combattant avec lui-même et en lui-même. Pour s'élever vers la fin du combat où il connaît la plénitude et l'unité de la lumière. »

Le combat, dans les textes sacrés doit être compris, en général, comme un combat intérieur et non pas extérieur. C'est le combat pour triompher de la perception faussée de l'ego, du « moi je », Satan, le diviseur, le Diable[27], en nous et non à l'extérieur de nous. À titre d'exemple, il en va ainsi du djihad pour l'islam. Ceci étant, cela n'exclut pas la nécessité parfois du combat extérieur ainsi que Sri Aurobindo l'a expliqué dans le cas d'Arjuna à la bataille de Kurutchetra, et dans sa propre vie à l'occasion de la lutte pour l'indépendance de l'Inde. D'ailleurs est-il plus beau renoncement, abandon à Dieu et détachement de l'ego que d'accepter de donner sa vie pour une cause juste ? Voir également l'article relatif au nom « Kurutchetra ».

**Comblé**

Le mot apparaît seulement une vingtaine de fois dans la Bible de Louis Segond, 1910. Et il devrait apparaître une fois de plus si le verset qui suit, extrait des Évangiles, était bien traduit :

> « Et voici, une voix fit entendre des cieux ces paroles : Celui-ci est mon Fils bien-aimé, en qui j'ai mis toute mon affection. » (sic) Matthieu 3;17

Le verbe utilisé dans l'original grec est $εὐδοκέω$ (*eudokéo*) « prendre plaisir, se complaire en, agréer » et « juger bon, choisir, décider ». Il y a

---

[27] La racine du mot « diable » est « diviser, dualiste ».

donc erreur de traduction et il faut utiliser les termes « comblé » ou « satisfait » ou « complaire » en lieu et place du terme « affection », celui-ci donnant par ailleurs une connotation sentimentale qui n'est pas présente dans le reste du texte. La traduction *« en qui je me suis complu »* ou *« en qui je suis comblé »* indique par ailleurs le rapport d'intention que Dieu, le Père, entretien avec le « Fils », Jésus-Christ, son « Bien-aimé », et donc potentiellement avec tous les hommes puisque « Dieu se met lui-même dans sa création ». Ce qui permet à MSL d'affirmer que le but de la création, et de son développement ultime, de son bourgeon terminal, l'homme, est accompli dans la personne de Jésus-Christ, et, potentiellement, en tout homme, car, disait-elle :

« Dieu est comblé en l'homme. »

Nota : en filigrane apparaît une conception métaphysique de la création et de son but. Pour reprendre l'expression de Alan Watts, « pour cause de joie », donc pour être comblé, Dieu se met dans sa propre création, puis s'y oublie, chassant l'homme du paradis terrestre de l'unité, le faisant naître à la « nécessaire complexité de la dualité », pour avoir finalement le bonheur de s'y redécouvrir. Quand la dualité est dépassée et la révélation de l'unité de l'homme et de Dieu ré-établie. Dieu est alors « comblé en l'homme », satisfait en l'homme. Tel est le jeu divin, pour l'Inde, sa « Lila ». L'Inde bouddhiste et hindouiste parle du « voile de l'ignorance » ou du « voile de l'illusion », la « Mâyâ », qui s'interpose entre l'homme et Dieu. Mais « en cette époque désolante »[28], où l'ego est roi, parler d'« oubli » rend hélas mieux compte de la réalité que de parler de simple « voile » !

**Commandements**

Le mot « commandement » apparaît dans 223 versets de la Bible. Les commandements du Livre de l'Exode (20;1-18) sont au nombre de dix, d'où le nom de Décalogue. Les trois premiers sont relatifs à Dieu, à son amour et à l'adoration. Sur les sept suivants, cinq concernent les rapports

---

[28] Selon l'expression de Mâ Ananda Moye.

avec autrui. Mais quel est le plus important ? À la question posée par un docteur de la Loi, Jésus fait une réponse connue :

> « "Tu aimeras le Seigneur ton Dieu de tout ton cœur, de toute ton âme et de tout ton esprit." C'est là le plus grand et le premier commandement. Le second lui est semblable : "Tu aimeras ton prochain comme toi-même." Dans ces deux commandements sont renfermés toute la Loi et les Prophètes." » Matthieu 22;37-40

Jésus reformule donc les commandements de l'Ancien Testament. Il en garde la hiérarchie, synthétise les trois premiers relatifs à Dieu, à son image et à son nom, en focalisant sur la nécessité de l'amour pour lui, et regroupe les cinq relatifs à la figure de l'autre en les centrant sur ce qui est leur motivation, à savoir l'amour ou l'empathie. Mais pourquoi est-il dit que le deuxième commandement est semblable au premier ?

Voici la réponse de MSL :

> « La question est bonne ! C'est déjà une question qui vient du subconscient spirituel qui est au fond de notre intelligence mentale. Il y a une grosse différence entre la question des Pharisiens ou Saducéens de savoir si l'on doit "payer le tribut à César", et celle du docteur de la loi relative au plus grand commandement ! Le mental a fait du chemin, il n'est pas prêt à céder, il lutte ! Et l'esprit descend en lui, et l'instruit, et la question est bonne. La réponse est la même que l'injonction du début de l'oraison dominicale, "Notre Père qui es aux cieux"... Tu te concentreras sur Dieu, tu l'aimeras et tu le serviras de tout ton cœur, de toute ton âme, de toute ta pensée, et, en conséquence, tu pourras alors aimer ton prochain comme toi-même, car tout est un et tout est Dieu. De ces deux commandements dépendent "toute la Loi et les Prophètes", donc toute la révélation de Dieu dans l'homme et dans le monde. Tout dépend de cette concentration sur le sommet de notre être qui s'appelle Dieu l'Éternel, la toute lumière, l'esprit, concentration dont la conséquence est un apaisement, une vision d'unité, car

> nous sommes promis à l'unité, l'identification de tous les hommes qui sont un, qui ont un seul et même destin, qui sont un seul et même être. De ces deux commandements dépendent « toute la Loi et les Prophètes », c'est-à-dire toute la révélation de Dieu en l'homme. »

Donc la réponse à la question initiale est : parce que pour aimer autrui (et soi-même d'une manière bien placée), il faut d'abord se centrer sur Dieu et l'aimer, parce que c'est une condition nécessaire (et d'ailleurs suffisante). On retrouve encore ici l'importance de la concentration ainsi que déjà mentionnée dans les articles précédents. C'est elle dont il est dit qu'elle apporte la paix du mental et fait voir l'unité de toute la vie que l'on appelle Dieu, et, conséquence, nous fait voir « les autres » comme « nous-même ». Et maintenant, toujours à propos des commandements les plus importants de la Loi, à savoir le premier et le deuxième « qui lui est semblable », voici deux citations de MSL. L'une relative au pourquoi de la hiérarchisation, l'autre à ce qu'est la Loi :

> « Le premier, considéré comme le plus important, doit être compris comme étant le plus intense en conscience. »

> « La Loi, c'est l'ordonnance du cosmos par l'Éternel (le mot grec *kosmos* veut dire "ordre"), c'est l'articulation de la vie, et ses conséquences. »

Comprendre donc que la Loi n'est pas quelque chose qui nous est imposé gratuitement de l'extérieur par un démiurge, et à laquelle nous devrions nous plier. Pas plus qu'un ensemble de règles morales, ni une « bien-pensance », mais une description du fonctionnement qui s'impose à l'être humain de l'intérieur de lui-même, depuis la nuit des temps, que sa volonté consciente, tardif ajout à la création, l'accepte ou non !

**Communion**

Dans la Bible, le mot n'est employé que dans le Nouveau Testament, neuf fois. Lors d'une conférence à propos du chapitre 18 de la Bhagavad-Gita, MSL souligne qu'il l'est aussi dans les Puranas (textes sacrés de l'Inde) :

> « Krishna, incarnation au 16/16$^e$ de Vishnou, exige d'Arjuna qu'il se voue entièrement à lui. Cette dévotion totale au moi de l'univers est une joie immense. C'est la joie de l'union, la joie de la communion. »

La joie de la communion est donc celle du changement de perspective qui nous fait éprouver « l'Alliance », notre unité avec la création dans son ensemble, versus le sentiment de séparation qui résulte du fonctionnement égocentré. Là encore, ce basculement de la perspective est, sauf grâce particulière telle celle de Saint Paul sur le chemin de Damas, le résultat d'une purification (la sadhana en Inde) qui est un engagement de tout l'être : il n'y a pas de place ici pour le dilettantisme, seulement pour une « dévotion totale » !

**Comprendre (les textes sacrés)**

Le mot « comprendre » est utilisé une cinquantaine de fois dans la Bible. Il est dit que la prière et le silence sont une nécessité pour comprendre les textes sacrés :

> « Les textes sacrés sont difficiles à comprendre, il y faut beaucoup d'oraison. » Thérèse d'Avila

MSL, dans cet extrait de la conférence du 4 mai 1985 relatif à la Genèse, et dans les discussions en rapport avec sa compréhension, renforce la déclaration de Thérèse d'Avila, en affirmant que le mental dualiste raisonneur n'est pas le bon outil pour comprendre la parole de Dieu :

« Ne discutez pas ! Pourquoi ? Parce que quand on discute on ne comprend plus. Et c'est un fait. Quand on discute de ces choses que le mental ne peut pas comprendre, on ne comprend plus. L'intelligence mentale, qui est dualiste, ne peut pas comprendre cette unité de Dieu, cette unité de toute la vie, cette unité de l'Esprit, c'est un fait, le mental ne le comprend pas. Mais il peut s'émerveiller de quelque chose qu'il ne comprend pas mais qui est beau. Et il peut le croire tout simplement comme Jésus dit "celui qui croit en moi vivra". Le mental ne peut pas comprendre, mais il peut s'émerveiller, croire, et, à partir de là il grandit dans l'étendue, il grandit dans le ciel. Le mental n'est pas là pour ratiociner ce qu'il ne peut pas comprendre. L'ignorance doit être humble. L'ignorance n'est pas un mal en soi. Ce sont les ténèbres du néant, du commencement [de la Genèse 1;1 et suivant] qui doivent peu à peu être transfigurées. Ce qui est grave, c'est l'ignorance orgueilleuse qui dit "je sais". Ignorer, se tromper, c'est toujours permis. Mais piétiner en disant "je sais" quand on est dans l'ignorance et dans l'erreur, c'est là qu'est le mal, c'est là qu'est la souffrance. »

Et maintenant, une observation à propos de l'impossibilité de comprendre l'unité de Dieu pour le mental : le mental est dualiste. Il oppose les choses, le bien, le mal, le blanc, le noir, le lourd, le léger. Il divise. Ce n'est pas « mal » en soi ! C'est ainsi qu'il fonctionne, c'est sa nature. Sans doute la conséquence du fonctionnement de nos neurones par tout ou rien, par « 0 » ou « 1 ». Dans des phrases, ensuite, le mental peut essayer de « réconcilier » les opposés, de mettre des nuances, mais « structurellement » il y a en lui une inadéquation à être l'outil qui permet de saisir l'unité. Vouloir utiliser le mental pour comprendre, saisir, l'unité de toute la vie, l'unité de l'Esprit, c'est comme vouloir utiliser un tournevis pour enfoncer un clou : ce n'est pas mal en soi, cela peut donner lieu à de belles, amusantes et vaines tentatives, et, à l'occasion la philosophie en est un bel exemple, mais c'est structurellement inadapté au but visé. Ce qui nous est dit, c'est que le bon outil, c'est le silence du mental, qui n'est pas une obscurité, et qui débouche sur la contemplation, et l'émerveillement de la compréhension. Dans le Livre de Job il y a plusieurs références pleines d'humilité précisément sur la question de la compréhension et de l'émerveillement. En voici deux :

> « Dieu tonne avec sa voix d'une manière merveilleuse,
> Il fait de grandes choses que nous ne comprenons pas. » Job 37;5

> « Oui, j'ai parlé, sans les comprendre, de merveilles qui me dépassent et que je ne conçois pas. » Job 42;3

Magnifique et si pertinente phrase de l'humble, honnête, confiant et si persévérant Job ! Affirmation que l'on peut appliquer au présent glossaire ! Mais ce n'est pas grave, car rien n'est définitif. Et l'espérance demeure ainsi que la déclaration suivante de Job, en forme de requête, puis d'affirmation, le donne à croire :

> « Écoute-moi, et je parlerai ; Je t'interrogerai, et tu m'instruiras.
> Mon oreille avait entendu parler de toi ; Mais maintenant mon
> œil t'a vu. » Job 42;4-5

Déclaration où apparaît clairement ce qu'est la foi : une confiance basée sur ce qui nous est dit par les sages et les saints (l'oreille qui entend), en attente de vérification (« mon œil t'a vu »).

**Concret**

Le monde concret et sa matérialité ont souvent été considérés comme ennemis de la vie spirituelle. Mais de nombreuses citations cohérentes de sages et de saints attestent qu'il n'en est pas ainsi. En premier lieu, s'agissant du Christ, la très célèbre citation de Paul, si souvent citée et recitée dans ce glossaire tant elle est essentielle, où il est affirmé que la matérialité de la création a toute sa place en Christ :

> « Il est l'image du Dieu invisible, le premier-né de toute la
> création. Car en lui ont été créées toutes les choses qui sont dans
> les cieux et sur la terre, les visibles et les invisibles, trônes,
> dignités, dominations, autorités. Tout a été créé par lui et pour

lui. Il est avant toutes choses, et toutes choses subsistent en lui. »
Colossiens 15-17

Ce que MSL commente comme suit lors d'une conférence :

> « Donc, le monde concret, toute la vie, est Dieu, et aimer Dieu, c'est s'aimer soi-même de la bonne façon. Non pas comme un individu avec des qualités et des défauts, mais la plénitude et la perfection de la vie dont nous devons prendre conscience en servant Dieu. Pas besoin donc de fuir le monde !
>
> Mâ Ananda Moyî demandait à ses disciples de "servir Dieu en votre mari, épouse, enfants, prochain" en considérant qu'ils sont Dieu. Et ce, avec tous les honneurs, et qu'aucune tâche n'est trop lourde. Louis Meylan, le philosophe, racontait qu'en Suisse, où autrefois l'on gardait les vieilles servantes même quand elles ne pouvaient plus faire grand-chose, il avait justement une vieille servante qui enlevait la poussière sur les meubles en leur parlant, et qui dépoussiérant un pied de table, lui disait : "Aujourd'hui, c'est à toi d'être belle pour Dieu !" Cela paraît naïf, mais, de fait, c'est d'une grande puissance ! »

L'Évangile nous dit que Dieu est partout. En forçant un peu la parole de Jésus citée ci-dessous, l'une des plus belles de l'Évangile de Thomas, où sont insérés entre crochets deux commentaires de MSL, on pourrait même dire qu'elle suggère implicitement, que, pour connaître Dieu, il faut regarder suffisamment bas. Sous-entendu plutôt que de se perdre dans « les richesses du ciel » comme disait Saint Jean de la Croix :

> « Jésus a dit : Je suis la lumière qui est sur eux tous. Je suis le Tout. Le Tout est sorti de moi [La descente de l'Absolu dans un monde créé], et le Tout est parvenu à moi [la remontée de l'homme vers l'Absolu]. Fendez du bois, je suis ici ; levez la pierre, je suis là. » Évangile de Thomas, logion 77

Pour autant, il n'en reste pas moins que le monde concret et ses exigences rentrent en conflit avec les plans supérieurs de la conscience et de la vie, qui ont eux aussi leurs propres exigences ! C'est ainsi, c'est comme cela. Et c'est ce que MSL souligne en citant le Mahatma Gandhi :

> « D'une manière générale, les plans de la conscience et de la vie sont souvent en conflit les uns avec les autres. Ainsi, le Mahatma Gandhi considérait que la Gita était l'histoire de la conscience humaine en combat contre elle-même. "L'ennemi" de la vie spirituelle n'est pas la vie matérielle, la vie concrète, mais plutôt le mental dualiste. »

D'où l'importance du travail manuel dans la règle des moines, y compris des moines contemplatifs. D'où le « Ora et labora » de la règle de Saint Benoît. D'où l'architecture des cellules des moines chartreux, ainsi qu'il est possible de le constater à la Correrie de la Grande-Chartreuse à Saint-Pierre. Celle-ci présente un atelier en rez-de-jardin prolongé d'un jardin et surmonté d'un étage comportant un coin dédié à la lecture et à la prière. À la base la vie concrète, qui supporte la vie de l'intellect et de l'esprit !

**Connaissance**

Le mot est employé une petite centaine de fois dans la Bible, mais si l'on y ajoute le verbe « connaître » dans ses différentes conjugaisons, alors, on peut parler d'environ 300 occurrences, ce qui le situe dans la centaine des mots les plus employés. Le mot est encore plus utilisé dans la littérature sacrée hindouiste et bouddhiste. Il y a « La » connaissance et les connaissances.

Mais voyons déjà l'étymologie du mot, suivant MSL :

> « Le verbe "connaître" vient du grec *eido*, terme qui signifie "voir", et qui contient une nuance de croissance. »

Cette origine du mot, le verbe « voir », nous dit quelque chose d'important : « La connaissance », selon les mots d'Alan Watts déjà cité, « s'apparente plus à un percept qu'à un concept ». Plus à une science expérimentale, dont l'homme serait à la fois le chercheur et le laboratoire, qu'à l'exercice souvent et malheureusement hors sol du plus gros de la philosophie et de la théologie contemporaine. Ramana Maharshi disait que l'intuition mystique ressemblait à une sensation. C'est la même chose dite autrement ! Il est souvent fait mention de « la connaissance » dans les textes anciens et sacrés. Particulièrement dans ceux de la Grèce antique (par exemple le fameux « Connais-toi toi-même » de Delphes mentionné dans les *Dialogues* de Platon) et encore plus dans ceux d'Orient que d'Occident. Mais sans mentionner, le plus souvent, quel est l'objet de cette connaissance. Voici une réponse qui fuse très directement :

> « Puisque mon peuple a rejeté la connaissance, il ne me connaîtra pas. » Osée 5

Ce que MSL explicite comme suit :

> « Ce n'est pas une connaissance, mais "La" connaissance unique de la vision intérieure ou la pensée mentale reste concentrée sur Dieu et Dieu seul, la réalité suprême. »

Donc « La » connaissance c'est la connaissance, la conscience de Dieu, la perception de l'unité de toutes choses, celle de l'homme et de Dieu. Mais quand la connaissance commence-t-elle ? Réponse de MSL ci-dessous :

> « La compréhension, la connaissance de la vérité commence au moment où l'on sait, et où l'on essaye de vivre, que ça n'est pas moi Seigneur, mais Toi, que ce n'est pas nous les hommes mais Dieu, que ça n'est pas nous la terre et les nations, mais l'infini ! Alors, on commence à rentrer dans la vérité. »

Il ne s'agit donc pas d'une connaissance particulière, ou d'un catalogue de savoirs cumulés, ou, déjà plus élaboré, d'une connaissance au sens encyclopédique, mais d'une connaissance essentielle, générique et qui débouche sur une réalité subjective qui est que Dieu et l'homme sont un seul et le même : l'Alliance de la Bible. Voir aussi à ce sujet le dernier article du glossaire relatif au nom « Zwingli ». La connaissance est donc celle de l'unité de Dieu et de l'homme, l'expérience de quelque chose de vaste, non étriqué, infini. Mais comment y accéder, et est-ce facile ? La réponse est dans la parabole dite « du jeune homme riche » (sic) :

> « Il sera plus difficile à un homme riche de connaître Dieu, qu'à un chameau de passer par le trou d'une aiguille. Les disciples furent alors surpris et demandèrent : Alors qui peut être sauvé ? Jésus répondit : C'est impossible aux hommes, mais non à Dieu car tout est possible à Dieu. » Évangile de Marc, chapitre 10

Voir aussi l'article relatif à « faire/laisser faire ». Et maintenant, toujours de MSL, cette citation à propos du rapport entre la connaissance, l'extase et le samadhi des hindous :

> « Le samadhi, l'extase, et la connaissance de Dieu sont une seule et même chose, mais la connaissance selon la nature de Dieu, et non selon la nature du mental dualiste très éloignée de la perception divine qui est totalement dans l'unité. »

Toujours à propos de la connaissance, ces deux logia, le deuxième logion étant particulièrement beau. Il s'en dégage comme un sentiment d'appartenance, d'enveloppement, de sécurité, d'apaisement et finalement de sérénité. Sentiment qui est probablement celui de l'homme en qui s'est établie la connaissance parfaite de l'identité de l'homme et de Dieu, du « Fils » et du « Père » :

> « Quand vous vous connaîtrez vous-mêmes, alors vous serez connus et vous connaîtrez que vous êtes les fils du Père, le vivant. » Évangile de Thomas, logion 3

> « S'ils disent : D'où êtes-vous ? Dites-leur : Nous sommes venus de la lumière, là où la lumière est née d'elle-même. [...] S'ils vous demandent : Quel est le signe de votre Père qui est en vous ? Dites-leur : C'est un mouvement et un repos. » Évangile de Thomas, logion 50

Nota : Ce dernier logion est à rapprocher du passage de la Bhagavad-Gita où Krishna décrit cet état de repos, comme un état de stabilité de la manière suivante :

> « Stable, en l'état de plénitude où il n'est ni moi ni mien. »

En conclusion on peut donc dire que rechercher la connaissance et rechercher Dieu sont un seul et même cheminement. Et que ce cheminement consiste en l'effacement très progressif de la conscience autocentrée. L'homme qui accède à la connaissance sous sa forme de vérité est appelé sage, celui qui accède à la connaissance sous sa forme d'amour de Dieu est appelé saint, mais au fond les deux sont intimement liés, d'où la formule SatChittAnanda de l'Inde en un seul mot signifiant Être-Connaissance et Béatitude, indissociablement ! ( Ananda, traduit par Béatitude, étant la joie résultant de l'amour de Dieu et de l'union avec lui)

**Conscience**

Le mot « conscience » apparaît une trentaine de fois dans la Bible et uniquement dans le Nouveau Testament. C'est peu. En revanche l'expression « Je suis », qui exprime la conscience d'être, y apparaît environ 650 fois, ce qui situe l'expression dans les 40 les plus utilisées (voir l'article « Je suis »). L'homme ordinaire a une conscience de lui-même, l'ego, et une conscience du monde qui l'entoure. Il se perçoit comme un individu séparé du reste du monde et s'identifie à « son » corps et à « ses » pensées : ce sont la conscience physique et la conscience mentale. La conscience d'être, elle, semble indépendante du corps et de ses pensées, indépendante de la conscience du monde, indépendante des percepts des sens et de notre activité cérébrale. Voici ce que nous en dit Ramana Maharshi au travers de la réponse qu'il faisait à un visiteur qui affirmait : « Le monde m'envoie des impressions et je m'éveille ! » :

> « Le monde peut-il exister sans quelqu'un qui le perçoive ? Qui est apparu en premier ? La conscience d'être, ou la conscience du monde ? La conscience d'être est toujours là. Elle est éternelle et pure. La conscience du monde apparaît et disparaît ; elle est transitoire. » *L'Enseignement de Ramana Maharshi* (« 16 juin 1935 »)

Elle est là l'immortalité ! Quel réconfort pour ceux que la mort angoisse ou qui sont confrontés à la séparation du deuil ! Notre mental, notre intelligence dualiste, peut faire au moins deux lectures de cette citation :

- La première est celle de l'homme ordinaire, celui qui vit dans le temps. Ce temps que la science représente concrètement comme un axe qui va de moins l'infini à plus l'infini : cette première lecture est que la conscience d'être, n'est pas supportée par un corps de chair, corps pensant (le cerveau). Elle préexiste et survit à la dissolution du corps. Elle est le Dieu qui préexiste à notre naissance terrestre et qui continuera d'« exister » après notre mort. Telle est souvent la conception de Dieu qu'a l'homme ordinaire et religieux, vivant dans un temps « linéaire », même s'il a déjà dépassé les conceptions anthropomorphiques.

- La deuxième est celle de ce que nous pouvons imaginer de la part d'un homme « réalisé », « libéré » (libéré de l'ego et donc extra-ordinaire). Celui qui a connu la « deuxième naissance », la naissance à l'unité, la naissance à l'éternité, à la « conscience d'être » qui est toujours là, « éternelle et pure ». Conscience d'être que l'on peut appeler Dieu, ou le divin, ou le Soi. Dans ce cas, la lecture de la citation est différente. Elle reste ouverte ! Que se passe-t-il avant notre naissance et après notre mort ? Nous n'en savons rien, et la question ne se pose pas car l'homme réalisé affirme vivre dans un présent éternel (où la représentation du temps par un axe n'a plus cours). On peut donc imaginer que la « conscience d'être » peut tout aussi bien apparaître et disparaître avec le corps que lui préexister et lui survivre. La question ne se pose pas pour un tel être. Ainsi, par exemple, Mâ Suryanada Lakshmi disait :

> « Ce qui se passe après notre mort, nous n'en savons rien ! Mais si c'est un néant ce sera Son néant. »

Mais dans tous les cas la « conscience du monde », elle, apparaît et disparaît avec la naissance et la mort, et même quotidiennement avec le cycle veille/sommeil profond. Car l'ego, et avec lui la conscience du monde, disparait dans le sommeil profond. Ce dernier point était un leitmotiv dans les réponses du Maharshi à ses visiteurs de Tiruvanamalai (voir l'ouvrage *L'Enseignement de Ramana Maharshi*). Toujours à propos de la conscience, cette fois en général, MSL utilisait une comparaison, citée ci-dessous de mémoire :

> « La conscience et sa croissance, c'est comme un homme dans une caverne. Au début, tout est noir. C'est l'inconscience. Puis une lampe s'allume. On commence à y voir vaguement des

formes, des contours. C'est le subconscient. D'autres lumières s'allument, on y voit de mieux en mieux et il est possible d'identifier des formes, c'est la conscience du monde, du monde des formes. Et la lumière augmente encore à tel point que dans son intensité éblouissante les formes finissent par disparaître. C'est la supra-conscience[29], le divin. »

Citation à rapprocher de l'incipit du célèbre poème de Rimbaud :

« Elle est retrouvée. Quoi ? - L'Éternité. C'est la mer allée avec le soleil. »

« L'Éternité », *Vers nouveaux*

Ici comme dans l'Apocalypse de Jean, on peut probablement dire sans trop « tirer les choses par les cheveux », que la mer représente l'inconscient et le soleil, lui, la lumière de l'esprit qui va ramener l'inconscient au subconscient puis à la conscience mentale relative, avant de les fondre tous dans l'éternité de la « supra-conscience » lumineuse. Voir aussi l'article relatif au mot « subconscient » qui traite aussi de l'inconscient, car c'est dans l'inconscient que C.G Jung situe l'origine de la conscience, sujet du présent article. Il a traité le sujet de l'inconscient personnel et surtout collectif dans un ouvrage passionnant intitulé *Les racines de la conscience*. Il y détaille les contenus de l'inconscient personnel, à savoir les complexes à tonalité affective, et ceux de l'inconscient collectif, « fondement psychique universel de nature suprapersonnelle présent en chacun », les archétypes.

**Conscience physique**

L'homme ordinaire s'identifie à son corps et à ses pensées. Pour ce qui est du corps, c'est la conscience physique, pour la pensée c'est la conscience

---

[29] Le terme « supra-conscience » est employé par Sri Aurobindo, et avant lui, par Bergson, dès 1902.

mentale, le cogito de Descartes : « Je pense donc je suis. » Pourtant, comme le soulignait très souvent Ramana Maharshi (voir l'article précédent), dans le sommeil profond nous existons, bien que n'ayant pas conscience ni de notre corps, ni de nos pensées ! Donc, pour le sage de Tiruvanamalai, « être » n'est pas une conséquence (contrairement à ce que le « donc » de Descartes donnerait à croire) de la pensée ! Logique imparable ! MSL observe qu'il y a une autre situation où la conscience du monde s'efface sans que pour autant il en aille de même de la conscience d'être :

> « La conscience physique de soi est la première à disparaître, notamment dans l'immobilité corporelle de la méditation. Il reste l'être sans apparence, qui est tout, qui est la lumière de notre conscience, sa compréhension parfaite, son accomplissement dans sa vérité. »

Ainsi, ce qui nous est dit, c'est que dans la méditation notre identification, qui se fait usuellement au corps et à la pensée, commence à se déplacer vers autre chose, que Ramana Maharshi appelait la « conscience d'être », qui n'est pas supportée par le monde des noms et des formes accessibles aux sens, les « apparences ». C'est le « Celui qui s'appelle ''Je suis'' » de l'épisode biblique du Buisson ardent (Voir Exode 3). Peut-on faire l'hypothèse que c'est ce qui reste après la seconde mort, celle de notre corps, et la fin de la conscience physique et donc aussi mentale ? Ou tout simplement la question ne se pose-t-elle pas pour celui qui a connu la première mort, la mort à l'ego, et qui vit dans l'instant présent ?

**Conscience de soi ou du Soi**

Pour MSL le sujet du récit de la création, au début du Livre de la Genèse, est celui de l'apparition de la conscience, de la conscience de soi, ou encore et plutôt du Soi, ainsi que C.G. Jung et la sagesse indienne nomment et orthographient la chose. L'expression « conscience de soi ou du Soi » doit être comprise ici comme exprimant une totalité, quelque chose d'universel et d'impersonnel, de l'ordre de l'existence, de l'irruption de l'être hors du néant, par différence avec la conscience centrée sur le moi, l'ego, qui est une conscience spécifique, physique et mentale, particulière, individuelle, personnelle, issue de l'inconscient et du subconscient. Certes, ce texte peut être compris, et c'est généralement le cas, comme le récit chronologique d'une création historique, matérielle, extérieure à l'homme, débouchant sur l'apparition de l'être humain. Ainsi lu, il conserve un intérêt par sa beauté, sa poésie. Mais, d'une part, il fait bien pâle figure à côté de ce que la science peut nous proposer, et, d'autre part, laisse le lecteur sur sa faim pour ce qui de la compréhension de la nature psychique et spirituelle de l'homme. Sans parler de la compréhension de sa propre vie, de sa logique, de sa finalité ! Ceci étant, il peut être lu et interprété différemment. C'est ce que fait MSL dans la conférence du 4 mai 1985. Ajoutons que, sur ce sujet, comme sur tous les autres, elle affirmait ne pas prétendre avoir dit « le dernier mot » ! Dans les cinq premiers versets de la Genèse, elle voit une description de la création de la conscience de soi ou du Soi, conscience identique à la conscience de Dieu, et préalable à la création cosmique matérielle. Cette création n'est pas vue forcément dans une perspective historique, comme peut l'être une description scientifique, comme le font l'astrophysique ou le Darwinisme, mais comme un recommencement permanent au sein de l'humanité en général et de chaque homme en particulier. Elle voit aussi dans ces cinq versets le sens de la création, où Dieu, en quelque sorte « pour cause de joie » selon l'expression déjà citée d'Alan Watts, se projette dans une création et s'y oublie (ou s'y « voile » comme l'exprime l'Inde). Pour le bonheur de s'y retrouver ! C'est là le sens de la rédemption, qui, ainsi comprise précède donc la création, et trouve son accomplissement à la fin de l'Apocalypse de Jean. Et c'est le sens donné à la description de la « place de la ville » au chapitre 21 verset 21, place qui est la conscience humaine, place qui redevient « transparente comme du cristal, transparente de Dieu seul ». La boucle est pour ainsi dire bouclée. Les cinq premiers versets et la conscience sont l'objet du présent article. Les versets suivants, 6 à 12, seront traités dans l'article intitulé « Eau », puis, plus loin, dans l'article intitulé « Terre ». L'ensemble formant un tout qu'il est souhaitable de lire dans la foulée.

Rappel du texte relatif au premier jour :

> « Au commencement, Dieu créa les cieux et la terre. La terre était informe et vide : il y avait des ténèbres à la surface de l'abîme, et l'esprit de Dieu se mouvait au-dessus des eaux. Dieu

dit : Que la lumière soit ! Et la lumière fut. Dieu vit que la lumière était bonne ; et Dieu sépara la lumière d'avec les ténèbres. Dieu appela la lumière jour, et il appela les ténèbres nuit. Ainsi, il y eut un soir, et il y eut un matin : ce fut le premier jour. » Genèse 1;1-5

Le premier commentaire de MSL, cité de mémoire, était que, au commencement de la Genèse, comme à la fin de l'Apocalypse, il y a Dieu et Dieu seul : l'unité ! Ensuite, que ce « commencement » est peut-être un commencement historique, mais est aussi, et surtout, un commencement actuel, cyclique, renouvelé en permanence au sein de l'humanité. Maintenant, voici de larges extraits de la conférence de MSL prenant l'aspect d'une lecture expliquée vers par vers :

« "La terre était informe et vide" :

Il n'y avait pas de forme. Il n'y avait rien, car l'esprit n'était pas encore actif dans le visible. Donc, le visible n'existait pas. Et Dieu a donné le visible pour qu'il remonte[30], c'est cela le sens de la rédemption, qui est avant la création du monde. Elle n'est pas venue après ! Et Dieu a donné le visible pour que soit la joie de grandir en lui dans sa lumière, dans sa réalité.

"Et l'Esprit de Dieu se mouvait au-dessus des eaux" :

L'eau, dans la Bible, dans un certain sens, car il y en a d'autres, c'est l'inconscient. C'est ce monde grouillant de formes et de vie, sur lequel nous n'avons pas d'emprise, c'est l'inconscient, et, à ce moment-là, tout était inconscience. Il n'y avait ni formes, ni vie, il y avait le néant et l'inconscience. "Et l'Esprit de Dieu se mouvait au-dessus des eaux" : l'hébreu, plus justement traduit, serait "vibrait au-dessus des eaux". L'esprit de Dieu était la seule vie, connue de lui seul, heureuse, bienheureuse de lui seul. Lorsque Dieu créa le ciel et la terre,

---

[30] Sous-entendu qu'il remonte à son origine : Dieu.

"Il y eut un soir, il y eut un matin : ce fut le premier jour" :

La première offrande, et c'est toujours ainsi. Il y a un soir, il y a un matin, un recommencement, et c'est une offrande à l'Éternité.

Dans les Vedas, de l'aube divine, qui est la Mère divine, il est dit :

"Tu es neuve et toujours jeune" :

Ce premier matin de la création, c'est la Mère divine aussi ! Le miracle et la beauté, c'est que notre conscience, notre pensée, peut faire la même chose, être neuve à chaque instant et toujours jeune, et non pas encombrée par mille et une choses inutiles.

"Que la lumière soit" :

C'est la conscience, c'est l'existence. Que dans ce vide, cette inconscience, cette inexistence, le jour se lève.

"Et la lumière fut" :

Si je pense Dieu, Dieu est en moi. Si je pense le mal, si je pense la souffrance, si je pense l'absence, alors le mal, la souffrance et l'absence sont en moi. L'importance de penser juste, de penser positif, de penser création. Mais ce n'est pas encore la lumière cosmique, c'est d'abord la lumière de la vie, de la conscience de l'existence : "Que la lumière soit"... le verbe divin créateur et révélateur et... "la lumière fut". Mais ce n'est pas encore la lumière cosmique qui viendra après, c'est la conscience de soi dans l'invisible, dans la forme qui n'existe encore pas.

"Dieu vit que la lumière était bonne" :

Dieu vit que la conscience qu'il a donnée au néant était bonne. C'était une conscience qui n'était habitée que par Dieu. Il n'y avait rien d'autre. Donc Dieu dit, la lumière est, et puis Dieu voit que la lumière était bonne. Et ce n'était pas encore la lumière cosmique, c'était la lumière de la conscience dans le néant, donc la naissance de la conscience là où il n'y avait rien. En nous c'est pareil : il faut que la naissance de la conscience de quelque chose que nous ne connaissons pas encore parte de là. Elle vient de l'esprit de Dieu qui vibre au-dessus des eaux de l'inconscient, elle ne vient pas du fond de l'abîme. La conscience vraie vient d'en haut et pas d'en bas. Et il vit que "la lumière était bonne", c'est-à-dire parfaite. Qu'elle portait en soi tout ce qu'il faut pour qu'il y ait création. Pour qu'il y ait progression et croissance.

"Et Dieu sépara la lumière d'avec les ténèbres" :

C'est le chemin de la vie hors du néant. "Dieu sépara la lumière d'avec les ténèbres" c'est-à-dire que les ténèbres de l'inconscient, maintenant, ont une limite, ont une issue, cette lumière qui est la naissance de la conscience de soi. Donc de la conscience de Dieu car c'est la même chose. La conscience de soi et la conscience de Dieu, c'est la même chose ! Et l'homme est "lui-même vraiment la pauvreté" comme dit d'Évangile de Saint Thomas lorsqu'il oublie cela. Et nous l'oublions et le réoublions souvent !

"Dieu appela la lumière jour" :

Mais ce n'est pas encore le jour cosmique, c'est encore le jour intérieur, la conscience de soi, la prise de conscience de l'être.

"Il appela la lumière jour et appela les ténèbres nuit" :

Donc c'est encore l'opposition entre ce néant, ce vide où tout était informe, où rien n'était conçu, où rien n'était conscient, et ce jour qui est le commencement de la conscience de soi, l'éveil hors du néant de la conscience de Dieu, qui va devenir le monde,

> l'homme, et leur progression leur extension vers la toute lumière de l'esprit.
>
> "Ainsi il y eut un soir, il y eut un matin : ce fut le premier jour" :
>
> L'antithèse qui deviendra au chapitre 29 l'offrande perpétuelle de la vie à l'Éternité. L'offrande de la vie à l'Éternité dès le début. Et nous n'en sommes pas encore à la création cosmique ! Le commencement de la création de Dieu c'est la conscience de soi qui s'éveille à soi. Dans le visible, hors de l'inconscience du néant. »

Ainsi se termine ce premier volet traitant de la « conscience de soi ou du Soi». Pour la suite du commentaire relatif au début du Livre de la Genèse, aller directement à l'article consacré au mot « eau ».

Venons-en maintenant à celui qui a tant et tant parlé du « Soi » dans son enseignement : Ramana Maharshi. Ramana Maharshi, un des plus grands sages de l'Inde moderne, fit à seize ans l'expérience du Soi sans avoir jamais avoir reçu l'enseignement d'un guru. D'innombrables visiteurs sont venus le voir pour recevoir son Darshan (on disait que son seul regard, qui était extraordinaire, ceci est visible même sur les photos de lui, pouvait changer la vie d'un homme !) mais aussi pour des séances de questions/réponses. Voici un extrait d'une conversation avec l'un d'entre eux à propos du Soi, conversation qui complète d'une manière imagée et contemporaine ce qui a été dit précédemment à propos de « conscience de soi ou du Soi » :

> « Voici encore un autre exemple. Les images d'un film sont projetées sur l'écran. Ces images mobiles n'affectent ni n'altèrent l'écran. Le spectateur leur prête attention et oublie la présence de l'écran. Cependant les images ne peuvent exister en dehors de la présence de celui-ci. Mais son existence n'est pas perçue. Ainsi nous pouvons comparer le Soi à l'écran sur lequel les images, ici les activités, défilent. L'homme est conscient des activités, le film, mais pas du Soi, l'écran, bien qu'il ne soit pas séparé du Soi. Qu'il ait conscience, ou non, des activités, elles

n'en continueront pas moins. » *L'Enseignement de Ramana Maharshi* (« 2 janvier 1937 »)

Le cas général est que l'homme a conscience des activités, mais pas de l'écran, mais il peut arriver aussi que les activités se fassent inconsciemment, ainsi que l'observait le Maharshi :

> « Comme un enfant qui se nourrit du sein de sa mère tout en dormant. »

Commentaire périphérique au sujet : on voit bien au passage que, face à l'impuissance du langage dualiste à exprimer ce qui relève de l'unité, le langage analogique, y compris poétique, est une option qui reste à « ceux qui ont vu le vrai » pour exprimer et tenter de communiquer ce qu'ils éprouvent. C'est pour cela que le Christ parlait en paraboles. C'est pour cela que dans les textes sacrés il ne faut pas, ou pas seulement, voir de petites histoires concrètes et des personnages historiques, des individus, mais les lire au second degré comme des représentations analogiques, métaphoriques et allégoriques de ce qui se passe dans la conscience humaine.

## Consolation

Le nombre d'individus animés du désir de se libérer de l'ego est très faible ; celui de ceux connaissant l'extase est très très faible ! Qu'en est-il des premiers ? Sont-ils condamnés à ne pas rentrer dans la « vie éternelle », cette manière de percevoir la vie, cette conscience à laquelle l'extase et le samâdhi donnent accès de manière disruptive ? Krishna, selon MSL, affirme indirectement qu'il n'en est pas ainsi :

> « S'il fait toutes les actions en demeurant toujours logé en Moi, il atteint par Ma grâce la condition éternelle et impérissable. » Bhagavad-Gita, 18;56

Phrase que MSL commente comme suit :

> « Y a-t-il parole plus consolatrice ? Il est bon d'entendre parler du sommet de la haute montagne de l'extase, ne serait-ce que pour avoir envie d'y aller, mais tout le monde n'y monte pas et ce n'est même pas nécessaire ! Car si l'homme accomplit "toutes les actions en demeurant toujours logé en Moi, il atteint par Ma grâce la condition éternelle et impérissable". Accomplir tous les actes les plus humbles comme les plus importants avec une sorte de dévotion, en les offrant, c'est un chemin tout aussi sûr d'arriver à l'éternité. Cela conduit à l'élévation de l'âme et de l'esprit. »

Cette voie est d'ailleurs détaillée dans le verset suivant :

> « Te vouant entièrement à Moi, alors, deviens conscient, abandonnant consciemment toutes les actions à Moi, recourant au Yoga (dans l'union avec moi) de la volonté et de l'intelligence, sois toujours dans ton cœur et ta conscience un avec Moi. » Bhagavad-Gita 18;57

Dit autrement, il est nécessaire et suffisant de « donner », de « se donner » et d'« abandonner » en permanence toute chose à Dieu pour être uni à lui.

**Contemplation**

Le verbe « contempler » n'apparaît que cinq fois dans la Bible. C'est peu ! Notre époque valorise plus l'action, signe de vitalité, et donc aussi indirectement l'ego, que la contemplation (l'action étant conçue comme l'exercice de la volonté consciente d'elle-même, l'ego). Celle-ci est pourtant essentielle ainsi que l'exprime MSL à l'occasion d'une conférence :

> « Il faut rechercher la contemplation, non pour fuir les tristesses du monde, mais pour s'accomplir en Dieu. S'accomplir veut dire réaliser ce que tout homme est potentiellement, c'est-à-dire l'un, l'infini, l'éternel. »

La Bhagavad Gita dans son chapitre 6 traite d'une certaine manière de la contemplation, mais sans l'antagoniser avec l'action : La contemplation s'y confond parfois avec la concentration de la méditation comme en 6-12 « Assis sur ce siège, l'esprit concentré, ayant enrayé toute activité de la pensée et des sens ». Mais Krishna y explique aussi à Arjuna qu'il n'est pas nécessaire de renoncer à l'action mais de se détacher du résultat bon ou mauvais de l'action. D'un certaine manière c'est le Karma Yoga, le Yoga de l'action libre d'ego, de l'action désintéressée, libre d'attachement. La contemplation est donc un moyen, mais c'est aussi un but : Car symétriquement les sages et les saints de toutes les traditions et de tous les temps affirment que c'est la finalité de la création que l'homme, son bourgeon terminal, puisse y « contempler » Dieu, « voir Dieu face à face », éprouver son unité, son éternité, en toutes choses et en lui-même….pour son plus grand bonheur ! Il y a des circonstances où il est plus facile d'éprouver le sentiment de l'unité de toute chose, et celui du temps suspendu, les prémices de l'éternité. Dans la contemplation de la beauté, celle d'un beau paysage, d'un coucher de soleil, d'un enfant qui joue en silence. Au fil du temps, cette possibilité s'étend à un plus grand nombre de circonstances de la vie, voire à toutes, agréables ou désagréables, nous disent les sages et les saints, tel Socrate buvant la ciguë. Ainsi en était-il aussi pour l'humble Swami Ramdas, qui contemplait Ram dans toutes les circonstances de la vie. Il en a fait un témoignage d'une touchante simplicité, et parfois très drôle, dans ses *Carnets de pèlerinage*.

**Conversion**

Le mot n'est utilisé que deux fois dans toute la Bible, dans les Actes des Apôtres. Pourtant, c'est un moment charnière dans la vie de plus d'un homme ! Explications de MSL à propos de ce mot :

> « "Conversion" vient du latin *conversio* qui signifie "retournement, changement de direction". La conversion, étymologiquement "se tourner vers", c'est se tourner du mensonge du mental vers la vérité sincère. C'est se détourner d'un point de vue faux et se tourner vers un point de vue plus juste, se détourner des apparences visibles changeantes et

imparfaites au profit des choses invisibles qui sont éternelles. Il doit y avoir conversion à l'Unité. »

Nous l'avons déjà dit : Ramana Maharshi usait d'une comparaison pour décrire la Mâyâ de Dieu, son illusion, le monde des « apparences visibles ». Il disait que le monde est comme dans une salle de cinéma. Le film est projeté sur une toile. Les « apparences visibles, changeantes et imparfaites », ce sont les objets et personnages qui apparaissent et se meuvent sur la toile. Ils n'ont pas de réalité intrinsèque ni de permanence. Mais, caché derrière eux, invisible, il y a la toile. Elle est à la fois « invisible et éternelle » elle n'apparaît pas et elle est permanente, elle est. Son nom est « Je suis ». Le « point de vue faux », c'est de croire à la réalité du sujet et de l'objet, l'un n'allant pas sans l'autre. La « conversion » consiste à prendre conscience de ce que le sujet, l'ego, le « moi je » est en fait une fiction, qui, disait un vieux disciple de Ramakrishna, résulte d'une identification erronée :

« Le seul péché au fond, c'est de dire "je suis ce corps, je suis cette pensée". »

Ceci, c'est le « point de vue faux ». Il résulte sans doute de bien des raisons, dont la concordance des sensations (notamment celle de la vue et du toucher de la main) et d'un conditionnement social qui commence dès la petite enfance. Il est infiniment difficile de revenir en arrière, même partiellement. C'est le travail de toute une vie, de plusieurs vies dit l'Inde, et rien n'est possible nous dit-on, sans à la fois une offrande de soi à la vie infinie, qui est Dieu, et d'autre part sans sa grâce. Quand cette identification cesse, ce qui est dit c'est que nous sommes les autres, nous sommes ce que nous appréhendons du monde. Nous ne sommes plus rien intrinsèquement, nous n'avons plus aucun sentiment d'importance personnelle. C'est le « point de vue juste », celui qui faisait dire à Ramakrishna qui se mourait d'un affreux cancer de la gorge, qui devait avoir bien du mal à s'alimenter, et qui était entouré de ses disciples (cité de mémoire) :

« Je mange par toutes ces bouches, et je vois par tous ces yeux. »

La « conversion » peut être brutale, comme la conversion de Saint Paul sur le chemin de Damas. Mais, brutale ou pas, elle n'est qu'un début. La conversion, ce changement de « point de vue » est un enchaînement de petites conversions qui, nous dit-on, dure jusqu'à la réalisation, la « première mort », la mort au « moi je ».

**Cosmos**

Le dictionnaire nous dit que le mot « cosmos » vient du grec ancien *kosmos* qui signifie « ordre, mettre en ordre, parure », et, pour les Pythagoriciens, « ordre de l'univers ». L'ordre est important dans la vie, y compris la vie spirituelle. Citation extraite d'une conférence de MSL à ce propos :

> « Dieu ne vient pas dans le désordre. J.-S. Bach aurait dit : "Mes enfants sont plus doués que moi, mais ils ne feront rien car ils ne travaillent pas dans l'ordre". La notion d'ordre est importante : Jésus se trouve à sa naissance en Judée, à Bethléem, et non en Galilée lieu où il a vécu à Nazareth, car "César a lancé le recensement de toute la terre", donc une mise en ordre. »

Ce qui est mis en avant, c'est que la venue de Jésus, le sauveur, extérieurement et historiquement (et aussi intérieurement) pour nous délivrer de ce petit ego si encombrant, naît dans des conditions particulières qui sont des conditions d'ordre. Car le recensement est une mise en ordre, et, ici, d'ordre intégral, car il s'agit du recensement de « toute la terre » ! (Comprendre par analogie la mise en ordre de tous les plans de la conscience et de la vie en l'homme et à l'extérieur de l'homme.) Ceci étant, la parole de Paul Valéry, dont MSL a suivi les cours à la Sorbonne, est également très pertinente :

> « Deux dangers ne cessent de menacer le monde : l'ordre et le désordre. »

Car si l'on ne crée que dans l'ordre, il n'en est pas moins vrai que son besoin obsessionnel ou sa sacralisation, outre qu'ils sont le naissain des autoritarismes et des dictatures, n'est en fait que le résultat d'un désir de sécurité et un refus d'abandon à la vie infinie, c'est-à-dire à Dieu. Refus qui comporte au moins autant de dangers que le désordre !

**Croître**

Le verbe, dans ses différentes conjugaisons, et le substantif associé, apparaissent une petite centaine de fois dans la Bible. La croissance est la caractéristique de la vie, sur tous ses plans, physique, vital, mental, spirituel. C'est une nécessité, jusqu'à la mort, et rien n'est plus triste et parfois tragique, en particulier chez un enfant, que son refus. On peut mettre toute une vie à s'en dégager ! Cette nécessaire croissance, l'acceptation du changement et la « bienheureuse insécurité » (Alan Watts) qu'elle implique, émaille toute la Bible, et ceci dès la Genèse :

> « L'Éternel dit à Abram : Va-t'en de ton pays, de ta patrie, et de la maison de ton père dans le pays que je te montrerai. » Genèse 12;1

> « Il faut qu'il croisse et que je diminue. » Jean 3;31

Ce qu'exprime ici Jean le Baptiste, ce n'est pas la reconnaissance d'une supériorité extérieure chez un individu appelé Jésus par rapport à l'auto-évaluation qu'il ferait de « lui-même », mais la nécessité intérieure, psychologique, spirituelle qu'il y a, en tout homme et chez lui en particulier, que le petit moi, l'ego, diminue, et que le grand moi, l'ego divin, « l'agnus Dei », croisse.

**Croix**

Le mot apparaît 31 fois, évidemment seulement dans le Nouveau Testament. La Croix est l'un des symboles chrétiens, celui de la mort à l'ego. Qu'en est-il de « porter sa croix » ?

Réponse de MSL :

> « Porter sa croix, c'est faire l'effort d'émerger hors de son petit moi individuel fonctionnellement égoïste et orgueilleux. »

Ce n'est donc pas de supporter de plus ou moins bonne grâce les petites et grandes misères de la vie ! C'est une action déterminée dans un but précis. Voici ce qu'ajoutait MSL :

> « Nous abordons la Croix, dont l'homme mental a donné une signification toute dualiste et terrestre, en faisant dire au texte ce qu'il ne contenait pas, interprétant selon l'ego ce qui concerne Dieu révélé dans sa création. Il faut pour bien comprendre la Croix, lui redonner sa dimension divine, sa grandeur inaccessible à notre intelligence rationnelle mais que l'âme et sa lumière clarifiée peuvent capter. C'est avec notre âme divine qu'il faut contempler et interroger la Croix et les textes bibliques qui s'y rapportent, et non avec notre inquiétude tout humaine qui ne voit que l'ego partout, même en Dieu. »

Et voici encore ces deux citations de MSL à propos de la Croix, en commentaire de l'interprétation du psaume de David dont il est question en Matthieu 22;41(voir l'article relatif à David plus bas) :

> « Jésus affronte la Croix, la passion, en roi et en maître. Et, à la fin du chapitre 22, il a aussi tout préparé pour que l'illumination puisse venir. Ce n'est pas un phénomène, qui arrive une fois dans le temps, mais quelque chose qui attend en chacun de nous son heure pour se réaliser. »

> « [La Croix c'est] l'identité de la plénitude, le sommet du Yoga, le sommet de la révélation dans la Bible aussi, le sommet de toute révélation mystique quelle qu'elle soit, par-delà l'espace et le temps. »

La Croix apparaît donc comme le symbole, non pas d'une mort atroce, mais d'une naissance à une conscience autre que physique et mentale, à la conscience d'être. Elle n'est pas le symbole de la mort tragique d'un homme, d'un individu particulier, aussi exceptionnel soit-il. C'est le symbole de la mort à l'ego et de la naissance à l'infini et à l'éternité.

**Darshan (et metanoïa)**

Le darshan est le fait de voir. En Inde, recevoir le darshan d'un saint signifie être béni ( donc recevoir les bienfaits) du fait de le voir, d'être en sa présence. Dans ce sens, celui de « voir », le darshan a un rapport avec le mot « metanoïa », car en grec *metanoïa* signifie « changement de point de vue ». Il va plus loin que simplement voir et signifie passer d'une vision limitée, dualiste et extérieure, à une vision intérieure, à la reconnaissance d'une perspective infinie.

Voici une citation de MSL en rapport avec un cas de changement de point de vue :

> « Ainsi, Judas après avoir "livré" le Christ (le mot "trahi" n'apparaît que dans Luc et seulement dans la bouche d'un disciple, le mot "livré", exempt de jugement moral étant utilisé ailleurs), change de point de vue, retourne dans le temple, y jette l'argent reçu et va se pendre. »

Judas, instrument du Christ, a changé de point de vue, et n'a pas pu supporter la culpabilité. Christ dans le sens personnel en tant qu'incarnation sous le nom de Jésus, mais aussi dans le sens impersonnel de présence immanente dans toute la vie et son déroulement. Le sens qu'en donne Saint Paul quand il le définit comme :

> « le premier né de toute la création, en qui, par qui, pour qui toutes choses ont été créées et demeurent. » Colossiens 1;15-17
> (libre traduction et synthèse par MSL)

# David

David est l'une des très belles figures de la Bible. Son nom y apparaît près de 1 054 fois ce qui en fait le quinzième mot le plus utilisé ! C'est dire toute l'importance du compositeur des psaumes, dont il est dit que « tout son cœur était à l'Éternel ». Il est dit aussi de Jésus qu'il est « de la lignée de David ». Un dialogue de Jésus avec les Pharisiens à propos du Christ permet de comprendre, ainsi que déjà affirmé dans l'article ci-dessus, que le Christ n'est pas un individu, pas qu'un individu, avec les liens de filiation correspondants :

> « Comme les Pharisiens étaient assemblés, Jésus les interrogea, en disant : Que pensez-vous du Christ ? De qui est-il fils ? Ils lui répondirent : De David. Et Jésus leur dit : Comment donc David, animé par l'Esprit, l'appelle-t-il Seigneur, lorsqu'il écrit dans un de ses psaumes : Le Seigneur dit à mon Seigneur : Assieds-toi à ma droite, jusqu'à ce que je fasse de tes ennemis ton marchepied ? Si donc David l'appelle Seigneur, comment est-il son fils ? Nul ne put lui répondre un mot. Et, depuis ce jour, personne n'osa plus lui proposer des questions. » Matthieu 22;44-46

Dialogue dont MSL, lors d'une conférence, fait une sorte d'explication de texte :

> « L'identité de la plénitude, le sommet du yoga, de la révélation dans la Bible et au-delà dans toute révélation mystique, quelle qu'elle soit, par-delà l'espace et le temps. Jésus pose alors sa question au docteur de la Loi. Il a donné le plus grand commandement et interroge le mental à propos de qui il est le fils. Nous aussi nous faisons du fils de David un individu que ne seraient pas d'autres, que Krishna n'est pas, que Shiva n'est pas, que Lakshmi n'est pas, que Ramakrishna n'est pas, un fils de David, donc un descendant de roi. Alors ils répondent "de David" !

"Comment donc de David, animé par l'esprit" :

C'est-à-dire inspiré par l'Esprit de tout en haut, d'aucune religion ou nationalité particulière, l'esprit sans folklore !

"Le Seigneur dit à mon Seigneur" :

On ne peut pas mieux exprimer l'identité de Christ et de Dieu qui sont un, le fils qui est un avec le père. L'identification du sommet du Yoga ou la conscience individuelle incarnée devient une avec l'immensité lumineuse, l'océan. "Le Seigneur dit à mon Seigneur", phrase si courte et magistrale.

"Assieds-toi à ma droite, jusqu'à… " :

Le Seigneur parle au Seigneur et donc à soi-même. Et la "droite" c'est le chemin de la vérité sattvique, la qualité spirituelle de l'incarnation, la vie de l'esprit, le vrai. Donc l'injonction est : "Demeure dans la vérité, dans la réalité de la vie qui est une et resplendissante".

"jusqu'à ce que je fasse de tes ennemis" :

Les ennemis ne sont pas des personnes mais les éléments pas encore consacrés à la recherche de l'unité. Qui ne sont pas convertis à la recherche de l'unité, purifiés, transfigurés dans leur réalité immortelle essentielle qui est l'esprit lumineux et parfait. Car rien ne se perd, rien ne se détruit, tout se transforme, et le dessein de l'esprit et de la vérité ce n'est pas de détruire l'homme ou le monde mais de les transformer, transfigurer et de les accomplir dans cette identité où "le Seigneur dit à mon Seigneur". L'identité de l'Absolu, de l'Esprit lumineux et parfait.

"Si donc David l'appelle Seigneur, comment est-il son fils ?" :

Alors là, Jésus dit qu'il est Dieu ! Il est davantage que le fils de Dieu, il est Dieu lui-même. L'identité absolue "Le Seigneur dit à mon Seigneur" ils sont un seul et le même, il est Dieu. Comment donc David l'appelle il ? Le seigneur serait-il son fils ?

"Nul ne put répondre et plus personne n'osa lui proposer de question" :

Le mental humain réduit au silence par l'esprit par l'identité de l'esprit avec l'esprit, par l'unité de Dieu et de sa création. Plus personne n'osa poser de question : à partir de ce moment-là, tout est prêt, Golgotha peut venir. Le lieu du crâne, l'accomplissement sur le septième plan de la conscience et de la vie ou l'homme, en lui-même, sait que tout est un et tout est Dieu. Le mental réduit au silence, non par lui-même, car il n'a pas cessé de lutter, lui, mais par la lumière, par l'amour, par la vérité de l'Esprit. Maintenant que le mental est réduit au silence, qu'il ne peut plus proposer de question, qu'il a été éclairé par l'Esprit, il peut commencer à s'élever, attiré par l'Esprit, vers Golgotha, le lieu du crâne où tout sera accompli dans la plénitude de l'infini. Golgotha qui n'est pas une tragédie horrible où "je" est une victime, est le triomphe de l'Esprit dans l'incarnation, l'ouverture du septième chakra des hindous, que Jésus affronte en maître, en roi, tout en sachant, avant son arrestation, que "l'heure est venue de passer de ce monde au Père". Et le Père a "remis toutes choses entre ses mains". »

Là encore, au travers de cette exégèse, apparaît l'intérêt qu'il y a à voir dans le texte de l'Évangile autre chose qu'un dialogue entre un individu appelé Jésus et un groupe d'individus appelés « Pharisiens », et à voir dans les « ennemis » dont il est question dans le psaume autre chose que des personnes. Car si l'on n'y voit que des individus, cette histoire est au pire à la limite du fait divers, et au mieux une question qui ne concerne que Jésus. Tandis qu'y voir en plus, ou à la place, une analogie, voire une allégorie, où les Pharisiens représentent notre mental humain « réduit au silence et éclairé par l'Esprit », et les « ennemis », des éléments de notre conscience réluctants à la transfiguration de notre conscience, transforme le récit en un texte didactique permettant de faire un pas de plus vers une compréhension plus haute et plus vaste de ce qu'est le Christ, de ce que nous sommes nous-même, et du chemin à gravir pour se libérer du « moi je », et vivre enfin libre.

### Démoniaque

Le mot apparaît treize fois dans la Bible, uniquement dans le Nouveau Testament, donc assez peu. Pour autant, il est intéressant car l'épisode des démoniaques dans l'Évangile de Matthieu permet de faire encore une fois le lien entre psychologie et religion et de rappeler la nécessité de la patience dans la vie spirituelle. Et bien sûr aussi, de montrer l'intérêt de la méthode interprétative de MSL. Rappelons cet épisode :

> « Lorsqu'il fut à l'autre bord, dans le pays des Gadaréniens, deux démoniaques, sortant des sépulcres, vinrent au-devant de lui. Ils étaient si furieux que personne n'osait passer par là. Et voici, ils s'écrièrent : Qu'y a-t-il entre nous et toi, Fils de Dieu ? Es-tu venu ici pour nous tourmenter avant le temps ? Il y avait loin d'eux un grand troupeau de pourceaux qui paissaient. Les démons priaient Jésus, disant : Si tu nous chasses, envoie-nous dans ce troupeau de pourceaux. Il leur dit : Allez ! Ils sortirent, et entrèrent dans les pourceaux. Et voici, tout le troupeau se précipita des pentes escarpées dans la mer, et ils périrent dans les eaux. Ceux qui les faisaient paître s'enfuirent, et allèrent dans la ville raconter tout ce qui s'était passé et ce qui était arrivé aux démoniaques. Alors toute la ville sortit à la rencontre de Jésus ; et, dès qu'ils le virent, ils le supplièrent de quitter leur territoire. » Matthieu 8;28-34

Ce que MSL analyse et commente comme suit :

> « Le mot "démoniaque" vient du grec ancien *daemon* qui signifie "Dieu", et aussi "démon" dans le sens de "anti-Dieu" !

C'est le même mot qui dit le vrai et qui dit le faux tellement tout est un et tout est Dieu (cf. Deutéronome, "Dieu est un" et non "Dieu est le seul Éternel" comme cela a été faussement traduit et ce qui constitue un pléonasme ou un truisme). Dans Matthieu 8;28 et suivants, les "démoniaques" savent que Jésus est le fils de Dieu. C'est le démon qui sait ! Mais il sait aussi son impuissance, d'où sa "fureur". Il est des moments où le règne de Dieu en l'homme n'est pas encore possible. C'est le cas des villageois : les démons rentrent dans les pourceaux et se jettent dans le lac où ils se noient. Les villageois ressentent cela comme une perte, comme une perte à un niveau concret, comme une perte à un niveau matériel, et non pas comme un gain à un niveau spirituel. Ils supplient Jésus de s'en aller ! (C'est attendrissant car c'est tellement nous-même cette réaction !) Il faudra donc attendre, d'où l'expression si souvent employée par Jésus : "Mon heure n'est pas encore venue". Comprendre que dans la vie spirituelle, quand on rencontre la résistance, la révolte, l'angoisse, c'est précisément que "l'heure n'est pas encore venue" pour faire un pas en avant. »

Il nous est donc dit que la patience, la persévérance sont des vertus cardinales dans la vie spirituelle. Mais c'est surtout le début du commentaire qui sonne très juste : notre fureur contre ceci ou cela et inconsciemment contre nous-même (lorsqu'à l'occasion nous sommes des démoniaques) n'est pas totalement négative et le seul résultat de la sottise ou de préjugés couplés avec une hystérie. C'est aussi le signe à la fois de notre sensibilité, de notre capacité à saisir la vérité d'une chose, combinée avec la conscience furieuse de notre incapacité, de notre impuissance à changer ! Les démons sont « furieux ». Ils sortent des sépulcres en nous-même, des lieux de mort en nous-même. Ils ont bien perçu, eux, que Jésus est « fils de Dieu », ils sont sensibles et intelligents ! Contrairement aux villageois qui ne voient que le résultat concret, la perte de leurs cochons, et pour qui Jésus se réduit à un fauteur de troubles ! Les démons souffrent (en nous bien sûr) de leur impuissance à changer, à se tourner vers la vie de l'esprit. Ils demandent que cette souffrance cesse et font en quelque sorte un « appel du pied » à Jésus en lui disant « Si tu nous chasses… ». Et Jésus accède à leur demande implicite. Il en allait ainsi de Saint Paul, persécuteur des premiers chrétiens, terrassé, foudroyé sur le chemin de Damas, mourant à son attitude antérieure, ainsi libéré et apte à naître à la vie de l'esprit.

**Désintéressement**

À propos de ce mot, dans un contexte de quête spirituelle, voici une citation de MSL :

> « Le désintéressement absolu est nécessaire, indispensable à la réussite de l'éveil et au travail de l'esprit qui se fait en nous. »

Implicitement, en creux, il est dit que la quête spirituelle peut elle-même ne pas être désintéressée. Que l'ego peut y trouver son bénéfice, par exemple en y cherchant « sa » réalisation personnelle, ou pour bien d'autres raisons. D'où l'injonction que MSL aimait à répéter :

> « Il faut aimer Dieu pour Dieu et non pour soi-même. »

Ceci n'est pas si facile que cela. C'est plus facile quand la frontière entre ce que nous appelons « nous-même » et le reste du monde s'estompe. Et cela doit sans doute se faire de soi-même quand elle s'efface. Car alors sages et saints nous disent chacun à leur manière qu'il n'y a plus vraiment de différence entre ce qui serait « l'autre » et ce qui est perçu comme nous-même, l'ensemble portant le nom « Dieu » ! Les deux choses en quelque sorte vont ensemble, n'étant chacune ni cause ni conséquence de l'autre, comme dans la question dite « de la poule et de l'œuf ». Et il y a « désintéressement » car il n'y a tout simplement plus personne qui puisse être intéressé !

**Désirer**

Le mot et ses dérivés apparaissent seulement une petite cinquantaine de fois dans la Bible. C'est peu si l'on compare d'une part aux 166 apparitions du mot désignant son inséparable compagnon, la peur, et, d'autre part, à la place qu'occupe le désir dans les textes bouddhistes, à commencer par le premier d'entre eux. Pour autant, Saint Jean de la Croix, comme le Bouddha avant lui, s'est prononcé très clairement sur le rapport au désir. Le Bouddha y arrive par la souffrance et les moyens de l'éviter. Saint Jean de la Croix, lui, dans une perspective spirituelle, visant à connaître Dieu :

> « Il faut se débarrasser des richesses de la terre, mais ne pas s'embarrasser des richesses du ciel. Le chemin, c'est de ne rien, rien, rien, rien, rien désirer » Saint Jean de la Croix

Ce que MSL commente :

> « "Rien" est répété cinq fois, ce qui signifie qu'il ne faut absolument rien vouloir soi-même, décider soi-même, définir soi-même, mais se donner au Seigneur afin que l'unique puisse agir en nous. Et que, puisse s'accomplir comme le dit Saint Augustin, "le destin surnaturel de l'homme", qui est de se connaître en Dieu. »

Ceci est évidemment, et implicitement, une critique circonstanciée du désir, désir qui a par ailleurs toute sa place dans la vie. Ne serait-ce que pour que celle-ci se maintienne ! Mais cette place nécessaire est sur le plan vital-physique et vital-vital, pas sur les plans supérieurs de la conscience et de la vie et dans une perspective de vie spirituelle (voir à ce propos l'article relatif au mot « plans »). Par ailleurs, Saint Jean de la Croix aurait tout aussi bien pu écrire : « Il ne faut désirer que Dieu » ! Et, pour terminer, il faut remarquer que le problème n'est pas tant le désir que les pensées qui lui succèdent et l'attachement aux objets du désir. En fait le désir doit être compris, donc observé, plutôt que jugé ou refoulé. Car, comme le notait J. Krishnamurti, face à l'objet du désir il y a tout une succession de séquences. Il y a perception de l'existence d'un « objet », puis sensation, agréable ou désagréable, puis mouvement pour agripper ou repousser, puis la pensée se met en marche, par exemple pour faire durer le plaisir. Krisnamurti a beaucoup écrit et parlé du désir, dans ses livres et dans les conférences qu'il donnait à Saanen, à Madras et partout dans le monde.

Voici un extrait, issu de son ouvrage *Le Livre de la méditation et de la vie*, dont de larges passages sont disponibles sur le web. Voici un extrait, choisi parmi de très nombreux autres, parce qu'il se focalise sur le rôle de la pensée comme étape finale dans le processus du désir :

> « Je dois découvrir pourquoi le désir jouit d'un si grand pouvoir dans ma vie. Le désir, c'est peut-être bien, ou peut-être pas. Il faut que je le sache. J'ai conscience de cela. Le désir se manifeste – c'est une réaction saine, normale ; sans cela, je serais mort. Je vois quelque chose de beau et je dis : "Bon sang, j'ai envie de ça". Sans le désir, je serais mort. Mais la recherche constante de sa satisfaction est cause de douleur. C'est tout mon problème : il y a le plaisir, mais aussi la douleur. Je vois une belle femme ; belle, vraiment belle : ce serait absurde de dire le contraire. C'est un fait. Mais qu'est-ce qui permet au plaisir de se prolonger ? Évidemment c'est le fait d'y penser, c'est la pensée […] J'y pense. Il ne s'agit plus d'une relation directe avec l'objet, mais à présent la pensée amplifie ce désir, en y songeant, en évoquant des images, des idées […] La pensée entre en jeu et vous souffle : "Mais oui, tu en as impérativement besoin ; c'est un accomplissement ; c'est important ; ce n'est pas important ; c'est vital pour ton existence ; ce n'est pas vital pour ton existence". Mais je peux regarder l'objet du désir, éprouver le désir, et m'en tenir là, sans aucune interférence de la pensée » J. Krishnamurti, *Le Livre de la méditation et de la vie*, « 6 avril »

Le problème n'est donc pas le désir, mais sa prolongation au travers de la pensée ! Et J. Krishnamurti affirme que le désir n'est plus un problème quand l'homme conçoit directement qu'il n'est pas un sujet distinct du désir. Et, quand c'est le cas, nous dit-il, la peur disparaît :

> « Il n'y a pas d'entité distincte du désir : il n'y a que le désir, il n'y a pas de sujet qui désire. Le désir prend des masques différents à différentes époques, selon ses intérêts. Le souvenir de ces intérêts changeants affronte l'inédit, ce qui provoque le conflit, et c'est ainsi que naît celui qui choisit, qui se fond en

entité séparée et distincte du désir. Mais l'entité n'est pas différente de ses qualités. L'entité qui essaye de combler ou de fuir le vide, l'incomplétude, la solitude, n'est pas différente de ce à quoi elle cherche à échapper : elle est ce vide, cette incomplétude, cette solitude. Elle ne peut pas se fuir elle-même ; tout ce qu'elle peut faire, c'est se comprendre elle-même. Elle est sa solitude, sa vacuité, et tant qu'elle les considère comme étant séparées d'elle-même, elle sera dans l'illusion et les conflits sans fin. Lorsque cette entité fera l'expérience directe du fait qu'elle et sa solitude ne font qu'un, alors seulement pourra disparaître la peur. La peur n'existe que par rapport à une idée, et l'idée est la réponse de la mémoire en tant que pensée. La pensée est le résultat de l'expérience ; et bien qu'elle puisse méditer sur le vide, avoir des sensations à son propos, elle ne peut avoir la connaissance directe de ce vide. Le mot "solitude", lourd de ses souvenirs de souffrance et de peur, empêche qu'on ait de la solitude une expérience fraîche et neuve. Le mot est souvenir, et lorsque le mot n'a plus d'importance, la relation entre le sujet et l'objet de l'expérience est radicalement différente ; alors cette relation est directe et ne passe plus par le mot, par le souvenir ; alors celui qui fait l'expérience est l'expérience, qui seule libère de la peur. »

À noter que « l'entité » dont il est fait mention ci-dessus est l'ego sous sa forme de « moi je », cet « intermédiaire » (encombrant) dont parle Ramana Maharshi. À noter aussi que celui-ci une fois évaporé, il demeure quelque chose que J. Krishnamurti appelle « le sujet » et dont « la relation avec l'objet de l'expérience est radicalement différente » : ce sujet, c'est « l'agneau de Dieu » l'ego purifié, « transparent de Dieu seul » de l'Apocalypse de Jean. Les conférences de Krishnamurti étaient passionnantes et, sous la grande tente de Saanen en Suisse, il subjuguait un auditoire plein d'une ferveur tranquille. Il était animé de la passion de comprendre, un des grands bonheurs de l'existence, bonheur qui demeure quand tout le reste finit par lasser. Il précisait aussi qu'il y a des conditions à la compréhension :

« Le silence et l'amour sont indissociables. Pour comprendre soyez silencieux. »

Les deux conditions de la compréhension se réduisent donc à une seule. Le silence dont il s'agit ici est bien évidemment intérieur. C'est un silence « qu'aucun bruit ne trouble » selon la belle expression de MSL. Un silence intérieur, pas le silence extérieur du dicton populaire « La parole est d'argent mais le silence est d'or », encore que celui-ci soit unanimement recommandé par les sages et les saints de tous les temps.

**Dharma et Kuruchetra**

Le « Dharma » vu par MSL, c'est

« la Loi juste ».

« Juste » vient du latin *justus* dont les significations sont, selon le dictionnaire, « équitable, légal, conforme, normal, convenable ». On pourrait sans doute dire aussi « vraie », car MSL disait que « juste » peut souvent être remplacé par « vrai » ou « vérité » en particulier dans la Bible, mais pas seulement. D'ailleurs, le but de la « justice » en tant qu'institution est en premier lieu de découvrir la « vérité ». La racine sanskrite *dhr* du mot « dharma » (voir dictionnaire Wikipédia) est « porter, soutenir » et le mot a différentes significations selon le contexte. Significations qui forment une constellation autour du sens du mot :

- Loi naturelle ou juridique, norme, coutume, devoir

- Substance, essence, caractéristique, vérité, réalité

- Bien, vertu, droiture, justice, mérite

- Enseignement, doctrine, religion

- Phénomène, chose, fait de conscience

Cette dernière signification nous incite à voir dans le Dharma, dans la Loi, autre chose qu'un catalogue de règles à suivre, mais plutôt l'exposé de faits, de conditions à respecter pour connaître Dieu. Pour connaître sa liberté, sa fraîcheur, qui, nous dit-on par ailleurs, n'est pas différente de la perception et compréhension de la vie dans sa vérité. D'ailleurs, la vie est le lieu où s'exerce le Dharma. C'est ce que nous disent le nom et le récit de la bataille de Kurutchetra dans le Mahabharata, la grande épopée épique de l'hindouisme. Le nom « Kurutchetra » signifie « champ de l'accomplissement du Dharma ». Bien que « Kurutchetra » puisse être le nom du lieu d'une bataille concrète, ici, au vu de l'étymologie du nom, comme dans la Bible, la bataille est aussi et peut être surtout, celle menée à l'intérieur de l'homme, contre l'ego. Il en va de même pour le jihad dans le Coran. Et le « champ de bataille », c'est la vie elle-même, toute la vie, extérieure et intérieure, avec ses lois intangibles. Et ces lois qui s'exercent dans ce champ très large vont au-delà de celles qui régissent la seule vie spirituelle. C'est ce que nous dit MSL lors d'une de ses conférences :

> « De façon générale, "Dharma" désigne donc l'ensemble des normes et lois, sociales, politiques, familiales, personnelles, naturelles ou cosmiques. »

Dans cette dernière acception, donc au-delà des lois de la société et de la vie spirituelle, tous types de loi font partie du Dharma, même les lois des sciences « dures », par exemple celles de la physique, qui régissent le monde matériel concret, mais aussi celles des sciences humaines telles la psychologie, ou la sociologie, avec leurs « totems et tabous ». En conclusion disons que le Dharma est l'ensemble des lois que se donne la vie du dedans d'elle-même et à elle-même et que, pour ce qui est de la vie de l'esprit, comme pour les autres champs, elle n'a bien évidemment rien à voir avec un carcan imposé à l'homme, de l'extérieur, par un démiurge !

**Diable**

Le mot est utilisé 32 fois dans la Bible, donc très peu ! Les dictionnaires nous disent qu'à l'origine le mot « Diable » ne serait qu'un verbe. En effet, ce mot vient du latin *diabolo* et a pour étymologie le grec διάβολος *diábolos*, qui n'est qu'un verbe qui signifie « désunir, diviser, semer le trouble ». Il n'est pas quelqu'un, il est ce mouvement qui en nous divise ce qui est uni. Le Diable est donc le « diviseur » celui, ou ce qui est dans la « dualité ». À mettre en rapport avec la parole de Jésus :

> « Quand vous ferez le deux Un, et le dedans comme le dehors, et le dehors comme le dedans, et le haut comme le bas […] alors vous irez dans le Royaume. » Évangile de Thomas, logion 22

Le Diable est en nous, l'exact opposé : il est ce qui fait le Un deux ! Il est à l'opposé du but qui devrait être celui des religions : obtenir un changement de point de vue qui fait passer de la vue du mental dualiste à cette vision de l'unité qui est le « Royaume de Dieu ». C'est donc un changement de conscience radical qui est LE sujet, pas une adaptation morale cosmétique. Et le Diable est en nous toute la force du mental dualiste qui s'y oppose ! À noter que le peintre Bonnard disait que dans sa peinture il cherchait à ce que l'œil se promène sur la toile « sans accrocher nulle part ». On peut penser que, dans le regard non dualiste que les sages et les saints portent sur le monde intérieur et extérieur, pour autant que cette distinction ait un sens pour eux, il en va de même. C'est une forme de contemplation !

**Dieu**

Amusante curiosité de l'ordre alphabétique, dans la langue française, le mot « dieu » succède au mot « diable » ! Ce mot est utilisé 3 597 fois dans la Bible Second 1910, au singulier et avec une majuscule. Ce qui en fait le quatrième mot le plus utilisé, le premier étant « l'Éternel » avec 6 186 occurrences, tandis que son équivalent, « Seigneur » apparaît seulement 1 242 fois, et que « dieux » avec une minuscule et au pluriel apparaît quand même 204 fois, par exemple dès le début de la Bible :

> «… mais Dieu sait que, le jour où vous en mangerez, vos yeux s'ouvriront, et que vous serez comme des dieux, connaissant le bien et le mal. » Genèse 3;5

Il est donc inexact d'opposer le soi-disant monothéisme des religions du Livre au soi-disant polythéisme des religions d'Asie. À noter que les hébraïstes affirment qu'il y a principalement deux mots utilisés pour désigner Dieu : l'un singulier, « Yahvé », l'autre dont la terminaison exprime un pluriel « Eloim », pluriel qui s'exprime en français en ajoutant un « s » comme l'a fait André Chouraqui dans sa traduction de la Bible. Les hébraïstes nous disent que c'est « Eloim » qui est utilisé dans le récit de la création, notamment au tout début, mais curieusement avec un verbe au singulier soit « Dieux créa » en traduction mot à mot. Usage du verbe au singulier qui est apparemment toujours de mise quand il s'agit du Dieu d'Israël ! Le dictionnaire nous dit que le mot « Dieu » vient du latin *deus*, lui-même issu de la racine indo-européenne *dei* qui signifie « briller ». Il y a donc un rapport étroit entre « Dieu » et « lumière ». Ce que les textes sacrés de toutes les traditions illustrent bien, les Évangiles en particulier :

> « Jésus leur parla de nouveau, et dit : Je suis la lumière du monde ; celui qui me suit ne marchera pas dans les ténèbres, mais il aura la lumière de la vie. » Jean 8;12

Il va de soi qu'il ne s'agit pas ici d'une lumière matérielle et que même un aveugle pourrait voir cette lumière. Pour autant, ceux qui voient de leurs yeux de chair et qui ont connu la « libération de l'ego » affirment que le monde qui, avant la réalisation, était un peu terne devient comme brillant après, et, qu'un simple sol de cailloux peut donner le sentiment d'être, comme le dit Alan Watts, « un vrai tapis de pierreries » ! De nombreuses citations mettent en évidence les rapports entre Dieu, la vue et la lumière. Par exemple celles-ci, de MSL :

> « Dieu est Esprit, Amour, Lumière »

> « l'Absolu rayonnant qu'on appelle Dieu »

Ou bien encore celle-là :

> « Dieu est Cela qu'on trouve au fond de soi quand tout le reste a été dépassé. La lumière de vérité luit en nous telle une flamme blanche. » MSL, *Journal spirituel* (« 23 février 1969 »)

Et enfin, toujours relativement à la lumière, cette citation d'un Évangile apocryphe :

> « Je suis la lumière, celle qui est sur eux tous. Je suis le Tout et le Tout est sorti de moi et Tout est revenu à moi. » Évangile de Thomas, logion 81

Pour autant, toutes les citations relatives à Dieu ne font pas forcément référence à la « lumière », par exemple celle-ci dont MSL disait, sur la fin de la vie, qu'elle aimerait que cela reste d'elle et qu'on la retienne :

> « Le seul vrai Dieu se trouve en l'homme, en tous les hommes, également, immémorialement, dans la structure même de leur être, dans la loi qui les régit et auxquelles toutes les inventions des peuples et le despotisme des religions ne peuvent rien changer, jamais. » *L'Ascension de Jésus-Christ*[31]

Mais également beaucoup d'autres où, comme souvent dans les textes sacrés, il est question de « voir Dieu » ou « d'entendre Dieu ». MSL racontait à propos de son maître :

> « Aurobindo en 1910, arrivant à Pondichéry, affirmait "Dieu est là"… et non pas "Dieu est", ce qui est tout différent ! »

Ramakrishna lui, affirmait :

> « C'est depuis que je vois Dieu en tout homme que je connais vraiment Dieu. »

Mais qu'est-ce que « voir Dieu » ? Réponse de MSL ci-dessous en commentaire d'une citation des Béatitudes :

> « Heureux ceux qui ont le cœur pur car ils verront Dieu » Béatitudes, Matthieu 5-8

> « Voir Dieu c'est le connaître de mille façons différentes, mais dans sa nature, pas la nôtre, qui est opaque ! Le voir dans sa transparence, c'est vivre un moment de certitude absolue. Mais

---

[31] Page 75 des éditions A La Baconnière, 1979

> c'est surtout, les yeux ouverts sur le monde, la vision de l'amour parfait où tout a une égale importance, le plus misérable, le plus agréable. Avoir le cœur pur c'est le plus juste, le plus vrai. C'est aimer Dieu par Dieu et pour Dieu. La conséquence est de propager la paix par sa manière d'être, comme un artiste, ou un médecin. Être et aimer, pas juger, pas critiquer, sans combattre de manière personnelle pour avoir raison. »

On voit bien au passage que « avoir le cœur pur » ce n'est pas éprouver un amour enfantin ou sentimental ou encore idéaliste et naïf pour l'ensemble de la création! C'est être dans la fraîcheur de la vérité, dans l'unité, là où il n'y a plus de place pour la duplicité fonctionnelle de l'ego, et pour « l'impureté » des affects. Et il y a un bénéfice collectif, pour la société, d'un seul homme qui a « vu Dieu », car sa paix se propage vers les autres hommes et ensemence l'humanité. D'où les considérations apparentées, souvent émises dans un état d'esprit dualiste, selon laquelle Jésus est « mort pour nous », ou que les moines dans les monastères « prient pour nous ». Et enfin, pour terminer, cette citation, toujours de MSL :

> « Ne jamais oublier que tout est Dieu et que Dieu est en nous, et que nous sommes promis à le reconnaître un jour. »

Ce qui nous dit que Dieu n'est donc pas quelque chose à « obtenir » que nous n'aurions pas déjà en nous et autour de nous. Mais pour en prendre conscience, il nous est par ailleurs également dit qu'il faut une concentration permanente, qui ne tient le coup qu'avec « un grand amour pour le but à atteindre. »

**Disciples (Jean et Pierre)**

Le mot apparaît dans 278 versets de la Bible, ce qui le situe non loin des 100 mots les plus utilisés. Que sont les disciples ? MSL répond en s'appuyant sur l'épisode du reniement de Pierre, et aussi sur ce qui est dit de Jean :

« Ce sont les énergies de la pensée mentale dualiste, affective, très impuissante comme nous l'avons vu à propos du reniement de Pierre, ce reniement qui est un chemin nécessaire pour que soit dépassée la faiblesse de la piété dualiste. Là aussi, aucune condamnation à avoir concernant Pierre. Les disciples qui ne comprennent absolument pas, plus d'une fois, de quoi Jésus parle. C'est confirmé par leur attitude au moment de son arrestation, attitude elle aussi logique, attitude qui est en nous, qui est humaine, que nous n'avons pas à juger. Un des disciples, celui que Jésus aimait "était couché sur le sein de Jésus". Ce disciple nous le savons, c'est l'apôtre Jean qui parle toujours ainsi de lui-même. Ce disciple que Jésus aimait, ce n'était pas un favori ! Il était aimé non pas dans la dualité, mais dans l'impersonnalité d'une vision intérieure, qui fait qu'il sera celui qui recevra la révélation de l'Apocalypse, la révélation de Dieu en l'homme. Il est celui qui spirituellement est le plus proche de Jésus. Il n'intervient jamais auprès de Jésus, nous n'avons pas de paroles de lui alors que nous en avons quantité de Pierre, de Jacques, de Philippe, d'André ou d'autres. Jean jamais ne dit quelque chose à Jésus. Il est proche de l'esprit d'unité de Jésus : il est "penché sur le sein de Jésus". Il est l'adoration du cœur qui est toute proche de l'identification dans l'unité. Simon Pierre, un autre disciple représente le mental qui a déjà connu l'illumination. Celui qui a dit "tu es le Christ, le fils du Dieu vivant", puis qui a dit des bêtises lui aussi. Malgré tout, il est la conscience mentale qui a connu des moments d'illumination, qui est déjà sur le chemin de l'illumination. »

Certes, ces « disciples » qui ont sans doute eu une existence historique, peuvent être considérés comme des individus. Mais, répétons-le, il est beaucoup plus intéressant, profitable, nourrissant, d'y voir l'incarnation des divers plans de conscience, ou des caractéristiques psychiques que l'on trouve à divers degrés en tous les hommes, et donc en nous-même en particulier.

**Discours**

Le mot apparaît dans une petite soixantaine de versets de la Bible. Y compris seize fois dans le seul Livre de Job, avec une connotation très française dans la teneur des « discours ». Surtout en France, l'intelligence mentale et les belles paroles sont souvent survalorisées ! Voici, ce qu'en pensait MSL :

> « Les plus beaux discours n'apprennent rien, nous avons besoin de chocs qui nous réveillent. Le reniement de Pierre à Pâques est un tel choc, de même que la fuite des disciples. Ce choc est nécessaire pour que leur âme s'éveille. »

Quand la vie met sur notre chemin les circonstances qui font apparaître l'écart entre nos idéaux et la réalité de ce que nous sommes, c'est une chance, une opportunité de maturation. Cela porte un nom en Inde : celui du dieu Ganesha, le dieu à tête d'éléphant, fils de Shiva le dieu purificateur, destructeur (de l'ego). Ganesha met les obstacles sur notre chemin, et c'est lui aussi qui, en nous, dépasse les obstacles, de purification en purification. L'authenticité de notre compréhension spirituelle doit être vérifiée en permanence et c'est dans la vie concrète et ses innombrables difficultés que cela se fait ! Cette purification ne consiste pas, contrairement à ce que l'on imagine habituellement, en une perfection morale. Une somme de bonnes actions et une soustraction de mauvaises actions ou pensées négatives ! Fausse conception qui, à titre d'anecdote, débouche sur les « clins d'œil » amusés à propos des petits travers des membres du clergé, signifiant par là qu'ils sont encore bien loin de la sainteté ! Il nous est dit que la purification débouche sur l'absence d'écart entre ce que nous sommes, ce que nous disons et ce que nous faisons. Nous sommes un, il n'y a plus de duplicité en nous, mais pas dans le sens moral. Et à son terme, la purification résulte en une absence d'égoïsme, d'orgueil et d'attachement selon la belle expression et synthèse de l'Inde. Il nous est dit que ceci ne s'obtient pas par les discours (qui sont souvent une occasion d'orgueil) mais par le silence et l'humilité et au travers des « occasions » (souvent peu agréables, voir douloureuses) que nous « offre » la vie.

**Discrimination**

À propos de la discrimination, MSL rappelait l'injonction de Swami Vivekananda, le grand disciple de Ramakrishna :

> « "Discriminez, discriminez sans cesse" c'est-à-dire vérifiez sans cesse sur le plan de la vie matérielle et mentale. »

Sous-entendu, vérifiez au niveau concret de l'intelligence matérielle, vitale et mentale encore dualiste, ce que vous croyez avoir reçu des plans supérieurs. Séparez bien ce qui est réel de ce qui est possiblement irréel, qui n'est peut-être qu'une illusion du mental inconscient. C'est ici la belle et saine activité et caractéristique de chitta, quand, contextuellement, elle désigne l'intelligence mentale dualiste y compris à son niveau supérieur intuitif (le mental des philosophes). Chitta discrimine et peut hiérarchiser, mais de buddhi, l'intelligence spirituelle, il nous est dit qu'elle ne hiérarchise pas :

> « Buddhi ne connaît pas de hiérarchie. » Sri Ramakrishna

Car :

> « Dieu est Un. »[32]

Et MSL ajoutait :

> « Dieu est tout ! »

Commentaire latéral au sujet :
D'où, assez logiquement, l'absence de hiérarchisation dont parlent ceux qui connaissent buddhi. Absence de hiérarchisation ne signifiant évidemment pas absence de discrimination ! En particulier et à titre d'exemple, entre ce qui est « bien » et ce qui est « mal ». Ce que confirme l'observation mentionnée précédemment selon laquelle un sage ou un saint est « au-delà du bien et du mal mais qu'il ne fait jamais le mal »

---

[32] Sic. Deutéronome 6;4 après correction de l'erreur de traduction usuelle et inexplicable qui fait écrire dans la plupart des traductions bibliques « Dieu est le seul Éternel ».

**Doxa**

Le mot « doxa » dans la Bible grecque est traduit par « gloire » dans les éditions en langue française. Le dictionnaire donne du mot « doxa » le sens de « opinion ». Donc de quelque chose d'assez « relatif ». MSL, qui connaissait apparemment bien le grec ancien, lui donne, elle, le sens d'un « absolu » :

> « *Doxa* en grec ancien signifie "jugement juste, la vérité". Dans les Évangiles, l'expression "Je viendrai dans ma gloire" signifie donc "Je viendrai dans ma vérité". »

À noter que le mot « gloire », très utilisé dans la Bible (403 fois, donc plus que le mot « vérité » avec seulement 232 apparitions) peut être utilement remplacé par le mot « révélation » pour faciliter la compréhension des textes. Cette substitution est justifiée par le langage courant et concret : dans le langage concret, une « gloire », désigne l'apparition des rayons lumineux du soleil qui, lui, reste caché derrière un nuage. À l'occasion de ce spectacle parfois magnifique, les rayons « révèlent » l'existence du soleil invisible dissimulé derrière le nuage ! Ce spectacle, qui est la révélation de ce qui est caché, justifie bien que par analogie on donne le sens de « révélation » au mot « gloire » dans la Bible. S'y ajoute l'émerveillement que procure le spectacle, qui, lui aussi par analogie, rappelle ce que sages et saints nous disent de la révélation de Dieu en l'homme.

**Dragon**

Le mot apparaît 17 fois dans la Bible, assez peu somme toute, tandis que « Diable » et « Satan », qui ont la même signification, apparaissent respectivement 32 et 47 fois.

Voici ce que MSL dit de ce mot :

> « Le dragon, le serpent ancien, le Diable, Satan sont un seul et le même, à savoir l'attachement au moi individuel, la façon viscérale de tout ramener à nous-même. À telle enseigne que même une révélation divine devient en quelques dizaines d'années le culte d'une personne. »

Ce qui apparemment s'est effectivement passé du vivant du Bouddha historique ainsi qu'il l'avait annoncé lui-même et bien qu'il ait mis en garde contre cela ! Comme écrit précédemment dans l'article traitant du mot « Diable », celui-ci vient d'un verbe du grec ancien qui signifie « diviser ». Et la division, c'est l'opposé de l'unité, dont les textes sacrés nous disent tous que c'est l'une des caractéristiques principales de la réalité nommée Dieu (Deutéronome 6;4 : « l'Éternel, notre Dieu, est un » et, encore une fois rappelé et martelé tant cela est important, non pas : « l'Éternel, notre Dieu, est le seul Éternel » comme cela a été faussement et assez sottement traduit).

**Eau**

Cet article fait suite à l'article du présent glossaire intitulé « Conscience de soi ou du Soi », qui est en quelque sorte une lecture expliquée, une interprétation, une exégèse des versets 1 à 5 du Livre de la Genèse. Article qu'il est recommandé de lire au préalable. L'eau a plusieurs significations dans la Bible. Elle peut être le symbole de l'inconscient, par exemple dans le chapitre 13 de l'Apocalypse, mais aussi symbole de purification, comme dans les récits du baptême du Christ. Elle est, selon MSL, à la fois l'un et l'autre au début du Livre de la Genèse :

> « Dieu dit : Qu'il y ait une étendue entre les eaux, et qu'elle sépare les eaux d'avec les eaux. Et Dieu fit l'étendue, et il sépara les eaux qui sont au-dessous de l'étendue d'avec les eaux qui sont au-dessus de l'étendue. Et cela fut ainsi. Dieu appela l'étendue ciel. Ainsi, il y eut un soir, et il y eut un matin : ce fut le second jour. » Genèse 1;6-8

Versets que MSL commente comme suit dans sa conférence du 4 mai 1985, les explications ci-dessous, encore une fois, faisant suite à celles de l'article intitulé « Conscience de soi et du Soi» :

« "Qu'il y ait une étendue entre les eaux, et qu'elle sépare l'eau d'avec les eaux" :

On comprend, quand on lit la suite du texte, qu'il s'agit d'un côté des eaux d'en bas, des eaux de l'abîme, et qu'il s'agit, de l'autre côté, des eaux du ciel, donc de la pluie qui est féconde. Donc de même que le mot "désert" a deux significations, à la fois la différence, la souffrance, la séparation d'avec Dieu, et aussi le chemin de la purification qui rejoint Dieu, le mot "eau" a aussi deux significations. Les eaux sont d'une part l'inconscient, c'est très clair très net, [dans l'Apocalypse au chapitre 13 par exemple, mais ailleurs encore], ce sont les eaux de l'inconscience, mais ce sont aussi les eaux de la fécondité de l'Esprit, et cela, nous l'avions vu dans notre dernier hymne védique. Ces eaux qui pleuvent, cette pluie de l'Esprit qui féconde l'intelligence et la vie. Mais pour le moment il n'est question que de l'inconscience. "Qu'il y ait une étendue entre les eaux et qu'elle sépare les eaux d'avec les eaux" : les eaux de l'inconscient, des eaux de la fécondité spirituelle qui va venir du ciel, nous le comprendrons plus loin.

"Et Dieu fit l'étendue, et il sépara les eaux qui sont au-dessous de l'étendue d'avec les eaux qui sont au-dessus de l'étendue. Et cela fut ainsi et Dieu appela l'étendue ciel" :

Conséquemment, il en découle que notre cheminement se passe dans l'étendue qui est le ciel, et non pas sur la terre ou dans les eaux de l'abîme de l'inconscient. Dieu sépare l'inconscient encore trempé de nuit, de vide, de néant, d'avec les eaux qui sont au-dessus, les eaux de la pluie de la fécondation de l'Esprit.

"Dieu appela l'étendue ciel" :

Conséquemment, il en découle que le chemin du travail de notre conscience sur la terre se trace dans le ciel. Dans le ciel de la pensée, dans le ciel de l'immensité consciente, dans le ciel des hymnes védiques ou les oiseaux ouvrent leurs ailes d'or et volent, montant vers la vérité, la réalité et la toute lumière. Il y a donc une explication remarquable là. Dieu appela l'étendue ciel et ce ciel est le lieu de notre cheminement, de notre développement, de notre devenir, qui va vers le haut et non pas vers le bas. Ainsi, chaque fois que nous laissons notre pensée, notre conscience, notre énergie descendre vers le bas, vers les ténèbres vers l'inconscient, nous nous éloignons de cette étendue qui est l'immensité du ciel et qui est notre véritable lieu de cheminement. Nous avons à cheminer dans le ciel tout en étant sur la terre. Ça demande beaucoup de volonté. Ça ne se fait pas tout seul. Et pour cela de ne pas voir le mal afin de s'en révolter ou s'en apitoyer, mais voir dans le mal une occasion de progresser, une occasion de surmonter, une occasion de triompher du mal qui nous permet de mourir à nous-même des quantités de fois. Dieu, Shiva, le grand Dieu qui nous coupe des têtes successivement, des personnalités imparfaites. Il ne faut jamais croire qu'on est définitivement sur le bon chemin. Parce que le ciel c'est grand et qu'on en a peut-être conquis qu'un tout petit bout. Et que par conséquent il faudra peut-être renoncer à ce petit bout, et aux habitudes qu'on aura prises dans ce petit bout du ciel, pour mourir à lui et naître à un peu plus de l'étendue. On croit si volontiers, et l'Église fait cette erreur, que ce qu'on fait est parfaitement juste, et qu'il n'y faudra rien jamais changer. Et alors, quand la vie vient bousculer par ses intrusions inattendues ce qu'on avait bien établi et que l'on croyait juste, on est incommodé, et on accuse ce qui nous gêne, et on accuse même Dieu en disant "mais pourquoi Dieu a-t-il permis cela ?!" Quelque chose vient et nous gêne vraiment dans nos habitudes pieuses, dans nos habitudes de penser, qui étaient certainement bonnes mais je rappelle qu'elles sont un tout petit bout du ciel, alors que le ciel c'est l'étendue, c'est l'immensité. Rappelons-nous toujours que c'est Dieu, que c'est Shiva lui-même qui vient nous couper une tête pour nous permettre de renaître, d'aller plus loin, plus haut, dans l'étendue qui est l'infini. Et nous sommes toujours au commencement de l'infini, au commencement de Dieu, de la découverte merveilleuse. Quand on a appris à accepter les contrariétés (on peut employer des mots plus graves mais je n'emploie que celui-là) avec le sourire, on a remporté une immense victoire, et il en sort toujours quelque chose de bon. Un plus grand pan de l'étendue, un plus beau matin du ciel. Nous avons tant d'aubes à vivre pour conquérir un peu de la notion d'éternité. Dieu appela l'étendue ciel, le lieu de notre cheminement à nous, de notre cheminement conscient. Je rappelle que, pour le moment, n'y a encore pas de terre, il n'y a encore pas d'étoiles, il n'y a encore rien de créé au niveau cosmique. Seulement la conscience, et au bout de la création cosmique il y aura l'homme. Mais pour commencer c'est seulement la conscience de l'être. Qui est LA chose la plus importante, la conscience d'être, la conscience d'être Dieu, né de lui, fait de lui, à chaque instant.

"Ainsi il y eut un soir, il y eut un matin, ce fut le second jour" :

Une nuit, une inconscience encore, relative maintenant. Elle n'est plus totale, et puis un matin, un recommencement, encore une offrande à l'Éternité. Si l'on arrive à vivre ses journées comme cela, tout devient beau ! Et il y a quelqu'un qui disparait tout à fait, c'est le « moi je » ! Sans qu'on ait grand-chose à faire au fond. On oblige la pensée à s'émerveiller, on oblige la conscience à se réveiller dans la lumière du jour, dans la joie, de la croissance et il n'y a plus que cela qui compte, et l'Apôtre Paul l'a dit cela : Oubliez ce qui est en arrière, et courir en avant pour gagner la couronne c'est-à-dire la plénitude de la lumière parfaite. C'est tout simple, mais ça demande une énorme volonté, pour le vivre chaque jour à nouveau. "Il y eut un soir, il y eut un matin, ce fut un second jour" : une seconde offrande, tout simplement, à la conscience d'être. Et maintenant va venir la conscience cosmique :

"Dieu dit que les eaux qui sont en dessous du ciel se rassemblent en un seul lieu, et que le sec paraisse. Et cela fut ainsi."

Donc au-dessous de l'étendue, l'étendue ayant été créée d'abord, je répète, car c'est si important, le chemin du cheminement de la conscience d'être. Notre chemin c'est le ciel. Peu importe ce qui à l'occasion grimace et grogne sur la terre : notre chemin c'est le ciel, l'immensité ! »

On est ici bien loin des interprétations historiques et créationnistes traditionnelles de la Genèse ! À noter à deux reprises la mention faite à la « conscience d'être » par différence avec la « conscience cosmique » ou « conscience du monde » dont il est dit, ci-dessus, qu'elle est postérieure ou consécutive à l'apparition du « sec », de la terre donc. Pour la suite de l'exégèse du début de la Genèse (puisque, au fond, c'est de cela qu'il s'agit), après le premier article intitulé « Conscience de soi ou du Soi » et le présent article « Eau », voir maintenant l'article intitulé « Terre ».

**Écouter**

Le verbe « écouter », dans ses différentes conjugaisons, apparaît plus de 400 fois dans la Bible. C'est donc un verbe important. Dans la vie courante, on cite parfois le dicton « La parole est d'argent, mais le silence est d'or » ! MSL va encore plus loin pour ce qui est de la vie spirituelle, faisant du silence intérieur une condition préalable et nécessaire à tout progrès :

« Dieu se tait, jusqu'à ce que l'homme soit disposé à l'écouter. »

Et la condition de l'écoute est le calme mental. Ramana Maharshi disait que le seul but des disciplines religieuses, y compris la dévotion, l'abandon de soi, l'action qui ne se soucie pas du résultat, la méditation, est d'établir la paix mentale. Rien n'est plus difficile, car, ajoutait-il, le mental a pour caractéristique de « s'accrocher » à tous les objets des sens. D'où l'intérêt qu'il y a, dans cette perspective, à cultiver un ascétisme modéré.

## Égal

Le mot est peu utilisé dans la Bible. Une quinzaine de fois avec ses dérivés. Ce n'est pas une préoccupation. Et encore moins dans le sens de la stabilité du tempérament et de l'absence de préférence marquée. À propos de l'égalité, voici pour commencer, un magnifique passage de la Bhagavad-Gita, très apaisant et bienfaisant. C'est Krishna qui parle :

> « Je suis égal (Moi, l'Habitant éternel) en toutes les existences. Nul ne M'est cher, nul par Moi n'est haï ; cependant ceux qui se tournent vers Moi avec amour et dévotion, ils sont en Moi et Je suis aussi en eux. »

Ce qui est dit, c'est que Dieu est en tous les hommes, « également », et depuis la nuit des temps puisque c'est « l'habitant éternel » qui parle. Mais ce qui est dit aussi, c'est que pour le percevoir, il y a une condition, à savoir « se tourner vers lui ». À ce propos, la notion biblique de « peuple élu », qui serait donc « un peuple qui m'est cher », n'est pas contradictoire avec la citation, à partir du moment où ce peuple n'est pas considéré dans une extériorité et historicité, mais comme un élément de la conscience de chaque être humain. Ci-dessous un commentaire éclairant du verset ci-dessus :

> « Il n'est l'ennemi de personne, ni l'ami partial de personne ; nul n'est rejeté ni éternellement condamné, favorisé par despotisme ou caprice arbitraire : tous finissent par venir à lui également à travers les dédales de l'ignorance. Mais c'est seulement la parfaite adoration qui peut rendre consciente cette existence intérieure de Dieu en l'homme, et de l'homme en Dieu, et en faire une union parfaite et absorbante. L'amour du suprême et un don entier de soi sont la voie droite et rapide vers cette divine unité. » Sri Aurobindo, *La Bhagavad-Gita*

La « divine unité » est l'équivalent de l'Alliance dans la Bible, l'identité, la fusion de l'homme et de Dieu dans la conscience.

**Église**

Le mot « église » apparaît 72 fois dans le Nouveau Testament. Voici la conception essentiellement « intérieure » que MSL en avait et aussi la conception de quelque chose qui se construit en l'homme :

> « Église vient du grec *ekklêsia* qui signifie « assemblée par convocation ». Par convocation de qui ? Par convocation de Dieu. Tout d'abord, l'homme est lui-même une assemblée au-dedans de lui, et son unité est bâtie sur la conscience divine qui est en lui. Ceci est illustré par la réponse de Pierre au Christ qui pose la question :
>
> "Qui dit-on que je suis ?" (Matthieu 16;13),
>
> à laquelle plusieurs disciples font des réponses mentales, jusqu'à ce que Pierre fasse la fameuse réponse :
>
> "Tu es le Christ, le fils du Dieu vivant." (Matthieu 16;16)
>
> Puis par l'affirmation de Jésus reprenant la parole suite à cette réponse :
>
> "Tu es heureux, Simon, fils de Jonas ; car ce ne sont pas la chair et le sang qui t'ont révélé cela, mais c'est mon Père qui est dans les cieux. Et moi, je te dis que tu es Pierre, et que sur cette pierre je bâtirai mon Église, et que les portes du séjour des morts ne prévaudront point contre elle". (Matthieu 16;17) »

Ce qui montre bien que la réponse à la question posée peut venir de deux sources différentes toutes deux situées en l'homme :

- L'une qui est l'intelligence mentale dualiste ordinaire « de chair et de sang », notre conscience mentale. La réponse des disciples qui répondent en premier vient de là.

- L'autre qui est l'intuition spirituelle, l'Esprit (qui est la substance du Père et du Fils pour MSL), de « mon Père qui est dans les cieux », qui est Dieu en nous-même et au sommet de nous-même, qui est le sommet de notre conscience. C'est elle qui répond en Pierre. Et il est dit que c'est là que se construit l'église intérieure, pas ailleurs, pas à un niveau mental.

Au passage, commentaire périphérique au sujet : le bouddhisme zen fourmille de petites histoires datant principalement du 11ème siècle, qui paraissent anodines ou loufoques, mais qui contextuellement ne le sont pas. Histoires similaires à celle analysée ci-dessus en ce sens que le maître pose aussi une question, un Kôan, et où les disciples font aussi une réponse « de chair et de sang » jusqu'à ce qu'un disciple, ou le maître lui-même à défaut, fasse la réponse qui vient du sommet de la conscience. Parfois, la question est déroutante, comme celle du Kôan de la main que rapportait l'immense D.T. Suzuki : *« Deux mains applaudissent et il y a un son. Quel est le son d'une seule main ? » Hakuin Ekaku* Question évidemment tout à fait inaccessible au mental logique ordinaire ! Question à laquelle, de mémoire, les disciples ne trouvèrent pas de réponse, et à laquelle le maître répondit silencieusement en se mettant à sautiller sur une seule jambe !

Continuons avec les commentaires de MSL à propos de la révélation faite à Pierre, commentaires qui commencent en insistant sur le fait que cette « église intérieure » ne se construit pas n'importe où en l'homme, mais sur un plan de conscience qui n'est pas celui de la conscience mentale ordinaire :

> « Donc, l'église est bâtie sur un plan de conscience donné, et ce plan, c'est celui de la réponse de Pierre qui vient de Dieu en lui, sur ce plan où l'homme mental se tait et où c'est Dieu qui parle. L'homme est une église, et il y a autant d'églises qu'il y a d'hommes, et, en même temps, une seule église au-delà de l'espace et du temps. L'Église, en tant qu'institution humaine n'a pas sa vérité. Il en va de même de l'infaillibilité papale : en tant qu'homme, le pape n'est pas infaillible, mais, s'il parle dépouillé

de soi, et que l'Esprit parle au travers de lui, il est infaillible. Suivre seul un chemin spirituel est très difficile et il y faut une force de titan ! Il est donc normal que les hommes aient cherché à se regrouper pour se renforcer. Quand on médite ensemble, c'est plus fort et, parfois, il se passe quelque chose. Donc l'Église, dans son sens terrestre, a son rôle à jouer. Sans même parler des édifices merveilleux qu'elle nous a donnés et où l'on ressent parfois cette prière accumulée depuis des siècles. Pour autant, il ne faut pas être trop attaché à l'église sous sa forme palpable, pas plus qu'il ne faut être iconoclaste inutilement. Le point essentiel est de ne pas oublier que le seul vrai maître c'est Dieu en nous. La chasse aux gurus est aussi fausse qu'à d'autres époques la chasse aux miracles. Ce sont tous les excès de l'inconscient, du subconscient et de la conscience mentale dualiste qui a du mal, qui comprend mal, qui a de la peine à réaliser ce qui est vrai, ce qui est juste, et qui tombe d'un excès dans un autre. Il y a un texte ancien hindou dans le Mahabharata, qui dit cela très bien :

"Le pardon est dû de la part des êtres deux fois nés aux enfants, aux vieillards, et aux ascètes."

Ce qui montre combien il y a finalement peu d'adultes parmi les hommes ! C'est le roi Kunti Boya qui va confier sa fille au brahmane à l'humeur irascible qui dit cela. Car les enfants ne sont pas encore responsables de ce qu'ils font de ce qu'ils pensent, de ce qu'ils disent, aux vieillards car souvent ils ne sont plus vraiment responsables, mais les ascètes, eux aussi, ne sont pas dans la vérité, et ils ont versé dans un excès qui fait d'eux des enfants ou des vieillards. L'adulte est pleinement responsable de sa vie d'homme sur la terre, représentant de Dieu et assumant Dieu dans sa vie. Car nous sommes les fils de Dieu et nous avons à assumer le divin. Et le divin en nous c'est l'harmonie parfaite, c'est l'équilibre parfait, c'est la puissance juste, c'est la vérité, la lumière, la toute conscience à qui rien n'échappe, qui porte tout en soi et dirige l'humanité vers sa réalisation juste qui est pour chacun différente. Dieu est en nous et nous avons à le chercher en nous. Chercher le point ou le subconscient, le conscient et le sur-conscient vont se réunir. Cela n'empêche pas d'aller à l'église même si on n'écoute rien et que l'on y médite ! Et on peut parfois y ressentir une concentration d'amour et de lumière. Il faut apporter à l'église ce que l'on a conquis. On peut appartenir à une communauté, ce n'est pas un signe d'infériorité spirituelle, mais il faut savoir au fond de soi que l'Esprit est libre et que pour préserver sa liberté, il faut se taire, mais être. L'important, c'est ce que nous devenons, et nous devons devenir les écritures sacrées. Nous sommes les mendiants de l'esprit :

"Heureux les mendiants de l'esprit car le royaume des cieux est à eux." (Matthieu 5;3)

Ce qui signifie qu'ils vont découvrir cette supra conscience, ce Dieu qui nous attend à la fois au fond et au sommet de nous-même, qui attend tout en bas dans l'inconscient et qui nous attend tout en haut dans le sur-conscient. Et quand son règne vient, ce qu'il y a entre les deux, le conscient, n'est pas détruit, n'est pas supprimé, car Dieu a créé la mer, la terre, le ciel et tout ce qui s'y trouve, donc la totalité de la vie qui est là et ou rien n'est supprimé, mais où tout est transfiguré. Faire partie d'une église, c'est faire partie de l'église qui est l'univers tout entier, du monde tout entier, dès avant sa création, et au-delà de sa fin. N'oublions pas que Jésus lui-même a dit :

"Avant qu'Abraham fut, je suis." (Jean 8;58)

Et aussi :

"Dieu, tu m'as aimé avant la fondation du monde." (Jean 17;43)

En résumé : l'Église, qui est l'assemblée par convocation, est d'abord nous-même et comporte le monde entier et faire partie d'une église ne doit jamais conduire à exclure le sentiment que l'on fait partie de l'Église, c'est-à-dire tous les hommes, avant nous et bien après nous, en nous, et tout autour de nous. Je pense que la vraie façon d'avancer c'est d'avoir le courage, la volonté, l'obstination de découvrir son chemin propre, qu'il faut préserver de la mentalité des autres, et de s'épanouir intérieurement au maximum. À ce propos il faut retenir la parole de Vivekananda :

"Tout ce qui élargit le cœur et permet de mieux aimer d'une manière plus vaste et plus large ; tout ce qui élargit l'intelligence et permet de mieux comprendre, d'une manière plus vaste et plus large, tout ce qui épanouit notre âme et lui permet de capter et d'embrasser plus d'êtres et de choses, de vérité invisible comme visible, est sur le chemin de la vérité. Et, à l'opposé, ce qui rétrécit est sur le chemin de l'erreur."

Parce que Dieu est tout et parce que Dieu est Un. »

Tout nous a été dit sur l'Église : au-delà du lieu de culte extérieur et de la communauté d'individus rassemblés par les mêmes valeurs et conceptions métaphysiques, l'Église est en nous l'assemblée des divers plans de conscience que nous sommes, mais « convoquée » par l'Esprit, donc conçue et vue du haut de l'Esprit en nous, et aussi à l'extérieur de nous, où elle est toute l'humanité d'hier, d'aujourd'hui et de demain !

## Ego

S'il n'y avait qu'un article à lire du présent glossaire, ce devrait être celui-là ! Bien que le mot ne semble pas figurer dans la Bible, l'ego, et sa purification, sont LE grand sujet de la vie dite spirituelle. Et il devrait être celui de la vie religieuse, sinon celui de la vie tout court ! Le mot vient de l'indo-européen *égh*, qui a donné *egô* en grec ancien. D'après les dictionnaires, ce mot désigne, en psychologie, la conscience que l'on a de soi-même en tant qu'individu séparé des autres, voire unique au monde, et cherchant à être valorisé[33], tandis que dans le domaine spirituel il désigne la partie de soi qui se sent détachée du grand Tout nommé également le Soi (orthographié avec un S majuscule cette fois).

Voyons ce que Ramana Maharshi répondit à Paul Bronton qui lui disait « J'étais, et je suis ; mais je ne sais pas qui était lors du sommeil profond » :

> « Exactement. L'homme à son réveil dit qu'il ne connaissait rien durant son sommeil. Une fois réveillé, il voit des objets et sait qu'il est là ; tandis qu'en sommeil profond il n'y avait ni objet ni spectateur, etc. Le même individu qui parle maintenant était plongé en sommeil profond. Quelle est la différence entre ces deux états ? Maintenant il y a les objets et l'activité des sens qu'il n'y avait pas pendant le sommeil profond. Une nouvelle entité, l'ego, a surgi, se meut par les sens, voit les objets, se confond avec le corps et dit que le Soi est l'ego. En réalité, ce qui existait pendant le sommeil profond continue à exister maintenant. Le Soi est immuable. C'est l'ego qui s'est interposé. Ce qui apparaît et disparaît c'est l'ego ; ce qui demeure inchangé, c'est le Soi. » *L'Enseignement de Ramana Maharshi* (« 23 janvier 1936 »)

Le sujet est d'importance, car tous les malheurs de l'homme, des simples frustrations aux guerres meurtrières en passant par les divorces haineux, ont pour origine le sens de l'ego, son orgueil, son égoïsme, son attachement et ses deux compagnons, le désir et la peur. Se libérer de l'ego, c'est se libérer de tout cela. La bonne nouvelle, c'est qu'il nous est dit que l'ego n'est qu'une formation intermittente. Elle n'est pas notre fondement, celui-ci étant le Soi. Il doit donc être possible de remettre en question sa nécessité en tout cas dans sa forme dégradée de « moi je » aux influences souvent si néfastes. Pourtant, il ne semble pas que l'homme se sente très concerné par ceci. Peut-être compte-t-il sur un saupoudrage de morale pour « limiter les dégâts », ce qui, à l'évidence est tout à fait

---

[33] Le narcissisme, notion différente, désigne l'amour qu'on se porte à soi même, la nécessaire et saine estime de soi. La blessure narcissique est sa dégradation.

inefficace ! La psychanalyse est une belle tentative de purification du conscient et de l'inconscient, mais ne va pas jusqu'au bout de la démarche. Ou bien la tâche lui semble tellement insurmontable, ou bien tellement risquée qu'elle y renonce d'avance ! Elle n'a pas tout à fait tort, car les sages et les saints disent tous que c'est extraordinairement difficile, et que cela comporte des risques[34]. En Inde, on dit qu'il y faut plusieurs vies. La Bhagavad-Gita dit que très peu réussissent. Le Christ dit que c'est « impossible à l'homme, mais possible à Dieu » (Luc 18;27). La difficulté tient sans doute à ce que l'ego dans sa forme de « moi je » est un conditionnement social de tous les instants, et qui commence très tôt, dès la naissance. Quels sont les parents qui n'ont pas tapoté sur le ventre de leur nouveau-né en prononçant son nom, en lui souriant, dans l'espoir de voir un sourire et de capter son regard. Le sens de l'ego commence sans doute là, dans le synchronisme des différentes sensations et des mouvements du corps, dans cette cohérence et ce synchronisme ! Il est un film de Wim Wenders consacré à la vie du photographe franco-brésilien Salgado, *Le sel de la terre*, où l'on pressent que cela se passe également de manière similaire chez les gorilles en Afrique. Le photographe s'est rapproché de l'animal qui voit son reflet dans l'objectif de l'appareil photo. Il met le doigt dans sa bouche, le ressent, et, en même temps, observe son image en reflet, et voit le mouvement de son doigt, de manière synchrone. Il répète l'opération un grand nombre de fois, et l'on éprouve que là, pour lui, qui est un ancêtre privilégié dans la lignée humaine, dans son mental primitif, commence la conscience de soi, l'ego. Et l'on comprend encore mieux à cette occasion pourquoi Mâ Ananda Moye ne se regardait jamais dans un miroir : il y a un lien entre l'image du corps dans un miroir et l'ego. L'histoire de Narcisse, se penchant sur la surface de l'eau pour mieux contempler son image, tombant et se noyant, nous indique clairement les dangers de la contemplation de sa propre image ! Le sujet de la constitution de l'ego, sera abordé dans plusieurs citations du présent article. Question que Ramana Maharshi « enjambe » un peu vite dans cette réponse à l'un de ses visiteurs lui demandant « comment la Réalisation [était] possible » :

---

[34] Risques qui, pour l'Inde, peuvent et doivent être mitigés en cultivant l'absence d'égoïsme et d'orgueil, et grâce aux conseils de Guru extérieur ou à la conduite du Guru intérieur.

> « Du Soi absolu, comme d'un feu, jaillit une étincelle. Cette étincelle est appelée "ego". Dans le cas de l'ignorant, l'ego, dès qu'il se manifeste, s'identifie à un objet. Il ne peut s'empêcher de s'associer à des objets. Cette association est "ajnâna" ou ignorance. Sa destruction est le but de nos efforts. Si ses tendances "objectivantes" sont détruites, l'ego demeure à l'état pur[35] et s'immerge dans sa source. La fausse association avec le corps est appelée "dehâtma-buddhi" (l'idée "je suis le corps") Cette idée doit être détruite si l'on veut avoir de bons résultats. »
> *L'Enseignement de Ramana Maharshi* (« 18 novembre 1936 »)

Belle image que celle de l'étincelle, donnant bien le sens de la fugacité de l'existence humaine, de l'ego, au sein de la permanence du Soi éternel et infini. Et aussi belle analyse et synthèse de ce qui se passe en nous, à chaque instant de nos vies affairées. Avec une formulation sans détour du but à atteindre : la destruction de « l'ignorance » que constitue « l'association de l'ego à des objets ». C'est du pur jnana yoya, le yoga de la connaissance, l'un des nombreux types de yoga que nous propose l'Inde. J. Krishnamurti, qui est également un représentant du jnana yoga, rentre un peu plus dans le détail du processus de création du « sujet », le « penseur », et de « l'objet ». À l'occasion d'un dialogue avec une femme qui venait le voir pour comprendre et résoudre un problème de jalousie :

> « Le fait de ressentir un sentiment et celui de lui donner un nom, sont deux actes pratiquement simultanés, n'est-ce pas ? Peut-il exister un intervalle entre le moment où l'on éprouve et celui où l'on nomme ce que l'on a éprouvé ? Si l'on fait l'expérience directe de cet intervalle, on découvre que le penseur cesse d'être en tant qu'entité séparée et distincte de la pensée. Le processus de la verbalisation fait partie du « moi », cette entité qui est jalouse et qui tente de masquer sa jalousie. Si vous comprenez réellement cette vérité, la peur cesse. Le fait de nommer a un effet psychologique et physiologique ; et ce n'est que lorsque

---

[35] L'agneau mystique de l'Apocalypse, celui représenté par Van Eyck dans son polyptyque de Gand.

> l'on ne nomme pas qu'il est possible d'avoir parfaitement conscience de ce que l'on appelle le vide de la solitude. Car alors l'esprit ne se sépare pas de ce qu'il est. » J. Krishnamurti, *Commentaires sur la vie*[36]

On touche ici du doigt une deuxième source de la constitution ou du maintien du sentiment de permanence du « moi » au travers de l'activité de verbalisation du mental. En plus de la synchronicité des diverses sensations évoquées ci-dessus, et en plus d'une troisième source qui serait le « heurt des contraires ». Source crédible tant il est vrai que l'on se construit aussi en s'opposant. Source à laquelle C.G. Jung fait brièvement allusion dans la citation ci-dessous :

> « C'est seulement dans la vie terrestre où se heurtent les contraires, que le niveau général de conscience peut s'élever. Cela semble être la tâche métaphysique de l'homme. » C.G. Jung, *Ma vie*

Car la constitution de l'ego, qui conduit certes à de grands désordres quand l'ego devient un « moi je », fait partie, ce qui est positif, du processus d'« élévation du niveau de conscience ». Et ce qui est affirmé, c'est que les « heurts » de la vie seraient à l'origine de sa constitution. Et sans doute aussi de sa déconstruction dans sa forme de « moi je », déconstruction qui conduit aussi à une « élévation du niveau de conscience ». Et dire en termes psychologiques et philosophiques que cette activité de construction/déconstruction serait la « tâche métaphysique de l'homme » revient à dire, en termes religieux cette fois, que la finalité de l'apparition de l'homme dans la création est de « connaître Dieu » !

## Ego purifié

Que devient l'ego, la conscience de soi (qui est chez l'homme ordinaire la conscience de soi en tant qu'être séparé du reste du monde) à l'issue de la

---

[36] §53 du tome 2, aux éditions Buchet Chastel, 1978

sadhana, le nom donné au travail de purification en Inde ? Voici trois réponses extraites de diverses conférences de MSL. La première est extraite d'un commentaire portant sur le très court, très connu et très énigmatique aphorisme de Patanjali (sage qui aurait vécu deux ou trois siècles après Jésus-Christ en Inde) :

« Chitta recouvre Purusha. »

Que MSL commente comme suit :

« Le mental de l'homme recouvre Dieu, le Purusha, le Père.

"La place de la ville est d'or pur, transparente comme du cristal." (Apocalypse 21;21)

Elle est cette conscience de l'homme rendue à la pureté de l'agneau qui ne reflète plus que Dieu seul. Si c'est clair ! » Conférence du 25 mai 1987 à Paris, à la Sorbonne, à propos des commentaires de Swami Vivekanada sur les aphorismes de Patanjali

Telle est la claire réponse que l'Apocalypse de Jean donne à notre question initiale. Dans cette réponse, la « ville » c'est l'homme, et la « place de la ville » c'est le centre de l'homme, l'ego, la conscience de soi, mais qui, cette fois (nous sommes à la fin de l'Apocalypse) est purifiée, qui n'est plus le « moi je » qu'elle était au début.

Nota 1 : « chitta » désigne, selon le contexte, la conscience, la pensée, l'esprit, l'intelligence, le cœur. Le Vedanta présente chitta comme l'essence de la conscience. Son siège en est symboliquement le cœur, où il est associé à l'âme [jivatman, l'âme individuelle], Purusha étant le principe vital, l'âme unique, une notion recouvrant une réalité probablement identique au « Qi » des spiritualités extrême-orientales. On peut aussi se référer à l'article traitant du mot « chitta » dans le présent glossaire.

Nota 2 : à propos de la conscience humaine purifiée, « chitta », « la place de la ville », dont l'Apocalypse nous dit qu'elle est « transparente comme du cristal » et dont MSL dit qu'elle « ne reflète plus que Dieu seul ». Il y a une apparente contradiction à lever : la conscience est-elle « transparente » et laisse-t-elle voir la réalité sous-jacente, comme si elle était inexistante ? Ou bien est-elle un « reflet », une image parfaite de la réalité ? Risquons et osons répondre qu'elle est peut-être les deux en filant l'analogie : un milieu parfaitement transparent, pur et de surface lisse, un cristal parfait par exemple, selon l'angle sous lequel on le regarde, est la fois parfaitement « transparent » et peut aussi « refléter » parfaitement à sa surface ce qui l'environne. On retrouve la comparaison très connue du mental avec la surface de l'eau. Agitée, elle est opaque. Calme, elle laisse paraître le fond par transparence, ou bien, selon l'angle du regard, elle reflète parfaitement ce qui l'entoure. Par temps calme, les lacs de montagne nous proposent les deux effets. Dans les deux cas, le point commun est l'absence d'interférence et de déformation, dit autrement, l'homme devient le « témoin fidèle » de l'Apocalypse de Jean. Chitta « colle » à Purusha, le « recouvre » parfaitement, fidèlement, le laisse apparaitre ou bien, selon, en est l'image parfaite, non déformée. La conscience mentale dualiste, non purifiée, agitée, qui est le sujet, qui nomme les objets, agit certes aussi comme un miroir, qui crée des images, mais des doubles multiples du réel, qui devient par là même une collection d'objets. Ce qui est dit dans la citation, c'est que la conscience de l'homme, purifiée, qui n'est plus un « moi je » disant « je suis cette perception, cette pensée qui nomme », ne se percevant plus comme le sujet, devient alors « comme du cristal » : il n'y a plus l'effet de « miroir à facettes », plus l'opacification par la conscience dualiste. Alors, Purusha est perceptible dans son unité, soit par transparence, soit comme un reflet unique et parfait.

Nota 3 : curiosité amusante, il est bien connu des physiciens que les photons (donc la lumière dans sa modélisation corpusculaire) traversent très bien de fines feuilles d'or pur qui est alors « transparent ». La lumière de l'esprit, elle aussi, traverse « la place de la ville, d'or pur, transparente comme du cristal » !

Autre réponse, similaire, donnée par MSL lors de la conférence du 25 novembre 1978 :

> « Quand l'ego, la conscience différenciée, retrouve sa pureté originale, alors… "Chitta recouvre Purusha." »

Et enfin :

149

> « La "place de la ville" de l'Apocalypse, Apocalypse 21 et 22, l'ego purifié, devient un avec le Purusha, l'âme unique, Dieu, le Père, l'origine, le Soi. L'homme a deux moi, plusieurs moi-même, mais au moins deux : l'un, personnel, qui a tendance à se dégrader en un petit « moi je » refermé sur sa petite personne, prisonnier de lui-même et de son étroitesse ; l'autre universel (l'Ego, le Christ en Soi). À la fin, tous les deux finissent par s'accomplir en l'Absolu. »

On voit bien ici les rapports qui unissent les religions incarnées et vécues (qui relient, qui font le lien entre la vie et les textes sacrés, qui visent à la connaissance de soi et du Soi, donc de Dieu) et la psychologie. Pas une psychologie trop intellectuelle et théorique, ou, selon l'expression de C.G. Jung, exclusivement centrée sur « l'ombre » (nos tendances naturelles repoussées dans l'inconscient pour cause d'adaptation à la vie sociale), mais une psychologie se confrontant avec humilité, rigueur et empathie au réel, et débouchant sur un joyeux savoir, sur la connaissance des lois intangibles qui gouvernent notre psyché. Les catégories et les lois de la psychologie sont en rapport avec certains des 24 Tattvas ( principes cosmiques) de l'hindouisme qui sont eux mêmes en correspondance avec les 24 vieillards de l'Apocalypse de Jean.

## Égoïsme

L'Inde a une formule très simple pour définir les conditions de la connaissance de Dieu : « Être sans égoïsme et sans orgueil ». MSL y ajoutait « sans attachement ». Étonnamment, puisque l'ego est au cœur du sujet religieux, les mots « égoïsme, égoïste » n'apparaissent pas dans la Bible, tandis que « orgueil, orgueilleux » apparaissent une centaine de fois. En terre chrétienne, ces mots ont des connotations morales. Mais tel ne devrait pas être le cas selon MSL :

> « Egoïsme et orgueil sont des faits de l'incarnation, pas avant tout de la morale. La morale [au demeurant utile] c'est beaucoup plus bas : elle flotte au niveau de la dualité. L'Apocalypse,

comme les Vedas (confère l'épisode des trois Ribhus, les seigneurs d'immortalité) révèle l'égoïsme et l'orgueil à un niveau beaucoup plus haut, à leur origine, pour les transcender et les transfigurer. »

Pour le christianisme, ce sont les « péchés » qui sont tenus comme les obstacles à la connaissance de Dieu, en premier lieu les sept péchés capitaux. Curieusement l'égoïsme et l'attachement ne figurent pas dans la liste ! L'opposé de ce dernier est souvent nommé « renoncement » dans nos pays, mot qui donne le sentiment d'une acceptation comme à regret, du bout des lèvres, alors qu'il doit s'agir d'une adhésion ! Ce qui demande un don de soi total et, pour « tenir le coup », selon l'expression souvent employée par MSL, « un grand amour pour le but à atteindre »,.

## Égypte

Le nom « Égypte » est utilisé dans 563 versets de la Bible. Si le terme était seulement géographique, à ce niveau d'utilisation, il réduirait le texte sacré à un carnet de voyage ! MSL rétablit la logique des choses :

> « L'Égypte, c'est "le pays de servitude". De servitude à quoi, à qui ? De la servitude au petit ego, à ce "moi je" étroit, au règne des dualités. »

On comprend mieux maintenant, compte tenu de la prégnance du mental en l'homme, et du fait de son rôle dans la constitution de l'ego, en tout cas dans son aspect limité de petit « moi je », pourquoi le mot est si présent dans la Bible. Quant au pourquoi de l'Égypte comme pays particulier, sans doute parce que c'était le pays à la fois le plus développé de son époque mentalement, intellectuellement, en particulier dans le domaine des sciences et des religions, et le plus proche de la Palestine. Voir aussi à ce sujet l'article traitant du mot « Pâque(s) ».

**Enfant**

Le mot « enfant », au singulier et au pluriel, est utilisé 1 253 fois dans la Bible, dont 129 fois dans le Nouveau Testament, soit plus que le nom de Jésus qui apparaît 1 189 fois, évidemment uniquement dans le Nouveau Testament. Il se situe au treizième rang des mots les plus utilisés. Ce n'est pas un hasard, car le grand problème de la vie religieuse est de réussir à dépasser les efficacités de l'ego et donc du mental. Or, chez l'enfant, l'ego n'est pas encore cristallisé, le mental n'est pas encore endurci, et les enfants ont encore en eux, surtout avant cinq ans, la fraîcheur d'âme et la liberté qu'on ressent chez les saints. Voyons ce qu'en dit MSL :

« En grec, il y a deux mots pour signifier enfant :

- Le plus couramment utilisé dans des Évangiles, *pais*, *paidos*, qui signifie "enfants des enfants", donc, "petits enfants", ceux qui vivent encore dans l'unité, comme les tout-petits, qui vont bientôt découvrir qu'ils ont une main, un corps !

- Moins courant, *nepios*, qui a trois sens : "enfant", mais aussi "mineur" et enfin enfant dans le sens de "ignorant", qui ne sait pas, qui se tait. Le terme signifie donc "ceux qui se taisent, qui ne parlent pas". »

Nota : plus tard, les « tout-petits » dont il est question ci-dessus, vont progressivement prendre conscience de leur corps, s'identifier à leur corps, puis, plus tard, à leurs pensées. L'ego est sans doute un conditionnement social qui commence très tôt. C'est la « nécessaire complication de la dualité » dont parle MSL à propos d'Adam et Ève chassés du paradis de l'unité. Une complication qui, dans la saine ordonnance de la création, est nécessaire au développement du mental humain. Le mot « enfant » est utilisé en particulier dans une citation très connue mais aussi très mal interprétée :

« En ce temps-là, Jésus prit la parole, et dit : Je te loue, Père, Seigneur du ciel et de la terre, de ce que tu as caché ces choses aux sages et aux intelligents, et de ce que tu les as révélées aux enfants. » Matthieu 11;25

Citation que MSL commente comme suit :

> « Pour "enfant", c'est le mot *nepios* qui est utilisé et non, comme plus souvent dans les Évangiles, le mot *pais, paidos*. Ce que dit Jésus à ce moment et avec ce mot *nepios*, c'est donc qu'il est heureux que le mental dualiste soit impuissant à connaître Dieu ! Car dans sa dualité, il fausse toujours tout. Dieu est caché au langage des hommes. Et quand ils en parlent, cela n'a pas d'influence, n'a pas de portée. C'est quand on est dans l'unité que les mots prononcés peuvent avoir une portée. L'intelligence spirituelle fonctionne quand Dieu et l'homme sont un. »

Nota : cette condition énoncée pour que les mots aient une « portée », est certes une condition nécessaire, mais pas suffisante ! Le Christ ne disait-il pas aux Pharisiens : « Mes paroles ne pénètrent pas en vous » ? L'intelligence spirituelle, la buddhi de l'hindouisme, ne se transmet pas aussi facilement que l'intelligence intellectuelle dualiste ! Le mot « enfant » est utilisé dans un autre passage également très connu et souvent tout aussi mal compris :

> « Je vous le dis en vérité, si vous ne vous convertissez et si vous ne devenez comme les petits enfants, vous n'entrerez pas dans le royaume des cieux. » Matthieu 18;1-3

Ce que MSL commente comme suit :

> « Mais ici, cette fois, c'est le terme grec *pais, paidos*, qui est employé, ce n'est pas le terme *nepios*. Les enfants représentent la confiance, l'émerveillement. La conversion dont il s'agit ici est un changement de point de vue, pour capter la Mère divine dans un regard simple, comme celui d'un enfant. Pour capter le lait et le miel de la Mère divine, pour capter la lumière substantielle de l'Esprit. C'est simple de se convertir : c'est se souvenir tout simplement que tout est la Mère divine et tout est Dieu, que nous

vivons de son lait. Le rôle de l'enfant c'est de grandir, d'accepter de grandir. Celui qui rentre dans le Royaume de Dieu rentre dans l'émerveillement de l'unité plutôt que de s'acharner à diviser. Quand Jésus dit :

"Laissez venir à moi les petits enfants, et ne les empêchez pas ; car le royaume de Dieu est pour ceux qui leur ressemblent. Je vous le dis en vérité, quiconque ne recevra pas le royaume de Dieu comme un petit enfant n'y entrera point." (Marc 10;14)

Pour rentrer dans le royaume de Dieu, il s'agit de ressembler à un petit enfant, pas d'être un petit enfant, mais un homme avec le mental développé d'un adulte ! Le Royaume, c'est le Nirvikalpa samadhi des hindous, c'est pouvoir dire "le Père et moi nous sommes un" ; c'est rentrer dans l'unité. Ce n'est pas perdre conscience, c'est rentrer au contraire dans une conscience plus vaste et plus lumineuse. Car l'homme est alors transformé et un avec la lumière ; c'est le bonheur de sentir que Dieu est, et que nous sommes en lui comme un petit enfant qui ressent sa présence et s'y donne sans retenue. »

Par l'usage dans la même phrase des deux termes désignant « enfant », Saint Paul illustre bien l'importance de faire la différence entre les deux mots pour éviter les interprétations erronées :

« Frères, ne soyez pas des enfants [*pais*, *paidos*] sous le rapport du jugement, mais pour la malice [vice, esprit déformé, tordu], soyez enfants [*nepios*], et, à l'égard du jugement, soyez des hommes faits. » Corinthiens 14-20

Ce que MSL commente comme suit :

« Saint Paul pointe du doigt une possibilité d'erreur : il met l'accent sur le point qu'il ne s'agit pas de devenir enfantin, car, "pour ce qui est du jugement", nous devons être des hommes matures. Par contre, du point de vue de la "malice"[37], là, il faut être des enfants *nepios* donc dans le sens de "ceux qui se taisent, qui ne parlent pas"[38], pas encore, car le mental dualiste comme dit Sri Aurobindo, a cette capacité de "prendre une vérité et d'en faire un mensonge". Le point important est que tout doit évoluer en même temps, la stature spirituelle ne peut et ne doit pas évoluer plus vite que la stature, la maturité, physique, vitale, mentale, émotionnelle. C'est pourquoi l'évolution spirituelle est lente. C'est pourquoi il y faut beaucoup d'erreurs. Il ne faut pas avoir peur de faire des erreurs, mais attention, pas toujours les mêmes ! Ne dit-on pas qu'un âne ne se cogne pas deux fois au même endroit ! »

Ici encore on voit l'importance de revenir au texte original, et de vérifier les traductions. Faute de quoi, on peut arriver à des interprétations erronées. Dans le cas présent par exemple, on pourrait arriver à l'idéalisation, voir à la sacralisation de comportements enfantins chez des adultes… qui sont simplement immatures !

**Ennemis**

Le mot apparaît dans plus de 400 versets de la Bible, presque autant que le mot « Christ » ; c'est dire l'âpreté du combat spirituel. Car les ennemis, dans les textes sacrés, ne sont pas des personnes ! Ceci vaut pour la Bible,

---

[37] Par « malice », il faut entendre « duplicité ». L'homme doit être un enfant dans le sens ou il doit être exempt de calcul, il doit avoir la fraîcheur spontanée des enfants qui ne « tordent » pas les choses, et qui se taisent quand ils ne savent pas. Nota : Ainsi que des pédopsychiatres l'ont montré lors de procès, les enfants peuvent eux aussi faire de faux témoignages et mentir, mais c'est un phénomène marginal et quand cela arrive, c'est rarement, contrairement aux adultes, pour en tirer un bénéfice personnel.

[38] Qui conçoivent les choses dans le silence du Verbe de vérité : L'immaculée conception en sommes, d'où le nom de la Vierge Marie !

mais tout pareillement dans les textes sacrés de l'hindouisme ou du bouddhisme. Voici ce qu'en dit MSL, en continuant à déployer la même méthode interprétative :

> « Les ennemis ne sont pas des personnes. Ce sont, en nous-même, les éléments qui ne sont pas encore convertis à la recherche de l'unité. Pas encore purifiés, pas encore transfigurés dans leur réalité essentielle et immortelle, l'esprit lumineux et parfait. Car, comme disait le chimiste français Lavoisier : "Rien ne se perd, rien ne se crée, tout se transforme". Il en va du domaine spirituel comme de la chimie ! »

Le mot utilisé, n'est pas « adversaires » mais bien « ennemis ». La vie spirituelle est donc éprouvée comme un chemin difficile, l'objet d'un combat âpre et mortel, car son terme est la mort à l'ego ! Mort qui transfigure la perception de la réalité à la lumière de l'esprit.

**Enseignement**

Le mot et le verbe associé dans ses différentes conjugaisons apparaissent seulement une petite centaine de fois dans la Bible. C'est pourtant un sujet important dont MSL disait :

> « Pour donner aux hommes un enseignement valable, il faut d'abord apporter une réponse à leur angoisse. Il faut enlever le caractère moral, personnel des textes. »

La première affirmation de MSL est générale : quel que soit le domaine, quand on est angoissé, l'on n'est pas disponible pour écouter quoi que ce soit ! La deuxième affirmation est particulièrement vraie en Occident, où la culture morale catholique dualiste, donc à l'opposé du but recherché à savoir rentrer dans l'unité, la culture du bien et du mal, a souvent enfermé les « pécheurs » dans la culpabilité. Une culpabilité qui, dans les cas extrêmes, génère l'angoisse. La morale a sans doute une place dans la vie, mais elle est absente de la littérature sacrée valable. Une première raison en est sans doute que pour les saints et les sages l'empathie et l'amour la remplacent. Une deuxième raison, plus fondamentale, est que pour eux les « autres » sont eux-mêmes ! La morale non seulement donne le sentiment de la culpabilité mais enferme le soi-disant « fautif » dans l'idée qu'il est un individu séparé. Or, c'est précisément ce sentiment d'être un individu séparé qui va pouvoir tirer un bénéfice personnel de l'objet de la faute, qui, précisément, conduit à la faute ! Donc le cercle vicieux est fermé ! Par ailleurs, l'acte final jugé immoral, une fois analysé « a posteriori », apparait en général comme le « bourgeon terminal » d'un enchaînement de causes et conséquences qui dépassent souvent la responsabilité individuelle. ( Ce qui n'est pas à antagoniser avec la liberté « a priori », avant l'acte, de l'individu. Confère à ce sujet la conclusion de *« Essai sur les données immédiates de la conscience » de Henri Bergson* ). Le plus efficace pour alléger la conscience des hommes est de les conduire à déposer toute la peine de la faute « dans les mains du Seigneur ». Ce qui est par ailleurs très logique puisque le « Seigneur tout-puissant » est le créateur de tout ce monde de formes, y compris de son imperfection, ainsi que Krishna l'affirme :

> « Je porte ma création, toute ma création, y compris son imperfection. »

Est-il parole plus déculpabilisante ?

## Épouse

Le mot apparaît seulement quinze fois dans la Bible. Pour autant, il est l'occasion d'élaborer sur le rôle que l'amour physique entre deux personnes peut jouer dans la vie spirituelle. Et de préciser dans quelles conditions il joue ce rôle. Ceci en utilisant le commentaire que MSL fait d'un verset de l'Apocalypse difficile à comprendre :

> « Réjouissons-nous et soyons dans l'allégresse, et donnons-lui gloire ; car les noces de l'agneau sont venues, et son épouse s'est préparée. » Apocalypse 19;7

Ce que MSL commente comme suit lors d'une conférence[39] :

> « On interprète parfois en disant que l'épouse c'est l'Église et qu'à un moment donné le Seigneur Jésus viendra pour s'unir à elle. Eh bien non ! L'épouse c'est la conscience incarnée, c'est la conscience incarnée en chacun de nous. Elle est la fiancée pour le moment, celle qui se prépare à l'union, celle qui se purifie pour l'union, qui s'est gardée pure pour l'union. Et maintenant juste une parenthèse : c'est une des raisons supérieures pour lesquelles la vie que l'on mène aujourd'hui sur le plan de l'homme et de la femme est une catastrophe ! On couche avec n'importe qui… je m'excuse ! Avec celui-là, celle-là, ça change sans arrêt. Mais où est dans la création, telle qu'elle a été conçue par le Seigneur, le chemin qui conduit (ça se trouve dans Genèse 3) l'homme qui trouve sa semblable et ils "seront une seule chair"… Ça, c'est sur le plan matériel le chemin de la fusion mystique dans l'unité avec Dieu. Alors si ça devient n'importe quoi, n'importe où, n'importe quand, et trente-six fois par an, il n'y a plus de chemin ! Et c'est pourquoi ça va si mal, c'est pourquoi souvent les jeunes ne savent plus ce que c'est que l'amour. Ils en font un plaisir, un passe-temps, quelque chose de passager, de relativement peu important, alors que l'acte physique doit être la conséquence de l'âme, du cœur, de l'intelligence qui a aussi réfléchi, et alors, à ce moment-là, la fusion est réelle, et elle devient le chemin de la chair qui devient une, le chemin concret de la vie mystique qui se fait plus tard. Mais elle ne peut pas se faire si avant ça a été tout faux ! Je me permets de le dire une fois parce que c'est grave, et ça conduit à beaucoup de catastrophes. »

Il est clair que la position de MSL pourrait être interprétée comme une posture bourgeoise, traditionnelle, conventionnelle, conservatrice, puritaine, ou comme le résultat d'un refoulement. Sociologiquement, voire

---

[39] Le style « parlé » de la conférence a volontairement été conservé pour des raisons de fidélité… au détriment de la qualité de l'expression.

générationnellement ce serait envisageable, car MSL avait cinquante ans au moment de la période dite de « libération sexuelle ». Pour autant, Alan Watts qui était de la même génération, la « Beat generation », de la « contre-culture », qui a vécu en Californie proche des idées de ses leaders dont le poète Jack Kerouac, d'Aldous Huxley, qui a connu le mouvement des « Clochards célestes », et qui donc ne peut être suspecté d'attitude d'esprit conservatrice, sinon de refoulement, avait un avis sinon identique tout au moins en rapport. Il l'exprimait, dans un de ses livres, en disant que l'acte sexuel « d'opportunité » était un plaisir dont il ne voyait pas pourquoi il faudrait se passer, mais que, néanmoins, il n'avait rien à voir avec la fusion qu'il était avec une personne aimée qui partageait votre vie. Il est arrivé que MSL, à l'occasion de séminaires et à la demande des intéressés, bénisse ce qu'elle appelait des « mariages sans papiers ». Ce qui par ailleurs lui a valu le reproche d'être à la tête d'une secte, ce dont elle a été totalement blanchie[40], si besoin était, par un spécialiste du sujet ! Après cette parenthèse, continuons avec elle sur le sujet de « l'épouse » et de la conscience incarnée :

> « La conscience incarnée c'est la fiancée qui va devenir l'épouse du Seigneur. Et qui s'est gardée pure pour cette union-là. Quand ça se vit sur le plan matériel entre l'homme et la femme c'est beau, c'est vrai, ça devient toujours plus beau, toujours plus vrai, et ça aboutit à la compréhension supérieure de l'union de l'âme, de la conscience, avec Dieu. Donc l'épouse, c'est la conscience incarnée qui s'est préparée par tout ce long et difficile chemin de purification, ou elle s'est gardée pour ce moment-là. Alors

---

[40] La caractéristique principale d'une secte est la manipulation mentale dont ses disciples font l'objet. Ce qui suppose une puissante et régulière relation personnelle. Ce qui était tout à fait impossible avec une personne très prise par son travail et par sa vie familiale. Par ailleurs, il n'y a jamais eu de « groupe » protégé des influences de l'extérieur seulement des personnes qui se voyaient épisodiquement lors de conférences. Enfin, le comportement de MSL était à l'opposé de la manipulation mentale, ne cherchant en aucun cas à imposer quoi que ce soit de particulier, mais s'adaptant dans une grande liberté à chaque personne et à la demande de la personne, celle-ci restant dans sa vie d'origine. Il en a toujours été ainsi en Inde avec les vrais gurus, mais, à la décharge de quelques accusateurs, il est également vrai qu'en Inde comme ailleurs il y a beaucoup plus de faux gurus que de vrais !

réjouissons-nous, "soyons dans l'allégresse", c'est un moment de joie immense de se revêtir d'un "fin drap de lin éclatant et pur" (la blancheur c'est la couleur du divin donc la conscience est revêtue de la vérité du divin) car le lin fin ce sont les œuvres justes des saints : la conscience incarnée est revêtue de la sainteté. Car l'extase n'a aucune valeur si elle n'a pas le complément dans la sainteté des œuvres ici-bas. C'est la preuve. La conscience incarnée qui s'est gardée préparée, guidée par Dieu pour devenir l'épouse du Seigneur. La Kundalinï, la Shakti qui va s'unir à Vishnou, le Seigneur, le créateur, ils ne seront qu'un. Au sommet de l'ascension, au sommet de la montée, et le Seigneur l'attend en haut de ce chemin. Et un jour elle sera l'épouse du Seigneur. Car elle a chanté Dieu et est restée fidèle. »

Essayons de réexprimer comment s'articulent ces diverses notions :
La « fiancée » est promise à devenir « l'épouse » du « Seigneur » en s'unissant à lui. Pour cela, elle doit être suffisamment pure. La «fiancée» est la conscience incarnée, la conscience du monde, l'ego. Purification après purification, elle devient autre chose que le « moi je » séparé du reste de l'expérience du monde qu'elle était. Elle devient « l'agneau divin » de L'Apocalypse, l'ego purifié, la « conscience transparente de Dieu seul ». Elle est digne de devenir « l'épouse », cette même conscience incarnée mais cette fois unie à la conscience d'être, qui dit « Je suis », qui est le « Seigneur », qui est à la fois la totalité de l'expérience, de la création, et une puissance agissante ( d'où son nom de « Seigneur ») en nous et à l'extérieur de nous. Le Soi en termes psychologiques, Dieu.

## Esprit

Pour MSL, nous l'avons compris, l'Esprit est en « nous-même » et non pas à l'extérieur de nous, dans un ailleurs, dans une extériorité. Mais, dit-elle, il n'arrive que par une irruption inattendue, « comme un voleur » selon la parole du Christ, d'où l'importance d'une attention permanente, d'une concentration silencieuse de tous les instants :

« L'enseignement de l'Esprit, c'est dans le silence qu'on le reçoit. Il devient une lumière qu'on voit et qu'on entend mais pas avec nos yeux et oreilles de chair. Alors certaines choses deviennent claires. La vie sur terre est dominée par le dualisme. "L'Esprit sonde les profondeurs de Dieu". Le Dalaï-lama, dont MSL disait qu'il donne un enseignement remarquable, dit à juste titre que « tout est une question d'état d'esprit ». Les circonstances n'ont pas d'importance, c'est notre manière de les vivre qui est importante ! C'est l'Esprit qui comprend, l'Esprit, pas le moi individuel et sa raison dualiste. On n'"arrive pas" à un état, c'est Dieu qui fait. Le tout est d'attendre patiemment et avec attention car :

"Dieu viendra comme un voleur." »

Commentaire annexe et général par rapport au sujet : quand notre intellect est mis en demeure d'expliquer ce qu'est « l'esprit », il se trouve décontenancé et dépourvu ! Il en est en fait incapable, de même que pour les autres termes conceptuels, comme « l'âme », ainsi que pour des sensations très concrètes comme celle du goût du lait : on sait très bien ce que c'est, mais il est impossible de l'exprimer avec des mots. Dans le cas des termes conceptuels, comme les deux cités précédemment, c'est souvent leur usage dans des expressions du langage courant, ou poétiques, qui permettent d'en saisir le sens. Par exemple des expressions comme « l'état d'esprit », ou bien « l'esprit du vin » qui désigne l'éthanol invisible et pourtant omniprésent dans une boisson alcoolisée et qui donne une bonne image de l'omniprésence et l'immanence de l'esprit. Ou bien l'expression « le vent de l'esprit y souffle » pour donner le sentiment de sa vie. Ou bien encore l'expression « un état d'âme » ou le vers de Lamartine, « Objets inanimés avez-vous donc une âme ? », ou « l'âme d'un tronc d'arbre » qui désigne sa partie ligneuse la plus centrale pour donner le sens de la centralité de l'âme. On éprouve alors curieusement et tout à la fois, que ces notions nous parlent tout en étant inexplicables avec des mots. Sans que cela nuise à la compréhension ! Il en va ainsi du mot « esprit » ; et quand le Dalaï-lama dit « tout est une question d'état d'esprit », en fait, tout le monde comprend sans les mots pour l'expliquer, car tout le monde a éprouvé, vécu ce que cela signifie. Comme pour le « goût du lait ». Dans un domaine voisin, C.G. Jung allait plus loin. Il était régulièrement en butte à des critiques de ses collègues pour cause de définition imprécise des termes employés. Il disait qu'à son avis la recherche d'une très grande précision des définitions était en fait une (vaine) tentative de ses collègues de se mettre à l'abri de l'efficacité des archétypes et de tout maîtriser ! Et s'agissant des mots des langues anciennes, MSL aimait à dire que les dictionnaires, pour les définir, ou les traduire, donnaient souvent une série de mots qui semblaient hétéroclites, mais qui pris tous ensemble formaient comme une constellation autour du sens. Certes, on peut s'approcher parfois du sens des mots par des définitions, par des mots renvoyant à d'autres mots, mais finalement les mots s'éprouvent. Là comme ailleurs, il faut aussi s'y abandonner ! Tel est le cas pour le mot « esprit » !

**Essentiel**

« Essentiel » n'est pas un mot des textes sacrés, mais les textes sacrés vont à l'essentiel, à savoir ce qu'on appelle Dieu, et à rien d'autre. C'est d'ailleurs, avec l'intemporalité, l'une de leurs caractéristiques et un moyen de vérifier leur authenticité. De même que l'on peut vérifier l'authenticité d'un maître, d'un saint ou d'un sage à ce qu'« il parle de Dieu, que de Dieu » (Mâ Ananda Moye). Depuis la fin du XX$^e$ siècle et le début du XXI$^e$, nous croulons sous un volume d'informations toujours croissant. C'est vrai en particulier dans le domaine de la spiritualité. Sans parler de l'aspect qualitatif, car, s'il y a du bon, il y a aussi et surtout beaucoup de moins bon ou du mauvais, voire du franchement dangereux. D'ailleurs, force est de constater qu'en ce début de XXI$^e$ siècle, les ouvrages relatifs aux paroles des merveilleux saints et sages de l'Inde de la fin du XIX$^e$ siècle et du début du XX$^e$ ont quasiment disparu des rayons « spiritualité » des libraires… au « profit » (sic !) des ouvrages du rayon « développement personnel » (tout est dit de leur pauvre et triste optique dans le titre du rayon !). Aussi est-il précieux de pouvoir disposer d'une information synthétique venant d'une source sûre à propos de ce qui est essentiel dans la vie spirituelle. Une telle synthèse existe dans *L'Évangile de Sri Ramakrishna*. *L'Évangile de Sri Ramakrishna*, ou *L'Enseignement de Ramakrishna*, est la transcription des enregistrements que Mahendranath

Gupta a faits des conversations de Ramakrishna avec ses disciples, dévots et visiteurs. La première édition a été publiée en anglais, en 1942.

Ci-dessous, commenté par MSL, quelques paroles de cet immense saint (et peut-être même avatar), du début des numéros 700 à la fin des numéros 800, dans le chapitre « Ce qui est essentiel dans la vie spirituelle ». Voici les commentaires que MSL en a faits lors de la conférence du 15 Novembre 1987 à Paris[41], à commencer par un commentaire d'introduction relatif à l'état d'esprit général sous-tendu par les attitudes requises :

> « Vous allez voir que ce sont finalement des attitudes, des qualités, des vertus, un état d'esprit simple, très simple, plein de santé, et plein d'équilibre, et justement à cause de cela plein de vérité. Voyons ce qui est essentiel selon Ramakrishna, en commençant par la parole relative à la première vertu nécessaire »,

à savoir :

\* La sincérité :

> « Celui-là seul entre dans le royaume de cieux qui est honnête envers ses propres pensées. » Sri Ramakrishna, *L'enseignement de Ramakrishna,* parole 711

À noter que ce sont les mêmes mots (« royaume des cieux ») qui sont employés par Jésus-Christ ! Voyons maintenant le commentaire de MSL :

> « Autrement dit l'ingénuité et la simple foi sont les voies qui mènent à ce royaume. Il y a une nécessité d'être sincère face à Dieu. On ne peut pas jouer la comédie face à Dieu car lui, il voit, il sait, et ce qui est merveilleux, c'est qu'il le sait et qu'il le voit du dedans de nous-même. C'est du fond de nous-même qu'il y a cette appréciation juste de notre attitude pas à pas dans chaque

---

[41] Il existe actuellement un enregistrement audio de cette conférence disponible sur le web à l'adresse suivante :

https://www.youtube.com/watch?v=M00mKWxmOGU

journée. Avec un peu d'habitude, cette lucidité, cette intelligence se développe en nous et nous savons très bien ce qui dans notre démarche, notre foi, notre prière, ce qui sonne juste et ce qui sonne faux. Toute fantaisie, toute comédie, tout faux-semblant est exclu et tombe dans la piété vraie. On peut remplacer ce mot "sincérité" par un autre mot qu'emploie plus volontiers Mâ Ananda Moye qui est le mot "spontanéité". Certes, la piété est faite d'habitudes qu'on prend, de pratiques auxquelles l'on s'attache et qu'on s'efforce de maintenir tout au long de sa vie : prier, chanter le nom de Dieu, chanter ou répéter telle ou telle de ses paroles qui nous parle et nous aide. Plus ce sera spontané en nous, et non pas obligatoire comme une tâche que l'on doit accomplir, plus ce sera efficace. Cette ingénuité, cette simplicité des tâches qui mènent au royaume de Dieu en nous-même, cette paix, cette joie, ce calme face aux évènements, qui s'installe en nous, plus cette prière, plus cet effort sera spontané, jaillissant d'un besoin d'aimer tout simplement, plus cela sera efficace. Et Ramakrishna d'ajouter…

"Comme l'aube annonce le lever du soleil, ainsi, la sincérité, le désintéressement, la pureté et la droiture précèdent dans le cœur, la présence de Dieu."

Se donner à la vie, à son travail, aux autres, à sa famille, à Dieu, sans rien attendre d'autre que ce qu'il est et que nous ne savons pas. Ne rien attendre d'autre que ce qu'il est et que nous ne savons pas. Chanter son nom, essayer de l'aimer de la façon ou on peut aimer. Et, en Inde, très joliment, on dit : "Selon la nature personnelle de chacun". On dit que selon la nature de chacun on peut aimer comme son père, sa mère, comme son frère, comme sa sœur, comme son enfant, comme son ami, toutes les formes de l'amour pourvu que ce soit de l'amour. Et l'amour, c'est de la joie même dans la souffrance. Ceci, il faut s'en souvenir car il n'y a pas d'amour sans souffrance. La caractéristique, la vertu de l'amour c'est la joie même dans la souffrance. La sincérité, le désintéressement, la pureté. Quand Jésus-Christ dit : "Heureux ceux qui ont un cœur pur", cela signifie sans colère, sans envie ou désir démesuré pour soi-même, sans rancœur, sans rancune. Un cœur pur est un cœur qui aime pour aimer. Et l'objet, c'est l'amour, et le but, c'est l'amour parfait. C'est cela un cœur pur. Qui aime pour aimer. L'amour c'est l'objet, et le but c'est l'amour parfait qui n'est pas fait de mille et un détails, qui n'est pas fait de mille et une petites vertus, c'est l'amour qui aime, c'est tout, qui est là, et qui vit, et qui possède une force extraordinaire. "Prema bakti" dit-on en sanskrit. Cet amour total qui fait que l'être tout entier n'est plus que l'amour. L'amour de Dieu, l'amour des hommes peut être un amour qui simplement se veut vrai. Et cet amour on le découvre en soi-même car il est en nous, il attend en nous que nous le trouvions, en chantant Dieu, en trouvant dans toute chose un esprit de service, de bienveillance, de bonne volonté. Alors, la présence de Dieu se lève dans le cœur. »

Et maintenant, la parole de Ramakrishna à propos de la deuxième vertu :

\* Le discernement et détachement :

« Il est inutile de lire les écritures si vous ne possédez pas "viveka" et "vairagya". » Sri Ramakrishna, *L'enseignement de Ramakrishna,* parole 882

Ce que MSL commente comme suit lors d'une conférence[42] :

« Mâ Ananda Moye, peut-être plus que d'autres bien que Ramakrishna aussi, insiste sur la lecture des écritures saintes, des Puranas. Ce sont les Vedas, la Bhagavad-Gita, ce sont pour nous les Évangiles surtout. Et Sri Ramakrishna précise ici quelque chose dont on ne parle pas souvent et qui est excessivement important : c'est-à-dire le discernement et le détachement (plutôt

---

[42] Le style « parlé » de la conférence a été conservé.

que renoncement). Il faut une lucidité juste, un discernement vrai, La vérité n'est pas n'importe quoi ! Et on entend des gens affirmer et croire n'importe quoi au nom des écritures ! Et je remercie ceux qui ont noté les paroles de Ramakrishna et les ont insérées sans les oublier dans ce recueil car c'est une parole essentielle. Lire les textes sacrés et leur donner n'importe quelle signification ne sert absolument à rien ! Et cela me fait de la peine de dire que depuis de nombreuses années, du haut des chaires, on dit n'importe quoi ! On parle bien plus de l'homme que de Dieu, et on s'en réfère aux évènements humains et non pas divins. Les évènements divins, ils existent en nous. Et on ne veut plus les voir, on ne veut plus en entendre parler, on ne les connaît plus on ne sait plus les expliquer. Alors, la parole de Ramakrishna prend un sens puissant. Sans cela, on n'atteint jamais à la spiritualité. On peut lire toute sa vie la Bible, les Puranas, les Vedas sans arriver à aucune maturité spirituelle, parce que l'on n'a pas acquis l'intelligence juste. Dans mon cours à Lausanne, je n'ai rien fait d'autre qu'apprendre à lire la Bible en Esprit et en Vérité. Puisque Jésus a dit : « Dieu est Esprit et veut être adoré en Esprit et en Vérité »… Et il faut les lire, ces Écritures, en oubliant un peu l'homme qui est tellement prépondérant et qui a tellement peur qu'on l'oublie. Quand c'est Dieu qu'on oublie, l'œuvre de l'homme n'a plus aucune valeur, plus aucune bonté, plus aucune vérité. Et ça se voit, car même la bonne volonté n'aboutit à rien si elle ne vient pas d'en haut, si elle ne vient pas d'abord de cet amour de Dieu qui devient l'intelligence des Écritures ainsi que l'affirme Sainte Thérèse d'Avila :

"Les Écritures sacrées sont difficiles à comprendre, il y faut beaucoup d'oraison."

C'est cela : prier, aimer, servir et alors il naît en nous une intelligence différente, non pas seulement des Écritures, mais de la vie et de soi-même. Il y a un changement qui se fait dans notre manière de voir, d'entendre, de comprendre et la vie, et les hommes, et soi-même, et Dieu. Et ce changement est un bienfait. Pour chacun et pour tous, pour le monde, pour l'humanité. Un changement de point de vue. C'est Dieu d'abord et l'homme ensuite. Ou c'est l'invisible d'abord et le visible après. C'est un bienfait car les Écritures deviennent claires et bienfaisantes et nous guident au lieu de nous troubler, elles nous allègent et nous éclairent, elles nous font entrer dans le royaume de Dieu qui est notre paix, notre confiance, notre joie intérieure. Donc il est inutile de lire les Écritures si on ne possède pas un discernement spirituel et sain et un détachement de soi-même et des choses de la terre. On retrouve donc le désintéressement et l'amour. Viveka signifie la discrimination entre le réel et le non réel, ce que dit l'apôtre Paul :

"Attachez-vous non pas aux choses visibles qui passent, mais aux choses invisibles qui sont éternelles."

Et une indifférence vis-à-vis des choses terrestres. On n'y parvient pas tout à coup. Il faut d'abord renoncer mentalement, puis, Dieu aidant, le renoncement se fait intérieurement et extérieurement. Le détachement des petites choses. Il y a peut-être une parole de l'Évangile selon Saint Thomas qui peut nous aider ici à bien comprendre. C'est au début de l'Évangile et il est question du pêcheur qui a lancé son filet et tiré pas mal de poissons. Et alors il fait un tri. Il rejette à la mer les poissons qui sont trop petits qui doivent encore grandir, qu'il faut laisser vivre. Pour qu'il y ait encore des poissons et il ne garde que les plus gros, ceux qui peuvent déjà donner une nourriture. Il y a dans la vie un tri à faire. Savoir rejeter les choses de moindre importance pour garder un cœur libre, une intelligence pas trop encombrée, une âme claire, un esprit saint et ardent. Il ne faut pas être encombré par trop de lectures, par trop de relations. Car les textes d'or pur, il n'y en a pas beaucoup ! Il faut lire peu, régulièrement et bien, c'est-à-dire avec un intense désir de pénétrer dans la vérité de ce texte et non pas de donner une interprétation quelconque. Il faut relire souvent le même passage, et, comme disait Zwingli, il faut "lire d'une manière engagée". C'est-à-dire, là encore, de se donner à la lecture pour qu'elle puisse pénétrer en nous. Jésus le dit à un moment :

"Mes paroles ne pénètrent pas en vous."

Il faut que les paroles pénètrent en nous pour nous changer. »

(Voir l'intégralité de la citation de Zwingli dans l'article éponyme.)

Passons, après la sincérité, puis après la combinaison de la discrimination et du détachement, à la troisième vertu, dont le nom était perçu par MSL comme le plus beau de tous les mots :

\* La persévérance :

« On demanda un jour à Ramakrishna : "Pourquoi la paix vient-elle si rarement dans notre cœur et pourquoi y reste-t-elle si peu de temps ?" Il répondit : " Un bambou qui brûle s'éteint très vite si l'on ne souffle pas constamment dessus. De même, une dévotion ininterrompue est nécessaire pour que le feu de la spiritualité se conserve en nous". »

Citation commentée par MSL :

« La persévérance, toujours, toujours, toujours, toujours, même quand le cœur n'y est pas, quand les pensées sont troublées, même quand la fatigue nous écrase, même quand nous sommes découragés, même quand à force de lutter nous n'avons aucune espèce de résultat positif et que nous n'y croyons plus, mon Seigneur et mon Dieu, notre Père qui es aux cieux, que ton nom soit sanctifié, que ton règne vienne, que ta volonté soit faite sur la terre comme au ciel, sur tous les plans de ma conscience et de ma vie, non pas moi mon Seigneur mais toi… "Aum sri Râm, jai Râm, jai jai Râm"… C'est cela, "souffler sur le bambou allumé" ! Ce n'est pas toujours facile et c'est souvent très ennuyeux ! Ce n'est pas une charge, c'est quelque chose qui nous allège. Quand tout va mal, quand tout est difficile, si l'on n'a pas cette prière au cœur on finit par s'affoler et par se décourager et se fâcher, mais si l'on chante Dieu, ça va ! Toi tu es la lumière, Toi tu es l'amour et tu deviens la patience en moi. Il faut "souffler continuellement sur le bambou, sinon il s'éteint". »

Et maintenant, la quatrième vertu citée par Ramakrishna :

\* La stabilité :

« Un homme, même s'il a un bon maître et qu'il fréquente la société d'homme pieux, n'arrive à aucun résultat si son esprit reste inconstant et incertain. »

Phrase que MSL commente comme suit :

« C'est la "verge" de la Bible, la conscience droite qui reste en contact avec la vérité. Qui ne ballotte pas d'une influence à l'autre, d'un état à l'autre, qui se laisse influencer et impressionner par n'importe qui et par n'importe quoi. Nous avons quand même un bon sens intérieur et il est fait pour l'utiliser ! On a parfois le sentiment que le bon sens a disparu, de même que le goût, dans les arts, dans la manière de vivre, dans le vêtement. Le bon sens tout simple est l'allié de la vraie piété. Qui ne fait rien au rebours du normal. La vie spirituelle ce n'est pas quelque chose d'anormal, d'exceptionnel. C'est la vraie vie, la vie vécue depuis son origine et dans sa totalité. Quand on supprime l'Esprit on enlève à l'homme la principale partie de son être. Le bon sens, tous les saints en ont eu, et une Sainte Thérèse d'Avila disait bien que lorsqu'elle partait pour aller fonder d'autres maisons religieuses, elle n'emportait pas avec elle les sœurs qui cherchaient des consolations dans la contemplation, mais la sœur tourière, la sœur cuisinière, les femmes qui savaient travailler. Voilà pourquoi la vie matérielle, la vie toute simple, "la vie simple aux travaux ennuyeux et faciles" comme l'a si joliment dit Paul Verlaine, est irremplaçable. Le cadre d'une journée dans laquelle on sait qu'on doit faire ceci, cela, etc. Le cadre dans lequel tout notre être a la possibilité de s'exercer, apprendre, devenir compétent et finalement grandir, progresser et s'élever. Ce cadre indispensable. Préparer un repas peut être une méditation ! Arranger une chambre joliment aussi. Élever un enfant, s'occuper d'un enfant, soigner un malade, peuvent être une méditation dans laquelle on apprend beaucoup, beaucoup, beaucoup. Tout dans la vie nous parle de Dieu et nous instruit de Dieu… mais il faut avoir un esprit stable et droit : la verge de l'Apocalypse, "Il les paîtra avec une verge de fer", ce qui ne veut pas dire qu'il sera d'une sévérité épouvantable avec les gens, pas du tout ! Paître avec une verge de fer, c'est avec la droiture d'une intelligence qui ne s'écarte pas du droit chemin, qui est le chemin du travail persévérant, sérieux, sans négligence, le chemin de la confiance, du courage, de l'audace, pour aller de l'avant et réaliser quelque chose de bon, de bien. Le reste vient, Dieu aidant, en étant constant dans le chant de Dieu, dans le souvenir de sa parole, et en regardant haut comme le dit Sri Aurobindo : "Il faut s'efforcer de toujours regarder à la lumière". Ce qui est frappant, c'est combien l'homme regarde bas, à de toutes petites choses qui n'ont pas tant d'importance. Admirer le ciel, les enfants, la nature, tout ce qui se fait de beau et de bien dans la vie, alors on ne voit plus le reste, et on ne voit plus que Dieu, et on ne pense plus qu'à Dieu, parce que Dieu est en chacun, et, si l'on s'exerce un peu à cela, on ne voit plus que Dieu en chacun. Et le reste on ne le voit pas, et le reste on l'oublie. Il faut avoir un esprit stable, fixé droit en Dieu. »

Et maintenant, cette citation de Ramakrishna, toujours extraite des mêmes enregistrements, à propos de la cinquième vertu et condition nécessaire, presque par définition, à la vie spirituelle :

* Chercher Dieu :

« Vous recevez ce que vous cherchez. Celui qui cherche Dieu le trouve ; celui qui recherche la richesse ou le pouvoir les trouve aussi. »

Nota périphérique au sujet, mais important : Sri Ramakrishna dit ici à propos de la seule vie spirituelle quelque chose qui a un caractère plus général, qui est le corollaire de ce que la psychologie moderne reconnaît, et qu'au final chacun peut observer, à savoir que l'on devient ce que l'on pense. Et on pourrait ajouter, dans certains cas, ce que les autres pensent de vous. C'est pour cela qu'une pensée positive, et que la bienveillance sur laquelle insiste le bouddhisme, sont si importantes ! Tant à l'égard de soi-même qu'à l'égard des autres, indissociablement, tant il est vrai que si l'on ne s'aime pas soi-même, on a bien du mal à aimer les autres, et que si l'on ne se pardonne pas, on ne peut pas pardonner aux autres. De même que si l'on se déprécie par trop, on peut basculer dans l'un, ou l'autre, ou simultanément dans les deux travers qui consistent, pour une part, à déprécier les autres pour se rehausser par contraste, et, à l'inverse, à mettre les autres sur un piédestal nous confirmant ainsi par comparaison dans notre auto-appréciation de médiocrité voire de nullité ! Pour le coup, indirectement, en creux, ce que dit Ramakrishna, c'est que souvent l'homme, dans sa recherche de Dieu n'est pas totalement désintéressé. C'est humain, c'est inévitable. Il cherche à fuir « sa » douleur, « son » mal-être, à obtenir une reconnaissance, à obtenir un succès, du pouvoir sur les autres, à obtenir une « réalisation spirituelle », ce que Thérèse d'Avila appelait des « consolations » ou que sais-je ! C'est aussi ce que disait MSL d'une autre manière quand elle disait :

« Il faut aimer Dieu pour Dieu et pour rien d'autre. »

Ce que dit Ramakrishna, en disant que l'on trouve en définitive ce que l'on cherche, Jésus aussi le disait, sans toutefois dire que si ce que l'on cherche n'est pas Dieu, on le trouve aussi ! :

« Cherchez et vous trouverez, frappez et l'on vous ouvrira. »
Matthieu 7;7

Ce que MSL dit aussi à sa manière :

« Si c'est Dieu qu'on cherche, c'est Dieu qu'on trouve ! »

Et les sages et les saints ajoutent « même si c'est en suivant un faux maître » ! parce qu'on trouve Dieu en soi-même, et que tout ce service et cet amour pour un faux maître fait quand même son œuvre. Assertion qui est bien en accord avec la phrase bien connue de Saint Paul :

> « Tout concourt au bien de celui qui aime Dieu. » Romains 8;28

Et maintenant, à propos d'une question qui était : « Combien de temps la sainteté dure-t-elle en l'homme ? », la réponse de Ramakrishna, qui établit ce qu'est la sixième vertu essentielle :

\* La vigilance :

> « Le fer est rouge tant qu'il est dans le feu. Quand on l'enlève il redevient noir. Ainsi l'homme est pénétré de sainteté aussi longtemps qu'il reste en communion avec Dieu. Aussi longtemps que l'esprit est forcé de rester droit et ferme, il travaille bien, et avec profit. Mais si vous relâchez votre vigilance, il se détourne aussitôt du bon chemin. »

Ce que MSL commente comme suit :

> « La vigilance et la persévérance donc ! La répétition heureuse, constante du nom de Dieu, sans se demander ce que cela va produire en nous. Ça, c'est Dieu[43] qui le sait et cela ne nous regarde pas. Et avancer avec confiance et avec courage. Aussi longtemps que l'Esprit est soumis à une discipline régulière, et le travail journalier est une discipline, "il reste droit et ferme et travaille avec profit", c'est-à-dire qu'il se développe, le seul profit étant notre développement, notre épanouissement, dans la connaissance, dans la vérité, dans la joie, dans la lumière. Mais "vous relâchez votre vigilance, il se détourne aussitôt du bon chemin". Et ceci les hindous l'expliquent d'une jolie manière : la Mère divine, sous son apparence de Lakshmi, qui est la richesse spirituelle, la beauté, est la Mère que tout le monde adore,

---

[43] Dieu de l'intérieur de nous-même.

voudrait connaître, voudrait rencontrer, et avoir auprès de soi, mais en même temps cette Lakshmi qui est tellement attirante, attrayante, merveilleuse, belle, elle est l'insaisissable, elle est celle qu'on n'atteint pas, qu'on ne trouve pas, qui disparaît précisément quand les pensées de l'homme ne sont plus nobles, ne sont plus vraies, ne sont plus justes, mais qu'elles ont dévié, qu'elles sont devenues vulgaires, égoïstes, matérielles. Alors Lakshmi disparaît. Alors la richesse spirituelle s'en va de nous et, hélas, elle s'en va vite et revient plus difficilement. »

Et maintenant toujours selon Ramakrishna, la septième vertu essentielle à une vie spirituelle efficace :

\* La concentration, la ténacité, la véhémence :

« Fixez votre esprit sur une seule forme de Dieu, le personnel ou l'impersonnel. Par une constante persévérance le partisan du Dieu personnel le réalisera, de même que le partisan du Dieu impersonnel. Mais il faut invoquer Dieu avec ténacité et véhémence ! Plongez profondément dans l'océan sinon vous ne trouverez pas les perles qui se trouvent dans les profondeurs et vous ne les atteindrez jamais si vous vous contentez de flotter à la surface de l'eau. »

Cette affirmation de la nécessité d'un engagement professionnel « en profondeur » par opposition à un amateurisme « de surface », MSL la commente en atténuant sa véhémence :

« Il faut que peu à peu notre prière, si simple soit-elle, si rare aussi qu'elle soit car nous n'avons peut-être pas le temps de faire plus, s'approfondisse, s'approfondisse toujours, devienne ce socle, ce fondement, cette base, à partir de quoi tout le reste se construit. Il faut que la prière s'approfondisse, descende en nous, qu'elle devienne essentielle, que nous ne puissions plus nous en passer, qu'elle soit finalement la base, le socle sur quoi se construit tout le reste. Ramakrishna était un véhément, un violent dans la spiritualité ! Nous n'avons pas toujours la possibilité

> d'être ainsi, et notre nature n'est aussi pas forcément la même, mais il faut que notre prière, notre adoration de Dieu, nos lectures de textes sacrés authentiques, que cette bonne nourriture devienne indispensable comme l'air qu'on respire, que l'on ne puisse plus vivre sans prier, même dans le travail, sans penser à lui, sans le servir, à travers toutes choses. Alors, peu à peu, l'on plonge dans la vérité qui nous attend au fond de nous-même. »

Et maintenant, cette courte citation de Ramakrishna, à propos de la huitième vertu essentielle :

\* Apprendre sans cesse :

> « J'apprends aussi longtemps que je vis. »

Engagement de bonne volonté que MSL commente :

> « Ceci est une parole très importante. Nous ne savons jamais assez, nous n'avons jamais fini. Nous sommes toujours au commencement de l'infini. Un conseil : ne dites jamais, ne pensez jamais, que vous êtes sûr d'avoir acquis telle ou telle vérité, telle ou telle connaissance, nous n'en savons rien ! Elle peut toujours être remise en question. Il faut toujours recommencer et cela les savants le savent, les savants le disent. Einstein l'a écrit dans l'un de ses livres : le savant doit être capable de tout remettre en question des lois, des règles de la nature, des dispositions scientifiques qui paraissent définitives. Il peut toujours venir une nouvelle découverte qui va infirmer totalement l'affirmation précédente. Être prêt à repartir à neuf car nous ne connaissons qu'une toute petite parcelle de la vérité, être prêt toujours à recommencer, à retravailler. Et, là encore, la seule chose stable est le nom de Dieu. "Celui qui cherche Dieu le trouve". »

Nota : la citation de Ramakrishna va à contrecourant de l'idée selon laquelle la vieillesse et la mort se réduiraient à un « naufrage ». Car c'est peut-être vrai au cas par cas pour ce qui est de l'être physique, vital et mental, mais probablement pas pour ce qui est de la vie de l'esprit. Yehudi Menuhin par exemple se comparait à un avion qui, disait-il, s'allège au fur et à mesure qu'il approche de la fin de son voyage. Socrate, âgé de soixante-dix ans, sur le point de boire la ciguë, disait quant à lui :

> « À ce que je vois, vous me croyez bien inférieur aux cygnes pour la divination. Quand ils sentent approcher leur mort, les cygnes chantent ce jour-là plus souvent et plus mélodieusement qu'ils ne l'ont jamais fait, parce qu'ils sont joyeux de s'en aller chez le dieu qu'ils servent. » Platon, *Phédon*, 84d-85b

Et maintenant, encore quelque chose d'essentiel surtout dans le christianisme, cette neuvième vertu de la vie spirituelle citée par Ramakrishna :

* Aimer et adorer :

> « Durant toute votre vie, apprenez chaque jour les mystères de l'amour et de la dévotion, cela vous profitera toujours. »

Ce que MSL commente comme suit :

> « Ne jamais s'arrêter d'aimer, ne jamais s'arrêter de prier, ne jamais s'arrêter d'adorer. Et aimer c'est ne jamais s'arrêter de penser à l'autre et pas à soi-même, c'est le seul amour vrai. L'amour qui veut être contenté de ceci de cela ce n'est pas encore de l'amour, c'est peut-être le commencement de l'amour, mais ce n'est pas encore de l'amour. Le seul amour vrai, c'est aimer pour l'autre, pour l'épanouissement de l'autre, et aimer pour la perfection de l'amour, donc pour Dieu. Tant que l'amour attend humainement une réponse, une satisfaction, ce n'est pas de l'amour, ce n'est pas encore de l'amour, c'est un commencement. Ce n'est pas encore de l'amour. Aimer, pour le bien de l'autre, pour la joie de l'autre. Je me heurtais souvent avec ma mère, que j'aimais et qui m'aimais. Et un beau jour j'ai compris, mon attitude n'était pas juste : il ne faut rien attendre des gens qu'on aime et qui sont proches de nous car souvent ils ne peuvent pas donner ce que l'on attend d'eux. Il faut essayer

d'être ce qui leur fera plaisir, ce qui leur fera du bien, c'est tout ! Et ne rien attendre. À partir de ce moment-là, tout se passe très bien. Et l'on grandit, car on aime pour les autres et non plus pour soi. Ne jamais riposter, ne jamais discuter, parler de ce que nos proches aiment, apporter ce qu'ils aiment, être comme ils aiment, s'efforcer de s'habiller même comme ils aiment, etc., etc. Aimer pour eux et non pour soi, c'est le secret, et c'est aussi le secret de la paix. Si les gouvernements aimaient les peuples pour eux-mêmes et non pour leur puissance et prépondérance, tout irait mieux. Si chacun aime l'autre pour l'autre, il n'y a plus d'égoïsme, il n'y a plus de heurts, et c'est si reposant ! On est tellement moins fatigué. Je sais, c'est un chemin long et difficile. C'est comme cela aussi que l'on arrive à aimer Dieu pour Dieu et non pour soi-même. À ce moment il n'y a plus de problème. La sérénité s'installe dans la maison. Et il faut le faire pour toute la maisonnée, et alors ça fait tache d'huile, un bien-être s'étale et se répand. Comme dans le samâdhi, où la lumière s'étend jusqu'à l'immensité. Quand on aime chacun pour ce qu'il est. C'est la clé de la paix du monde : aimer pour l'autre et pas pour soi-même. Et la vie nous le rend tellement. Quand la sérénité s'installe dans le cœur d'un homme on ne peut pas recevoir plus. Et même dans les petits détails, ne pas faire ce qui gêne l'autre. Cela vient tout seul, pas besoin de réfléchir longtemps, ça se sent. Que l'autre soit heureux, que l'autre s'épanouisse et, par ricochet, nous sommes heureux aussi et nous nous épanouissons aussi. Alors que, quand chacun veut son petit patrimoine personnel, finalement personne ne s'épanouit. C'est d'ailleurs la maladie de notre époque, l'égoïsme. Et quand l'Apocalypse parle à la fin de la "guérison des nations" c'est le mot juste ! Il y a une guérison dont le monde a besoin, dont les peuples ont besoin, celle de l'égoïsme. On l'a cultivé jusque dans la foi. Et l'Inde, qui en était restée préservée en tout cas dans la tradition yoguique, pure, vraie, l'a perdu aussi. Le yoga n'est plus du tout ce qu'il est : Un chemin qui relie l'homme à Dieu, et non pas tous les rôles qu'on lui fait jouer à présent. »

Voir aussi l'article traitant du mot « amour ». Et maintenant, selon Ramakrishna, la dixième vertu :

\* Le zèle (mais sans excès !) :

> « Il y a des sadhanas de trois espèces différentes. Elles sont de la nature de l'oiseau, de la nature du singe, et de la nature de la fourmi :
>
> - L'oiseau pique dans un fruit, qui parfois tombe sous la violence du choc et se trouve ainsi perdu pour lui. De même les adorateurs qui se lancent trop violemment dans les pratiques religieuses se voient frustrés dans leurs efforts.
>
> - Le singe saute de branche en branche tout en mordant le fruit qu'il tient et parfois le laisse échapper. De même, distraits par les éléments variés de la vie, les disciples peuvent perdre de vue le sentier de la dévotion s'ils ne marchent pas d'un pied ferme et persévérant.
>
> - La fourmi prend résolument le grain de nourriture et l'emporte dans son trou où elle le déguste avec joie. La sadhana de la nature de la fourmi peut être considérée comme la meilleure. On a la certitude de posséder le fruit et d'en jouir. »

Et MSL de compléter avec d'autres catégories de sadhana et de commenter comme suit :

> « Il y a aussi le cheminement du poisson qui file tout droit à travers l'eau et qui arrive vite à son but. C'est probablement rare, beaucoup plus rare, et c'est pour cela que Ramakrishna n'en parle pas ici.
>
> - Donc l'oiseau qui pique trop fort, le fruit tombe, et il l'a perdu. C'est aussi le cas de nous-même quand nous nous jetons dans des pratiques spirituelles exagérées ou nous voulons tout avoir, posséder et connaître en peu de temps, et il ne se passe rien du

tout, et l'on n'a pas changé, on n'a pas progressé. Dans la légende de Samaru [extrait du livre de MSL *Quelques aspects d'une sadhana*], la mère dit au jeune homme : "Trop de zèle est aussi mauvais que pas assez de zèle". Il faut avancer à la mesure de Dieu en nous. Et la mesure de Dieu, c'est la manne dans le désert, c'est juste ce que nous sommes capables de faire avec vérité. Le pas que nous sommes capables de faire avec vérité. Sans mentir, sans forcer au-delà de nos moyens, l'effort juste au moment juste, la quantité exacte de nourriture que nous pouvons assimiler sainement, et d'une manière juste, et qui nous permet de grandir. La patience, la douceur, la joie, l'amour dans la sadhana sont primordiaux.

- Le singe saute de branche en branche. C'est ce qu'on fait quand on passe d'une discipline à une autre. Il faut avancer d'un pied ferme et persévérant, de la même manière et dans la même direction. "En avant, en avant, toujours en avant. Au bout du combat il y a la victoire, au bout du tunnel il y a la lumière" – phrase polycopiée que Sri Aurobindo envoyait en réponse à ceux qui demandaient [par écrit, ainsi que MSL en son temps] à être ses disciples.

- La fourmi avance péniblement en portant une charge trop grande, trop lourde pour soi, mais elle avance sans lâcher. Sans lâcher quoi ? Eh bien cette nourriture dont Jésus disait : "Il faut que vous me mangiez". Vivre de la parole du Christ, vivre de la parole de l'Éternel, vivre de la parole de la vérité. »

Nota : on est là dans les deux grands problèmes de la vie spirituelle (et de la vie tout court) : celui du « comment » et celui du « faire ou laisser faire ». La Bible en parle et la chose est perceptible dans la quatrième lettre de l'Apocalypse, la lettre à l'église de Thyatire. MSL voit dans cette église une métaphore du mental supérieur, son nom ayant un rapport avec « Thuyas » (l'arbre dont on faisait de l'encens dans les lieux de culte) et évoquant les excès de l'exaltation religieuse tel que le délire des Bacchantes, voir le délire psychotique[44] :

> « Je connais tes œuvres, ton amour, ta foi, ton fidèle service, ta constance, et tes dernières œuvres plus nombreuses que les premières. » Apocalypse 2;19

MSL disait, et on le sent bien, que tout le positif des œuvres est en train de virer dans un excès négatif avec le « tes dernières œuvres plus nombreuses que les premières » ! C'est là que l'homme bascule dans le trop, dans l'excès de l'exaltation, et veut faire les choses par soi-même, donc au bénéfice de l'ego et à l'exact opposé du but recherché !

Et maintenant la onzième vertu essentielle citée par Ramakrishna, très, très importante non seulement dans la vie spirituelle mais dans la vie tout court, à savoir la confiance, mais exprimée par un mot voisin :

\* La foi :

> « Les pratiques spirituelles, la sadhana, sont absolument nécessaires pour la connaissance de soi-même. Mais là où la foi est parfaite, il suffit de très peu de pratique. »

Ce que MSL commente à la lumière de trois citations :

> « Autrement dit, la foi, la confiance, l'amour remplacent tout. C'est ce que dit Krishna :
>
> "Abandonne tous les dharmas (donc toutes les lois, toutes les pratiques) donne-toi à moi." Bhagavad-Gita

---

[44] Freud, qui était juif non pratiquant mais attaché à la culture juive, était, contrairement à C.G. Jung, critique par rapport aux religions, et voyait des ressemblances entre les pratiques religieuses et les symptômes névrotiques (voir psychotiques ?). Pour ceux que cela intéresserait, il parle de cela dans son ouvrage de 1913 intitulé *Totems et Tabous*. Freud a été en correspondance avec Romain Rolland, qui est l'auteur de *La vie de Ramakrishna*, et dont il est dit qu'il refusait de voir dans le sentiment religieux une régression psychologique vers l'enfance.

Et Krishna ajoute cette parole merveilleuse qui est aussi dans l'Apocalypse de Jean :

"Tu es mon bien-aimé, intimement."

L'homme est le bien-aimé du Seigneur, l'homme est le bien-aimé de l'Éternel, l'homme est le bien-aimé du Père, et c'est lui qui aime et non pas nous. Dans la sixième lettre de l'Apocalypse, il y a cette phrase équivalente et merveilleuse :

"Voici, je les ferai venir, se prosterner à tes pieds, et connaître que je t'ai aimé." Apocalypse 3;9

Tout en toi-même connaîtra que je t'ai aimé. Savoir que Dieu nous aime, la foi donc, lorsqu'elle est parfaite, remplace toutes les pratiques. Les pratiques sont nécessaires pour la connaissance de soi-même, pour arriver à grandir intérieurement dans une lucidité, une intelligence, dans une vision plus juste en union avec Dieu. Seigneur c'est toi qui fais, c'est toi qui es, c'est toi qui sais, moi pas. J'essaye d'accomplir l'œuvre que tu as mise entre mes mains, mais c'est toi qui connais la raison et le but. »

Et maintenant, la douzième vertu ou pratique essentielle contenue dans cette courte affirmation de Ramakrishna, la première relative à la méditation :

* Méditez en un lieu extérieur ou intérieur choisi :

> « L'âme intérieure, la forêt et le recoin solitaire, sont trois endroits où méditer. »

Citation qui appelle le commentaire suivant de MSL :

> « Ceci rappelle la parole de Jésus quand les disciples lui demandent de leur apprendre à prier et leur dit :
>
> "Quand tu pries, entre dans ta chambre, et là, dans le lieu secret, prie ton Père qui est dans les cieux et qui voit dans le secret."

Et donc qui sait ce dont tu as besoin avant même que tu lui demandes. Saint Jean de la Croix emmenait ses disciples, ses novices, dans la forêt pour y prier Dieu. C'est connu de tous les temps, et dans tous les pays, que les sages et les saints aiment à se retirer dans la forêt, dans la nature, pour y prier Dieu, pour y communier avec Dieu qui est dans la nature aussi, dans ce silence que la nature donne souvent et que la vie dans les cités, dans les villages, ne peut pas procurer. La forêt, la nature, la montagne, oui. La montagne inspire, la forêt, le désert aussi. Cette immensité du désert dans laquelle on sent la vie bien qu'elle n'y paraisse pas. Mais on ne peut pas toujours aller en forêt ou trouver un recoin caché. Alors, il reste "l'âme intérieure", il reste ce secret de la vie intérieure dont on ne parle jamais, et, si on n'en parle jamais, cette âme intérieure devient toute-puissante, parce qu'elle n'est touchée, faussée, perturbée, par rien d'extérieur si nous la gardons pure en n'y pensant qu'à Dieu. Cette âme devient toute-puissante et il est possible de nous enfermer en nous-même, au milieu du bruit, au milieu des conversations, au milieu de n'importe quoi nous sommes là dans le silence de Dieu. Si l'on s'efforce de n'y jamais laisser entrer autre chose que la lumière, que la lumière, que la vérité, que la pureté, alors, elle devient en nous toute-puissante. Le monde, en nous et autour de nous, peut dire ce qu'il voudra, nous sommes là, et Dieu est là, et le reste n'existe pas, même si on s'en occupe, même si on y travaille, le reste n'existe pas ! Il y a une force de silence, intérieure, il y a une force d'amour, intérieure, il y a une force de patience, de persévérance, de lumière, intérieure. Si nous gardons cela parfaitement intact, non touché, cette âme intérieure devient une puissance indomptable. Celle des géants de l'esprit, celle des grands sages, des grands saints, et ceci est à notre portée, à chacun et à tous, car nous avons tous cette âme intérieure qui est Dieu, qui porte la lumière divine en soi, qui ne demande qu'à s'épanouir, à s'éveiller, à progresser. N'y laissons jamais rien entrer qui soit suspect, ne jamais parler de sa sadhana. Ne jamais discuter de cela à moins d'être avec un saint ou un sage qui nous instruit, pour que cela reste intact et devienne ce roc dont parle Jésus… et sur lequel se bâtit l'édifice de notre piété. Ce roc : mon Seigneur et mon Dieu toi seul ! C'est dans un lieu solitaire où il faut essayer de concentrer son esprit. Au début, on peut être distrait par quantité de choses, mais peu à peu avec l'habitude, la persévérance, la fidélité, on peut méditer n'importe où, dans un train, dans un magasin, à la poste en attendant son tour, n'importe où, et Swami Vivekananda disait une chose très juste, à savoir qu'au début, quand on médite, on devient sensible. On souffre davantage des bruits, de l'inconfort, du manque de tranquillité et peu à peu on n'entend plus les bruits, on n'entend plus l'agitation autour de soi, on est à l'intérieur de soi-même, dans le silence, dans la lumière, dans la vérité de Dieu. »

Et maintenant, vu par Ramakrishna, la treizième vertu, la deuxième relative à la méditation :

* Méditer en s'imaginant lavé de toute impureté :

« Mes enfants, à cette époque de ma vie, avant de commencer ma méditation sur Dieu, je me représentais en esprit absolument lavé de toutes les impuretés diverses qui s'y trouvaient, mauvaises pensées, désirs, etc., etc., et je m'imaginais Dieu installé à leur place. Faites de même. »

Ce que MSL commente :

« Excellent conseil ! Donc Ramakrishna lui-même a dû travailler et faire du chemin ! Quand on vient dire qu'il a toujours été ce qu'il est, bien sûr, mais quand même ! Sur la terre, comme Jésus, il a dû suivre le chemin de la sadhana, car, incarné dans le monde, il est soumis à la loi du monde, donc à la loi de la sadhana pour parvenir à la connaissance de soi. Jésus aussi, Sri Aurobindo aussi, Mâ Ananda Moye aussi. Ça a été plus vite pour lui que pour d'autres, mais le chemin, il a dû lui aussi le parcourir et il l'a parcouru, avec difficulté à certains moments aussi. Quelques moments de grande musique peuvent nous y aider quand nous l'aimons. Un tableau spirituel que nous aimons peut nous y aider aussi. Un poème, une phrase des Évangiles ou d'un livre spirituel qu'on aime peut nous aider à laver, à éloigner de nous tout ce qui gêne. L'adoration de Dieu, et alors on peut méditer, on peut s'offrir à Dieu : "Seigneur me voici pour faire ta volonté"… qui est, au fond, la seule prière juste pendant bien longtemps ! »

Et maintenant, vu par Ramakrishna, la quatorzième vertu, la troisième relative à la méditation :

\* Méditer respectueusement, noblement :

« Songez lorsque vous méditez que vous attachez votre esprit au pied de lotus du Seigneur bien aimé avec des cordons de soie. Je dis de soie, car les pieds du Seigneur sont si délicats que tout autre lien les blesserait. »

Phrase commentée par MSL :

« Cette phrase est merveilleuse, et elle dit quelque chose de très, très juste ! J'ai vu des quantités de personnes ne pas faire assez attention à la noblesse de leur attitude dans la vie spirituelle, et, d'une manière souvent spectaculaire, cette vie spirituelle s'est souvent écroulée. Alors l'image de Ramakrishna est délicieuse, mais elle est surtout tellement précise, tellement juste ! "Songez lorsque vous méditez que vous attachez votre esprit" donc que vous attachez votre prière, votre méditation, votre effort "aux pieds de lotus du seigneur bien aimé avec des cordons de soie". Donc avec une matière précieuse, douce, faite de respect, d'amour, de "soie" entre guillemets, car "tout autre lien les blesserait". C'est Lakshmi qui disparait ! On n'est jamais assez noble, assez propre, assez délicat pour s'approcher de Dieu. Il faut s'en souvenir. Tout le respect lui est dû, tout l'amour lui est dû, tous les égards lui sont dus. Parce qu'il est la lumière pure, parce qu'il est la sainteté, parce qu'il est la vérité et que tout cela doit demeurer intact. Ne pas être blessé par notre violence et notre grossièreté. »

Et maintenant, selon Ramakrishna, la quinzième vertu, la quatrième relative à la méditation :

\* Méditer sans ostentation :

> « Savez-vous comment médite un homme dont la nature est épurée et équilibrée ? Il médite dans la nuit, assis sur son lit, derrière sa moustiquaire, les gens de sa maison le croient endormi, un disciple au cœur pur n'a jamais aucune ostentation dans sa dévotion. »

Et voici le commentaire de MSL :

> « C'est vrai ! Vivekananda le disait en un seul mot : "soyez discrets". De notre temps on parle beaucoup trop de ces choses, et l'on en parle mal ! On en parle n'importe où ! En parler comme aujourd'hui dans un lieu consacré à Dieu, en parler dans une salle d'étude dans un moment consacré à Dieu, c'est bien, mais en parler n'importe où et n'importe comment, cela détruit la vérité et la lumière pure de l'esprit. Mâ Ananda Moye disait aussi :
>
> "Je deviendrai si commune que personne ne me reconnaîtra."
>
> Tout homme est le bien-aimé du Seigneur, tout homme est le disciple et le sadhu, il n'y a pas de différence entre les hommes. La prière, c'est notre nature elle-même, c'est notre seul et premier devoir, que faisons-nous d'extraordinaire ? Dieu, pour Dieu. Parce que la vie nous a été donnée c'est aussi Dieu pour Dieu. »

Il faut donc « oublier » l'intermédiaire inutile de notre individualité de surface pour aller directement de Dieu à Dieu : tout est Dieu !

Et maintenant, selon Ramakrishna, la seizième vertu, qui est relative pour la cinquième fois à la qualité de la méditation :

\* Méditer et s'effacer dans la nature de Dieu :

> « Quand les clameurs de l'esprit sont apaisées vient la suspension de la respiration. »

Ce que MSL commente :

> « La suspension de la respiration vient même dans le bhakti yoga, dans l'amour pour Dieu, la respiration est suspendue par l'intensité de l'amour pour Dieu. C'est vrai, car, à un certain moment d'intensité de conscience et de concentration en Dieu, l'homme vit, mais ne respire plus. La profonde méditation fait ressortir la nature réelle de Dieu sur qui l'on médite, la fait pénétrer dans l'âme de celui qui médite, nous révèle la nature véritable de Dieu. Que connaissons-nous de Dieu ? Nous avons une certaine idée de Dieu. Nous nous efforçons de monter dans cette idée de Dieu et de faire quelques progrès, mais que connaissons-nous de la nature de Dieu ? Il faut entrer en elle en s'effaçant, comme dit Saint Jean le Baptiste en parlant du Christ, "Il faut qu'il croisse et que je diminue", et que nous devenions cela qu'il est, cela qu'il n'a jamais cessé d'être, cela qu'il est en nous, "*subcalyptos*", caché, "*apocalyptos*", révélé. Dieu est caché en nous, il faut que notre amour pour lui nous le révèle dans sa vraie nature qui est totalement différente de ce que notre mental peut s'imaginer de lui. »

Et maintenant la dix-septième et dernière des vertus essentielles, s'il en est, citée cette fois par MSL, en commentaire de diverses paroles de l'immense maître que fut Ramakrishna :

\* Ne pas discuter les évènements, les accepter :

> « Et maintenant j'aimerais passer à la fin qui contient l'une des plus belles choses que l'on puisse retenir de la vie de

Ramakrishna qui était malade depuis bien des mois d'un cancer de la gorge qui le faisait affreusement souffrir. Racal, devenu Swami Brahmananda, lui demande affectueusement :

"Seigneur, intercédez auprès de Dieu afin que vous puissiez demeurer plus longtemps au milieu de nous."

Et qu'est-ce que Ramakrishna répond, lui qui a dit :

"Celui qui fut Ram et qui fut Krishna dans ce corps-ci, Ramakrishna, mais pas au sens du Vedanta" ?

Donc pas au sens du monisme absolu, de l'esprit pur, mais au sens de l'incarnation. Il répond :

"Que la volonté de Dieu soit faite."

[Dit autrement] non pas moi Seigneur, mais Toi, Toi seul. C'est toute la sagesse ! Pendant la dernière maladie du maître, ceux-ci le prièrent plusieurs fois, par amour pour eux, que Dieu le guérisse et le laisse encore quelque temps ici-bas. Le maître répondit :

"Il est inutile de discuter avec le Seigneur. Que sa volonté soit faite, je vois que ma Mère divine et moi nous sommes un, définitivement, dans la vie, la maladie et la mort."

Quel enseignement pouvons-nous tirer de cette parole suprême du maître avant son départ d'ici-bas ? Il avait d'ailleurs promis qu'il reviendrait très vite et Mâ Ananda Moye a avoué à ses disciples :

"Mâ Ananda Moye c'est Ramakrishna revenu ici-bas."

Donc il est revenu comme il l'avait promis. Dieu est, Dieu sait, Dieu fait. Tout ce qui nous arrive est pour notre bien. Essayons d'accepter pas à pas tout ce qui nous arrive en disant : "Seigneur, c'est toi qui sais, c'est toi qui fais, c'est bien. Merci." Que ta volonté soit faite et non la mienne dans la joie et non pas tristement. Il ne sert à rien de discuter les évènements, ils sont ce qu'ils sont et ils viennent de Dieu et pour chacun c'est le chemin qui peut le conduire très loin, très haut, si nous le voulons de tout notre cœur. Voilà la leçon à tirer de cette dernière parole de Ramakrishna. Je suis malade, je suis en train de m'en aller d'un cancer de la gorge, eh bien, si je dois m'en aller, je m'en irai. De toute façon, même si tous les saints de la terre s'en allaient en même temps, Dieu demeure, il est là, il est là en chacun de nous et dans toute la vie. C'est cela qu'il faut s'attacher à voir. Dieu est en moi, Dieu est en vous, Jésus l'a dit. Swami Vivekananda au congrès de Chicago l'aurait dit :

"Hommes, frères, ayez confiance en vous, Dieu est en vous."

Dieu est là, il est en chacun et en tous. Toujours. C'est ce que je peux vous certifier mes chers amis, et cela devient en nous une force invincible si nous avons la patience, la persévérance, la volonté de chanter son nom, de garder sa parole, celle de l'Apocalypse que je cite pour terminer :

"Parce que tu as gardé mon nom, parce que tu as peu de puissance, parce que tu as gardé mon nom et que tu n'as pas renié ma parole, j'ai mis devant toi une porte ouverte que nul ne peut fermer."

Le ciel ouvert de l'Apocalypse, le ciel de la révélation de Dieu en l'homme. Ceci est toujours vrai. »

Ci-dessus, on peut avantageusement remplacer « peu de puissance » par « peu de savoir et peu de pouvoir » pour te transformer toi-même volontairement.

Ainsi s'achèvent les affirmations de Ramakrishna sur ce qui est essentiel dans la vie spirituelle, et les commentaires qu'en fit Mâ Suryananda Lakshmi. Au fond, un ensemble de choses très simples, exemptes de sophistication, à savoir une grande humilité, une absence totale de sentiment d'importance personnelle, un abandon à la vie telle qu'elle est en toute confiance et un grand amour passionnément concentré sur le but à atteindre.

**Éternel/l'Éternel**

« Éternel » est le mot le plus employé de toute la Bible Louis Segond 1910, avec 5 898 versets en faisant mention, plus que pour les mots « Dieu » (« seulement » 3 635 versets), « Fils, fils » ( 3096 versets) et « Jésus » présent dans le seul Nouveau Testament. Pour autant le mot « Dieu » est le premier à apparaître, dès le premier verset du premier chapitre du Livre de la Genèse. Il est suivit par la locution « l'Éternel Dieu » au chapitre 2 de ce même Livre en son cinquième verset, puis par « l'Éternel » employé seul, qui apparaît encore plus tardivement. Tout se passe donc comme si il avait un glissement progressif, et que l'éternité, qui va apparaître au fil de la Bible comme l'une des caractéristiques majeures de la réalité que l'on appelle Dieu, finissait par lui donner son nom, avec l'emploi d'une majuscule bien sur. Car le rapport au temps et à la chronologie de cette réalité qu'est Dieu est attestée par de nombreuses citations :

 « Au commencement Dieu […] » Genèse 1;1

ou bien

 « Je suis celui qui suis. » Exode 3;14

L'usage du présent ci-dessus suggère en effet l'intemporalité et d'ailleurs la traduction de l'hébreu original semble pouvoir se faire tout aussi bien au futur, « Je serai qui je serai », par exemple dans la traduction d'André Chouraqui, suggérant par là même le peu d'importance du facteur temps.

Mais cette intemporalité apparaît explicitement aussi dans l'Ancien Testament :

> « Avant que les montagnes soient nées, avant que tu aies créé la terre et le monde, d'éternité en éternité tu es Dieu. » Psaume 90;2

Et elle apparaît aussi dans le Nouveau Testament où c'est Jésus, Dieu incarné donc, qui parle et dit :

> « Avant qu'Abraham fut, je suis. » Jean 8;58

Désigner quelque chose ou quelqu'un en lui donnant pour nom le mot qui désigne sa caractéristique principale, semble être courant dans les langues anciennes (voir par exemple ici, le premier article dédié à Abraham), mais la question qui se pose pour le nom de Dieu est « pourquoi cette caractéristique-là », pourquoi « Éternel » ? Car tous les sages et les saints de tout pays et de tout temps qui ont « vu » Dieu affirment que la lumière (voir l'article « Dieu » où il apparaît que le mot Dieu vient d'une racine indo-européenne signifiant « brillant ») ou bien que l'infini (la vastitude de sa vérité) ou encore que l'unité sont aussi des caractéristiques du divin. De nombreuses citations en attestent, par exemple, relativement à cette dernière caractéristique et dans l'Ancien Testament :

> « Écoute Israël, l'Éternel, notre Dieu, est Un. » Deutéronome 6;4

Ou bien encore dans l'Évangile de Thomas :

> « Quand vous ferez le deux Un, vous serez Fils de l'homme. » Loggion 106

Résumons : l'Éternel, le mot le plus utilisé de toute la Bible, et de loin, c'est Dieu, c'est l'Absolu, c'est le Brahman des hindous. C'est le divin désigné par l'une de ses caractéristiques : son intemporalité. Pourquoi celle-là plutôt qu'une autre, sa lumière, sa vastitude, son unité ? Cela reste inexpliqué pour l'auteur de ces lignes !

# Évangile

Le mot n'est utilisé que 73 fois, évidemment dans le seul Nouveau Testament. Évangile signifie « bonne nouvelle », mais de quelle nouvelle s'agit-il ? Et pourquoi est-elle bonne ?

Réponse indirecte de MSL lors d'une conférence, en s'appuyant sur le texte de l'Apocalypse :

> « Jean à Patmos voit un ange qui traverse le ciel tenant dans sa main un Évangile éternel, ou universel [et il dit] :
>
> "Je vis un autre ange qui volait par le milieu du ciel, ayant un Évangile éternel, pour l'annoncer aux habitants de la terre, à toute nation, à toute tribu, à toute langue, et à tout peuple." (Apocalypse 14;6)
>
> Donc sans exception de qui que ce soit. Or, nous excluons, supprimons, faisons des exceptions, alors qu'il faut embrasser largement, embrasser le monde d'une foi en l'invisible unité plus réelle que la visible complexité dans laquelle nous vivons. »

Telle est la nouvelle : celle de l'Alliance, l'unité de l'homme et de Dieu, Dieu à son sommet, encore appelé l'Absolu, l'Infini et l'Éternel, qui est invisible pour la mentalité dualiste ordinaire. Alliance qui est plus réelle que l'apparence très visible des formes séparées, de toutes les apparentes divisions du monde des formes. Alliance plus réelle aussi que cette division, cette séparation, que nous appelons « nous-même », à savoir notre petit ego tellement limité, qui se perçoit comme séparé du reste du monde, lui qui dit « je suis ce corps, je suis cette pensée » par opposition à tout le reste, qu'il ne serait pas ! Celui qui dit « je » en se percevant comme sujet extérieur, qui s'identifie au seul corps, à ses sensations, et à ses pensées, cet intermédiaire encombrant, au lieu de simplement être toutes ces choses. Cette fausse association avec le corps dont Ramana Maharshi dit qu'elle porte en sanskrit le nom de « dehâtma-buddhi' » (l'idée « je suis le corps », voir citation de l'article « Ego » plus haut).

Et pourquoi cette nouvelle est-elle bonne ? Elle est bonne car c'est le bonheur de l'homme dans le sens étymologique que nous donne le dictionnaire :

« Le mot ''bonheur'' vient de l'expression ''*bon eür*''. *Eür* est issu du latin *augurium* qui signifie ''accroissement accordé par les dieux à une entreprise''. Du point de vue de l'étymologie, le bonheur est donc l'aboutissement d'une construction, qui ne saurait être confondue avec une joie passagère. » Donc un bonheur stable, résultat d'un effort particulier dans une direction particulière, une « construction ». Pas un bonheur fugace d'opportunité ou de hasard qui va alterner avec les petits et grands malheurs de la vie ordinaire, celle où nous nous percevons séparés de l'expérience, du monde, et des « autres ». L'Alliance, c'est la promesse de se concevoir dans l'unité. Le monde et les autres, dans le sens habituel, ont disparu. Car nous sommes devenus le monde et les autres. Il n'y a plus rien à redouter au sein de cette unité et de cette solitude heureuse où tout est un, tout est Dieu et tout est éternel. Tel est ce que nous disent, chacun à leur manière, tous les saints et les sages de tous les temps ! C'est le « SatChitAnanda » de l'Inde écrit en un seul mot, indivisiblement : Être-Connaissance et Béatitude. C'est la fin de l'étroitesse, c'est la respiration vaste, la liberté. Croire cela, et parfois longtemps après en vérifier la vérité en soi-même, c'est ici la

« persévérance et la foi des saints ». Apocalypse 14;12


## Évangile de Thomas


L'Évangile de Thomas est dit apocryphe. Dans le sens religieux « apocryphe » s'oppose à « canonique », donc à ce qui est reconnu par l'Église. Qualifier un texte d'apocryphe, jette une suspicion sur l'autorité, la justesse et la valeur du texte en question. Mais le dictionnaire nous dit autre chose :

Il dit que le mot vient du latin *apocryphus*, lui-même dérivé du grec ancien ἀπόκρυφος, *apókruphos* qui signifie « caché », « secret ». Dans ce sens, effectivement, le merveilleux Évangile de Thomas, le plus spirituel avec celui de Jean, est effectivement « apocryphe » en plus d'un point ! MSL a souvent fait référence à cet Évangile. Voici quelques extraits de conférences comprenant divers logia et les commentaires associés :

> « L'Évangile de Thomas est un Évangile apocryphe trouvé en Égypte après la seconde grande guerre, il est le moins dualiste de tous les Évangiles et se caractérise en cela qu'il ne comporte que des paroles du Christ, une centaine de logia. Voici le tout premier :
>
> "Celui qui trouvera l'interprétation de ces paroles ne goûtera pas de la mort."
>
> Donc il y a un travail de recherche à faire pour rentrer dans l'Éternité de Dieu ! »

Nota à propos de cette citation : dans les textes sacrés, il est question de deux morts de nature différentes : la mort de l'être de chair, et la mort à l'ego qui va avec la fin du processus d'identification au corps et à la pensée. Les sages et les saints de tous les temps affirment que celui qui a connu la mort à l'ego ne craint plus la mort de l'être de chair… car il se perçoit comme étant le tout et non plus comme sujet distinct et séparé du tout ! En fait, il n'est plus rien ! Il est au sein de « Cela » et il est « Cela », toujours le même et toujours mouvant, indissociablement, dans un éternel présent.

Revenons aux logia, au Royaume et à la connaissance :

> « Mais le Royaume est au-dedans de vous et il est au dehors de vous. Quand vous vous connaîtrez, alors vous serez connus et vous saurez que vous êtes les fils du Père qui est Vivant. »
> Logion 3

Ce que MSL commente :

> « Se savoir héritier de l'éternité, est notre authenticité la plus grande. Sinon, nous nous dérobons à nous-même. »

Et maintenant, le début puis la fin de l'un des plus beaux logia :

> « Nous sommes venus de la lumière, là où la lumière est née d'elle-même. Elle s'est levée et manifestée dans leur image. » Logion 50 (début)

Dans lequel MSL perçoit :

> « la fausse tendance à s'identifier au moi individuel qui passe. Car, comme disait un vieux disciple de Ramakrishna : "Le seul péché c'est de dire : je suis ce corps, je suis cette pensée". »

Bien noter que le péché c'est de le « dire », en fait de s'éprouver comme sujet qui s'identifie, qui est séparé de l'expérience, et non pas simplement de l'être. L'être sans l'once d'une opposition avec ce que nous ne serions pas n'est pas un « péché » !

Et voici la fin du logion, relatif à ce qu'est le Père, à ce que l'on peut en éprouver, et ce à quoi on peut le reconnaître :

> « S'ils vous demandent quel est le signe du Père qui est en vous ? Dites-leur : C'est un mouvement et un repos. » Logion 50 (fin)

Ce qui appelle le commentaire suivant de MSL :

> « Donc une croissance, un devenir en nous, et, en même temps, une stabilité spirituelle. »

Et pour terminer voici un bijou, un logion qui exprime merveilleusement, et mieux encore qui nous « donne », que Dieu c'est « ici et maintenant », dans le plus banal de nos existences, et non dans un ailleurs :

> « Fendez du bois, je suis ici, levez la pierre, vous me trouverez là. » Logion 77

Et ce commentaire de MSL qui rajoute la condition pour que ceci soit une perception, un fait vécu, éprouvé, et non pas seulement une belle idée :

> « Dieu est partout, le percevoir est une concentration de tous les instants ! »

Partout et maintenant, pas dans un ailleurs plus « élevé » et dans un après ! Peut-être ne voyons nous pas Dieu faute de regarder assez bas ?

**Extase**

Le mot se fait rare et tardif dans la Bible : il n'apparaît que trois fois, dans les Actes des Apôtres. Ci-dessous, voici successivement plusieurs citations de MSL, dont le commentaire d'un extrait de la Bhagavad-Gita, puis une citation commentée d'un aphorisme de Patanjali, pour terminer sur une petite histoire et petite extase du quotidien. Elles peuvent donner une idée de la réalité vécue par l'homme dans l'extase, extase que l'on nomme samadhi dans l'hindouisme. Le dictionnaire nous apprend que le mot est issu du latin *ecstasis*, lui-même issu du grec *ekstasis*, qui signifie « action d'être hors de soi », de *ek*, « hors de », et de *stásis*, « base, fondement ».

Ce que confirme et enrichit MSL :

> « Le mot "extase" signifie être "hors de soi" ce qu'il faut comprendre comme hors du petit moi individuel. L'extase et le samadhi sont une seule et même chose. "Samadhi" est le substantif de "samadha" qui signifie "rassembler" et, d'autre part, la vision égale sans hiérarchie, la buddhi, où tout est un et où tout est Dieu, qui ne connaît pas de hiérarchie dans l'infinité lumineuse de la "mer de verre infinie" devant le trône de Dieu (Apocalypse 21 ou 22). » Conférence du 11 mai 1979

Voici encore deux citations de MSL, extraites de conférences, et précisant d'expérience ce qu'est l'extase :

> « Être en extase, c'est donc être basé hors de quelque chose, hors de soi. C'est donc un état de conscience qui n'est plus basé sur le moi individuel dualiste, mais sur l'unité de la connaissance et de la béatitude. C'est la conscience dans sa vérité originelle et immortelle. »

> « L'extase, c'est la connaissance de Dieu, l'intelligence spirituelle, la buddhi des hindous. Dans l'extase la conscience de l'homme et celle de Dieu deviennent un. »

Nota : « buddhi », ci-dessus, c'est l'intelligence spirituelle, à distinguer de « chitta », l'intelligence intellectuelle du mental dualiste, voir articles correspondants. Et maintenant, cette citation extraite de la première conférence de MSL, donnée en 1979, où elle fait un aveu d'impuissance à exprimer avec des mots, avec le langage dualiste… ce qui n'est pas dualiste :

> « L'extase, c'est quand simultanément le corps perçoit, le mental comprend et l'Esprit connaît. On ne peut pas se la représenter et ce n'est pas explicable ! C'est impossible à transmettre avec le langage dualiste. Tout disparait de ce qui est extérieur et passager. Il ne reste que la présence vivante de la lumière ou tout est un et où tout est Dieu. L'homme est alors à la fois le centre et le tout. Il faut donc être très prudent par rapport au fait qu'il n'y a pas de "culture forcée spirituelle", affirmation de Swami Sidesvaranda, car, "Cela sera caché aux sages et aux intelligents". D'où l'importance du silence. »

Intéressons-nous maintenant à cette traduction, par Sri Aurobindo, d'un verset de la Bhagavad-Gita, verset relatif à l'extase et à son irruption dans la conscience humaine :

> « Cette connaissance par quoi l'on voit un être impérissable unique en tout devenir, un tout indivisible unique en toutes ces divisions, sache qu'elle est sattvique. » Bhagavad-Gita 18;20

Verset ayant fait l'objet d'un commentaire essentiel, fondamental, irremplaçable, de MSL, qui est surtout un témoignage de première main, la relation de l'expérience de l'extase par celle qui l'a vécue tant et tant de fois :

> « Ayant accepté les circonstances de la vie avec amour, et ayant persévéré sur le chemin dualiste où l'action submerge, étant attentif, […] dans le recueillement, l'action cesse d'un coup, et la

limitation disparaît. La conscience de la limite d'un corps formel disparaît. La lumière envahit non seulement la conscience de celui qui médite, mais se dilate à l'infini et devient la toute lumière de l'insondable. Rien d'autre que l'égalité de vision, état de plénitude où tout est un et vie, conscience et félicité (Sat-Chit-Ananda). Cela dure quelques secondes, quelques minutes, ou plus longtemps, six mois dans le cas de Ramakrishna. L'homme meurt à soi, à sa conscience individuelle, et, s'il la retrouve, elle n'a plus le même impact sur lui. Après, le moi n'est plus prépondérant et devient l'instrument dans les mains d'une conscience vaste et parfaite. Un tel épisode est décrit dans la Bible, quand Jean-Baptiste baptise le Christ. Le ciel s'ouvre et une voix descend disant :

"Celui-ci est mon fils bien aimé en qui je suis comblé." (Matthieu 3;17)

Et non pas "en qui j'ai mis toute mon affection" qui est non seulement une erreur de traduction, mais qui transforme la phrase en truisme. C'est cela le samadhi, l'extase, Dieu : l'Éternel est comblé en l'homme. Toute œuvre est superflue. Le « moi » a fini son rôle ! L'infini submerge le fini et l'éternel comble le temporel ou la lumière totale de la conscience […] Ceci, c'est la résurrection, qui ne se passe pas quelque part, une fois, dans un ailleurs, mais ici et maintenant, dans cette vie, quand c'est l'heure pour nous. C'est cela le but. C'est une consolation et une raison de persévérer et de supporter les difficultés du chemin ! L'intention du créateur n'est pas la destruction de l'homme, mais sa transfiguration. »

Il n'y a forcément rien qui puisse être ajouté à la relation de ce qui a été vécu par les auteurs de ces citations ! Des auteurs qui font partie du très petit nombre de personnes qui, à chaque génération, connaissent le samadhi. On relèvera simplement dans le commentaire ci-dessus, l'affirmation selon laquelle le samadhi, qui est donc l'extase, peut ne durer que quelques secondes. Elle donne à croire, par extrapolation, qu'un nombre plus important de personnes peuvent connaître les prémices du samadhi, ces moments fugaces, où la perception habituelle du monde « déraille », où la conscience n'est plus rigidement liée au corps, où une tranquillité merveilleuse s'installe dans un silence « qu'aucun bruit ne trouble », ces instants suspendus où l'homme passe de la vie dans la dualité à l'existence dans l'unité et où il éprouve ce qu'écrivait Arthur Rimbaud (cité de mémoire), « l'abolition de toute distance ». En quelque sorte, et toujours d'après Rimbaud, ces moments où l'on éprouve « l'aube de sa concession », et qui peuvent sans doute être considérés comme les prémices du samadhi.

Passons maintenant à Patanjali, qui, au début du premier millénaire, dans ses aphorismes, donne indirectement une précision sur l'extase, la connaissance de Dieu, en mentionnant que la véritable connaissance de Dieu se fait « les yeux ouverts » et non pas les yeux fermés en méditation :

> « Si tu veux surmonter inquiétude et souffrance avec ce livre, lis et relis encore et encore ces versets inspirés, et tu verras le passé, le présent et les jours à venir avec les yeux ouverts, car la vraie connaissance (Buddhi) est de voir Brahman les yeux ouverts. »
> Aphorisme de Patanjali

Et enfin, pour terminer sur une note de simplicité, citée de mémoire, cette petite histoire que racontait Mâ pour « désacraliser » l'extase (si l'on peut dire !), ou plutôt pour faire saisir qu'elle n'est pas réservée à d'heureux élus, et qu'elle peut très bien survenir dans le quotidien d'une vie simple : une personne était venue trouver Mâ Suryananda Lakshmi pour lui faire part de ce que, un jour, ouvrant un placard, elle avait découvert une pomme de terre abandonnée, qui avait fait pousser un germe immense pour aller chercher la lumière. À cette vue, elle avait été stupéfaite et émue jusqu'aux larmes. Posant la question à un théologien de savoir si c'était une extase, il lui avait très sérieusement répondu qu'en aucun cas cela ne pouvait être le cas. Mâ, au contraire, lui dit que c'était bien cela : on peut voir fugacement Dieu en bien des circonstances banales de la vie, « les yeux grands ouverts », par exemple dans un enfant, dans le soleil se couchant ou brillant dans sa force, mais dans bien d'autres circonstances encore disait-elle.

Et enfin, pour clore le sujet, ce témoignage de première main de celle qui a connu tant et tant d'extases :

> « À son sommet, l'extase est un état d'existence, l'état de Brahman. C'est le "Je suis pour l'Éternité" exprimé depuis le Buisson ardent du Livre de l'Exode. » MSL

Un état d'existence dont Ramana Maharshi exprimait qu'il était la conscience d'être et qu'il préexistait à la conscience du monde.

**Faire/laisser faire**

Une grande question, pour l'aspirant à la vie spirituelle, est de savoir s'il doit « faire ou laisser faire ». Quelle place donner à la volonté consciente personnelle et à l'abandon au Divin, au Seigneur (le Seigneur étant celui qui a le pouvoir, en nous, et pas une personne à l'extérieur de nous). La question vaut en particulier pour le « sacrifice », qui dans la Bible comme pour l'Inde, n'est pas un sacrifice sanglant et extérieur, mais la renonciation intérieure aux revendications de l'ego ordinaire. Voici trois réponses convergentes :

- La première, issue de la tradition religieuse védique, à savoir un extrait du colloque entre Indra et le sage Agastia, où ce sont les Maruts qui parlent, les dieux du vent, du vent de l'Esprit donc

- La deuxième, une parole du Christ à Gethsémané

- La troisième extraite d'une conférence de MSL relative à l'épisode dit du lavement des pieds.

Toutes trois alertent sur l'état d'esprit qu'il convient d'adopter face à l'excès de zèle religieux, donc l'excès du « faire », qui, sous couvert de bonnes intentions, peut subtilement se déformer en posture égocentrée :

> « Laisse-nous tous deux accomplir à ta place, accomplir ton véritable sacrifice. » Rig-Veda I.170-5

> « Que ta volonté soit faite et non la mienne. » Luc 22;42

> « Ce n'est pas l'homme qui se purifie lui-même, c'est Dieu seul qui purifie, qui lave, et nous devons le laisser faire en nous. Le rôle de la piété et de ses pratiques est simplement de nous maintenir disponible. » MSL

Et c'est le silence qui rend disponible.

Pour terminer sur une note légère, voici maintenant, citée de mémoire, une petite histoire indienne qui donne un éclairage indirect à la question du « faire/laisser faire ». Dans le domaine de la vie concrète cette fois :

Du haut des cieux, un dieu de l'Inde (Narada sans doute) voit l'un de ses disciples en mauvaise posture suite à un accident de la circulation : le charretier avec qui le disciple se dispute, après l'accident, est en train de le frapper et il est en fâcheuse posture car il se refuse à entrer dans le combat… L'épouse du dieu intercède en sa faveur et dit à son adresse : « Il faut que tu interviennes car ton disciple va peut-être périr sous les coups. » Le dieu se met donc en route, mais, peu de temps après, son épouse le voit revenir. À sa question sur la raison de son prompt retour, donc de sa non-intervention, il répond : « J'allais intervenir, mais mon disciple rend maintenant coup pour coup » !

## Faire tort (aux autres)

> « Faire tort aux autres, c'est se voir, et voir les autres, tous les autres, dans leur petitesse égocentrique. »

Tout est dit dans cette affirmation de MSL ! En particulier sur la conception étouffante du monde sous-tendue par l'expression. Cette affirmation est d'ailleurs tout entière contenue dans la locution courante « alter ego », donc « autre moi » : nous nous voyons comme un ego, un « moi je » et nous voyons les autres comme d'autres egos, d'autres « moi je ». A la différence de la conception du monde, vaste respiration, qui était celle de l'humble Swami Ramdas, lui qui voyait le dieu Ram en toute personne et l'appelait comme tel ! Ou encore, à la différence de ce qu'éprouvait, vivait et disait Ramakrishna :

> « C'est depuis que je vois Dieu en tout homme que je connais Dieu. »

À noter que la figure de « l'autre » est une création purement mentale. Elle résulte de la division introduite par l'ego et le mental dualiste. Tous les sages et les saints affirment à leur manière : « Vous êtes les autres ! » Conception qui est perçue par l'homme ordinaire et sans doute par plus d'un psychologue comme un dérèglement mental ! Mais toute personne ayant été au contact d'un saint et fait l'expérience de son bon sens et de sa santé psychique sait qu'il n'en est rien !

**Fardeau/joug**

Ces mots sont utilisés dans 66 versets de la Bible, entre autres dans les Évangiles :

> « Car mon joug est doux, et mon fardeau léger. » Matthieu 11;30

Ce que MSL commente comme suit :

> « Comprendre que la Vérité dans l'unité est légère à porter, alors que le mensonge dans la dualité, est lourd à porter ! C'est porter sa croix : La croix, c'est le moi individuel. Il doit être transfiguré, perdre de son importance personnelle et devenir "d'or pur transparent comme du cristal" ou bien "une pierre de jaspe transparente comme du cristal" (Apocalypse 21;11). Jean le Baptiste, lui, dit : "Il faut qu'il croisse et que je diminue." C'est la mort à tout sentiment d'importance personnelle. »

Cette mort, la première mort, est un allègement, et la vie, même dans ses « accidents », même dans les périodes où elle est un « joug », devient alors un « fardeau léger ».

**Faux pas**

MSL a connu dans les années 1960 tous les excès de la période d'enthousiasme débridé pour l'Inde, sa sagesse, ses gurus vrais et faux, son « folklore », et les nombreux faux pas que cela a provoqué chez les Occidentaux. Voici ce qu'elle en disait quarante ans plus tard, qui n'est pas du tout une condamnation, mais un plaidoyer en faveur de l'audace et, conséquemment, d'une reconnaissance du droit à l'erreur :

> « L'Occident s'est ouvert à une connaissance plus juste de la sagesse de l'Inde. À côté de cela, il y a toutes les déformations, sans aucun aspect péjoratif dans l'expression : quand on travaille, qu'on cherche, qu'on fait un effort dans une direction, il y a ce qui est juste et les faux pas. Il faut l'accepter très simplement et se dire que la seule manière d'y remédier efficacement est d'être toujours prêt, intérieurement et extérieurement, à corriger ce qui a besoin de l'être. C'est vrai dans la vie du monde, dans la vie de l'homme, et dans la vie spirituelle, les trois ne faisant qu'un. »

Voici une façon de voir très positive, déculpabilisante, apaisante, encourageante, pour tous ceux qui tâtonnent et font des erreurs sur les chemins à peine tracés de la vie de l'esprit !

**Femme (enveloppée du soleil)**

Le mot « femme » apparaît près de 1 000 fois dans la Bible. À propos de la « femme enveloppée du soleil » dont il est question dans le chapitre 12 de l'Apocalypse de Jean, voici le commentaire de MSL :

> « La "femme enveloppée du soleil" est la Mère des hommes et de Dieu, la Mère divine des hindous, la Shakti, qui enfante le fils de Dieu en l'homme. »

La Mère divine en tant que Shakti, c'est-à-dire en tant que puissance exécutrice de Dieu, l'équivalent du Christ dans sa forme impersonnelle, est doublement la « Mère de Dieu » :

- Mère d'une forme concrète de Dieu, avec un « D » majuscule, un avatar, tel que Jésus, Krishna ou les divers Rama de l'Inde

- Mais aussi la Mère des dieux avec un « d » minuscule, ces puissances, ces efficacités agissantes en nous-même, souvent personnalisées, comme dans le panthéon de la Grèce antique par exemple, ou, à profusion, dans celui de l'Inde.

Voir aussi l'article « Mères divines » du présent glossaire.

**Fils de l'homme**

La locution revient 224 fois dans toute la Bible, le seul mot « fils » revenant plus de 3 000 fois ce qui en fait le troisième mot le plus utilisé dans la Bible après les mots « Éternel » et « Dieu ». C'est dire son importance et l'importance de la filiation, de l'origine. Voici ce qu'en dit MSL :

> « Le fils de l'homme, c'est en même temps l'humain qui révèle le divin dans la forme, et, l'Éternel immobile qui attire l'humanité à soi. »

Risquons le commentaire et hypothèse suivante : le « fils de l'homme » dans la Bible, c'est le nom que se donne Jésus quand il parle de lui-même. C'est le côté totalement humain de Jésus, c'est l'incarnation totalement humaine… de Dieu. Le « fils de Dieu » c'est la perspective symétrique, c'est le côté totalement divin de Jésus, c'est le Christ en l'homme appelé Jésus, conçu en lui, par lui, pour lui, l'être humain appelée Jésus, qui est le Christ tel que défini par Saint Paul dans ses Epîtres, définition que MSL aimait à librement et joliment condenser comme suit :

> « Celui en qui, par qui, pour qui, toutes choses ont été créées et demeurent. » (sic) Colossiens 1;15-17 [45]

Voir aussi l'article traitant du mot « Christ ».

**Fin du monde à Golgotha**

La lecture de la Bible, en particulier de son dernier texte, le Livre de l'Apocalypse, mais aussi celle des textes évangéliques relatifs à la résurrection, donne souvent lieu à des interprétations très extérieures, millénaristes, de « fin du monde », dans le sens de cataclysmes. Il n'en est rien pour les sages et les saints de toutes les époques ! Voici en particulier comment MSL le conçoit intérieurement, le vit et le synthétise en une courte phrase :

> « La fin du monde est la fin de l'attrait du monde, du nom et de la forme. »

Tout est dit ! Cependant, il n'est pas inutile de rajouter le commentaire que fait MSL, des versets ci-dessous, qui ont apparemment, mais seulement en apparence, des accents de fin du monde :

> « Jésus se tourna vers elles, et dit : Filles de Jérusalem, ne pleurez pas sur moi ; mais pleurez sur vous et sur vos enfants. Car voici, des jours viendront où l'on dira : Heureuses les stériles, heureuses les entrailles qui n'ont point enfanté, et les mamelles qui n'ont point allaité ! Alors ils se mettront à dire aux

---

[45] La citation exacte de la Bible Louis Segond 1910 est : ''L'image du Dieu invisible, le premier né de toute la création. Celui en qui ont été créées toutes choses sur le ciel et sur la terre, visibles et invisibles. Tout a été créé par lui et pour lui. Il est avant toutes choses et toutes choses subsistent en lui.'' Saint Paul, Colossiens 1;15-18

montagnes : Tombez sur nous ! Et aux collines : Couvrez-nous ! […] » Luc 23;26-31

Ce qui appelle le commentaire ci-dessous de MSL qui relie entre elles trois notions et les réalités sous-jacentes : le « détachement intérieur » d'un être humain, d'une part, et d'autre part la « fin du monde » et le « jugement dernier ». Ces notions n'étant qu'une seule et même réalité, qui est une nouvelle manière de percevoir le monde, et non pas sa « fin » cataclysmique ! Et le commentaire insiste aussi sur la nécessité pratique, concrète, d'un détachement total pour renter dans la « compréhension de la vie de l'être » :

> « La fin du monde est un détachement intérieur définitif, jusque dans sa descendance (sans enfant). C'est le « jugement dernier » en nous-même. C'est l'ultime qui se fait par Dieu en nous-même, qui nous détache de l'apparence, et nous rend à la compréhension de la vie de l'être sans nom ni forme, sans commencement ni fin. C'est la fin de l'attrait du nom et de la forme. »

Dans la Bible, la fin du monde n'a donc absolument rien à voir avec la mauvaise nouvelle de la fin du monde matériel ! En revanche, elle est en rapport avec la fin d'un monde conçu comme une somme d'objets perçus par un sujet séparé de l'expérience, encore appelé « monde des formes ». C'est la réalisation, en l'homme, de la « bonne nouvelle » annoncée ! Celle de l'Alliance. Autrement dit, celle de la possibilité de concevoir le monde et la vie autrement que dans le clivage des dualités, comme « un écoulement ininterrompu de force d'âme » selon la belle expression de l'Inde.

**Fléau (des anges)**

Le mot « fléau » revient 21 fois dans la Bible et 63 fois si l'on y ajoute le mot « bâton » puisque le fléau est destiné à battre. Il est utilisé en particulier dans le livre de l'Apocalypse:

« Puis je vis dans le ciel un autre signe, grand et admirable : sept anges, qui tenaient sept fléaux, les derniers, car par eux s'accomplit la colère de Dieu. » Apocalypse 15;1

Et voici le commentaire que MSL faisait de ce verset lors de l'une de ses conférences :

« Le mot grec ancien utilisé pour "fléau" a plusieurs significations : coup de la main, arme, bâton, respiration, ce qui frappe le sentiment et la pensée. Si l'on retient bâton, c'est ce qui permet de battre le grain de blé et de séparer la partie nourrissante du reste, c'est donc quelque chose qui permet de nous nourrir. Si l'on considère maintenant la dernière signification, on peut dire que le fléau, c'est ce qui frappe quelque chose dans notre conscience. L'ange, *angelos* en grec, est le messager, l'éclair de la lumière divine. Les fléaux qui frappent la conscience réveillent en nous des fragments d'intelligence, des morceaux de compréhension. Et si, du fait de leur "coup de main", l'on comprend quelque chose, ne pas s'imaginer que c'est la fin ! (Nous serions en effet bien incapables de supporter le tremblement de terre d'une révélation complète si ces « coups de bâton de la vie » ne se répétaient jusqu'à assurer notre total détachement et maturité intérieure !). Car Sri Aurobindo affirme :

"Il faut passer par tous les feux de la vie et de sa transfiguration pour pouvoir supporter l'extase."

La vie spirituelle, ce ne sont pas des expériences psychiques. La vie spirituelle, c'est naître, s'éveiller peu à peu à la vérité qui est Dieu, ce qui se fait dans la discrétion et la simplicité la plus totale, dans le pas à pas de la vie. Le mot *"tumos"* traduit par "colère" signifie "la vie, l'âme de la vie, le souffle, la puissance de vie", et enfin "la colère". Le mot "colère" doit donc être compris ici comme "puissance" ou "intensité". C'est l'âme de la vie qui nous frappe de son fléau. Un grand "débarras". La

> sérénité qui naît en nous-même. La sérénité qui naît de cet abandon de l'intérêt personnel et du souci de soi. Laisser la lumière de l'Esprit détruire ce qui vit pour soi. La vraie compréhension est un apaisement et surtout un grand amour de Dieu et de la lumière. C'est ce qu'exprime Thérèse d'Avila dans la métaphore du papillon :
>
> > "L'âme est tellement oublieuse de soi qu'il lui est égal de se brûler à la lumière, comme le papillon se brûle à la flamme de la bougie." »

C'est pour cette même raison que l'interprétation très humaine de l'angoisse du Christ à Gethsémané ne sonne pas juste ! À ce moment-là, il faut imaginer Jésus déjà très loin et totalement « oublieux de soi ». Il lui est égal, tout baigné qu'il est dans son amour pour Dieu, de se brûler à la flamme de la bougie. Voir aussi l'article « Angoisse (à Gethsémané) »

**Foi**

Le mot « foi » apparaît 208 fois dans le seul Nouveau Testament. La foi ne fait pas partie des quatre vertus dites cardinale. Pour autant elle est essentielle. Voici ce qu'en dit MSL à diverses reprises :

> « La foi, c'est la confiance que l'invisible est plus réel que le visible. C'est l'inversion de l'échelle des valeurs, l'invisible devenant plus réel que le visible, c'est croire en la puissance rayonnante de l'âme plus grande que la puissance concrète de l'humanité entière. Il suffit d'une âme pour en entraîner beaucoup sur le chemin de la lumière et de la vérité. »

> « La foi, c'est la force de l'âme. La foi ce n'est pas de croire en une énième théorie, en un énième dogme, credo, c'est de croire que l'invisible est plus réel que le visible, que la lumière de l'esprit est plus rayonnante que celle du jour. »

> « La foi, c'est admettre, croire que l'invisible est plus réel que le visible, et de faire rayonner cet invisible dans le visible. C'est une croissance intérieure vers notre nature réelle, car, nous ne devons pas oublier ce qui est dit de notre nature réelle :
>
> "Dieu créa l'homme à son image, il le créa à l'image de Dieu." (Genèse 1;27)
>
> Donc Dieu est au début et à la fin, et, entre les deux c'est le devenir de l'homme sur la terre, la descente dans la création, puis la remontée de la rédemption du "péché". Tout ceci dans le champ du temps, mais aussi ici et maintenant, en cet instant même et en nous-même. »

Mais qu'est-ce que « l'invisible » ? Ci-dessous, une réponse de MSL qui s'appuie sur Matthieu 16;13 et qui nous dit que le « visible » c'est ce qui concerne les plans physiques, vitaux et mentaux de la vie, et que « l'invisible », ce sont les plans supérieurs :

> « À la question "Qui dit-on que je suis ?", Simon Pierre répond : "Tu es le fils du Dieu vivant", et le Christ de dire : "Tu es heureux Simon, car ce ne sont pas la chair et le sang qui t'ont dit cela mais mon Père qui est dans les cieux." Donc ce n'est pas le concret, les plans de conscience visibles physiques, concrets, ou perceptibles vitaux et mentaux qui t'ont dit cela, mais l'invisible. »

Voir aussi à ce propos l'article consacré aux « plans de la conscience et de la vie » dans le présent glossaire.

Et voici maintenant trois autres citations de MSL relatives au même sujet. Pour nous convaincre que la foi n'est pas un credo spécifique qui se dresse contre un autre credo :

> « La foi est un travail d'ascension intérieure et extérieure qui conduit à la vision de la vérité de ce que nous sommes en Dieu et par Dieu. »

La foi est donc vue ici comme une activité qui débouche sur un résultat. Et ce résultat, c'est de percevoir dans la vie concrète ce dont nous étions déjà convaincus intellectuellement, à savoir, que le visible n'est pas tout, que l'homme ne se limite pas à un ego, un nom désignant un corps pensant, une forme passagère. C'est ressentir que l'Esprit est une réalité perceptible et qu'il est en quelque sorte, selon la belle et parlante expression de MSL la « substance du Père et du Fils ». Au fond, la foi est une confiance inébranlable, en attente de confirmation par l'expérience vécue. Considérons maintenant le verset biblique très connu qui suit :

> « Mon nom est "Je suis", voici mon nom pour l'éternité. »
> Exode 3;14

Et considérons à son propos l'affirmation de MSL selon laquelle la foi a un but :

> « Donc, le seul être est Dieu. Le but de la foi est de voir Dieu en soi-même, et puisque Dieu est Un, en conséquence, dans tous les autres hommes. »

Ceci est extrêmement logique ! D'où le deuxième commandement de Jésus qui est « identique au premier ». Et maintenant, selon MSL, une caractéristique de l'homme qui a la foi :

> « La foi, c'est de vivre avec autant de joie et de confiance la descente dans les ténèbres et la montée dans la lumière. Pour l'Inde, c'est l'indifférence aux évènements heureux et malheureux. »

Autrement dit l'équanimité. Une indifférence aux préférences personnelles et une égalité d'humeur. Toutes choses compatibles avec la joie de vivre, mais pas avec l'attachement, la peur de perdre un bonheur, ou celle du manque à gagner d'un plaisir, ou le désir inquiet d'évier un malheur. Voir en rapport l'article traitant du mot « égal ».

# Folie

Le mot est utilisé 74 fois dans la Bible. Le dictionnaire nous apprend que le mot « folie » vient de l'ancien français *fol*, lui-même issu du latin *follis*, « sac ou ballon plein d'air », ayant dans sa forme adjectivale, « fou », pris le sens figuré de « tête vide ». Il est aussi une altération de « feuille, feuillée ». À partir du sens de « abri de feuillage, cabane », le mot a désigné une maison de campagne, et a été employé dans le langage populaire pour désigner une construction dispendieuse ou extravagante. Dans le langage courant on dit « faire une folie » à propos d'un achat déraisonnablement coûteux par exemple. On dit souvent que la folie c'est la perte de la raison. Un commentateur de l'ouvrage majeur de Schopenhauer, *Le Monde comme volonté et représentation,* affirme que, pour ce dernier, la folie est un trouble de la mémoire et non de la raison :

> « Ce qui est en cause dans la folie, ce n'est pas la perte de la raison et de l'entendement […] La folie consiste en ce que la mémoire du sujet mélange la réalité et la fiction. La folie affecte la mémoire et non pas d'autres facultés du sujet que l'on pourrait croire atteintes de la folie (ni l'entendement, ni la sensibilité). […] Ce qui caractérise la folie c'est l'incohérence des souvenirs due au fait que le fou remplace un souvenir réel par un souvenir fictif. »

La religion peut, certes, devenir une construction « extravagante » une « folie » dans le sens étymologique du terme. Et beaucoup pensent que les visions des croyants sont des souvenirs fictifs découplés de la réalité, que leurs « expériences » sont des souvenirs fantasmés, et que les extases des saints sont des dérèglements mentaux. Ils n'ont pas forcément tort et MSL confirme que le danger existe réellement pour l'homme qui cherche la vérité :

> « La folie est toute proche de la vérité. Il n'y a pas l'épaisseur d'une lame de rasoir entre les deux. »

Mais l'on peut aussi observer que l'homme ordinaire vit, sinon dans la folie, tout au moins dans une illusion : celle du caractère « absolu » de la vision du monde résultant de l'activité du mental dualiste, et du biais cognitif majeur que constitue la perspective égocentrée ! Car l'homme a perdu la mémoire et oublié quelle était sa conscience originelle : la conscience d'être dans l'unité, celle qui précède sa relégation hors du paradis terrestre, avant qu'ayant « mangé du fruit défendu » il ne fasse l'expérience de la « nécessaire complication de la dualité ». Il prend alors pour la « réalité » ce que l'Inde appelle « illusion », la « Mâyâ ». Au contraire, le saint ou le sage authentique, libéré de l'illusion de « Mâyâ », a retrouvé la mémoire de son unité originelle mais dans un corps d'homme mature doté d'intellect et apte à penser quand il le faut, et aussi à rester silencieux. Mais, dans son cheminement, ce qui est dit par MSL, c'est qu'il peut à tout instant basculer, au mieux dans le phantasme ou la construction intellectuelle hors sol, extravagante, et, au pire, en attribuant à l'ego ce qui revient à Dieu, dans une inflation d'orgueil (selon l'expression de C.G. Jung) et basculer dans la mégalomanie. C'est ce qui est arrivé à Nietzsche, et à bien de faux gurus après lui. C'est pourquoi les vrais maîtres insistent sur la nécessité d'être très vigilant quant à notre humilité réelle, très prudents, très patients aussi, car un zèle excessif peut conduire à la folie. Voir à ce sujet la fin de l'article « Extase ».

**Fou (de Dieu)**

Ramakrishna disait :

« Soyez fous de Dieu. »

« Fou » doit être compris ici, non pas comme le dérèglement de la folie dont il est question dans l'article ci-dessus, comme une altération du mental, mais comme la marque de l'intensité d'engagement nécessaire pour que l'homme connaisse Dieu. Il n'y a pas de temps partiel ou d'amateurisme possible pour celui qui veut atteindre le but ! Il nous est dit que l'engagement doit être celui de tous les instants, et non pas par-ci par-là, à la petite semaine ! C'est un amour et un don total. C'est l'une, parmi d'autres, des différences entre la cure psychanalytique et la sadhana : une thérapie analytique, c'est quelques heures par semaine ; la sadhana, c'est 24 heures sur 24, pendant toute une vie (plusieurs vies disent les hindous) ! Les deux ont pour résultat indirect le mieux-être, voire un certain bonheur dans un cas, la félicité dans l'autre, somme toute en proportion d'un degré d'engagement qui n'est pas le même !

**Géhenne**

Le mot est utilisé une douzaine de fois dans le Nouveau Testament, par exemple dans la très belle épître de Jacques quand il traite de la transmission par la parole des désordres de l'âme :

> « La langue aussi est un feu ; c'est le monde de l'iniquité. La langue est placée parmi nos membres, souillant tout le corps, et enflammant le cours de la vie, étant elle-même enflammée par la géhenne. » Jacques 3;6

MSL définit la géhenne comme un « état intérieur de désordre et de nuit ». La Géhenne est le nom d'une vallée proche de Jérusalem. Une vallée où étaient pratiqués des infanticides rituels idolâtres. Métaphoriquement, elle est devenue le lieu de terribles souffrances, mais de souffrances psychiques, intérieures donc, les tribulations dont il est question à cinq reprises dans l'Apocalypse :

> « Je connais ta tribulation et ta pauvreté (bien que tu sois riche), et les calomnies de la part de ceux qui se disent Juifs et ne le sont pas, mais qui sont une synagogue de Satan. » Apocalypse 2;9

Un état, un lieu psychologique que l'homme traverse au cours du processus de purification, lors de la confrontation à l'ego. Dit autrement, en termes de psychologie jungienne, au cours du processus « d'individuation », dans l'inévitable confrontation avec l'inconscient, avec l'anima ou l'animus selon le genre du sujet. La Géhenne ne doit pas être confondue avec l'enfer, qui, dans la conception chrétienne traditionnelle est un lieu physique, géographique, ou pas, de demeure éternelle de l'âme des « pécheurs » après la mort physique. La vallée de la Géhenne est au sud/sud-ouest de Jérusalem, le mont des Oliviers

(Gethsémané) étant à l'est de Jérusalem et Golgotha au centre. Les trois sont donc proches géographiquement parlant, sinon psychologiquement dans leur enchaînement. Jérusalem représente métaphoriquement l'homme ancien, et l'homme nouveau dans le cas de la Jérusalem nouvelle. L'homme nouveau, celui qui a traversé intérieurement les affres de la tribulation dans la vallée de la Géhenne, puis connu intérieurement la libération (de l'ego, la mort au moi individuel) au mont des Oliviers, avant d'en donner le « spectacle » extérieurement à Golgotha (la mort sur la Croix, voir à ce sujet, heureux hasard de l'alphabet, les articles immédiatement suivants à savoir « Gethsémané » et « Golgotha ».)

**Gethsémané**

Voici ce que MSL dit de Gethsémané à l'occasion d'une conférence :

> « "Gethsémané" en hébreu signifie "pressoir à huile". C'est aussi le lieu appelé "mont des Oliviers", lieu où Jésus va prier après la Cène et avant d'aller à Golgotha, mot qui signifie en hébreu "le lieu du crâne". À Gethsémané Jésus a déjà triomphé de Golgotha, il a déjà tout accompli et, maintenant, il s'en va au-devant du "spectacle" qu'il doit donner au monde et qui ne sera pas compris. Mais lui-même, intérieurement, il a tout dépassé. On retrouve ici une notion hindoue bien connue et qui est très juste : on ne peut parler de quelque chose et donner le "spectacle" de quelque chose dans le domaine de l'Esprit, que lorsque tout a été dépassé en nous. Gethsémané est le lieu où Jésus a dépassé Golgotha, dépassé l'accomplissement[46] et maintenant il peut l'affronter dans l'accomplissement concret[47]. »

---

[46] Intérieur

[47] Extérieur

À noter que « spectacle » est le mot employé par Luc à propos de Golgotha. C'est avant, à Gethsémané, que se situe l'épisode où la sueur de Jésus en prière devient comme des « grumeaux de sang » :

> « Étant en agonie, il priait plus instamment, et sa sueur devint comme des grumeaux de sang, qui tombaient à terre. » Luc 22;44

Verset que MSL explique comme suit :

> « C'est l'accomplissement extérieur et visible de la mort intérieure au moi individuel, c'est la descente de l'Esprit au bas de la manifestation concrète. »

Le sang « grumeleux », comprendre « figé », est le signe de mort, de la mort à soi, la première mort, la mort à l'ego ; et la « terre », elle, est le bas des plans concrets de la conscience et de la vie.

**Golgotha**

Le nom de ce lieu n'apparaît que trois fois dans la Bible. Pour autant, c'est le but et le sens de la vie de Jésus, le Christ incarné. Et le but de toutes les vies humaines ! Qu'est-ce que Golgotha ? Un lieu ? Le récit de la fin d'une exécution sanglante par crucifixion, donc une histoire humaine, ou bien un récit qui a un sens tout autre ? Réponse de MSL donnée lors d'une conférence :

> « "Golgotha" vient du grec ancien et signifie "le lieu du crâne". Golgotha, c'est la victoire de l'Esprit dans l'incarnation, l'ouverture vers l'infini, la porte qui s'ouvre et l'infini qui fait irruption en l'homme (correspond au septième chakra qui se situe précisément au sommet du crâne). »

Les trois récits de la toute fin de la Passion, à Golgotha, sont différents, complémentaires, plutôt que contradictoires : dans le récit de Matthieu, Jésus pousse deux cris :

> « Il y eut des ténèbres sur toute la terre et vers la neuvième heure, Jésus s'écria d'une voix forte : Eli, Eli, lama sabachthani ? C'est-à-dire : Mon Dieu, mon Dieu, pourquoi m'as-tu abandonné ? […] Jésus poussa de nouveau un cri d'une voix forte et rendit l'esprit. » Matthieu 27;46

Ce que MSL, à contrecourant de l'interprétation triviale qui vient de prime abord, commente comme suit :

> « Golgotha c'est l'accomplissement dans l'Absolu au-delà du Dieu personnel perdu, qui est donc "abandonné" dans la nuit, dans le cri "Eli, Eli, lama sabachthani". »

Le premier cri est parfois compris comme une réaction humaine, une réaction de l'être affectif ayant un sentiment d'abandon, la réaction d'un individu vis-à-vis d'une figure paternelle, un « Père » qui serait lui-même un autre individu, qui aurait dû venir à son secours et ne l'aurait pas fait. Interprétation qu'on pourrait à la limite créditer d'une certaine logique humainement parlant, mais qui est un contresens ! Car à Gethsémané, donc précédemment, Jésus a déjà dépassé l'ego….et ses superstitions ! Par ailleurs, Jésus est maître de sa passion, il a voulu sa passion et n'en est pas une victime qui exprimerait tardivement et amèrement un reproche ! À de multiples occasions il aurait pu éviter la condamnation. C'est particulièrement visible à l'occasion de son interrogatoire par Pilate ! Pour l'explication du premier cri, voir aussi l'article « Tentation ».

Passons maintenant au deuxième cri, mentionné dans l'Évangile de Matthieu, rapporté dans l'Évangile de Luc et commenté comme suit par MSL :

> « Dans le récit de Saint Luc, Jésus s'écrie d'une voix forte :
>
> "Père je remets mon esprit entre tes mains. Et, en disant ces paroles il expira." (Luc 23;46)
>
> La voix "forte" signifie avec la puissance de l'accomplissement divin. Cette parole-ci est précieuse pour nous. S'il nous arrive dans la méditation de nous trouver non pas tout en haut comme

> Jésus, mais que nous nous trouvons à un de ces moments cruciaux où notre conscience dualiste perd pied et va peut-être monter d'un degré dans cet infini lumineux où nous n'avons pas de prise, pas d'appui, alors, au lieu d'avoir peur, répétons comme Jésus : "Père je remets mon esprit entre tes mains". Dire dans ce cas-là, comme Jésus, "Père je remets mon esprit entre tes mains", c'est-à-dire "Père je me donne à Toi". C'est aussi la réponse de la Bhagavad-Gita : "Donne-toi à moi, je te délivrerai de tout péché (c'est-à-dire, j'effacerai la dualité, l'attachement au moi individuel en toi), et je te garderai de tout mal" (je t'empêcherai de faire un faux pas, de t'égarer intérieurement, car on s'égare facilement et profondément). »

Donc dans Matthieu, comme dans Luc, comme dans la Bhagavad-Gita, on retrouve cette notion d'abandon confiant au divin. Qui est aussi une pratique si précieuse dans la vie ordinaire ! Poursuivons avec le récit de Jean, puis avec le commentaire extrait d'une conférence de MSL :

> « Dans le récit de Saint Jean, en allant encore plus loin et de manière plus explicite, il est dit :
>
> "Après cela, Jésus, qui savait que tout était déjà consommé, dit, afin que l'Écriture fût accomplie : J'ai soif. Il y avait là un vase plein de vinaigre. Les soldats en remplirent une éponge, et, l'ayant fixée à une branche d'hysope, ils l'approchèrent de sa bouche. Quand Jésus eut pris le vinaigre, il dit : Tout est accompli. Et, baissant la tête, il rendit l'esprit." (Jean 19;28-30)
>
> Il y a là plusieurs choses importantes à bien comprendre : dans l'Évangile de Jean, Jésus sait. On ne s'étonne plus qu'il soit le « fils » de Marie, la sainteté, cette connaissance de l'Apocalypse qu'il nous a donnée parce qu'il est tout près de ce savoir de Jésus qui est un savoir inconditionné, spirituel, divin, total "Jésus qui savait que tout était déjà consommé". Car à Gethsémané, Jésus a déjà triomphé, de toute sa passion et il est apte à la vivre et à donner le spectacle pour que l'homme, un peu, puisse

comprendre et suivre le chemin après lui. Et il dit "afin que l'écriture soit accomplie". Comprendre "afin que la Loi soit respectée jusqu'au bout". Ce qui est admirable dans les Évangiles et dans l'histoire de la princesse Kunti ! Princesse qui a constamment le souci de respecter la Loi de l'Éternel à tous les niveaux de sa manifestation dans l'incarnation, et de ne pas transgresser l'amour de ses parents, ni le respect dû aux supérieurs, ni la pureté, ni la sainteté. Dans sa réalisation spirituelle elle a peur constamment de transgresser la Loi. Jésus ne craint pas de transgresser la Loi, mais il est venu accomplir la Loi et les Prophètes. Alors, c'est pour que la Loi, cette articulation essentielle de l'univers, soit respectée et accomplie, et cette Loi prévoit qu'au bout, sur la Croix, il dise "j'ai soif". Précédemment il a refusé le vinaigre et le fiel, car il devait rester vivant totalement (ce mélange était un anesthésiant visant à réduire la violence du supplice). Quelle est sa soif à ce moment précis ? Sa soif, c'est la soif de Ramakrishna qui veut dépasser la Mère divine et rentrer dans l'Absolu. Qui veut dépasser l'adoration de la Mère divine, de cette image, de ce visage merveilleux que Dieu s'est donné pour lui, et s'accomplir dans l'Absolu. C'est ça la soif de Jésus à ce moment-là. C'est la soif de l'accomplissement dans l'Absolu, au-delà du Dieu personnel perdu, dans la nuit. Dans le cri "Eli, Eli, lama sabachthani", il dit maintenant "j'ai soif d'infini, d'absolu, de cet accomplissement dans Dieu ou l'homme et Dieu sont un, indivisiblement et à jamais". Et ce qui est beau, c'est que le côté matériel réponde au côté spirituel, car la matière est le reflet de l'esprit. Quand Jésus a assouvi la soif de son corps, il a assouvi la soif de son âme et dit : "Tout est accompli", et baissant la tête il rendit l'esprit. C'est le triomphe de l'esprit dans l'incarnation et non pas le martyr d'une victime. Et il aborde la passion en roi : il savait et accompli la loi de l'univers jusque dans sa transfiguration complète qui est son accomplissement dans l'Absolu. »

On est là bien loin de la compréhension de Golgotha en tant que « spectacle » seulement extérieur ! Et bien loin d'un Jésus conçu comme une victime ! Et une telle interprétation donne de la cohérence au comportement et aux paroles de Jésus tout au long de la passion.

**Grâce**

Le mot apparaît dans plus de 250 versets de la Bible. Le débat de la grâce et des œuvres est vieux comme le monde. La grâce est-elle la conséquence de nos œuvres méritantes ? Est-elle quelque chose qui s'acquiert ? Réponse négative de MSL, comme de tous les sages et saints de tous les temps, et de toutes les traditions :

> « La grâce s'opère d'elle-même, sans condition de mérite, quand il y a contact entre la conscience dualiste et l'Esprit. »

Le vent de l'Esprit souffle où et quand il veut ! Pour autant, la grâce n'est peut-être pas totalement indépendante des œuvres, dans ce sens où elle pourrait résulter de l'échec complet des tentatives visant à s'améliorer soi-même, ou, plus ambitieux encore, des tentatives visant à obtenir par soi-même une lumière, ou une compréhension. Quand l'ego prend acte du dernier degré de « son » échec et renonce à « acquérir » quoi que ce soit, l'accepte, y adhère, alors, par une espèce de loi des effets inverses, l'homme obtient la grâce de voir Dieu, ou simplement, « l'aube de sa concession », selon les mots (cités de mémoire) d'Arthur Rimbaud. Dit autrement, exprimé en langage chrétien, l'œuvre d'abandon à Dieu pourrait préparer la grâce. Pour Sri Aurobindo, il y a un double mouvement : celui de l'élévation de l'homme vers Dieu, que l'on pourrait appeler « les œuvres » et une descente de Dieu en l'homme, qui est une « grâce ». Les œuvres ne sont ni nécessaires ni suffisantes. Tout est dans les mains de Dieu ainsi que la conversion de Saint Paul l'illustre. Ce double mouvement, qui se passe dans le cerveau humain et nulle part ailleurs, a été magnifiquement représenté par Michel-Ange au plafond de la chapelle Sixtine, à Rome.

**Grain de blé**

La métaphore du « grain de blé » utilisée par Jésus et rapportée dans l'Évangile de Jean,

> « En vérité, en vérité, je vous le dis, si le grain de blé qui est tombé en terre ne meurt, il reste seul ; mais, s'il meurt, il porte beaucoup de fruit. » (Jean 12;24),

est expliquée comme suit par MSL :

> « Cette métaphore doit être comprise en donnant le sens suivant aux mots :
>
> "En vérité, en vérité" : traduction de "Amen" qui signifie "d'autorité divine". Quand Jésus dit "en vérité en vérité", il parle du sommet de la conscience de l'incarnation de l'intelligence (la supra-conscience pour Sri Aurobindo)
>
> "Grain de blé" : puissance de l'Esprit manifestée dans un corps ici-bas.
>
> "Tombé en terre" : qui a revêtu une forme concrète spécifique.
>
> "Meurt" : à l'apparence de la forme.
>
> "Il reste seul" : il reste un individu, il n'est pas productif, créateur. Il doit prendre conscience qu'il est impersonnel et immortel. On fait souvent de Jésus un individu que d'autres ne seraient pas. On oppose une religion à une autre, Jésus à Mahomet ou Krishna ou Shiva.
>
> "Il meurt" : pas forcément d'une mort matérielle. La Mort ici, c'est le triomphe de l'Esprit dans l'incarnation, dans la forme terrestre pour révéler sa puissance.

> "Fruit" : c'est le royaume de la puissance infinie de l'Esprit. Il est rendu à ce qu'il est réellement, Dieu, l'Éternel. Ce qui fait dire à Jésus devant Pilate "Tu l'as dit, je suis Roi", et devant Caïphe : "Je suis le fils de Dieu". »

Dit autrement, tant que l'homme ne dépasse pas l'attrait des formes visibles, ne connaît pas la première mort, il ne peut pas croître, découvrir sa dimension spirituelle et rentrer dans « le royaume de Dieu ».

**Grecs**

Il est fait mention des Grecs à 28 reprises dans le Nouveau Testament, en particulier dans Jean 12;20-36. Voici ce qu'en dit MSL :

> « Les Grecs représentent en nous les forces étrangères, les forces neuves. Quand ils demandent à Philippe de Bethsaïda à "voir Jésus", ils n'expriment pas le désir de voir un homme. »

Ce qu'ils expriment, c'est le désir de voir Dieu ! Et vraisemblablement, ces Grecs faisaient donc bien la différence entre les dieux (avec un « d » minuscule et au pluriel) du panthéon grec et Dieu (au singulier et avec un « D » majuscule).

**Guna**

« Guna » est défini comme suit dans l'encyclopédie numérique Wikipédia : « Guna (sanskrit IAST : *guṇa* ; devanāgarī : गुण) signifie "fil, corde ; qualité, propriété ; subdivision, catégorie ; mérite". »

La Bhagavad-Gita traite des trois guna dans les versets 18;19-22. Y sont décrits les trois types de connaissances, d'actions et d'auteurs des œuvres que l'on trouve dans la nature et où le mot « guna » a le sens de « qualité » ou « propriété » :

« La connaissance, l'œuvre et l'auteur sont de trois sortes, dit le Sâmkhya, selon la différence dans les guna ; entends cela aussi comme il convient.

\* Cette connaissance par quoi l'on voit un être impérissable unique en tout devenir, un tout indivisible unique en toutes ces divisions, sache qu'elle est sattvique.

\* Mais cette connaissance qui voit seulement la multiplicité des choses en leur existence distincte, et en toutes ces existences la diversité de leur jeu, sache que cette connaissance est rajasique.

\* La connaissance tamasique est une manière étroite et petite de regarder les choses, qui ne voit pas la nature réelle du monde. Elle s'attache à un seul mouvement à une seule routine comme si c'était l'ensemble (incapable qu'elle est de prévoir et de comprendre avec intelligence). »

Sri Aurobindo commente la citation ci-dessus dans sa traduction de la Bhagavad-Gita :

« Le mental "tamasique" ne cherche pas la cause et l'effet réels, mais s'absorbe en un seul mouvement ou une seule routine, s'y attachant avec obstination, il ne peut voir devant ses yeux qu'une petite portion d'activité personnelle, et, en vérité, ne connaît pas ce qu'il fait, mais laisse aveuglément l'impulsion de la nature causer, à travers ses actes, des résultats dont il n'a ni conception, ni prévision, ni intelligence compréhensive. »

« La connaissance "rajasique" est incapable de découvrir un vrai principe d'unité, de coordonner comme il convient sa volonté et son action ; elle suit la tendance de l'ego et du désir, l'activité de sa volonté égoïste aux voies multiples et les mobiles variés et complexes répondant à la sollicitation des impulsions et des forces extérieures ou voisines. Cette connaissance est un mélange confus de fragments de connaissance souvent incohérente, fragments rassemblés de force par le mental afin de tracer quelque chemin à travers la confusion de notre demi-connaissance et de notre demi-ignorance. Ou encore, c'est une action cinétique multiple, agitée, qui n'a pas au-dedans d'elle, pour la diriger fermement d'en haut, ni idéal, ni loi calme et sûre de lumière et de puissance véritable. »

« La connaissance "sattvique", au contraire, voit l'existence comme un tout indivisible en toutes ces divisions, comme un être impérissable en tout devenir ; elle domine le principe de son action et le rapport de toute action particulière avec le but entier de l'existence ; elle met à sa juste place chacune des étapes du voyage entier. Au plus haut sommet de la connaissance, cette vision "sattvique" devient la connaissance de l'esprit unique dans le monde, unique en ces existences nombreuses, la connaissance du Maître unique de toutes les œuvres, la connaissance des œuvres du cosmos comme expression du Divin, de l'œuvre elle-même comme jeu de Sa volonté et de Sa sagesse suprême en l'homme, dans sa vie, et dans sa nature essentielle. »

« Sattvique » peut donc se traduire plus ou moins par « spirituel » ou « selon l'Esprit », c'est le mental des sages et des saints qui perçoit l'unité de toutes choses.

« Rajasique » (« raja » veut dire « royal ») correspond à un mental éveillé mais qui reste dualiste, c'est le mental de la philosophie à son niveau inférieur.

« Tamasique » correspond à un mental étroit et routinier, en particulier celui qui cherche le résultat sans s'inquiéter en particulier de comprendre l'enchaînement causal.

**Guru**

« Guru » est un mot sanskrit signifiant « enseignant », « professeur ». Le guru est celui qui « amène la lumière » ou plutôt celui qui « écarte les ténèbres » car il est dit que la lumière est déjà en l'homme et que l'objet de la sadhana est de le découvrir. MSL rapporte la petite histoire suivante, citée de mémoire : Mâ Ananda Moye, à la question d'une personne qui doutait de l'authenticité de son « directeur de conscience », ne répondit pas instantanément. Elle se retira. L'auteur de la question commençait à renoncer à obtenir une réponse quand Mâ, soit refit son apparition dans la salle, soit, plus vraisemblablement, lui fit porter la belle et surtout très pertinente réponse suivante :

« Le vrai Guru parle toujours de Dieu, il ne parle que de Dieu. »

Cette réponse nous dit deux choses :

- La première, c'est que Mâ Ananda Moye ne faisait pas de réponses « mentales ». Elle ne répondait que lorsque, disait-elle, elle « avait son inspiration ». Elle répondait du haut de la conscience.

- La deuxième, est qu'on n'est pas sage ou saint « à temps partiel » ! C'est la totalité de l'existence qui est concernée.

Il y a dans le monde de la spiritualité beaucoup de faux gurus, certains dangereux, d'autres pas. Une manière infaillible de faire le tri est de leur appliquer la réponse de Mâ Ananda Moye. Et maintenant deux citations, toujours de la même Mâ Ananda Moye :

« En réalité, le gourou habite en vous et vous ne réaliserez rien tant que vous n'aurez pas découvert votre gourou intérieur. »

« Tout est déjà contenu en vous. »

Ce qui ne signifie évidemment pas que le contact avec un guru « extérieur » soit inutile. Et ce qui est cohérent avec l'affirmation selon laquelle, après sa mort, l'efficacité et l'aide du guru sont toujours là. C'est un peu comme si le guru extérieur entrait en résonance avec le guru intérieur et le révélait.

## Haïr (sa vie)

Ce mot est utilisé dans la Bible, une trentaine de fois, guère plus, mais dans des versets importants :

> « Celui qui aime sa vie la perdra, et celui qui hait sa vie dans ce monde la conservera pour la vie éternelle. » Jean 12;25

Citation que MSL commente comme suit :

> « Ce verbe très fort, souvent utilisé dans la Bible, signifie l'intensité du combat. Celui qui « hait sa vie », celle du petit moi individuel, est dans une lutte violente pour mourir dans la terre. Mais en fait ce combat est une suprême douceur, un abandon, où l'être se détourne de l'apparence individuelle qui passe. C'est se détourner du moi individuel et se tourner vers l'infini. Swami Ramdas disait :
>
> "Souvenez-vous que vous êtes universels et non pas individuels, éternels et non pas mortels."
>
> Pensez Dieu, car on devient ce que l'on pense. Penser peine et souffrance les augmente, penser Dieu glorifie Dieu en nous ! »

Le « combat » dont il s'agit ci-dessus est bien entendu un combat spirituel, intérieur. Nul ne verra le sang couler ! Et « perdre » sa vie, c'est perdre en fait la possibilité d'accéder à la facette universelle de notre vie, c'est donc plutôt un « manque à gagner » qu'une « perte » ! Et dans « haïr sa vie » le mot important est « sa ». Ce n'est pas « haïr la vie » et ses opportunités, pas plus que ses exigences routinières, qui peuvent être bonnes et saines, ces dernières faisant écrire à Paul Verlaine : « La vie simple aux travaux ennuyeux et faciles / Est une œuvre de choix qui veut beaucoup d'amour ». « Haïr sa vie », c'est refuser avec obstination de se laisser entraîner et enfermer dans cette étouffante optique de la vie qui se réduit à la satisfaction des exigences du « moi je ». En particulier à la satisfaction de tous nos désirs, à l'obtention de plaisirs renouvelés dans tous les domaines et à jouir sans cesse d'une stimulation plus intense. Ce refus n'a rien d'austère, d'ascétique, et c'est au contraire la « suprême douceur et l'abandon » dont parle MSL. Voir aussi par exemple l'article traitant du mot « renoncement » où la problématique de l'ascétisme est abordée.

## Hérode et Golgotha

S'agissant d'Hérode, MSL déroule sa méthode interprétative qui consiste à voir dans les personnages bibliques des facettes de tout homme, des plans de la conscience humaine, plutôt que des individus. Sans nier pour autant leur probable existence en tant qu'hommes ayant vécu dans l'espace et le temps, mais ceci restant d'une importance secondaire par rapport à la finalité des textes.

Voici un commentaire de MSL à propos de Luc 23 et de la figure d'Hérode :

> « Hérode, c'est le mental dans sa souveraineté orgueilleuse et méprisante. C'est un homme de pouvoir qui dirige la Galilée, qui se trouve en Judée au moment des évènements de Golgotha. Il est très joyeux de voir Jésus après son passage devant Caïphe puis devant Pilate. Pilate le lui adresse après s'être lavé les mains car il apprend que Jésus est Galiléen, bien qu'étant né à Bethléem en Judée, et que, donc, Jésus relève de sa juridiction. Hérode est joyeux car il est impatient de voir un miracle ! Mais Jésus ne répond rien à ses questions et Hérode est très déçu, car Dieu répond à l'âme, pas au petit moi qui se croit le maître de la vie et ne doute pas de sa puissance. Mais Hérode ne comprend rien, il ne voit en Jésus que le petit moi individuel et non Dieu. Il est orgueilleux. Il se venge en l'affublant d'une robe de roi et d'une couronne d'épines. En Inde, dans les textes sacrés, la visite de Dieu à un personnage, à un brahmane par exemple, est possible car il est "sans égoïsme et sans orgueil". Hérode, c'est l'opposé ! »

Là encore, le personnage biblique, doit apparaître comme universel et pas seulement individuel. En chaque homme, il y a un Hérode qui sommeille ou qui est actif. C'est pour cela qu'il est déplacé de juger « les autres » dans le sens moral du terme, car, si tant est que juger ait un quelconque intérêt ou une quelconque efficacité, pour juger dans ce sens, il faudrait pouvoir s'abstraire soi-même de ce que l'on reproche à la personne jugée. Ce qui est quasi impossible, presque par construction, car, pour connaître, comprendre, penser et peser quelque chose, il faut l'avoir conçu et vécu soi-même. C'est pour cela qu'il n'est pas rare que les plus grands saints aient été au début de leur vie… de grands pécheurs ! Comme Saint Paul ou Saint Augustin.

**Homme**

Le mot « homme » est utilisé plus de 2 700 fois au singulier et au pluriel dans la Bible ce qui en fait le cinquième mot le plus utilisé, un score proche de celui des mots Dieu, Roi, Fils et Éternel. Il est donc important de comprendre la complexité de ce que désigne le mot. En particulier les multiples plans de conscience et facettes qui constituent l'homme, et, au moins, les deux cités dans la première lettre de Saint Paul aux Corinthiens :

> « L'homme animal, par ses seules capacités, n'accueille pas ce qui vient de l'Esprit de Dieu. Pour lui ce n'est que folie, et il ne peut pas comprendre, car c'est par l'Esprit qu'on examine toute chose. Celui qui est animé par l'Esprit soumet tout à examen, mais lui, personne ne peut l'y soumettre. » Corinthiens 1$^{re}$ lettre 2;14-15

L'expression « homme animal » étant expliquée comme suit par MSL :

> « Le mot traduit par "homme animal" est *psuchikos*, et la bonne traduction est "homme psychique" c'est-à-dire centré sur le "moi je", dans la dualité. Le verset 15 est en quelque sorte la définition de l'homme supramental de Sri Aurobindo, par

opposition à l'homme ordinaire, "psychique", centré sur le "moi je". »

Donc l'homme ordinaire, centré sur le « moi je », est l'homme psychique. Le saint homme, visité par l'Esprit, centré sur l'Esprit, est l'homme supramental.

Autre citation de MSL à propos de l'homme :

« L'homme, c'est l'être mental de la création. »

Dans le Livre de la Genèse, l'homme est créé après les animaux, et c'est lui qui mange de « l'arbre de la connaissance du bien et du mal » et accède donc au plan mental dualiste. Plus tard, il devra fuir le pays d'Égypte, nommé « Pays de servitude » dans la Bible, le pays de la servitude, mais de la servitude à quoi, à qui ? Réponse : de la servitude au mental dualiste, limitation dont il ne peut plus se satisfaire dans son évolution.

Et enfin cette dernière citation toujours de MSL :

« L'homme est un instrument admirable de découverte de Dieu, de notre caractère divin. Dieu qui seul est bon, dans le sens de "juste et à sa place". »

Ce qui nous dit que l'homme n'est ici-bas qu'un « instrument » au service de Dieu et non pas de lui-même ! Ci-dessus, le mot « juste », de même que dans la Bible, doit être compris dans le sens de « vrai ». En filigrane se dessine le but de la vie en général et de la vie de l'homme en particulier : la « découverte de Dieu », qui n'est rien d'autre que celle d'une conscience plus vaste que la conscience ordinaire, centrée sur l'ego, mentale et donc dualiste, celle qui dit : « Je pense, donc je suis ». Ceci pour le bonheur de Dieu, qui en nous, se perd et s'oublie, pour avoir la joie de mieux se retrouver ! Telle est la « Lila » de l'Inde, le jeu divin ! Si c'est beau !

**Hypocrite**

Le mot est utilisé 18 fois dans toute la Bible, exclusivement dans le Nouveau Testament, par exemple dans Matthieu 22. Là encore, le mot ne doit pas être compris dans son sens moral ainsi que MSL l'explique lors d'une conférence :

> « "Hypocrite" vient du grec *hypokritès*, qui veut dire "faire semblant, être comédien".
>
> Dans Matthieu 22, les Pharisiens posent une question particulièrement hypocrite à Jésus, dans l'espoir qu'il réponde par la négative et, ainsi, qu'il soit condamné comme opposant politique. Ils demandent au Christ s'il faut payer le tribut à César, une question très concrète donc. La réponse du Christ est magistrale, parce qu'elle échappe au piège tendu et cela parce que restant sur un plan très concret ! Le Christ demande une pièce de monnaie où l'on voit l'effigie de César et répond : « Rendez à César ce qui est à César, et à Dieu ce qui est à Dieu ». Avoir le courage de vivre dans le monde en donnant à la vie concrète sa place et sa valeur, fait partie de la Loi. Ce qui n'empêche pas l'adoration vraie, vrai par rapport à une adoration de façade qui ne pense en fait qu'à l'homme. »

C'est typiquement une des caractéristiques du mental, que de pouvoir être dans la duplicité, dans le mensonge à l'occasion. Le plan physique, pas plus que le plan spirituel, ne peut mentir, car les choses sont ou ne sont pas ! Le concret est vrai. C'est peut-être pour cette raison que les textes sacrés anciens (Bible, Veda) sont très concrets. Et ceci probablement pas uniquement par manque de sophistication des langues anciennes, notamment dans le domaine psychologique.

**Identification**

Cet article est relatif à l'importance primordiale du phénomène de l'identification, de ce à quoi nous nous identifions, et, un peu, au processus de l'identification. La citation d'un vieux disciple de Ramakrishna, ci-dessous, a déjà été commentée plusieurs fois ici, mais reste un très bon point d'entrée dans le sujet :

> « Au fond, le seul péché, c'est de dire : je suis ce corps, je suis cette pensée. »

Cette courte affirmation renvoie à beaucoup de questions : qui est ce « je » ? A-t-il une existence séparée de l'objet auquel il s'identifie ? A-t-il une existence permanente ? Y a-t-il une conscience d'être distincte de la conscience du monde ? Qu'est-ce que l'identification ? C'est Ramana Maharshi qui nous aidera à y voir un peu plus clair. Swami Ramdas, lui, moins intellectuel, mais merveilleusement simple et aimant, exhortait ses compagnons et disciples à se souvenir et à ressentir qu'ils sont universels et non individuels. Dans les deux cas, il y a la même mention faite à la nécessité d'une identification différente de l'identification usuelle, d'une re-conception de ce que nous appelons « nous-même », pour que nous puissions imaginer, avoir l'intuition, et finalement éprouver et connaître ce que l'on appelle Dieu. Imaginer en premier lieu, car MSL, invitée à une conférence sur les religions en tant que représentante du Vedanta, pour y parler de l'intuition et de l'imagination, avait commencé son discours par l'affirmation suivante :

> « L'imagination précède l'intuition. »

Voici maintenant ce que MSL nous dit, dans sa conférence du 4 mars 1981, à propos de l'identification en utilisant comme support l'épisode biblique des chênes de Mamré et, plus loin dans le texte, ce verset de la Genèse :

> « Les hommes s'éloignèrent et allèrent vers Sodome. Mais Abraham se tint encore en présence de l'Éternel. Abraham s'approcha, et dit » Genèse 18;22-23

Ce que MSL explique pas à pas comme suit :

> « "Mais Abraham se tint encore en présence de l'Éternel" :
>
> Les hommes sont l'Éternel, nous l'avons vu au début du chapitre. Trois hommes se trouvent devant Abraham, et Abraham s'adresse à eux en disant "Seigneur" dans le verset "Seigneur si j'ai trouvé grâce à tes yeux". (Épisode des chênes de Mamré, Genèse 18;3)

Abraham appréhende maintenant la présence de l'Éternel au fond de lui-même[48]. C'est au fond de lui-même qu'il est face à face avec l'Éternel.

"Abraham s'approcha et dit" :

Comment Abraham peut-il s'approcher de l'Éternel ? Tout simplement en purifiant son intelligence. En élevant sa pensée. En se dépouillant encore plus lui-même, de tout égoïsme, de tout orgueil, de toute pensée personnelle, d'importance personnelle. S'approcher de l'Éternel c'est cela. Se dépouiller de soi-même ; c'est ce que fait Abraham. Il s'identifie à la ville, il s'identifie à l'humanité. Il n'est plus un homme : il est la conscience de la vie sur la terre qui s'approche de l'Éternel. »

Donc MSL nous dit qu'Abraham ne « s'identifie » plus, ou pas seulement, à « son » corps, à « ses » pensés, mais à l'intégralité de son expérience vitale, y compris de ses perceptions. Ce point du lieu de notre identification est fondamental. Ramana Maharshi l'a martelé. Il y est fait 27 fois référence dans les enregistrements de ses réponses aux questions des nombreux visiteurs de l'ashram de Tiruvannāmalai (voir *L'enseignement de Ramana Maharshi*). Assez souvent, en relation avec les notions de « Soi » et de « je » qui, plus que chez tout autre maître, sont au centre de son enseignement :

« Le véritable esclavage, c'est l'identification du Soi avec le corps. Abandonnez cette fausse notion et percevez intuitivement le Réel. C'est la seule chose qui importe. » *L'Enseignement de Ramana Maharshi* (« 4 février 1935 », réponse n°32)

Toujours dans le même ouvrage, comme pour toutes les autres citations du Maharshi, voici ce qu'il dit de l'identification en répondant à une question sur la concentration et le contrôle du mental :

---

[48] Plus dans une extériorité donc. Encore une fois, tout se passe dans notre cerveau ! Voir Dieu dans une extériorité, telle est la source de toute superstition !

> « Le mental n'est que l'identification du Soi avec le corps. C'est la création d'un faux ego, qui, à son tour, crée de faux phénomènes et semble se mouvoir en eux. Tout cela est faux. Le Soi est la seule Réalité. Si cette fausse identification disparait, la permanence de la Réalité se révèle. Cela ne veut pas dire que la Réalité n'est pas ici et maintenant. Elle est toujours là et éternellement la même. Elle est aussi dans l'expérience de chacun de nous. Chacun sait qui il est ; « qui est-il ? » et subjectivement : « qui suis-je ? » Le faux ego est associé aux objets ; il est même son propre objet. L'objectivation est l'erreur. Seul le sujet est la Réalité. Ne vous confondez pas avec l'objet, c'est-à-dire avec le corps. Cela donne naissance au faux ego, puis au monde et à vos activités dans ce monde d'où résulte la souffrance. Ne pensez pas que vous êtes ceci, cela, ou quelque chose non plus, que vous êtes comme ceci comme cela ou tel ou tel. Débarrassez-vous seulement de cette erreur ; la Réalité se révélera elle-même. » *L'Enseignement de Ramana Maharshi* (« 12 avril 1935 », réponse n°46)

Et maintenant, toujours à propos d'une réponse en relation avec le guru :

> « C'est en raison de la fausse identification du Soi avec le corps que le guru est considéré comme ayant un corps. Mais du point de vue du guru, le guru n'est autre que le Soi. Le Soi n'est qu'UN. Le guru enseigne que seul le Soi existe. » *L'Enseignement de Ramana Maharshi* (« 9 février 1936 »)

Toujours du Maharshi, en relation avec la peur de la mort :

> « La peur de la mort se présente seulement après que la pensée « je » est née. La mort de qui craignez-vous ? Et de qui est la crainte ? La cause en est l'identification du soi avec le corps. Tant qu'elle existera il y aura peur. » *L'Enseignement de Ramana Maharshi* (« 15 juin 1936 »)

Et maintenant en relation avec le « je », et en réponse à une visiteuse qui lui posait la question suivante : « Je pense que l'âme est la lumière intérieure. Si après la mort, l'âme devient une avec le Brahman, comment peut-il y avoir transmigration de l'âme ? » :

> « Maintenant que vous vous identifiez avec le corps, vous dites que l'âme est la lumière intérieure. Vous pensez qu'à l'intérieur du corps se trouve une lumière. Réfléchissez un peu et dites-moi si le corps peut poser des questions. Il est dépourvu de conscience[49] et ne peut dire "je". C'est autre chose qui dit "je". Qu'est-ce que c'est ? Est-ce le Soi ? Le Soi est pur et n'est pas conscient d'un autre pour pouvoir dire "je". Alors qui dit "je" ? C'est le lien entre la pure Conscience (Chit[50]), le Soi, et le corps (jada). Ce lien est l'ego. Qui êtes-vous en ce moment ? Qui est né ? Le Soi est éternel et ne peut être né. Le corps apparaît et disparaît et votre identification avec lui vous fait parler de naissance et de mort. Cherchez si la véritable signification du « je » peut naître. Pour qui existe la transmigration ? » *L'Enseignement de Ramana Maharshi* (« 18 janvier 1939 »)

Et aussi le même jour à propos du but de la création, répondant à l'un de ses interlocuteurs :

> « Le but de la création est de détruire l'illusion de votre individualité. Votre question montre que vous vous êtes identifié au corps et que, par conséquent, vous vous voyez vous-même et le monde autour. Vous pensez que vous êtes le corps. Votre mental et votre intellect sont les facteurs responsables de votre fausse identité. » *L'Enseignement de Ramana Maharshi* (« 18 janvier 1939 »)

À noter que la Bible dit la même chose : Elle est la description de l'évolution psychologique de l'homme depuis sa création. Ce parcours

---

[49] De conscience mentale

[50] Voir l'article « Chitta et Purusha »

commence avec le Livre de la Genèse. Adam et Ève goûtent du fruit de l'arbre de la connaissance du bien et du mal : l'homme accède à la « nécessaire complication du mental dualiste », accède ainsi à l'individualité, à l'identité, devient le sujet qui s'identifie au corps et à la pensée. Le parcours se termine avec l'Apocalypse de Jean, où, après « sept fois sept » purifications des plans de la conscience et de la vie, l'homme accède à la fusion bienheureuse avec Dieu. Dans cette fusion, il nous est dit que son individualité en tant que sujet pensant, celui du cogito de Descartes, clivé et clivant, séparé des objets, disparaît au profit d'une conscience d'être où l'ego humain devient « transparent comme du cristal ». C'est l'unité retrouvée. L'homme s'identifie avec l'intégralité de l'expérience psychique, le Soi, et non plus avec « son » seul corps et ses « seules » pensés. Il est « … à la fois le centre et le tout » selon la formule de MSL. Il nous est dit qu'à la fin les deux fusionnent. C'est l'unité retrouvée, celle du paradis terrestre, mais, cette fois, dans un corps d'homme ou le mental s'est développé.

**Image**

Le mot apparaît 75 fois dans la Bible, ce qui n'est pas si fréquent, mais son emploi a seulement deux finalités :

- Rappeler que l'homme est « l'image de Dieu »

- Stigmatiser la confusion entre le Réel et son image, par exemple au travers du culte des idoles. Culte qui est en fait le culte de l'ego.

Voyons un exemple dans la première catégorie :

> « Dieu créa l'homme à son image, il le créa à l'image de Dieu, il créa l'homme et la femme. » Genèse 1;27

Et voici le commentaire que MSL fait de ce verset si connu :

> « Jésus est une image de Dieu, au même titre que tout homme. Jésus est une image consciente de soi, assumant son rôle d'image qui doit conduire à l'Être. C'est le sens de :

> "Nul ne vient au Père que par moi." (Jean 14;6)
>
> Pas au sens restrictif de l'individu [l'individu appelé Jésus], mais par la mort de l'individu [celle de l'ego, à Gethsémané, la mort du corps n'intervenant qu'après, pour le « spectacle » de Golgotha]. Le tombeau de Pâques, qui est vide, doit être compris comme le fait que l'image a disparu, il reste seulement les deux anges, c'est-à-dire la lumière de l'Esprit qui n'est pas une image mais la substance de Dieu[51]. Il faut apprendre à aimer au-delà de la forme et du nom lui-même, même si nous en faisons une exclusivité. »

Par rapport à ce dernier point, il faut comprendre que nous pouvons sacraliser une forme mise à part des autres formes, un nom mis à part des autres noms, que nous pouvons les mettre sur un piédestal au sens propre ou figuré, mais que nous devons adorer l'original au-delà de la forme et du nom. Et maintenant, à propos de ce verset 1;27 de la Genèse, une très spirituelle et pertinente remarque de Voltaire qui constatait que l'homme faisait l'inverse en général et paraphrasait ainsi le verset :

> « Dieu a créé l'homme à son image. L'homme le lui a bien rendu ! »

C'est-à-dire que l'homme a conçu Dieu à son image, humaine, trop humaine. Et ceci déjà à un niveau très concret, par exemple sur les images distribuées au catéchisme dans les années 1970 : Dieu y était représenté comme un vieillard barbu aux cheveux longs, drapé dans une robe antique, avec un regard où se mélangeaient force et douceur. Psychologiquement, implicitement, il était conçu comme un autre « ego » doté de pouvoirs extraordinaires et surnaturels ! La réalité décrite par les sages et les saints n'a bien évidemment rien à voir avec cette image qui est une projection au sens psychologique du terme !

---

[51] Qui est sa Réalité et non son modèle, son double, son image.

**Immanent**

Les textes sacrés nous disent que Dieu peut être perçu à la fois comme immanent et transcendant, successivement ou simultanément, de même qu'il peut être conçu comme personnel et impersonnel. Voici un cours commentaire de MSL sur l'étymologie du mot :

> « Immanent vient du verbe latin *imanere* qui signifie "coulé dans". »

« Coulé dans », donc « inséparable de ». Ce qui est immanent est comme l'alcool dans le vin, inséparable, présent partout, diffusément, avec ses efficacités visibles, bien qu'étant lui-même invisible.

**Immortalité**

Ce mot est très peu utilisé dans la Bible, pas plus de six fois, ce qui est étonnant. En effet, l'immortalité est sinon l'objet du chemin tracé par le Livre, tout au moins un de ses importants « sous-produits ». C'est ce que souligne MSL en citant ce qu'un maître de l'Inde dit de l'immortalité :

> « Swami Ramdas en dit que c'est "l'héritage normal de toute l'humanité". C'est le "Royaume de Dieu". »

Il est clair que l'homme ordinaire, qui s'identifie à son corps et à sa pensée se perçoit comme mortel. Il ne peut pas en être autrement, puisque le corps est mortel. Ce qui est dit ici, c'est que tout homme à la possibilité d'échapper à cette identification et que ceci est une possibilité « héritée », pas quelque chose qui va s'acquérir et que nous n'aurions pas, mais quelque chose que nous possédons déjà. Mais prendre conscience de cette immortalité « ici et maintenant », selon l'expression consacrée, suppose une transformation psychologique. Unanimement, bien que de manière formellement différente, sages et saints nous disent que cette révolution, c'est l'effacement de notre individualité, ce faux ego, dans la fusion de l'unité du Soi, autrement dit, en Dieu. Maintenant, pour ce qui est de ce qui advient après la mort du corps, MSL répondait à la question par un alexandrin involontaire :

> « Et si c'est un néant, ce sera Son néant. »

Même le néant fait partie du Tout, du Soi !

**Imperfection**

L'idée que la perfection des actes et de la pensée serait à la fois le chemin vers la sainteté et son aboutissement, est solidement ancrée. D'où la mention malicieusement faite des petits travers des hommes d'Église, destinée à signifier implicitement qu'ils sont encore loin de l'objectif ! Il en va de même pour le rapport au mal, à l'imperfection dans le monde, ceux-ci étant souvent considérés comme incompatibles, antinomiques du divin. Ceci tend à rejeter le divin dans un « au-delà » spatial et temporel, après la mort de ce corps, de ses pensées et de ses actes décidément bien imparfaits ! Pourtant, les textes nous disent qu'il n'en est rien. Voici deux citations vraisemblablement issues du Veda, du Vedanta, ou bien de la Bhagavad-Gita, venant à l'appui de cette affirmation :

> « Comme l'homme vient à moi, ainsi je le reçois. »

> « Je porte ma création, toute ma création, y compris son imperfection. »

Ou encore :

> « J'assume ma création, toute ma création y compris son imperfection. »

Mâ Ananda Moye utilisait une image simple et belle pour dire la même chose :

> « Une Mère tend les bras à son petit enfant qui se précipite vers elle... même s'il est sale ! »

Et aussi, en réponse à la remarque selon laquelle les comportements des disciples dans ses ashrams étaient bien loin d'être parfaits, voire à l'opposé, elle disait :

> « C'est quand on cure la mare que celle-ci sent le plus mauvais. »

C'est aussi, indirectement, de ce rapport à l'imperfection du monde dont parle MSL ci-dessous :

> « Ainsi, en Jean 13;1-20, quand Jésus "mit un comble à son amour", il ne dit rien d'autre. Il assume le meurtre, la folie[52] de Golgotha, pour y faire descendre la grâce illuminatrice qui donne le triomphe inconditionnel de l'Esprit dans l'incarnation, qui fait que l'homme découvre Dieu en soi. »

Ainsi, l'homme transfiguré conçoit la perfection dans l'imperfection du monde ! Cette conception de Dieu, de la sainteté, de la perfection est évidemment bien loin de celle qui consiste à passer le scalpel de la pensée dualiste pour séparer, dans la création, y compris en l'homme, ce qui est beau, bon et bien (que l'on va appeler Divin ou digne de Dieu), de ce qui serait laid, nuisible et mal (que l'on va appeler le Diable et incompatible avec Dieu). La perfection, c'est de ne plus être en quelque sorte « propriétaire » de « ses » pensés, actes, résultats des actes, de ne plus s'identifier à eux, de ne plus être un ego, un « moi je ». De ne plus être égoïste mais au sens fonctionnel du terme, pas au sens moral. C'est aussi une réponse à la fausse affirmation selon laquelle si Dieu « existait », le mal n'existerait pas. D'ailleurs, un grand saint de l'Inde disait (citation de mémoire) :

> « Depuis que je connais Dieu, je ne vois plus le mal, je ne vois plus que Dieu, partout. »

C'est aussi, bien qu'indirectement, la même conception qui s'exprime dans ce vers extrait de l'un des magnifiques poèmes de Tagore :

---

[52] La folie fait donc aussi partie de l'imperfection du monde.

> « Seigneur, tes siècles se succèdent pour parfaire une simple fleur des champs. » Rabindranath Tagore, *L'Offrande lyrique* (traduction d'André Gide)[53]

Donc l'imperfection du monde, le mal dans le monde, font partie de « l'œuvre de l'Éternel » et n'ont rien d'incompatible avec lui. Le mal et l'imperfection, résultent du regard que le petit « moi je » porte sur le monde. Les sages et les saints nous disent « changez de regard » et vous ne verrez plus qu'une « perfection ininterrompue » en toute chose. Ce qui n'est évidemment pas une indifférence, une insensibilité ou une perte d'aptitude à discriminer mais une manière d'être au-delà de toutes ces choses.

**Impersonnel**

Notre époque est obsédée par la personne et son importance, c'est affligeant, mais il faut le voir comme une conséquence de la naissance de l'homme, en des temps préhistoriques, à la « nécessaire complication de la dualité ». Ceci fait partie de l'imperfection dont il est question à l'article précédent. La vie spirituelle est à l'opposé, dans l'impersonnel. Au chapitre 18 de la Bhagavad-Gita, Krishna, après avoir parlé de l'extase, et dit que peu la connaissent, tient des propos consolateurs en affirmant la possibilité pour l'homme, agissant totalement tourné vers Dieu, « d'atteindre par [sa] grâce la condition éternelle et impérissable ». Suite à quoi Krishna détaille les conditions pour franchir avec succès tous les obstacles du périlleux voyage vers « la condition éternelle », qui est l'unité impersonnelle avec lui :

> « Si, en tout temps, tu es un avec moi, en ton cœur et conscience, tu franchiras tous les passages périlleux. Si, à cause de ton égoïsme, tu n'entends pas, tu tomberas dans la perdition. »
> Bhagavad-Gita, chapitre 18

---

[53] Dans le présent glossaire, tous les extraits de *L'Offrande lyrique* proviennent de la traduction d'André Gide.

Ce que MSL commente comme suit :

> « L'Apocalypse dit la même chose :
>
> "Que celui qui a des oreilles entende ce que dit l'Esprit."
>
> Il faut comprendre la vie selon l'Esprit.
> Il faut comprendre sa propre vie selon l'Esprit.
> Vivre spirituellement, c'est vivre impersonnellement.
> L'homme ''égoïste'' n'entend pas car il ne comprend pas. C'est l'égoïsme qui empêche de comprendre. »

L'égoïsme doit être, ici aussi, compris dans un sens fonctionnel, comme « personnel », l'opposé d'« impersonnel », et non dans un sens moral. Se départir de soi-même ne serait-ce qu'un peu est l'œuvre d'une vie, de plusieurs vies pour l'Inde. Au vu de la lenteur de l'évolution humaine, la perspective de l'Inde est crédible !

**Inconnu**

Le mot est peu utilisé dans la Bible, une quinzaine de fois. Pourtant, l'inconnu, ce qui nous est inconscient, est au cœur de la vie et du sujet religieux. Voici ce qu'en dit MSL :

> « Dieu est l'inconnu en nous, et doit le rester jusqu'à l'heure de sa révélation en nous et dans le monde. Obéir à Dieu, c'est partir vers l'inconnu, comme Abram qui deviendra Abraham. »

Cette conception des choses est bien évidemment inacceptable pour le mental humain. Mais le mental, quasiment « par construction », n'est pas le bon outil pour « connaître Dieu ». Mais alors, comment faire ? Réponse de MSL ci dessous :

> « La volonté de Dieu est l'inconnu, et doit le rester. Que ta volonté soit faite et non la mienne. Quand l'homme se tait un peu, Dieu parle en lui. » MSL

Les Grecs anciens vénéraient l'Agnostos Theos (dieu inconnu), donc l'ensemble des dieux qu'ils ne connaissaient pas !. C'est à son propos que Paul de Tarse a prononcé le discours de l'Aréopage (Actes 17;23).

**Indra**

Indra est une ancienne divinité de l'hindouisme. Voici ce qu'en dit MSL :

> « Indra est une divinité du panthéon Indien qui a été remplacée par Shiva. Indra c'est le tonnerre, l'existence absolue, le dépassement de l'ego, celui qui ne tolère aucun attachement à l'ego. C'est, selon Sri Aurobindo, le mental illuminé qui se sait fils de Dieu. Invoquer Indra est d'une grande puissance. »

C'est Indra qui est invoqué dans le Rig-Veda I.170, dans le colloque entre Indra et le sage Agastya. Indra est représenté sous la forme d'un taureau, tel le paisible taureau géant, le Nandi, que l'on peut voir à Mysore, en Inde du sud, en montant à Chamundi hill et dans de nombreux autres temples d'Inde du sud, dont celui de Tanjapur.

**Inimitié**

L'inimitié fait partie de la vie, de l'imperfection du monde. C.G. Jung en parlait par rapport à sa clientèle. Quand il éprouvait ce sentiment vis-à-vis d'un de ses patients, et que, dans ses rêves, ce patient apparaissait de manière positive, il prenait bien soin de lui faire savoir. MSL disait que lorsque l'on n'aime pas quelqu'un il ne faut certes pas en dire du mal, mais il faut également s'abstenir d'en dire du bien. Laisser la chose, l'abandonner, la déposer. Au-delà des règles de comportement ci-dessus énoncées, voici la constatation qu'elle faisait par ailleurs :

> « La notion d'inimitié tombe quand on n'attend plus d'approbation personnelle. »

Et on pourrait dire, en généralisant, que « l'inimitié tombe » quand notre niveau d'exigence par rapport à la vie tombe et en particulier notre besoin « d'approbation personnelle ». Elle tombe quand on ne désire plus rien, consciemment et inconsciemment, que Dieu. Petite digression : il en va de même de la susceptibilité, quand elle résulte d'une attente immodérée d'approbation personnelle, par exemple en compensation d'une blessure narcissique héritée de l'enfance. C.G. Jung disait de cette susceptibilité que c'est une caractéristique de l'ego masculin. Et que les femmes aiment à provoquer sa réaction en égratignant les fiertés masculines mal placées !

**Intègre**

Le mot « intègre » est utilisé dans l'injonction faite par Dieu à Abram :

« Marche devant ma face et sois intègre. » Genèse 17;1

Ce que MSL commente comme suit :

> « Le mot latin correspondant est peut-être *integer* mais plutôt le verbe *tangere* qui veut dire "toucher, intact, qui n'a pas été touché, entier, nouveau, pur, honnête, vertueux, et, finalement, désintéressé".
>
> Être "désintéressé" :
>
> C'est la clé de toute la vie spirituelle et de la vie tout court d'ailleurs. C'est être débarrassé de l'ego, libéré du petit moi qui veut récompense et résultat.
>
> "Nouveau, neuf" :
>
> C'est la spontanéité divine, l'aube divine (des Vedas), qui est le fruit de beaucoup d'efforts !
>
> "Intact" :
>
> Donc tel que je l'ai créé, avec toutes ses parties. Il n'y a rien à supprimer assumant toute ma création, ma substance en toi. En

définitive, c'est être, selon la belle formule de l'Inde : "Être sans égoïsme et sans orgueil". »

Donc être intègre, c'est beaucoup plus que de respecter les règles et les lois et la morale tout en restant crispé sur son individualité ! C'est dépasser son individualité pour rentrer dans l'universalité.

## Intelligence (spirituelle)

Le mot est utilisé environ 200 fois dans le Bible, ce qui n'est pas beaucoup. Pour autant il est important de comprendre le grand nombre de formes d'intelligence qu'il y a, y compris l'intelligence spirituelle. Voici ce qu'en dit MSL :

> « L'illusion de l'homme est qu'il croit posséder une intelligence spirituelle. C'est l'illusion de la théologie qui n'est qu'une intelligence humaine dualiste, jusqu'au moment où l'ego est transfiguré par la grâce et la puissance de l'Esprit. Alors commence une longue, longue et lente ascension vers l'intelligence spirituelle. Cela doit se faire selon Dieu, ou, selon la belle expression de Paul et Pierre "dans l'esprit et par l'Esprit". Alors que les instructeurs religieux sont en général dominés par l'opposition du moi et du toi, l'autre, sans oser penser que Dieu et l'homme sont un ! »

Voir à ce sujet l'article consacré au nom « Sinaï », ainsi que les articles traitant de « chitta » et de « buddhi », qui désigne l'intelligence spirituelle en sanskrit.

Et maintenant, encore ce commentaire de MSL à propos de l'hymne védique I.170 du Rig-Veda dont un extrait est cité page suivante :

> « Cet hymne est une belle illustration de ce qu'est le cheminement qui va de l'illusion d'une intelligence spirituelle vers une intelligence spirituelle venant de Dieu, qui est une croissance, ce qui est bien exprimé dans l'Évangile de Luc :

"Jésus grandissait en stature, en sagesse et en grâce devant Dieu et devant les hommes." (Luc 2;58)

Car une compréhension, voir une extase, n'a de valeur que quand elle s'incarne dans un comportement de sainteté, et il y faut du temps, beaucoup de temps : l'Inde dit douze ans pour une étape spirituelle, entre le moment où l'on conçoit et le moment où l'on incarne vraiment, où l'on devient vraiment ce que l'on a conçu, où cela s'incarne sur tous les plans de la conscience et de la vie.

C'est pour cette raison que Ramakrishna disait :

"Ne parlez jamais de ce que vous faites ou que vous vivez intérieurement, vous auriez beaucoup à y perdre". »

Toujours à propos de l'intelligence et de l'intelligence spirituelle, dans ce même hymne I.170:

« 1) Cela, n'est pas aujourd'hui ; et Cela n'est pas davantage demain ; qui donc connaît Cela qui est suprême et merveilleux ? Cela se meut et agit dans la conscience de chacun, mais aussitôt qu'il est approché par la pensée, Cela s'évanouit.

2) Pourquoi cherches-tu à nous détruire, O Indra ? Les Maruts sont tes frères. Avec leur aide, réalise la perfection ; ne nous tue pas dans notre lutte.

3) Comment, O mon frère Agastya, tu es mon ami, et cependant tu dresses ton esprit contre moi ? Car je sais bien que tu ne veux pas nous abandonner ton intelligence.

4) Laisse-les préparer l'autel, laisse-les embraser Agni en face. Il est là l'éveil de la conscience à l'immortalité. Laisse-nous tous deux accomplir à ta place le véritable sacrifice.

5) O Seigneur dont la nature dépasse toutes les substances de la vie, tu es le souverain tout-puissant ! O Seigneur de l'amour qui

commande aux pouvoirs de l'amour, tu détiens le plus haut rang ! Puisses-tu O Indra, en harmonie avec les Maruts, porter un regard favorable sur les offrandes conformément à la Vérité ! » Rig-Veda, Hymne védique I 170, intitulé « Colloque entre Indra et Agastya »

Hymne que MSL commente comme suit :

> « Ce texte établit plus sûrement que tout autre discours le problème qui se pose de l'écart entre la soi-disant intelligence spirituelle selon l'homme (qui n'en est pas une de fait) et l'intelligence spirituelle selon Dieu. Il faut bien imaginer ici la situation : Agastya, pourtant déjà un grand Rishi, prépare un sacrifice intérieur, car la conscience voudrait grandir encore selon l'Esprit pour monter à Dieu. Mais attention, les choses se faussent très vite car, en fait, Agastya se centre sur le "moi je" ! »

Il faut bien comprendre ici que le sacrifice dont il est question n'a rien de sanglant. (Voir l'article qui traite du mot « sacrifice ».) Le sacrifice doit être compris comme ce qui conduit à une naissance sacrée. Ceci nous ramène à l'affirmation, si essentielle, de Saint Jean de la Croix, destinée à ceux qui veulent monter au banquet mystique au sommet du mont Carmel :

> « Il ne faut rien, rien, rien, rien, rien désirer. »

Recommandation que, lors d'une conférence, MSL assimile à un état d'esprit d'acceptation exempte de toute récrimination :

> « Il faut accepter de tout son être la vie telle qu'elle est et être libre de tout, même de l'oraison, qui, à la longue, devient une angoisse de l'ego qui n'arrive plus à s'en séparer. »

Voir également l'article consacré au verbe « désirer ». Ce qui nous est demandé, et qui fait partie de l'intelligence spirituelle, c'est donc une « adhésion » à la vie telle qu'elle est, selon le mot d'Alan Watts, et non pas une simple acceptation, et, a fortiori, une concession faite de mauvaise grâce ! Voici maintenant une citation de MSL où il est également question d'un cas particulier d'intelligence spirituelle :

> « La vie spirituelle selon Dieu en l'homme, et non pas selon l'homme, ne s'embarrasse pas de concepts précis[54]. Il suffit d'être attentif continûment à Dieu qui est Cela et qui ne se situe nulle part. Telle est la signification de « Cela n'est pas aujourd'hui et Cela n'est pas davantage demain » dans le colloque ci-dessus. Et ce sens de la continuité du souvenir de Dieu s'exprime par une belle image en Inde :
>
> "Comme un filet d'huile qui coule d'un vase dans un autre".
>
> L'émerveillement est le chemin par excellence de la montée vers Dieu. Le chemin de la vie spirituelle qui conduit à la connaissance de Dieu, c'est l'émerveillement du cœur et de l'âme, et aussi des yeux de chair par exemple devant un beau paysage de mer, de montagne, ou devant un enfant qui sourit. On ne doit pas se laisser aller à ressasser ce qui est négatif. Le yoga et ses postures peuvent aider aussi à détendre l'être intérieur et l'ouvrir à cet émerveillement. Il est dans la Bible une autre illustration de la différence entre la fausse connaissance spirituelle, selon l'homme, et la vraie connaissance spirituelle, selon Dieu en l'homme :
>
> "Écoute, Israël ! l'Éternel, notre Dieu, est le seul Éternel." (sic)
>
> Alors que la bonne traduction de l'hébreu est : "Écoute, Israël ! l'Éternel, notre Dieu, est Un." (Deutéronome 6;4)

---

[54] C.G. Jung disait même qu'il devait résister à son tempérament qui l'incitait à être très précis, car, en cela, il aurait trahi la réalité des faits spirituels (voir extrait de sa lettre de 1952 à un jeune érudit dans son dernier livre *Ma Vie*. L'intelligence spirituelle, contre-intuitivement, c'est aussi parfois de renoncer à la précision du mental dualiste, quand cette précision tue l'esprit des choses). Ceci n'étant pas à confondre avec l'indigence de la pensée !

L'intelligence spirituelle est de ne pas se crisper à vouloir réaliser Dieu, l'Absolu. En particulier au travers de la prière, de la méditation ou de toute autre discipline. C'est une immense erreur qui développe l'angoisse. On ne peut pas commettre de plus grave erreur. Et cela arrive même aux plus grands tel le sage Agastya. La réalisation, c'est l'oubli de soi dans le temps, mais pas n'importe lequel, celui de l'amour pour Dieu qui n'a pas de limite, infini, au-delà de moi-même, qui conduit à concevoir l'Éternel en soi. Il faut laisser faire les Maruts, qui sont les dieux du vent de l'Esprit ; et il faut se souvenir de la parole de Ramakrishna :

"Le Diable n'entre jamais dans une maison où l'on chante le nom de Dieu."

Car, avec la fatigue, le mental intervient, l'impatience sur ce que nous voulons devenir croît, alors qu'il faut rester centré sur Dieu. Or le sage Agastya a dévié le sacrifice, il attend une réalisation. Le mental est intervenu. Une impatience s'est glissée en lui. Entretenir la reconnaissance en soi est une force libératrice merveilleuse. Dire "merci" et laisser agir la reconnaissance. Agastya, lui, s'est centré sur le but et le résultat du sacrifice alors que le résultat ne nous appartient pas ! Agastya a une arrière-pensée, alors que la seule attitude juste est de penser "Dieu et Dieu seul. Fais comme tu voudras, fais selon ta sagesse et non selon mes désirs" et de chanter Dieu pour Dieu, et non pour nous-même ! Agastya "ne veut pas abandonner son intelligence" ce qui est l'attitude opposée à celle demandée à Abram par l'Éternel dans sa parole résumée comme suit : "Va-t'en quitte ton Père, ta famille tes habitudes pour aller vers l'inconnu". C'est là la marche vers l'intelligence spirituelle selon Dieu. Il faut se détacher et le sommeil, la maladie bien vécue, et la mort, sont des purifications. Ce sont des purifications, des allègements, une occasion de donner notre intelligence à Dieu qui nous arrête car nous sommes impuissants. D'où la parole d'Indra à l'attention de Agastya : "Je sais bien que tu ne veux pas nous abandonner ton intelligence", l'injonction : "Laisse-les embraser Agni en face", et l'affirmation : "Il est là l'éveil de la conscience à l'immortalité" : dans l'adoration, dans "prema bakti", l'adoration parfaite, l'adoration qui est celle du cinquième plan de la conscience et de la vie. »

Voir l'article consacré au mot « Plans ». On notera au passage la référence faite à Agni le feu de l'adoration. L'adoration qui est celle du dieu Hanuman, l'adorateur parfait, curieusement représenté par un singe, tellement cette adoration parfaite est une étrangeté pour l'homme qu'il soit ancien ou contemporain.

**Intimité (avec Dieu)**

Ramakrishna situe l'intimité avec Dieu au sommet de la vie spirituelle. Cette intimité qui, comme l'amitié humaine vient avec le temps et, selon la formule de Rimbaud (citée de mémoire) avec « l'abolition de toute distance ». Sur ce point, voir aussi l'article consacré à Abraham, « l'ami de Dieu », car amitié et intimité vont ensemble. Voici ce que MSL en dit :

« Ramakrishna, le fou de Dieu, qui a tant aimé la Mère divine, qui n'a vécu que pour elle, et qui l'a semée dans l'atmosphère du monde entier, qui a semé ces graines de vie spirituelle, d'intelligence spirituelle, dont nous sommes les bienheureux héritiers disait :

"Il ne suffit pas d'être conscient de l'existence de Dieu. Même une vision de lui n'est pas le point culminant d'une vie spirituelle. Il faut avoir avec lui des rapports de familiarité, d'intimité. Il faut être en communion directe avec lui. Il y a des gens qui ont entendu parler de Dieu, il y a des gens qui l'ont vu, mais très peu l'ont goûté. Bien des gens peuvent avoir vu le Roi, mais très peu l'ont reçu chez eux comme leur hôte."

> Il ne suffit pas d'être convaincu de l'existence de Dieu. C'est un commencement. Même une vision de lui n'est pas le point culminant de la vie spirituelle, et je le dis, car je sais que c'est un souhait obsédant chez passablement de personnes car c'est le résultat des révélations de l'ascétisme de l'Inde. On s'imagine qu'on n'a pas vécu si l'on n'a pas vu Dieu au moins une fois. J'espère vous faire sentir qu'il y a des milliers, voire des millions de façons de voir Dieu, et qu'une façon, est de s'efforcer d'avoir des rapports de familiarité et d'intimité avec lui. Il faut être en communion avec lui. »

Voici un propos de nature à détendre les chercheurs de vérité qui seraient obsédés par l'idée de « voir Dieu ». Et bien déçus, arrivant au grand âge, de constater que cela n'a pas été encore le cas !

### Japa

Le japa, la répétition du nom de Dieu, est connu en Inde pour être le roi des exercices spirituels. Plus que la prière ou la méditation. Voici ce qu'en dit MSL :

> « Le japa est la répétition silencieuse d'un mantra ou du nom de Dieu. En Inde, il est considéré comme le roi des exercices spirituels. Il permet de dépasser l'angoisse qui empêche la prière et la méditation. C'est aussi une forme de prière, et l'exercice le plus précieux qui existe. Ainsi Shankara en 1485 affirmait-il que la meilleure prière était la répétition du nom de Dieu, par exemple "Aum Sri Ram, jai Ram, jai jai Ram" en ce qui concerne l'une des incarnations de Vishnou. Swami Ramdas, décédé en 1963, donc récemment, allait plus loin en affirmant :
>
> "Dieu et son Nom sont identiques. La répétition du nom de Dieu nettoie, tranquilise l'angoisse et ouvre le chemin." »

À noter qu'en Occident, en Russie, il y avait aussi cette tradition de la répétition du nom de Dieu. L'auteur inconnu du *Récit d'un pèlerin russe*, sans doute un paysan de la province d'Orel, décrit ainsi au XIXe siècle les recommandations de son starets[55] :

> « La prière de Jésus intérieure et constante est l'invocation continuelle et ininterrompue du nom de Jésus par les lèvres, le cœur et l'intelligence dans le sentiment de sa présence, en tout lieu, en tout temps, même pendant le sommeil. Elle s'exprime par ces mots :
>
> "Seigneur Jésus-Christ, ayez pitié de moi !"
>
> Celui qui s'habitue à cette invocation ressent une grande consolation et le besoin de dire toujours cette prière ; au bout de quelque temps, il ne peut plus demeurer sans elle et c'est d'elle-même qu'elle coule en lui […] Comment on apprend la prière, nous le verrons dans ce livre. Il s'appelle "Philocalie"[56]. Il contient la science complète et détaillée de la prière intérieure perpétuelle exposée par vingt-cinq Pères ; il est si utile et si parfait qu'il est considéré comme le guide essentiel de la vie contemplative et, comme dit le bienheureux Nicéphore, "il conduit au salut sans peine et sans douleur". » *Récit d'un pèlerin russe* (1er récit)

Et, pour terminer, cette petite histoire à propos du mantra de Ram, que Swami Ramdas avait répété tant et tant de fois au travers de toute l'Inde au cours de son pèlerinage. Il disait, et il a écrit, que toute personne le répétant dix millions de fois verrait Dieu. Un maharadja qui avait compté

---

[55] Patriarche d'un monastère russe orthodoxe

[56] « Un recueil de textes patristiques rassemblés par un moine du mont Athos, publié à Venise en 1782, inspiré par la tradition hésychaste (calme, silence et contemplation) qui remonte aux premiers siècles chrétiens. Il prend son origine au mont Sinaï et au désert d'Égypte. […] Inspirées d'Origène, d'Évagre le Pontique et de Grégoire de Nysse, les écoles mystiques de l'Orient chrétien assignent pour fin à l'homme la déification. » Introduction du *Récit d'un pèlerin russe*.

et atteint les dix millions de fois, en vain, vint faire part à Ramdas de sa déception et de son étonnement. Ramdas lui répondit :

> « Le dire dix millions de fois donne le résultat attendu, mais il faut le dire avec amour ! »

**Je suis**

L'expression « je suis » apparaît environ 650 fois dans la Bible, y compris 450 fois environ dans le Nouveau Testament, par exemple dans l'Évangile de Jean au chapitre 8. C'est dire l'importance qu'il y a à comprendre le sens derrière les mots. Ci-dessous l'usage du présent de l'indicatif, après celui du passé simple, établit que derrière le « je » il n'y a pas un individu, une personne ayant existé dans le temps, mais autre chose qui se situe dans un éternel présent :

> « En vérité, en vérité, je vous le dis, avant qu'Abraham fut, Je suis. » Jean 8;58

Dans l'Ancien Testament, l'expression « Je suis » est employée au moment de l'épisode du Buisson ardent, qui brûle sans se consumer, qui n'est donc pas un feu ordinaire, et qui est interprété par MSL comme le feu de l'adoration dans la conscience de Moïse. Ce dieu, pour les hindous, c'est Agni. Feu au sein duquel se fait entendre, à l'occasion d'un dialogue, la voie de l'Éternel qui dit « Je suis, voici mon nom pour l'Éternité » :

> « Moïse dit à Dieu : J'irai donc vers les enfants d'Israël, et je leur dirai : Le Dieu de vos pères m'envoie vers vous. Mais, s'ils me demandent quel est ton nom, que leur répondrai-je ? Dieu dit à Moïse : Je suis celui qui suis. Et il ajouta : C'est ainsi que tu répondras aux enfants d'Israël : Celui qui s'appelle "je suis" m'a envoyé vers vous. Dieu dit encore à Moïse : Tu parleras ainsi aux enfants d'Israël : L'Éternel, le Dieu de vos pères, le Dieu d'Abraham, le Dieu d'Isaac et le Dieu de Jacob, m'envoie vers

vous. Voilà mon nom pour l'éternité, voilà mon nom de génération en génération. » Exode 3;13-15

Ce qui est affirmé ci-dessus c'est que Dieu c'est l'être, la conscience d'être. L'être qui est le premier des trois termes du « Sat-Chit-Ananda » que les hindous utilisent pour caractériser ce qu'est Dieu, l'expression signifiant « Être-Connaissance-Béatitude », indivisiblement, d'où l'écriture de SatChitAnanda en un seul mot pour concrétiser cette indivisibilité. Terme à rapprocher du mantra des Veda « Om Tat Sat », « Tat » et « Sat » étant des mots sanskrits pouvant se traduire par « Cela est ». À noter que « Cela » est un terme neutre, tenant à distance tout caractère individuel humain de Dieu. Ramana Maharshi considérait les versets ci-dessus comme les plus essentiels de toute la Bible. Il a traité le sujet plus de quarante fois de 1935 à fin 1938. La transcription de ses entretiens à Tiruvananamalai, fait rare, laisse apparaître le « JE SUIS » en lettres majuscules. Ramana Maharshi, parmi les grands sages et saints de la fin du XIXe et du début du XXe siècle, a été celui qui a le plus mis l'accent sur les notions de « Je suis » et de « Soi », toutes deux identiques à ce que nous appelons Dieu. Dans une conversation avec Annamalai Swami, où ce dernier disait « Je devrais toujours essayer de penser ''Je suis Cela'' », voici ce que le maître de Tiruvanamalai disait :

> « Pourquoi devriez-vous penser "Je suis Cela" ? Vous n'êtes que Cela ! Un homme passe-t-il son temps à penser qu'il est un homme ? […] Pourquoi devriez-vous penser "Je suis un homme". Si cela est contesté, vous pouvez affirmer "Je suis un homme". Aussi la pensée "Je suis un homme" ne se justifie-t-elle que lorsqu'une autre pensée telle que "Je suis un animal" se présente. De même, la pensée "Je suis Cela" n'est nécessaire qu'aussi longtemps que l'autre pensée "Je suis un homme" persiste […] Soyez votre vrai Soi ! Pourquoi devriez-vous penser "Je suis un homme" ? Seule la pensée "Je suis" est naturelle. Pourquoi la qualifiez-vous en ajoutant "un homme" ? […] Vous n'êtes ni ceci ni cela. La vérité est "Je suis". Je suis ce "JE SUIS", déclare aussi la Bible. Simplement être est naturel. Le limiter à "être un homme" ne se justifie pas. […] Je dis, moi aussi, "je suis un homme" ; mais je ne me limite pas au corps.

Le corps est en MOI. Voilà la différence ! » *L'Enseignement de Ramana Maharshi* (« 28 décembre 1938 »)

Autrement dit, il y a pour Ramana Maharshi une identification à la totalité de l'expérience psychique. Alors que pour l'homme ordinaire il y a identification au seul corps et à la seule pensée, qui seraient chacun ce qu'il est, et par différence avec ce qu'il ne serait pas.

Et maintenant un autre propos, de février 1937 :

> « La concentration et toutes les autres pratiques ont pour but de reconnaître l'absence, c'est-à-dire la non-existence, de l'ignorance. Personne ne peut nier son propre être. Être est connaissance, c'est-à-dire conscience. Cette conscience implique l'absence d'ignorance. C'est pourquoi tout le monde admet tout naturellement l'absence d'ignorance. Et pourquoi souffre-t-on quand même ? Parce qu'on pense être ceci ou cela. Ce qui est faux. Il n'y a que "Je suis", et non pas "Je suis ceci ou cela", ou "Je suis tel ou tel". Quand l'existence est absolue, c'est juste ; quand elle est différenciée, c'est faux, voilà toute la vérité ! Voyez comme chacun admet qu'il est. Se regarde-t-il dans un miroir pour savoir qu'il est ? C'est sa conscience qui lui fait admettre son existence, son être. Mais il la confond avec son corps. Pourquoi le fait-il ? Est-il conscient de son corps quand il dort ? Non, et cependant il ne cesse pas d'exister pendant le sommeil. Il y existe même sans corps. Comment sait-il qu'il existe pendant le sommeil ? A-t-il besoin d'un miroir qui lui révèle son propre être ? Gardez votre conscience éveillée et votre être se révélera clairement en elle. » *L'Enseignement de Ramana Maharshi* ; Février 1937

Un peu plus loin dans la même conversation, il est cette fois question de l'identité entre « Je suis ce JE SUIS » et « Connaître le Soi » :

> « "Connaître le Soi" veut dire "Être le Soi". Pouvez-vous dire que vous ne connaissez pas le Soi ? Bien que vous ne puissiez

voir vos propres yeux et que vous ne soyez pas muni d'un miroir pour les voir, niez-vous leur existence ? De même, vous êtes conscient du Soi sans en avoir une preuve objective. Ou niez-vous votre Soi, parce qu'il n'est pas une réalité objective ? Quand vous dites "Je ne peux pas connaître le Soi" cela signifie, en termes de connaissance relative, qu'il y a absence. Vous avez été tellement habitué à la connaissance relative que vous avez fini par vous identifier à elle. Cette fausse identification a forgé la difficulté à connaître le Soi, qui ne peut pas être objectivé. C'est pourquoi vous demandez : "Comment peut-on connaître le Soi ?" Votre difficulté se trouve dans le "comment". Mais "qui" dit connaître le Soi ? Est-ce le corps ? Laissez-le répondre. Et qui dit maintenant que le corps est perçu ? Pour éclaircir cette sorte d'ignorance, les shastra [les textes sacrés de l'Inde] ont formulé la théorie du jeu divin (lila ou kridal). Dieu, dit-on, se manifeste sous la forme du mental, des sens, du corps, puis il se met à jouer. Qui êtes-vous pour dire que ce jeu divin vous dérange ? Qui êtes-vous pour mettre en doute les œuvres de Dieu ? Votre devoir est d'être et non pas d'être ceci ou cela. "Je suis ce JE SUIS" résume toute la vérité […] Abandonnez la notion de "Je suis ceci ou cela". Nos shastra disent "aham iti sphurati" c'est-à-dire "Il resplendit en tant que Je". » *L'Enseignement de Ramana Maharshi*

Cela peut paraitre très… disons, « intellectuel », mais c'est pourtant si simple, si direct, si incontestable logiquement ! C'est du magnifique jnana yoga !

Et enfin, toujours lors de la même séance de questions/réponses, et pour faire le lien avec la notion plus familière aux Occidentaux, à savoir Dieu :

« Le "Je-Je" (aham-aham) est le Soi. "Je suis ceci" ou "Je suis cela" (aham-idam) est l'ego. La luminosité est toujours là. L'ego est transitoire. Quand le Je est maintenu comme le Je seul, c'est le Soi ; quand il divague et dit "ceci", c'est l'ego. Dieu est-il

> séparé du Soi ? Non, le Soi est Dieu. "JE SUIS" est Dieu. "Je suis le Soi, O Gudakesha[57]". Cette question surgit parce que vous retenez le faux Soi. Si vous tenez fermement le vrai Soi, elle ne se posera plus ; car le vrai soi ne peut poser et ne posera aucune question. Si Dieu était séparé du Soi, Il serait un Dieu sans Soi, ce qui est absurde ! »

Par définition, car Dieu est tout et Dieu est un, c'est très logique ! C'est du pur jnana yoga ! Encore une fois, si l'on en doutait encore, et ainsi que l'affirmait Mâ Suryananda Lakshmi :

> « Tout se passe dans votre tête et nulle part ailleurs. Tout est intérieur, et tout est Dieu. »

En conclusion, avec ces deux mots, « Je suis », nous sommes au cœur de la spiritualité, au cœur de la vie de l'Esprit, de l'Esprit en nous-même. Qui est une question de conscience d'être, de conscience de soi, du lieu de notre identification. Et on mesure comme le « Je suis » de l'épisode du Buisson ardent, n'a rien à voir avec le « je suis » du cogito de Descartes, le « Je pense, donc je suis ». Ce dernier étant en quelque sorte l'expression de la conscience mentale, l'identification d'un sujet, qui se sépare d'une partie de l'expérience, et qui dit « je suis cette pensée » au lieu de simplement être cette pensée, ce qui est tout différent ! De même que l'expression de la conscience physique serait « je suis ce corps ». Et, au contraire, comme ce « Je suis », présent de l'indicatif du verbe « être », a le même sens que celui de « être ou ne pas être, telle est la question » de Shakespeare. Sous condition que cette affirmation soit comprise comme l'alternative entre être un ego séparé de l'expérience, notre état habituel, ou n'être rien du tout, plus un individu, mais seulement le Soi inconscient de lui-même et une conscience transparente de Dieu seul, le « témoin fidèle » de l'Apocalypse. Quand l'ego, sous sa forme pervertie de « moi je », a été dépassé. Dépassement qui est le but de toute quête spirituelle, quel que soit le credo de référence formel auquel elle se rattache.

---

[57] Autre nom d'Arjuna, l'archer divin de la Bhagavad-Gita (voir la Bhagavad-Gita, 10-20)

## Jean et Marie à Golgotha

À propos de la parole du Christ à Golgotha : « Voici ton fils, voici ta Mère », qui doit être comprise spirituellement et non humainement, voici ce que dit MSL dans l'une de ses conférences :

> « Jean et Marie sont tous deux présents au pied de la Croix. Jésus dit "Voici ton fils, voici ta Mère". Là aussi il faut changer de point de vue et voir autre chose qu'un souci humain. Tout d'abord, sur le plan humain, Marie n'est pas veuve, et Jésus a des frères qui peuvent s'occuper de sa mère ! Jean, lui, se désigne souvent lui-même comme "le disciple que Jésus aimait". Ce n'est pas une préférence humaine, et l'interprétation triviale est encore plus inadéquate. C'est un contact spirituel et transcendant qu'il y a entre Jésus et Jean. C'est d'ailleurs à Jean que sera confiée la révélation de l'Apocalypse. Jean est le fils de Marie, car Marie c'est la sainteté, la conscience pure, libre de tout égoïsme et de tout orgueil qui a conçu Dieu jusque dans la forme. »

Dans ce verset, il faut donc comprendre « fils » comme « découlant de », « issu de », « généré par ». Jean, comme Jésus, est le fils de la sainteté que Marie incarne, de sa conscience pure (immaculée, d'où le nom qui lui est donné « d'Immaculée Conception », qui n'a donc rien à voir avec la triviale question de la conception virginale de Jésus !). Marie est une conscience pure, non pas dans le sens moral, mais parce que, comme disait J. Krishnamurti, les évènements du monde ne laissent aucune tache, aucune impureté dans le sens de trace résiduelle, en elle. À la différence de ce qui se passe dans la conscience de l'homme mental ordinaire. Krishnamurti, cité de mémoire, disait : « comme le vol de l'aigle qui ne laisse aucune trace ». Et effectivement, c'est bien la sensation éprouvée à la vue de l'aigle planant silencieusement, sans qu'aucune turbulence et altération du milieu soit perceptible.

**Jérusalem**

Le nom de Jérusalem apparaît environ 700 fois dans la Bible. Bien sûr pour désigner la ville portant ce nom, mais aussi en tant que métaphore de l'être humain. De l'homme centré sur le mental dualiste quand il s'agit de la Jérusalem ancienne, ainsi que l'affirme MSL à deux reprises dans ses conférences :

> « La Jérusalem ancienne, c'est l'homme ancien, dualiste. C'est pour cela qu'après la résurrection Jésus donne rendez-vous à ses disciples en Galilée. Donc loin de Jérusalem. »

> « C'est la ville de l'homme ancien égoïste et orgueilleux. C'est pour cela que Jésus, après Golgotha, réapparaît aux disciples en Galilée et non pas à Jérusalem. »

Vue par MSL, la Bible, de la Genèse à l'Apocalypse, trace le chemin qui va de la « Jérusalem ancienne » à la « Jérusalem nouvelle ». On peut ainsi la lire comme un ouvrage à la fois théorique et pratique qui a un but sans doute inconscient pour ses rédacteurs : la transformation de la ville ancienne en une ville nouvelle, qu'il faut comprendre comme une transformation de la conscience humaine ordinaire en une conscience extraordinaire, dans le sens de « pas commune » et non pas de « surnaturelle » avec la connotation superstitieuse attachée au terme. Elle est la description des étapes de cette transformation, des pièges à éviter, et non pas une somme de petites histoires qui, au fond, ne nous concerneraient qu'assez peu. D'ailleurs, comment comprendre qu'elle ait continué à susciter l'intérêt de siècle en siècle si elle n'était que cela ? Voyons maintenant plus en détail, dans l'article suivant, ce que sont la « Jérusalem ancienne » et la « Jérusalem nouvelle ».

**Jérusalem ancienne, Jérusalem nouvelle**

Nous l'avons vu dans l'article précédent, le nom de « Jérusalem » apparaît dans environ 700 versets de la Bible. C'est dire son importance. Nous avons également vu quels sont l'objet et le but du Livre : décrire et permettre l'émergence de la vie divine, donc d'une vie où la perception de l'unité l'emporte sur les apparences de la dualité, du sein du conscient et de l'inconscient humain. Ceci étant exprimé dans un langage qui est celui de l'époque, moins sophistiqué, moins différencié, souvent métaphorique, parfois poétique, mais qui gagne en puissance ce qu'il perd en précision. La Bible décrit, explique, ce qu'est la ville, « Jérusalem », la « Jérusalem ancienne », comment elle apparaît, sa transformation, et comment elle va devenir la « Jérusalem nouvelle ». Elle commence donc par l'étape clé de l'accès de l'homme au mental dualiste, relatée dans l'épisode très connu, fondateur, très diversement compris, d'Adam et Ève mangeant du fruit de « l'arbre de la connaissance du bien et du mal » au chapitre 3 du Livre de la Genèse. Elle continue dans les Évangiles, avec le « spectacle » de Golgotha, et enfin se termine avec la description de l'homme nouveau, la « Jérusalem céleste » aux chapitres 21 et 22 de l'Apocalypse de Jean :

> « La ville avait la forme d'un carré, et sa longueur était égale à sa largeur. » Apocalypse 21;16

> « À l'orient trois portes, au nord trois portes, au midi trois portes, et à l'occident trois portes. » Apocalypse 21;13

La ville dont il est question ici (cf. Apocalypse 21;10), c'est Jérusalem, la Jérusalem nouvelle. MSL a beaucoup élaboré sur la « Jérusalem ancienne » de l'Apocalypse, l'homme ordinaire, et sur la « Jérusalem nouvelle », l'homme transfiguré. L'homme transfiguré est l'homme qui a dépassé l'identification au corps et à la pensée, qui ne se réduit plus à un petit « moi je », limité dans le temps, et limité dans l'espace par une enveloppe de peau, mais l'homme dont la conscience est rentrée dans la vastitude de l'universel, de l'éternel et de l'infini. À noter que la ville nouvelle a une forme carrée, comme un mandala, mandala dont Jung disait qu'il est une représentation symbolique de la psyché humaine. Dans les deux cas, c'est une ville allégorique. De même qu'une ville physique est un assemblage complexe de bâtiments reliés entre eux par des réseaux également complexes, de même, comme l'explique la psychologie, l'homme est un ensemble complexe de plans de conscience, et d'inconscience, qui interagissent entre eux. L'Inde a une représentation de l'homme, une modélisation de l'homme, en sept plans, plans qui sont à la fois des plans de conscience et des plans de vie, correspondant aux sept chakras. MSL voyait une correspondance entre ces sept plans et les sept lettres adressées aux sept églises du début de l'Apocalypse. Les noms de ces sept villes, disait-elle, correspondent particulièrement bien aux caractéristiques de chacun de ces plans. Souvent, elle regroupait ces sept plans : les deux plans mentaux en un seul, et les trois plans supérieurs en un seul également, le plan spirituel. Ces quatre plans, physique, vital, mental et spirituel, correspondent aux quatre murs de la ville, qui sont donc d'égale importance puisque la ville est carrée. Donc le plan physique, le plan vital, le plan mental et le plan spirituel, sont tous d'égale importance. On peut y voir aussi la correspondance avec l'architecture des magnifiques coupoles cisterciennes, comme celle de l'abbaye de Sénanque, où les quatre côtés égaux supportant le dôme culminent dans le cercle de la coupole sommitale, après un passage par la forme octogonale. Les quatre plans de la conscience et de la vie, regroupement des sept plans traditionnels, qui sont eux-mêmes associés aux sept chakras, ont, selon MSL (voir l'article « Plans de la conscience et de la vie » plus bas) les caractéristiques suivantes :

« * Le plan physique, église d'Éphèse… : matière, fluide, mouvement

* Le plan vital, église de Smyrne… : force, croissance, joie

* Le plan mental :

- Mental vital, église de Pergame… : mental s'appliquant au concret avec vérité, et clarté

- Mental supérieur, église de Thyatire… : intuition, mental des philosophes et générosité (oubli de soi)

* Le plan spirituel (regroupement des trois plans supérieurs) :

- Verbe de Vérité, église de Sardes, Supra-mental… : ici-bas, le silence

- Psychique et spirituel/supra-conscience, église de Philadelphie [étymologiquement, l'amour du semblable, mais un semblable qui n'est pas conçu comme un autre ego, extérieur à soi-même. Il n'y a donc aucune connotation sentimentale dans l'appellation] dont les caractéristiques sont la transparence [l'or transparent comme du cristal du chapitre 21 du Livre de l'Apocalypse] et la splendeur [$2^e$ logion de l'Évangile de Thomas]

- Sérénité, église de Laodicée [quelles que soient les circonstances de la vie[58]]. »

Assemblage complexe de ces plans, avec leur part consciente et inconsciente pour ce qui concerne les plans inférieurs, et sur-consciente pour les plans supérieurs, l'homme nouveau, allégoriquement la Jérusalem nouvelle, est devenue une avec Dieu. Ceci nous dit que la finalité de la vie humaine est que l'homme devienne un avec Dieu, ici et maintenant, conformément à la promesse de l'Alliance entre l'Éternel et son peuple, tout son peuple, chaque homme, et pas seulement un peuple ou un homme particulier. Le « peuple juif » étant, en nous-même, les éléments capables de comprendre et de mettre en pratique la parole de Dieu. Et au final de réaliser le but de la vie spirituelle, à savoir concevoir l'unité de l'homme et de Dieu car :

« Le but de la vie spirituelle, et la seule joie durable, c'est de comprendre que l'homme transfiguré, et Dieu, ne font qu'Un ! » Conférence de MSL du 24 juin 1978

Cette affirmation, fruit de l'expérience spirituelle de nombreux saints, est cohérente avec le fameux verset de l'Apocalypse :

---

[58] Commentaire périphérique : c'est ainsi qu'il faut comprendre la prière et le titre du choral « Que ma joie demeure » de JS Bach joué en 1723 et semble-t-il écrit ou finalisé au lendemain de la mort de son épouse Barbara en 1720, alors qu'il était bouleversé, n'ayant appris la nouvelle de son décès et de son enterrement qu'à un retour de voyage. Au demeurant, ce titre est une mauvaise traduction de l'allemand « *Jesus bleibet meine freunde* » donc « Jésus demeure ma joie » ou « *Que Jésus continue à être ma joie* » : quelles que soient les circonstances de la vie, se centrer sur Dieu !

> « Je ne vis point de temple dans la ville ; car le Seigneur Dieu tout-puissant est son temple, ainsi que l'agneau. » Apocalypse 21;22

On ne voit pas de temple dans la ville, donc plus de lieu sacré séparé des lieux profanes, et « le Seigneur Dieu », est donc à la fois le lieu de l'adoration (le temple) et l'adorateur (l'agneau, l'ego divin). Il y a fusion de l'homme et de Dieu. L'ego divin, l'ego transfiguré, est la conscience d'être, la conscience que l'homme a de lui-même, qui est aussi le « Seigneur Dieu tout-puissant ». L'homme, est lui-même Dieu dans sa conscience ! C'est dit d'une manière tout à fait explicite ! Et c'est un étonnement, et aussi un émerveillement, et l'Évangile de Thomas, en son logion 2 ne dit rien d'autre :

> « Jésus a dit : Que celui qui cherche ne cesse de chercher jusqu'à ce qu'il trouve ; et quand il aura trouvé, il sera bouleversé et, étant bouleversé, il sera émerveillé, et il régnera sur le Tout. »

De ce qui est dit ci-dessus retenons deux choses : premièrement, que la transformation de conscience que constitue la transfiguration de la « Jérusalem ancienne » en la « Jérusalem nouvelle » est plus qu'un bonheur, c'est un « émerveillement » ! C'est le bonheur d'être, le bonheur de l'existence, qui se substitue à la vaine recherche d'un bonheur stable au travers des plaisirs fugaces de la vie ! Secondement, qu'elle fait « régner sur le tout ». Et donc, ce qui n'est pas dit ici, mais qui est dit ailleurs et qui est une réalité très concrète, qu'elle peut être dangereuse ! Les sages et les saints disent tous qu'une humilité et une purification parfaites sont nécessaires pour éviter tous les dangers que cette transformation et transfiguration comporte. En particulier celui de la mégalomanie si la conscience n'est pas nettoyée de toute trace « d'orgueil et d'égoïsme » selon l'expression de l'Inde ! Et aussi celui des faux gurus, qui ont des qualités et une puissance spirituelle certaine, mais ne sont pas parfaitement purs et deviennent de ce fait des tyrans pervers pour des « disciples » sur lesquels ils exercent leur pouvoir de manipulation. Voir à cet égard la fin de l'article consacré au mot « extase ».

**Jésus**

« Jésus » est le mot le plus utilisé des Évangiles puisqu'il apparaît 1 174 fois, juste avant le mot Dieu qui apparaît 1 123 fois ! Wiktionnaire indique : « Du latin *Jesus*, emprunté au grec ancien Ἰησοῦς, *Iēsoûs*, adaptation de l'hébreu ancien ישוע, *Iešuʿah*, contraction de יהושע, *Iehošuʿah* (''Dieu a sauvé, sauve, sauvera''). » Voici ce qu'en dit MSL :

> « Jésus signifie sauveur, mais sauveur de quoi ? De l'envahissement de l'ego dualiste qui l'empêche de concevoir son unité avec Dieu. Jésus est soumis à la Loi de la terre "afin que les Écritures soient accomplies", non pas pour que les Écritures se réalisent comme des prophéties, dans le sens de prévoir l'avenir, mais dans le sens où les Écritures décrivent l'articulation de la vie. »

Dit un peu différemment, non pas avec l'intention que les écritures soient confirmées a posteriori comme prophétiques, mais parce que les écritures sont l'énoncé des lois régissant toute la vie, y compris la vie divine. Par Jésus, en qui l'ego s'est déjà effacé, elles sont perçues comme un destin, comme une « nécessité » qui doit être « accomplie » (voir Luc 22;37 Chouraqui). A ce stade et selon la belle parole de Zwingli, Jésus ne s'éprouve plus que comme « le lieu de la présence et de l'action de Dieu sur la terre ». Voir l'article « Zwingli ».

**Jésus à Golgotha**

Jésus y est souvent considéré comme une victime. Peut-être, mais si c'est une victime, les textes nous disent qu'il est a minima une « victime consentante » !

Voici ce qu'affirme MSL au cours d'une conférence :

> « Jésus n'est pas une victime ! Il aborde Golgotha (le lieu du crâne, celui du septième chakra pour les hindous) en position de

> Roi. Jésus souhaite Golgotha, il est le maître de sa propre passion, qui n'est pas subie, mais voulue. Ceci est clairement exprimé :
>
> "Jésus, qui savait que le Père avait remis toutes choses entre ses mains, qu'il était venu de Dieu, et qu'il s'en allait à Dieu." (Jean 13;3)
>
> "Avant la fête de Pâques, Jésus, sachant que son heure était venue de passer de ce monde au Père." (Jean 13;1)
>
> Il est le Christus Rex. Pilate qui résiste à la demande des sacrificateurs, fait écrire sur la Croix :
>
> "Jésus roi des juifs" (19;19) et non pas "Il dit qu'il est le roi des juifs"(19;21).
>
> À noter au passage que Pilate, qui a déjà une certaine maturité et perspicacité spirituelle, fait bien la différence entre la vérité divine et le message de contrefaçon de l'occultisme. Il comprend que Jésus n'a jamais dit qu'il était roi en tant qu'individu ! Cela, c'est le message de l'occultisme qui fait de l'individu un roi, un dieu. »

Ce point est important, car les sages et les saints qui affirment en toute humilité « je suis Dieu », font l'objet d'un procès en orgueil monstrueux. Or, ce n'est pas l'ego en l'homme qui affirme cela, mais Dieu en l'homme, ce qui est tout différent. C'est probablement ou possiblement cet état de la conscience qui faisait dire à Rimbaud, le voyant, « Je est un autre » ! « Je » n'étant plus l'ego, mais la conscience d'être. Et il ne s'agit pas d'une démence schizophrène ! Dit trivialement, Rimbaud n'est pas fou ! Voir à propos de cette transformation, le dernier article du glossaire consacré à Zwingli.

Et maintenant, soutenant cette même idée que Jésus est maître de sa passion, ce commentaire de MSL :

> « Dans le récit de la Cène, Jésus sait que Judas va le dénoncer, mais ne fait rien pour l'en empêcher : Jésus trempe le pain dans le vin, le donne à Judas, et lui dit :
>
> "Ce que tu fais, fais-le vite."
>
> Par ailleurs, suite à l'épisode où Pierre dégaine l'épée pour empêcher l'arrestation de Jésus, ce dernier dit :
>
> "Penses-tu que je ne puisse pas faire appel à mon Père, qui me donnerait à l'instant plus de douze légions d'anges ?" (Mathieu 26;53) »

Maintenant, là encore, dans un passage dont la tonalité certes, cette fois, semble être plus dans l'acceptation que dans la volonté ou l'adhésion…

> « Comment donc s'accompliraient les Écritures, d'après lesquelles cela doit se passer ainsi ? » Matthieu 26;54

Question que MSL commente comme suit :

> « Jésus accepte donc Golgotha. Il a aussi cette notion qui de manière récurrente revient que "Les Écritures doivent s'accomplir". L'écriture qui doit s'accomplir, ce n'est pas qu'une prophétie dans le sens de prévoir l'avenir, mais dans le sens où les textes décrivent la loi de la vie, loi qui ne peut pas être enfreinte parce que, tout simplement, elle est comme cela ! Et la loi de la vie et "l'intention de Dieu", c'est la transformation de l'homme et l'articulation de la vie et de la loi, c'est que l'homme doit mourir à l'apparence de la dualité pour renaître à l'infini […] Il ne faut pas oublier pourquoi Jésus est venu au monde. Il le dit à Pilate :
>
> "Tu le dis, je suis roi. Je suis né et je suis venu dans le monde pour rendre témoignage à la vérité. Quiconque est de la vérité écoute ma voix." (Jean 18;37)

> Et la vérité c'est qu'il faut passer par la mort à soi, au petit ego dualiste, à l'identification au corps et à la pensée, pour rentrer dans l'Absolu. Golgotha est ce passage qui est non seulement accepté mais voulu par Jésus. »

Et maintenant, toujours pour supporter cette même affirmation, ce commentaire de MSL à propos de Matthieu 27;23 :

> « La mort de Jésus n'est pas une mort lamentable ! Jésus refuse l'éponge imbibée de vin et de fiel (qui est un calmant de la douleur) non pas pour des raisons humaines, mais pour des raisons spirituelles : il souhaite garder toute sa conscience. »

Nota : dans la tradition bouddhiste, il est considéré comme très important de rester concentré sur Dieu au moment de la mort. Ceci pour des raisons spirituelles, en vue de la prochaine réincarnation. Et MSL de continuer comme suit, en faisant, cette fois, le parallèle avec l'épisode célèbre de l'intervention de Totapuri auprès de Ramakrishna, pour l'aider à passer dans l'Absolu :

> « Ce que vit Jésus à Golgotha, c'est ce que vit Ramakrishna avec Totapuri dix-huit siècles plus tard : Totapuri (qui signifie « l'homme nu », celui qui n'a plus que son corps) vint aider Ramakrishna au temple de Dakineshwar. Ramakrishna était un dévot de la Mère divine sous sa forme de Kâli, et, lors de la méditation, celle-ci lui apparaissait, rayonnante, et il n'arrivait pas à aller au-delà, et à rentrer dans l'Absolu ("Cela" pour les hindous). Se saisissant d'un morceau de verre, Totapuri lui planta au milieu du front entre les deux yeux, et lui dit : "Concentre-toi là, et, quand elle apparaitra, tu la pourfendras de ton épée". C'est ce que fit Ramakrishna, qui rentra pour six mois dans l'Absolu et n'en sortit que pour enseigner. Golgotha, c'est la même chose : Jésus doit rentrer dans l'Absolu. »

Ainsi, tout finit par s'accomplir, et MSL commente ainsi la fin de Golgotha, clarifiant au passage la célèbre phrase « Mon Dieu pourquoi m'as-tu abandonné » généralement mal comprise parce que comprise selon la mentalité ordinaire de l'ego mental :

> « De la sixième à la neuvième heure, les ténèbres s'étendent sur la terre. Et Jésus dit : "Mon Dieu, mon Dieu, pourquoi m'as-tu abandonné" (la dernière image de Dieu a disparu), ou bien Luc : "Je remets mon esprit entre tes mains", ou bien encore Jean 19;30 : "Tout est accompli" et Matthieu 27;46 : "Eli Eli lama sabachthani ?"
>
> C'est le moment de ce passage dans l'obscurité totale de la conscience qui peut sombrer dans l'égarement, celui de tous les dangers, celui où l'on peut basculer dans la folie. Tout a disparu. Le dimanche, il ne reste plus que la lumière des deux anges dans le tombeau, quand Marie de Magdala arrive, la lumière de l'Esprit seule reste. »

Bien entendu, cette compréhension des textes n'est donnée qu'à un être humain qui a vécu cela intérieurement, ce qui était le cas de MSL. D'où la valeur exceptionnelle de ces citations qui ne sont pas un simple exercice intellectuel mais des témoignages de première main de ce qui a été vécu.

**Joie**

Le mot et ses dérivés apparaissent plus de 300 fois dans la Bible, alors que son opposé, à savoir « triste » et ses dérivés, ne sont employés qu'une cinquantaine de fois : les saints nous disent que la vie spirituelle n'est ni triste ni austère ! Inspirée par la Bhagavad-Gita 18;20 et les versets suivants, voici maintenant une citation de MSL relative à ce mot[59] :

> « La joie de la discipline de soi, c'est celle du chemin de la compréhension […] l'effort pour grandir en intelligence divine

---

[59] Voir également, la fin de l'article consacré au verbe « voir », où il est question de la compréhension.

> [...] par quoi prend fin la douleur, car tout est un moyen pour grandir en Dieu, pour se dépouiller de soi. Au début on perçoit une souffrance, mais à la fin c'est comme un nectar ! En effet, notre nature c'est la conscience qui est lumière, et comprendre, est une satisfaction qui surpasse la douleur. C'est ce qu'exprime ce verset du Livre de l'Apocalypse :
>
> "L'ange dit : Mange le petit livre. Il sera amer à tes entrailles, mais après il sera doux comme du miel.[60]" Apocalypse 10;9
>
> Ce qui signifie que chaque fois qu'on accepte un sacrifice difficile, après, c'est la félicité : on gravit un échelon, on se sent purifié, fortifié, grandi ! Quand on "s'accroche" aux choses, on souffre, car la vie dit "non", et donc Dieu dit "non". S'obstiner fait souffrir inutilement. »

Ceci est vérifiable par tout un chacun très facilement, la vie et ses tribulations offrant de multiples occasions de s'exercer ! Parfois, c'est un abandon facile, quand c'est l'amour qui fait. D'autres fois, c'est un combat. Mais à la fin, la joie est au rendez-vous. C'est d'ailleurs bien ce que dit le dicton populaire : « Un saint triste est un triste saint » !

---

[60] Il y a ici probablement une difficulté car les versets 10;9 et 10;10 présentent une chronologie inversée. Dans le 10;9, c'est amer au ventre puis doux dans la bouche. Dans 10;10, c'est d'abord doux dans la bouche puis amer aux entrailles. En fait, il y a deux réalités qui se succèdent au cours du processus de la purification, celui de la sadhana. La première (10;10), est qu'à un niveau livresque, la purification paraît facile, mais que vécue, « dans les entrailles », elle est « amère ». C'est une réalité que pointait Sri Aurobindo. La purification de la sadhana soulève des difficultés, la nature vitale se rebelle ! Il y a conflit, douleur. C'est sans doute ce que veut dire le Christ lorsqu'il affirme dans Matthieu 10;34-36 : « Ne croyez pas que je sois venu apporter la paix sur la terre; je ne suis pas venu apporter la paix, mais l'épée. Car je suis venu mettre la division entre l'homme et son père, entre la fille et sa mère, entre la belle-fille et sa belle-mère ; et l'homme aura pour ennemis les gens de sa maison. » La deuxième réalité (10;9), c'est que quand tout cela a été bien vécu, dépassé, accepté, il y a à la fois le bonheur d'un abandon, d'un allègement et à la fin, la joie de la compréhension.

**Judas l'Iscariote**

Les noms « Judas » et surtout « Juda » apparaissent dans 801 versets de la Bible. Juda est le quatrième fils de Jacob et l'un des Patriarches. Judas Iscariote est l'un des douze Apôtres et son nom apparaît 30 fois, évidemment uniquement dans le Nouveau Testament. Le dictionnaire nous dit que « Judas », d'origine hébraïque, est un prénom important et glorieux pour les juifs. Judas est comparé à un lion dans la Bible hébraïque. Le roi David et Jésus sont issus de la tribu de Juda, l'une des douze tribus d'Israël. MSL nous dit que Juda/Judas représente métaphoriquement la force en nous-même, le plan de la valeur matérielle des choses :

> « Judas Iscariote, c'est le plan physique, qui est dans la valeur marchande des choses. À noter que Judas ne "trahit" pas Jésus, mais qu'il le "livre". Le mot de "traître" à son propos, n'est utilisé qu'une seule fois (Luc 6), et, de plus, le mot n'est placé que dans la bouche d'un des disciples. Judas n'est pas un "traître", mais celui qui livre Jésus. Il n'est que l'instrument utilisé par Jésus pour le mettre sur le chemin de la renaissance à l'infini. C'est le premier pas de l'accomplissement de Pâques. Il est l'instrument de la mort à soi-même. Jésus lui dit : "Ce que tu fais, fais le vite", parce que l'Esprit agit instantanément après que Jésus lui a donné le pain mouillé de vin. Jésus est ainsi, non une victime, mais l'organisateur de Pâques qu'il aborde "en vainqueur et pour vaincre" (comme le chevalier de l'Apocalypse de Jean). »

Et, toujours à propos de Judas, de la mort en général, et de celle de Jésus en particulier :

> « Judas joue le rôle indispensable, miséricordieux et divin aussi, de mourir lui-même à la conscience physique erronée qui est la nôtre. Les trente sicles d'argent, c'est le symbole de la valeur matérielle que nous donnons à la vie. Or, la vie a une tout autre valeur, et Judas reconnaîtra son erreur, et ira rendre les trente sicles d'argent, et il ira se pendre, c'est-à-dire qu'il mourra à sa

conscience physique et qu'il rentrera dans l'universalité de la conscience matérielle. Et, en même temps, il permet à Jésus d'accomplir alors, divinement, cette mort à l'apparence matérielle pour n'être plus, au matin de Pâques, que la lumière de l'Esprit en nous. Car c'est cela la rédemption : c'est de cesser de faire de Jésus un individu, un individu qui s'oppose à d'autres individus qui ne le seraient pas. Jésus est Dieu, Jésus est tout, Jésus est nous, comme Pierre est nous, comme Jean l'apôtre est nous, comme Jacques, comme les Pharisiens, comme Judas est nous ! Judas est cet instrument de la conscience sur le plan inférieur, physique, concret, qui doit renaître par la mort à soi à son universalité. Et, ce faisant, elle permet l'accomplissement de l'illumination, que Jésus assume et dirige depuis le commencement, puisque c'est lui qui va donner le morceau de pain trempé dans le vin à Judas, et lui dire : "Ce que tu dois faire fais le vite". »

Et encore, toujours pour bien faire percevoir ce qu'est Judas extérieurement, et Judas en nous-même, voici un verset à bien comprendre :

« C'est celui pour qui je tremperai le morceau de pain et à qui je le donnerai. Il le trempa et le donna à Judas. » Jean 13;26

Verset commenté comme suit par MSL :

« Pourquoi Judas serait-il le traître ? Le condamné ? Le condamnable ? Puisque c'est Jésus qui, en lui donnant le pain trempé dans le vin, lui donne la force et l'ordre de l'accomplissement ! C'est la manne divine de l'accomplissement. Ce qui peut s'expliquer d'une autre manière : dans la méditation, quand nous cherchons à nous élever vers l'unité, il faut nous immobiliser physiquement. Eh bien, la possibilité de l'authentique immobilisation, qui permet l'élévation vers l'illumination, c'est Dieu qui la donne. Le morceau de pain trempé dans le vin de la consécration ! Et Judas c'est ça à ce moment-là : il est le corps, cette conscience physique que Dieu fige dans l'immobilité de l'inconscience, pour que la colonne spirituelle qui est en nous puisse s'élever peu à peu au travers des différents plans de la conscience et de la vie et s'élever jusqu'à l'illumination. Et c'est Dieu qui donne l'immobilité, ce n'est pas nous. C'est Dieu qui fait, c'est Dieu qui sait, c'est Dieu qui est Jésus, qui dit, qui fait, qui sait, et qui donne à Judas la possibilité d'accomplir, la force de réaliser ce qu'il doit faire :

"Dès que le morceau fut donné à Judas, Satan entra dans Judas et Jésus lui dit : Ce que tu fais, fais-le promptement."

Entre la sagesse de Jésus et l'ignorance de Judas, comme des autres disciples, la distance est incommensurable, et donc l'injustice aussi, qui condamne Judas ! Ce que Jésus accomplit dans le monde et en l'homme dépasse toutes les données de la terre et les conclusions des hommes. Il est Dieu, et dans sa création, sans acception de personne, il veut accomplir la loi de l'immortalité qui en est l'origine. C'est le nom d'un plan de conscience et de vie, universel autant qu'individuel, celui qui mange avec Dieu le pain que Dieu lui-même lui donne, il accomplit avec Dieu, et par Dieu, l'acte qui livre l'apparence, même divine, à la mort, et, simultanément à la gloire de l'unité spirituelle : "Dès que le morceau fut donné, Satan entra dans Judas". »

Encore une fois, on est là bien loin de l'image morale du traître habituellement associée au nom de Juda ! Et concernant Jésus, qui est humain mais aussi totalement divin, bien loin de l'image de bonté un peu sentimentale véhiculée par le catéchisme de notre enfance[61] !

---

[61] Dans le milieu du XX$^e$ siècle.

## Jugement (dernier)

Le mot « jugement » et ses dérivés, y compris le verbe, sont utilisés plus de 400 fois dans la Bible. Le mot a un rapport avec la vérité, le rapport à la vérité étant au cœur de la vie de l'Esprit. Il est donc important. Usuellement, le jugement évoque le tribunal où l'on va évaluer le comportement d'individus au regard de la loi et, éventuellement, les sanctionner en rapport avec les écarts constatés. Selon leurs actes, on y sépare les « bons » des « méchants », dans une extériorité et, dans le cas du « jugement dernier », conception habituelle au premier degré, dans un « au-delà » géographique et temporel. Si l'on se centre sur l'aspect de vérité d'un jugement, sur l'intériorité de l'homme, ici et maintenant, alors, une tout autre conception du « jugement dernier », psychologique, émerge. Celle-ci est beaucoup plus crédible car plus conforme au bon sens et plus cohérente avec l'esprit des textes bibliques et des textes sacrés de tous les temps et toutes les traditions. Voyons ce qu'en dit MSL dans l'une de ses conférences :

> « Le "jugement dernier", c'est, en l'homme, l'ultime discrimination qui permet à la conscience incarnée de se libérer du moi individuel, et de rentrer dans la vision de l'unité où l'homme et Dieu sont un. Car ils sont un, mais l'homme ne le sait pas ! Le prince du monde, c'est-à-dire l'ego, est rendu à l'inexistence de l'inconscient. L'homme a (alors) conscience de Soi, c'est-à-dire de Dieu en lui-même. »

Donc, ce qui est retenu comme caractéristique de la justice dans l'expression « jugement dernier », c'est son aptitude à discriminer, à discriminer ce qui vient du « moi je » dualiste, de ce qui est l'unité, et de se libérer du « moi je ». D'où l'injonction de Swami Vivekananda, le grand disciple de Ramakrishna :

> « Discriminez, discriminez sans cesse. »

Le « jugement dernier » chrétien, c'est l'équivalent de la « libération » hindoue, « moksha », et du « satori » du bouddhisme zen.

**Justice**

Le mot « justice » est utilisé environ 400 fois dans la Bible, donc souvent. Dans le langage courant, les mots « justice » et « vérité » ont un rapport étroit, la justice en tant qu'organisation, devant en premier lieu établir la vérité. Il en va de même dans la Bible, et MSL va plus loin, en proposant de substituer « justice » par « vérité » dans les textes bibliques. Proposition qui facilite effectivement leur compréhension. Voyons ce qu'elle en dit à deux occasions :

> « Quand le Christ emploie le mot "justice", il faut comprendre "vérité", qui est la justice dans le sens du mot sanskrit "yukta" qui signifie "en union avec Dieu", en étant assoiffé de justice, dans tous les actes, dans toutes les pensées, dans tous les devenirs qui s'accomplissent en union avec Dieu, dans la sérénité. »

> « Dans la Bible, le mot "justice" vaut pour "vérité/vrai". Pas la justice des hommes, mais la justesse. L'acte et la pensée « juste » sont en union avec Dieu, ils ne sont pas dans la division dualiste. La vérité c'est de nous effacer, c'est quand le petit moi disparaît. La vérité consiste à s'oublier soi-même. C'est cette attitude où l'homme disparaît pour ne plus être, ne penser ou agir que uni et un avec Dieu. »

Nota par rapport à la vérité : MSL répétait que dans la pratique, un moyen commode pour discriminer ce qui est « vrai » de ce qui ne l'est pas, tient à ce que la vérité est inclusive et non pas exclusive. Un cas particulier hors du champ spirituel, dans le domaine des sciences physiques, illustre bien ce qu'est l'inclusivité : toute nouvelle théorie physique doit inclure la précédente comme cas particulier valable dans un champ plus limité, comme, la mécanique classique dans la relativiste, la relativité restreinte dans la relativité généralisée. Ce critère ne trompe pas. MSL disait que ce qui est vrai est vaste. Et elle rappelait, cité de mémoire, que le nom du dieu hindou Varuna, dont l'étymologie est selon les sanskritistes en relation avec le « serment », donc avec la « vérité », dieu qui personnifie le vaste ciel qui s'étend sur la terre comme un voile, est celui de la vastitude. La vérité est donc vaste, elle n'est jamais étriquée !

**Kali Yuga et Kâli**

Dans la mythologie hindoue, les cycles cosmiques s'enchaînent : Krita Youga, Trata Yuga, Dwapara Yuga et enfin Kali Yuga, notre cycle actuel. Leur enchaînement est rythmé par l'apparition sur terre d'avatars tels Krishna qui donne le départ du cycle de Kali Yuga il y a environ 5 000 ans. Voici ce que dit MSL à propos de notre cycle actuel :

> « Kali Yuga c'est cette époque du cycle cosmique, où le corps, la vie et même le mental ont perdu le sens de l'unité [...]. Il ne faut pas confondre Kali avec Kâli, le nom de la Mère Mâ Kâli, la parèdre de Shiva, sa puissance exécutrice, qui porte aussi nom Durgha dans sa forme terrible qui décapite l'ego dans sa déformation de "moi je". »

Ainsi, Kâli dansant la tandava sur le corps de son « époux » Shiva, porte un collier de têtes de morts, symboles des fausses personnalités qu'elle décapite en nous. Kâli n'est pas la déesse de l'enfer hindou, c'est un contresens ! MSL rapportait que Ramakrishna disait d'elle :

> « Kâli, sombre ? Jamais ! Elle est rayonnante ! »

**Karma**

MSL précisait comme suit l'étymologie du mot et sa conception du karma :

> « "Karma" est souvent compris comme désignant la loi de cause à effet. Ce mot sanskrit vient du verbe "kry" qui signifie

> "faire". Dans ce sens, toute la vie est karmique ! […] L'action juste ("yukta" en sanskrit) accomplie en union avec Dieu. Ce n'est pas un fait répondant à un autre fait, mais un écoulement souple et ininterrompu de force d'âme. Le karma, dans la Bible, c'est "l'œuvre de l'Éternel", c'est-à-dire aussi l'action juste, faite en union avec Dieu. »

Donc, pour MSL, la meilleure image que l'on puisse avoir du karma n'est pas celle d'un enchaînement séquentiel « mécanique » de causes/conséquences ainsi qu'usuellement conçu en Occident. Mais celle d'un écoulement continu, tel celui d'un « filet d'huile d'un vase dans un autre », qui correspond en termes chrétiens à « l'œuvre de Dieu ». On pourrait dire aussi que la conception du karma en tant qu'enchaînement mécanique de causes et effets, est l'interprétation de la réalité faite par l'intelligence mentale dualiste. Appréhendée selon l'esprit, cette même réalité prend la forme d'un écoulement continu, « de force d'âme ».

## Kena Upanishad

La Kena Upanishad est à la fois l'une des plus anciennes Upanishads, et l'une des plus connues en Occident. Victor Hugo l'aurait traduite et interprétée poétiquement dans le poème « Suprématie » appartenant au recueil *La légende des siècles*. René Daumal aussi la connaissait.

Voici ce que MSL dit de ce merveilleux texte védantique :

> « "Kena" en sanskrit veut dire "par qui, par quoi". Donc, la Kena Upanishad est celle qui traite de la question de l'origine. "Upanishad" signifiant en sanskrit la connaissance intérieure, spirituelle, et sacrée. »

Voir des extraits de cette Upanishad, un bijou, dans l'article traitant du mot « cela ».

## Krishna

Krishna, l'amant divin, est l'un des avatars (incarnation humaine de Dieu) les plus vénérés de l'Inde. Dans l'iconographie indienne, il est représenté de couleur bleu sombre. Voici ce qu'en dit MSL :

> « En sanskrit, "Le Sombre", car sa toute lumière brûlerait la conscience humaine. Krishna est la huitième incarnation du dieu Vishnou pour aider le monde à sortir du péché, incarnation de l'Absolu au 16/16$^e$, revêtu du minimum d'humanité pour que les hommes puissent l'aimer. »

Krishna est avec Arjuna, l'archer divin, fils de la princesse Kunti, l'une des deux figures dont le dialogue constitue le joyau des Puranas: La Bhagavad-Gîtâ. Voir aussi l'article traitant du nom « Vishnou », le dieu sauveur, où Krishna apparaît comme la huitième incarnation.

## Kundalinï

En Inde, la Kundalinï désigne une puissante énergie spirituelle dormant dans la base de la colonne vertébrale. Le but de l'éveil de la Kuṇḍalinï, exprimé dans un langage psychologique, est de conduire à la réalisation du Soi, donc, exprimé en langage religieux, de Dieu, réalisation appelée « moksha » en Inde, « satori » dans le bouddhisme zen, ou « résurrection » en langage chrétien. En s'éveillant, il nous est dit que la Kuṇḍalinī monte le long de la colonne vertébrale depuis l'os sacrum jusqu'à la fontanelle.

La Kuṇḍalinī est représentée entourant comme un serpent, le Linga, forme phallique symbolique de Shiva, ou d'un bâton entouré de serpents et surmonté d'ailes représentant sans doute l'ascension de l'âme. Voici ce qu'en dit MSL :

> « "Kundalinï" est un mot d'origine sanskrite qui signifie "l'enroulée". "L'enroulée" est en nous, de même que le Royaume de Dieu dont il est dit, en Luc 17;21, qu'il est "à

l'intérieur de nous", "*Entos humon estin*" dans l'original grec faussement traduit par "au milieu de vous" dans certaines éditions. C'est en nous que s'accomplit le chemin de la réalisation intérieure qui conduit à la connaissance de Dieu qui est une "familiarité", une "intimité" avec lui dans toutes les circonstances et les travaux de la vie. Elle est selon les Vedas l'esprit qui nous habite, base, commencement, et fin de notre vie, plénitude de notre être, Dieu lui-même en nous. C'est le Saint-Esprit dont nous sommes nés, faits, et dans lequel nous sommes appelés à croître et à nous accomplir. Nous disons que c'est l'âme qui contient le Saint-Esprit… mais nous ne savons pas où la situer, ni ce qu'elle est, elle qui contient le souffle de vie. Pour l'Inde, ce récipient est dans le coccyx et s'appelle mulhadara, mot qui vient de deux racines sanskrites : *mulha*, qui signifie "fondement, origine" et *dara*, qui signifie "qualité". Le coccyx est creux et vide ; il contient la base de la manifestation et attend de s'éveiller. La Kundalinï, c'est la Mère divine, la shakti, l'énergie créatrice de l'Absolu. Lorsque l'Absolu décide de s'éveiller, la Kundalinï se déroule le long de la colonne vertébrale et monte le long des trois canaux, celui de gauche, le terrestre, de droite, le divin par où passent les énergies spirituelles. Entre les deux, le canal central, celui de la "Résurrection" en quelque sorte. Elle est "l'Esprit de vérité" qui monte quand l'homme est prêt à cela, et dont il est question quand Jésus dit, peu avant de mourir :

"J'ai encore beaucoup de choses à vous dire, mais vous ne pouvez pas les porter maintenant." (Jean 16;12)

Ramakrishna disait à ce propos :

"L'éveil spirituel ne peut pas avoir lieu si la Kundalinï n'est pas tirée de son sommeil et qu'elle dort dans le mulhadara. Quand elle est réveillée, elle passe par les différents centres de la conscience et atteint le centre cérébral au sommet de la tête.

Alors vient l'extase, le samadhi, c'est-à-dire l'accomplissement dans l'unité" :

"J'ai l'expérience de tout cela",

ajoutait-il avec une simplicité touchante ! Ce ne sont pas des théories, c'est une réalité. La lumière spirituelle n'est pas une idée, c'est un fait. Ramakrishna sait d'expérience de quoi il parle et que ce qu'il dit peut-être vu par chacun et par tous, à l'heure juste pour nous. « Le temps de ma course est long » comme l'écrit Rabindranath Tagore. La première qualité pour qu'elle s'éveille est la confiance, la foi donc, dans son vrai sens, et la patience infinie, joyeuse, persévérante et confiante. Et Ramakrishna d'ajouter :

"Il est inutile de faire du yoga si l'on n'a pas d'abord mis de l'ordre dans sa vie et de la paix dans sa pensée."

Déclaration qui fait écho à la célèbre phrase de Saint Jean de la Croix dans son poème mystique :

"Oh ! L'heureux sort, je sortis sans être vue, tandis que ma demeure était déjà en paix." (*La Nuit obscure*). »

Comprendre ci-dessus que c'est l'âme de Saint Jean de la Croix qui parle, et qui sort de « sa demeure ». Demeure qui n'est autre que Saint Jean lui-même, et dont il est dit qu'il était « déjà en paix », c'est-à-dire que son mental était déjà en paix. De même que la Kundalinï, l'âme animée en arrière-plan par l'Esprit saint, le « psychique » de Sri Aurobindo, la force de vie, le Qi du taoïsme, s'élève le long de la colonne vertébrale, là aussi, condition nécessaire, seulement quand la paix s'est établie en l'homme.

**Langage spirituel**

Pour MSL, le langage spirituel est le langage ordinaire, à la fois racine et fruit de la conception dualiste du monde, mais métamorphosé par la vision de l'unité de celui qui l'emploie :

> « Le langage spirituel, c'est le langage de l'unité, quoi que ce soit dont il traite, de la matière, de la vie physique, mentale, affective, du psychisme, tout est ramené à l'unité de l'Esprit. Tout langage qui exclut, qui divise, n'est pas le langage de l'esprit de vérité. Thomas, dans son Évangile l'exprime bien :
>
> "Quand vous aurez fait le deux un, alors, vous serez les fils du Père le vivant" (logion 106)
>
> C'est là la communion des saints. »

Nota : le langage spirituel a certes pour caractéristique principale que c'est un langage de vérité, donc inclusif comme mentionné ci-dessus. Ceci étant, il a aussi assez souvent comme caractéristique, surtout dans les textes anciens, d'être concret, métaphorique, parabolique, analogique et symbolique, plutôt qu'abstrait, conceptuel, analytique et explicite. De ce fait, et bien que rien ne soit caché, le langage spirituel est parfois déroutant pour la raison raisonnante, qui lui reproche d'être incompréhensible. La raison à cela est sans doute que certains concepts, notamment psychologiques, n'avaient pas été nommés à l'époque[62], mais aussi que les faits spirituels se perçoivent dans un état d'unité et sont donc de ce fait étrangers et inaccessibles à l'intellect qui, lui, est dualiste. Par contre, le mental, par analogie, peut en donner une certaine image. Un auteur français de la première moitié du XXᵉ siècle, qui connaissait la littérature

---

[62] Il semble que l'hébreu ancien comporte de l'ordre de 8 000 mots contre 80 000 pour l'hébreu moderne ! Il est évident qu'avec dix fois moins de mots à disposition, ces mots ont des significations multiples et que l'interprétation des phrases est beaucoup plus ouverte. D'où, ne serait-ce que pour cette raison, une certaine difficulté de compréhension.

spirituelle indienne, René Daumal, s'est saisi de cette idée pour choisir le titre de son livre le plus connu : *Le Mont Analogue*.

## L'autre

L'expression « l'autre »/« les autres » apparaît 841 fois dans la Bible, et l'expression « le prochain », qui lui est voisine, seulement 34 fois, mais dans un commandement essentiel. De même que les termes « aide », « semblable » qui n'apparaissent que deux fois mais dans la Genèse à l'occasion de la création de la femme, « car il n'est pas bon que l'homme soit seul ». Au total la notion d'altérité apparaît 877 fois, ce qui la situe donc dans la vingtaine de mots ou d'expressions les plus utilisées. Elle mérite donc que l'on s'y arrête, et plus encore si l'on considère combien la figure de « l'autre » et le souci qu'on en prend, sont valorisés, sinon sacralisés, dans une partie de la société ! Pourtant, et curieusement, elle est en tant que telle, presque totalement absente de la littérature sacrée de l'Inde. Peut-être parce que c'est une notion qui n'est qu'apparemment simple, ou trop morale. En effet, dans « l'autre », il y a deux notions, celle de la ressemblance, de l'appartenance à la même famille, et bien sûr aussi celle de la différence, mais seulement au sein de cette famille. Dans « le prochain », l'accent est mis sur la ressemblance, alors que dans « l'autre » il est mis sur la différence. André Chouraqui, dans sa traduction de la Bible, remplace « prochain » par « compagnon », étymologiquement « celui qui mange le pain avec », avec nous. Appellation qui est assez pertinente, car tous les hommes ont en commun ( mais en général sans le savoir) de rechercher et d'absorber au travers et au sein de la vie, la nourriture (le pain). C'est elle qui permettra leur croissance sur tous les plans qui le constituent, et en particulier la croissance « en sagesse, en stature et en grâce » (Luc 2;52). Voyons quel est l'usage qui est fait de ces mots dans trois citations, à commencer par la très célèbre et très centrale injonction de Jésus :

> « Tu aimeras le Seigneur, ton Dieu, de tout ton cœur, de toute ton âme, et de toute ta pensée. C'est le premier et le plus grand commandement. Et voici le second, qui lui est semblable : Tu aimeras ton prochain comme toi-même. » Matthieu 22;37-39

> « Je vous donne un commandement nouveau : Aimez-vous les uns les autres ; comme je vous ai aimés, vous aussi, aimez-vous les uns les autres. » Jean 13;34

> « Car toute la loi est accomplie dans une seule parole, dans celle-ci : Tu aimeras ton prochain comme toi-même. » Galates 5;14

En fait, pour l'homme qui vit dans la dualité mentale, « l'autre » aussi proche soit-il, reste séparé. Il est « l'alter ego », donc vu comme ego, un autre ego, une autre conscience, distincte, séparée du reste du monde. L'homme qui a connu la fusion de l'unité « aime son prochain comme soi-même », car ce qui était autrui est devenu lui-même, « soi-même » ! Car l'Inde va jusqu'à dire : « Vous êtes les autres ». Mais elle nous dit aussi que ce n'est pas l'ego qui peut éprouver cela et qui peut « aimer l'autre comme soi-même », c'est Dieu en l'homme, quand l'ego a été suffisamment purifié et dépassé ! Sinon, le mental crée la figure de « l'autre », qui reste séparée dans une extériorité, figure qu'il va tendre selon les cas, à sacraliser, à considérer avec indifférence ou à mettre à distance. Le comportement à son égard devient alors un objet de morale, et, dans le meilleur des cas, l'autre devient l'objet d'une volonté d'empathie et de charité. Souvent, le comportement vis-à-vis de cette figure est l'objet de fonctionnements clivés, ou il y a d'un côté ce que l'on dit et ce qu'on voudrait, et, de l'autre côté, ce que l'on est réellement et ce que l'on peut faire. « Aimer l'autre comme soi-même », c'est autre chose, de beaucoup plus radical. C'est sans doute impossible à l'homme centré sur la volonté consciente, égoïste, dans le sens fonctionnel et non moral du terme. Mais c'est possible à Dieu, en l'homme. Alors, la figure de « l'autre » disparait dans l'unité divine. Et l'Inde confirme bien que le rapport intérieur[63] aux autres hommes est un marqueur de la connaissance de Dieu :

---

[63] Le rapport extérieur aux autres hommes, dont la charité, en découlant alors naturellement. À noter que le rapport extérieur aux hommes, dont la charité, ne dit pas forcément tout de notre degré de connaissance de Dieu : on peut par exemple être charitable par effort de volonté consciente. C'est d'ailleurs la majorité des cas, et cette volonté d'une âme qui s'efforce ne doit pas être dépréciée. Symétriquement et à l'inverse, les nombreux comportements de violence physique

> « C'est depuis que je vois Dieu en tout homme que je connais vraiment Dieu. » Ramakrishna

Ramakrishna qui était rentré dans l'unité divine, qui s'identifiait tellement aux autres êtres vivants, même les animaux, que quand un animal était fouetté en sa présence, on raconte qu'il hurlait de douleur ! Et Swami Ramdas qui, tout au long de son grand pèlerinage au travers de l'Inde, appelait tout homme du nom de Ram, l'incarnation de Vishnou, car il voyait Ram et, en tout homme, quel qu'il soit, bienveillant ou malveillant à son égard ! Alors, aime-t-on son prochain comme soi-même parce qu'on est mort à l'ego, ou bien est-ce parce qu'on s'efforce de l'aimer comme soi-même qu'on finit par mourir à l'ego ? Cause ou conséquence ? Il semblerait que MSL pencherait plutôt pour l'idée de conséquence puisqu'elle réexprimait le premier commandement comme suit :

> « Tu te concentreras sur Dieu, tu l'aimeras et tu le serviras de tout ton cœur, de toute ton âme, de toute ta pensée, et, en conséquence, tu pourras alors aimer ton prochain comme toi-même, car tout est un et tout est Dieu. »

Mais en fait, c'est sans doute un faux débat similaire à celui dit de « la poule et l'œuf », débat renvoyé à son inanité par une magnifique prière :

> « Seigneur, donne-moi seulement l'amour, que je me renonce moi-même entre ses mains. » Rabindranath Tagore, *L'Offrande lyrique*

Ce qui nous est dit ici, c'est que l'amour n'est ni l'amour de Dieu, ni l'amour des hommes, mais l'amour tout court, et qu'il résulte du renoncement à soi, et de l'abandon confiant au « Seigneur », la puissance de vie qui régit la création, le « Dominus » en latin, celui qui est le « propriétaire », le « maître » ! Pour finir, notons que, au-delà du fait que ceux qui nous entourent soient perçus ordinairement comme « des autres », assez naturellement et continûment, par projection anthropomorphique, Dieu lui-même est aussi conçu comme « un autre » ! Comme un autre ego.

---

ou verbale de notre époque en disent long sur notre intériorité et sur notre méconnaissance de Dieu !

Alors qu'il nous est dit par ailleurs, en particulier par MSL, que Dieu n'est pas « un autre », mais le plus intime de nous-mêmes :

> « Il s'agit donc de devenir et d'être, et non de regarder comme un « deuxième », comme un autre. Longtemps la vérité, la lumière, Dieu, est pour nous l'autre. Il faut qu'il devienne notre propre moi »

> « Les instructeurs religieux sont en général dominés par l'opposition du moi et du toi, l'autre, sans oser penser que Dieu et l'homme sont un ! »

Et MSL parlait en connaissance de cause, puisque sa belle-famille était une famille de théologiens ! Ce qui est certain, c'est que la figure de « l'autre » est une création de l'ego centré sur le mental dualiste. Que ce mental vienne à s'apaiser, à se purifier, et cette figure, nous dit-on, se dissout avec celle de notre propre ego. Et l'amour en cela, qu'il soit voulu, donné, ou reçu, est le plus sur chemin.

### Liberté

Les mots « libre », « liberté » apparaissent seulement une soixantaine de fois dans la Bible. Ces mots sont donc peu employés. C'est étonnant, car la liberté, bien qu'elle n'apparaisse pas immédiatement comme un sujet religieux central, n'en est pas moins un résultat majeur des pratiques religieuses et un de leurs buts, toutes traditions confondues. Ainsi, le mot « moksha » en Inde (l'équivalent du mot « résurrection », voir le sens qui lui est donné dans l'article correspondant), mot qui désigne à la fois le but et le résultat d'une quête spirituelle, se traduit-il par « libération ». Et pour l'homme contemporain, quelles que soient ses options métaphysiques, ces notions sont importantes.

Commençons maintenant par une affirmation un peu abrupte :

> « La seule liberté véritable est de vivre en Dieu. » MSL

Il faut comprendre ici que sur les plans inférieurs de la conscience et de la vie l'homme ne peut pas être libre. Le plan physique répond à des lois qui le contraignent, celles de la physique et de la biochimie. Le plan du vital, aux instincts et aux lois que la psychologie de nos jours s'efforce d'identifier, de formaliser et, précautionneusement, d'utiliser à des fins thérapeutiques. Le plan mental est conditionné par les nombreuses influences qui président à sa construction, des rencontres, des lectures, et il est peu probable que ce qu'on appelle une « pensée libre » puisse exister ! Krishnamurti ne le pensait pas. A contrario, il nous est dit que sur les plans supérieurs, la liberté existe :

> « Jésus apporte Dieu, c'est-à-dire la liberté, la vraie. Car nous sommes libres dans l'esprit et nulle part ailleurs, ce qui gêne notre conscience mentale dualiste qui aime ses royaumes » MSL

Autrement dit, il n'y a pas de liberté pour l'homme centré sur l'ego. Ce qui est logique puisque l'ego résulte au moins en partie d'un conditionnement social et d'une identification au corps et aux pensées qui ne sont rien moins que libres. Une condition importante et déjà mentionnée pour dépasser l'auto-centrage de l'ego et donc accéder à la liberté, est la concentration :

> « Devenez concentré. Alors tout ira bien. Les gens pensent que la Liberté (moksha) se trouve quelque part au-delà et que l'on doit aller la chercher. C'est faux. La Liberté consiste simplement à connaître le Soi en soi-même. Concentrez-vous et vous y parviendrez. Votre mental est le cycle des naissances et des morts (samsara). » *L'Enseignement de Ramana Maharshi* (« le 4 février 1935 », échange n°30 avec M. Natesa Iyer)

La liberté est donc dans une intériorité, celle de la connaissance du Soi. Encore une fois, il n'y a pas de liberté extérieure, comme souvent les mouvements anarchistes ou libertaires en ont rêvé ! La seule liberté est intérieure, dans la délivrance de la tyrannie du petit « moi je ». Un premier pas dans cette direction est fait quand nous acceptons les contraintes de la vie telle qu'elle est, ou plutôt quand, ayant fait ce que nous devions faire et sans nous attacher au résultat, renonçant à la modeler à notre convenance, nous avons une authentique adhésion à ce qu'elle est. Et cet état d'esprit débouche sur un amour et sur un sentiment de liberté : nous ne sommes plus rien, il n'y a plus personne qui puisse être prisonnier !

## Libre arbitre

En réponse à deux questions posées à MSL le 7 mai 1980, l'une sur le libre arbitre, l'autre étant de savoir si, puisque tout est Dieu, les actes monstrueux, tuer un homme par exemple, doivent aussi être considérés comme divins et le résultat de « la volonté de Dieu » :

> « Certes, tout est un et tout est Dieu, ce pain de vie qui est la substance et la nourriture de notre être. C'est Dieu qui est l'auteur de nos actes. Le libre arbitre n'existe pas, c'est une invention du mental ! En effet, nous sommes intérieurement des êtres complexes, le résultat d'un grand nombre d'êtres vivants qui nous ont précédés, de générations qui sont, dans le subconscient, un potentiel en nous-même et dans les autres. Face à un acte monstrueux, quelle est la part d'un individu ou d'un peuple particulier et de la part de Dieu ? Il y a à parts égales des deux ! La chose monstrueuse ne se fait pas toute seule et en un seul instant, c'est la conséquence de beaucoup de choses. Peut-être qu'avec miséricorde un homme a résisté à l'intention de tuer avant de céder. La vie est régie par un ensemble de lois dites naturelles, celles de la physique, de la biologie, celles qui régissent le système nerveux, lois qui sont l'équilibre et l'harmonie de Dieu manifesté dans un monde concret et vivant. Et ces lois jouent, de causes en effets. Si nous nous laissons aller avec des pensées négatives, agressives, décourageantes, injustes, fausses, à un moment le subconscient a accumulé un potentiel "gros" de puissance dangereuse dont nous ne serons plus le maître à un moment donné[64]. Tuer, ou toute autre action

---

[64] D'où l'importance de la maîtrise de soi.

monstrueuse d'un individu[65], est une conséquence minime d'un immense processus, et c'est effectivement un aboutissement de la loi divine. D'autre part, il y a l'homme qui a évolué dans un mauvais sens… Dieu est l'auteur en tant que Loi de la vie, mais l'homme a aussi une autonomie et assume l'acte divin. Le Mahatma Gandhi frappé, tombant, a béni son meurtrier et dit "C'est lui le malheureux"… C'est cela ! Il faut voir l'autre côté. On peut en quelque sorte "s'engrosser" d'un meurtre. On peut préparer un état tel que, dans certaines circonstances, on ne peut que tuer, mais on peut aussi faire l'inverse, et c'est ce qu'enseignent les religions. Chanter l'amour de Dieu et se remplir d'un potentiel subconscient[66] et conscient de lumière et de miséricorde. Créer en soi un potentiel qui, le moment venu, agira au nom de Dieu, mais dans le sens de la lumière et de la beauté. Et dans la même situation dangereuse, au lieu de conduire à l'acte monstrueux, ce potentiel apaisera les choses. Tout est Dieu, certes, mais l'homme est une créature et une puissance de création, d'action, de révélation. Le libre arbitre n'existe pas car nous ne sommes pas maître de notre inconscient, de notre subconscient et de notre mental, mais on peut et l'on doit éduquer notre conscience ! Le libre arbitre est une illusion que nous nous faisons, et une notion pas très utile à remplacer par l'idée que l'on peut s'éduquer jusqu'à notre dernier souffle et s'imprégner de pensées justes, bonnes, positives et révélatrices de la vérité. Les choses viennent peu à peu, lentement, et plus on avance, plus on comprend les textes qui deviennent d'une éblouissante logique et clarté, et qui, eux aussi, sont fait d'un subconscient qu'il faut faire émerger à la conscience.

---

[65] Ou d'un peuple car c'est la même chose.

[66] Voir l'article traitant du mot « subconscient ».

Ici, une remarque importante : les actes des autres nous troublent[67] mais il ne faut pas y toucher. Or, on touche à la crucifixion et on la fausse, car Jésus-Christ l'aborde en Roi, en maître et non pas en victime : Il l'a voulue ![68] Apprenons à ne voir que Dieu dans les actes des autres et c'est extraordinairement puissant : à tout ce qui arrive de douloureux ou d'heureux, n'avoir qu'une seule attitude et réaction : "Seigneur, comme tu voudras". C'est d'un secours inestimable dans toutes les circonstances de la vie, face aux problèmes de la vie. Plutôt que de raisonner mentalement, laisser les choses dans le subconscient. Laisser passer le temps de la réaction d'humeur de la conscience mentale, laisser la chose dans le subconscient, jusqu'à ce que ce soit l'heure venue de réagir depuis le supra-conscient, et, alors, ce n'est plus moi qui agis, mais c'est Dieu qui fait. À la place de la notion de libre arbitre, la notion plus efficace d'auto-éducation en chantant Dieu. La Bible est remplie de phrases qui disent de telles situations :

"Je vous donne ma paix, je vous laisse ma paix"

Ou bien celle de la parabole des talents :

"Rentre dans la joie de ton maître."

L'effort des cinq ou dix talents n'est rien en regard du résultat car "rentrer dans la joie du maître" est incommensurable ! On peut encore citer la réponse de Job, souffrant d'un ulcère épouvantable, à son épouse qui lui dit "Maudis Dieu, et meurs !" :

"Quoi, nous recevons de Dieu le bien et nous, nous ne recevrions pas aussi le mal !"

---

[67] À l'occasion les nôtres aussi, mais plutôt moins !
[68] Voir l'article « Jésus à Golgotha ».

> La sainteté, c'est de ne plus être capable de voir le mal. Ne pas discuter et se mettre au travail sans jamais se laisser décourager. C'est Dieu l'instrument de toutes les actions, mais, à force de se laisser aller, on devient impuissant à refuser l'acte violent. La psychologie et la philosophie moderne l'ont bien compris, elles qui insistent sur l'importance de se détendre car, quand on est à bout de nerfs, on fait n'importe quoi. Cette détente est un bon commencement pour agir sur l'inconscient, le subconscient et la conscience relative dualiste. En y ajoutant ensuite le souvenir de Dieu, de l'Esprit et de l'intelligence supra-consciente qui est la lumière de l'Esprit, alors, à ce moment-là, on est capable de se transformer et de permettre la transfiguration divine en nous. Au fond, notre seule capacité est de nous rendre disponible à la transfiguration de l'Esprit qui doit descendre en nous et dans le monde. »

Dans une telle perspective, la liberté, la seule liberté, est donc la totale adhésion et abandon à la vie et à ses lois intangibles. Elle est dans une acceptation, et dans une confiance. Acceptation qui n'est certes pas la marque d'une époque qui a le culte du héros qui prend le leadership, décide et agit ! Dans une confiance dans la capacité de notre inconscient, subconscient et sur-conscient à trouver les solutions en lieu et place de notre petit ego conscient. Le Dalaï-lama exprime cette confiance, cette quiétude, d'une manière très logique et amusante :

> « Nous n'avons aucune raison de nous faire du souci. Soit le problème a une solution et alors elle émergera, soit il n'en a pas, et alors pourquoi se faire du souci puisque nous ne pouvons rien y changer ! » Conférence à Grenoble, années 1990 (citation de mémoire)

Dernier point par rapport au libre arbitre : l'expression elle-même est largement auto contradictoire, car, elle suppose l'existence d'un « arbitre » et en même temps de la « liberté ». Or, le mot « arbitre » évoque un univers contraint puisque c'est lui qui est chargé de faire respecter des règles. Dans la vie cet « arbitre » est implicitement l'ego identifié au mental dualiste qui est très largement, voir exclusivement conditionné, donc rien moins que libre ! Henri Bergson a traité du sujet dans *Essai sur les données immédiates de la conscience*, au chapitre trois. Sa conclusion très résumée et approximativement exprimée, est que deux aspects sont à considérer, à savoir le temps et d'où l'action émane : « L'acte libre se produit dans le temps qui s'écoule, non pas dans le temps écoulé ». Donc dans l'instantanéité de l'action, car dans l'analyse a posteriori les choses apparaissent toujours déterminées. Par ailleurs nous sommes libres quand « nos actes émanent de notre personnalité entière, quand ils l'expriment ». Donc, dit avec les mots de la psychologie et de la religion, quand ils émanent de la totalité de l'être, donc du Soi : Dieu en nous.

**Loi**

Le mot apparaît 125 fois au pluriel dans la Bible, et donc sans doute plusieurs centaines de fois au singulier. La Loi, c'est par exemple les dix commandements reçus par Moïse sur le mont Sinaï. Commandements dont il nous est dit qu'ils étaient déjà déformés par le mental humain du temps de Jésus :

> « Et vous, pourquoi transgressez-vous le commandement de Dieu au profit de votre tradition ? » Matthieu 15;3

MSL en disait :

> « La Loi n'est pas un carcan, c'est l'articulation parfaite de la vie et elle reste inchangée au cours des siècles. Et Dieu doit être connu dans sa nature et non dans la nôtre. »

La Loi est donc un énoncé et une description des « articulations parfaites de la vie », description qui est souvent, parfois par paresse, déformée et rigidifiée par le mental humain pour en faire des « traditions d'hommes ». Dans la même ligne, les vingt-quatre vieillards de l'Apocalypse, sans doute une représentation symbolique des structures primitives de notre psyché, font également partie des « articulations inchangées de la vie ». À noter que le mot « hindouisme », ou « *sanātanadharma* » (en sanskrit devanāgarī : सनातनधर्म) veut dire « loi éternelle ». Il est possible sans doute de faire le parallèle entre les vingt-quatre vieillards de l'Apocalypse et les vingt-quatre Tattva de l'hindouisme. « *Tattva* » signifie en sanskrit « vérité », « réalité » ou encore « essence », « principe essentiel ». Spécifiquement dans l'hindouisme, il désigne les principes constitutifs du réel. Ceci confirme donc bien que la Loi n'est pas un code moral, mais une description des modes de fonctionnement propres à la vie telle qu'elle est depuis la nuit des temps !

## Lumière

Le mot « lumière » est très présent dans les textes sacrés de toutes les traditions et de toutes les époques. Il apparaît en particulier 171 fois dans la Bible. Il a aussi, étymologiquement parlant, un rapport étroit avec le mot « Dieu » (voir à ce propos l'article traitant du mot « Dieu » ou « dieu » et de son étymologie). Dans la Bible, la lumière, c'est la compréhension, l'explication. À noter que dans le langage courant il en va de même et de nombreuses expressions emploient le mot « lumière » dans ce sens, par exemple « faire la lumière sur » ou bien « le siècle des Lumières » pour parler du XVIII$^e$ siècle, celui des encyclopédistes français.

Voyons quelques citations, certaines signalées par MSL, à propos de la lumière, par exemple celle-ci :

> « En avant, toujours en avant ; au bout du tunnel il y a la lumière. » Sri Aurobindo

Réponse standard que le maître faisait à ceux qui, à distance, lui demandaient d'être ses disciples. Il en fut ainsi pour Mâ Suryananda Laksmi qui reçut cette seule réponse dactylographiée en retour à sa lettre au maître. Ou bien encore, attribuable de mémoire à Sri Aurobindo :

> « L'important, la seule chose qui importe, c'est de toujours garder le regard tourné vers la lumière. »

Et encore, extraites de la Bible, ces quatre citations :

> « L'Éternel est ma lumière et mon salut : de qui aurais-je peur ? L'Éternel est le soutien de ma vie : qui devrais-je redouter ? » Psaume 27;1

> « En lui était la vie, et la vie était la lumière des hommes ; la lumière brille dans les ténèbres, et les ténèbres ne l'ont pas arrêtée. » Jean 1;4-5

> « Jésus leur parla de nouveau. Il dit : Je suis la lumière du monde. Celui qui me suit ne marchera pas dans les ténèbres, mais il aura au contraire la lumière de la vie. » Jean 8;12

> « Je ne vis pas de Temple dans la ville [donc plus de culte particulier] car la lumière de Dieu l'éclaire ; la ville n'a besoin ni du soleil ni de la lune pour l'éclairer, car l'Éternel est sa lumière. » Apocalypse 22;5

Et, surprenante découverte à la lecture des échanges du Maharshi avec M. Cohen le 14 juin 1936, cette référence aux Upanishads qui fait écho, presque mot pour mot, à la citation de l'Apocalypse de Jean ci-dessus !

> « Là, le soleil ne brille pas, ni la lune, ni les étoiles, ni le feu ; tous ne brillent que par Sa Lumière. » Mundaka Upanishad, 2.2,11[69]

Ce qui explique que l'on puisse voir Dieu par exemple dans le soleil, mais attention, cette vision disparait dès que le mental s'en approche ! D'où

---

[69] Tel que cité dans l'ouvrage *L'enseignement de Ramana Maharshi,* 14 juin 1936 -200. La traduction du sanskrit en anglais faite par Swami Krishnananda dit très exactement : « Là le soleil ne brille pas, ni la Lune avec toutes les étoiles, pas plus que la foudre. Que dire de ce feu ? Tout brille de lui qui seul brille. De Sa lumière tout ceci brille diversement. »

aussi ce qui en découle, les dieux solaires (Râ, Surya, etc...), qui sont des personnifications de la perception précédemment évoquée.

Voici maintenant deux citations relatives à la lumière issues cette fois de l'Évangile apocryphe de Thomas :

> « Si l'on vous demande : D'où venez-vous ? Dites-leur : Nous sommes venus de la lumière, là où la lumière est née d'elle-même. Elle s'est dressée et manifestée dans leur image [...] Quand vous vous connaîtrez, vous serez connus, et vous saurez que c'est vous les fils du Père le vivant. » Logion 50

> « Je suis la lumière, celle qui est sur eux tous. Je suis le Tout et le Tout est sorti de moi et Tout est revenu à moi. » Logion 80

Et enfin, pour terminer, venant d'une source inconnue de l'auteur mais qui fait penser à Sri Aurobindo, cette belle formule relative à la croissance en Dieu, qui s'apparente à l'expression chrétienne « Lumière née de la lumière » dite à propos du Christ :

> « Croître par la lumière dans la lumière »

Plus d'espace laissé à l'ego en cela, seulement la création lumineusement consciente d'elle-même qui croît du dedans d'elle-même !

## Maison

Le mot « maison » est utilisé 1 811 fois dans la Bible, ce qui en fait le septième mot le plus utilisé. C'est le lieu du séjour, là où l'on est, là où l'on en est aussi, et aussi le lieu où l'on va, et où l'on séjourne à l'abri, en sécurité. La vie étant un processus de transformation permanente, il ne s'y trouve pas de séjour stable, sauf en Dieu. La maison est l'image de la protection et de la stabilité. C'est sans doute la recherche de cette protection et stabilité qui constitue le but avoué ou inavoué d'une quête spirituelle... dans son stade initial. Car la vie spirituelle, comme la vie tout court, est, faite d'une « bienheureuse insécurité » selon l'oxymore d'Alan

Watts, repris en titre d'un de ses livres. Ci-dessous, une citation de l'Évangile de Jean, ou le mot « demeure », équivalent au mot « maison », nous dit par ailleurs toute la diversité d'approche et de point d'arrivée qu'il y a dans la vie spirituelle.

> « Il y a plusieurs demeures dans la maison de mon Père. Si cela n'était pas, je vous l'aurais dit. Je m'en vais vous préparer une place pour que vous soyez avec moi et moi avec vous. » Jean 14;2

Commentaire périphérique : De même qu'il ya diversité de points d'arrivé, il y a aussi diversité de chemins :

> « Qui que ce soit qui se donne à moi, de quelque manière que ce soit, je le lui rends en rapport. Toute l'humanité suit mon chemin, O Arjuna, dans tous ses aspects. » Bhagavad-Gita 4;11

Il faut donc comprendre que la réalisation ainsi que le cheminement qui y conduit ne sont pas les mêmes pour tous. Il n'y a pas de processus de transformation et de « résultat » uniformes, mais bien une transfiguration de l'infinie diversité de la vie ! C'est pour cela qu'un vrai Guru s'adapte toujours aux particularités du disciple. C'est pour cela qu'il est dit qu'« il y a autant de yogas que d'hommes ».

## Maître

Le mot « maître » est utilisé 112 fois dans le seul Nouveau Testament et 273 fois dans la Bible. De nos jours, en cette « époque désolante » selon le mot de Mâ Ananda Moye, les comportements d'affirmation de soi et de type « ni Dieu ni maître » sont très valorisés. L'époque se prête donc peu à l'obéissance et aux maîtres. Il y en a quand même eu un certain nombre d'authentiques à la fin du XX$^e$ siècle, après la merveilleuse floraison de la seconde moitié du XIX$^e$ et du début du XX$^e$. Beaucoup ne sont pas des maîtres authentiques mais autoproclamés, ou bien « consacrés » par des disciples plus ou moins matures. Certains sont dangereux, d'autres pas. Mâ

Ananda Moyi donne un critère infaillible (déjà mentionné) pour discriminer le vrai maître du faux :

« Le vrai maître parle toujours de Dieu, il ne parle que de Dieu. »

Voir aussi l'article traitant du mot « guru » où le contexte de la citation ci-dessus est expliqué. À noter que certains maîtres, dont J. Krishnamurti ou Ramana Maharshi, ont refusé d'avoir des disciples, même si, dans la pratique, ils ont donné des conférences et un enseignement. Beaucoup de « non-disciples » suivaient ces enseignements ce qui faisait que, de facto, beaucoup se considéraient comme leurs disciples. Par ailleurs, tous les maîtres affirment que le « vrai maître » est à l'intérieur de chacun et de tous, et non pas dans une « personne » extérieure au disciple. Se souvenir de cela délivre de toutes les angoisses du monde !

**Mantra**

Le Centre National de Ressources Textuelles et Lexicale précise comme suit l'étymologie du mot « mantra » : « Mot sanskrit signifiant ''instrument de pensée'' de *man-* ''penser'' (racine *men-* cf. grec μαι'νομαι ''être pris d'une ardeur furieuse'' et latin *memini* ''se souvenir; faire mention de''). » Le mantra est une parole sacrée et sa répétition s'appelle « japa ». C'est un moyen particulier d'établir un calme mental à travers une certaine concentration. Le mantra comporte très souvent un des noms de Dieu, Ram, Krishna, Hanuman, ou Notre Père par exemple. Il en existe d'innombrables dont l'origine se perd dans les origines de l'humanité. Ainsi le mantra de l'humble Swami Ramdas qui traversait l'Inde de lieu de pèlerinage en lieu de pèlerinage en répétant inlassablement « Om, Sri Ram, Jai Ram, Jai Jai Ram » qui peut se traduire par « Aum Victoire à Dieu, Victoire, Victoire à Dieu » ou encore celui d'Hanuman « Om Hum Hanumate Namaha ». Ou bien encore celui qui ne porte pas ce nom, mais qui est rapporté dans l'ouvrage *Récit d'un pèlerin russe*, dans le premier récit, et ainsi présenté : « La prière de Jésus intérieure et constante, invocation continuelle et ininterrompue du nom de Jésus par les lèvres, le cœur et l'intelligence, dans le sentiment de sa présence, en tout lieu, en tout temps, même pendant le sommeil et qui s'exprime par ces mots :

"Seigneur Jésus-Christ, ayez pitié de moi" », prière que répètent inlassablement les petits moines pèlerins russes jusqu'à en oublier leur propre nom ! Voici ce qu'en disait MSL qui rapporte à cette occasion les propos de Thérèse d'Avila :

> « Le mantra est une parole qui crée en nous ce qu'elle exprime. Ce n'est pas une parole magique ! Sainte Thérèse d'Avila exprime très bien ce qu'est un mantra quand elle écrit dans *Les Châteaux de l'âme* :
>
> "Quand le Christ dit à ses disciples "La paix soit avec vous", il crée la paix dans le cœur de ses disciples."
>
> Le mantra est une parole authentique, née du Verbe créateur et révélateur et qui enfante jusque dans la matière [dans la chair, dans l'incarnation] ce qu'elle exprime. Le mantra crée en nous ce qu'il exprime. »

Voir aussi l'article portant sur le mot « japa ». Le japa est un exercice spirituel qui consiste à répéter inlassablement le nom d'un dieu, ou bien de Dieu, ou d'un mantra, donc d'une parole de vérité. Roi des exercices spirituels, on peut le pratiquer partout, silencieusement, dans les transports en commun, dans les files d'attente, dans tous les temps morts de la vie.

## Marie

Certes, Marie est une femme ayant vécu en Galilée à l'origine de notre ère et ayant conçu et enfanté matériellement Jésus, un avatar. Mais elle est bien plus que cela, dans sa conscience et potentiellement dans la nôtre. Voici deux citations de MSL à ce propos :

> « Marie est le sommet de notre conscience. Elle conçoit Dieu dans sa nature propre, le transmet à la vie et au monde, et le donne à l'humanité. »

Et encore et surtout, citée de mémoire :

> « Marie est la conscience pure dénuée de tout égoïsme et de tout orgueil capable d'enfanter Dieu jusque sur la terre pour le donner aux hommes » Conférence du 20 mai 1988 à Lyon (la seule de MSL portant sur Marie)

Autrement dit l'être de chair et de sang appelé Jésus est la concrétisation extérieure de ce que Marie est devenue intérieurement. Elle est « l'Immaculée Conception » dans le sens où elle a conçu Dieu en elle-même sans la « tache » de la pensée dualiste. La question triviale de la conception virginale de Jésus, ou pas, ou celle d'un miracle ou d'un cas de parthénogenèse, est, on l'aura compris, tout à fait secondaire !

## Mâyâ

Mâyâ, c'est à la fois la puissance de manifestation du divin, de l'Absolu, dans un monde de formes multiples, dans l'espace et le temps, et, en même temps et d'une certaine manière, l'illusion. Mais l'illusion de quoi ? L'illusion de l'existence de l'objet indépendamment du sujet. Et son corollaire, à savoir l'illusion de la réalité de l'existence du sujet indépendamment des objets. C'est l'illusion de la réalité substantielle de la dualité dans le monde des phénomènes (du latin *phaenomenon*, emprunté au grec φαινόμενον, *phainomenon*, « apparence », dérivé de φαίνω, « apparaître ». Il y a donc déjà une notion d'apparence, possiblement trompeuse, dans le mot phénomène). Illusion qui débouche sur le sentiment de la réalité et de la permanence de l'ego dans sa forme étriquée de « moi je », identifié au corps et à la pensée, et séparé de ce qui est autre, alors que les sages et saints de toutes les époques et de tous lieux nous disent unanimement que « tout est un et tout est Dieu ». Voyons ce qu'en disait MSL, qui citait Ramakrishna, à l'occasion de l'une de ses conférences :

> « Mâyâ en sanskrit veut dire "illusion". Mâyâ est aussi une mère divine, celle qui apparut à Ramakrishna, et qui en disait :

"Mâha Mâyâ, la Mère divine, créatrice des formes, est à la fois le nirguna Brahman (sans qualité, l'Absolu transcendant, immuable) et le saguna Brahman (avec qualité, immanent dans la manifestation des formes, dans la différenciation) des Upanishads".

Dit autrement, Mâyâ est à la fois l'Éternel dans la transcendance, mais aussi dans un monde créé, comme celui des Vedas, et de sa multitude de dieux. »

Ramana Maharshi répondait ainsi à Prakasa Rao qui posait la question de savoir qu'elle est « la cause première de la mâyâ, fausse connaissance et illusion » :

« Qu'est-ce que la Mâyâ ? Pour qui est l'illusion ? Il faut bien qu'il existe quelqu'un qui subisse cette illusion. L'illusion c'est l'ignorance. Selon vous c'est le "soi" ignorant qui voit les objets. Quand les objets eux-mêmes ne sont pas présents, comment la Mâyâ peut-elle exister ? "Mâyâ" est yâ ma (la "mâyâ" est ce qui n'est pas). Ce qui demeure est le "Soi" véritable. Si vous affirmez que vous voyez les objets ou que vous ne connaissez pas l'Unité réelle, vous devez en conclure qu'il y a deux soi[70] […] Or personne n'admettrait qu'il existe en lui-même deux soi ! L'homme réveillé dit que c'était lui qui était plongé dans le sommeil profond, mais qu'il était inconscient. Il ne dit pas que le dormeur était différent de celui ici présent. Il n'y a donc qu'un "Soi". Ce "Soi" est toujours conscient. Il ne change pas. Il n'existe rien d'autre que le Soi. » *L'Enseignement de Ramana Maharshi* (« 23 janvier 1936 »)

---

[70] Il y a sans doute erreur dans les notes prises en 1936, d'où la coupure faite dans la citation. Le Maharshi fait sans doute référence ici à ce fait qu'il rappelle souvent, à savoir que dans le sommeil profond il n'y a plus de sujet ni d'objet et pourtant nous continuons d'exister. Il y aurait alors le « Soi » du sommeil profond, avec un grand « S » et le « soi » du rêve et de la veille avec un « s » minuscule, le « soi » étant le sujet qui perçoit l'objet à l'état de veille.

Mâyâ est donc à la fois ce monde de formes, et l'illusion de l'homme ordinaire qui n'éprouve pas que tout est un, le Soi (avec un grand « S »), autrement dit, en langage religieux, Dieu.

**Méchanceté/méchant**

Le mot « méchanceté » et sa variante « méchant » sont utilisés plus de 400 fois dans la Bible dont une petite quarantaine de fois dans le Nouveau Testament. Dans le sens courant, « méchanceté » est un mot connoté moralement et l'on est tenté de le lire ainsi dans la Bible. Pourtant, dans les textes sacrés, il n'en est pas ainsi, et l'étymologie du mot, déjà, nous incite à le comprendre différemment. Voyons ce qu'en disait MSL à quatre reprises :

« La méchanceté, c'est l'oubli de Dieu. »

« Dans le langage courant, le mot a une connotation morale négative, qui n'existe pas dans la signification d'origine à savoir l'ancien français "*mescheant*" ("mal tombant"), qui signifiait d'abord "malchanceux". Dans la bouche du Christ, être méchant c'est oublier Dieu, oublier la Loi. Car l'homme est fait « à l'image de Dieu », donc promis à se connaître dans l'unité de cette image, avec son origine, qui est l'Être. L'alliance, l'union entre le temporel et l'intemporel, entre le fini et l'infini, entre Dieu et l'homme. »

On est donc là bien loin d'une signification morale ! Voici encore cette citation de MSL :

« Il y a un seul malheur : oublier Dieu. Et de là découlent tous les autres. Quand Jésus dit "méchanceté", il dit "l'homme qui oublie Dieu et agit par soi-même". »

Et enfin :

> « La méchanceté, c'est la conscience oublieuse du divin, oublieuse "du Père qui [est] aux cieux". »

Autrement dit, l'oubli de ce que nous sommes le Soi et non ce petit « moi je » limité, étriqué. Que nous sommes « à la fois le centre et le tout », comme disait MSL. Ce qui est une sensation, quelque chose que potentiellement tout un chacun peut éprouver, et pas seulement une idée. La méchanceté c'est donc l'oubli de Dieu dans ce sens-là.

## Méditation

L'Occident est plus familier de la prière que de la méditation. La prière est « une orientation du mental vers Dieu » selon Saint Évagre le Pontique, prière qui est donc plutôt dualiste, alors que la méditation orientale, elle, vise, par la concentration, à établir une inactivité, une paix, ou, à tout le moins, un certain calme du mental, puis peut-être une absence de pensée. La méditation serait moins dualiste que la prière. En fait, elles se rejoignent quand même dans le sens où toutes deux, pour être valables, doivent se faire dans un esprit d'abandon inconditionnel de soi-même à Dieu. La méditation dite « de pleine conscience » s'est popularisée en Occident, et, comme le yoga, en cette époque aveugle, elle a pris une tournure « technique » visant à l'obtention d'un résultat, un gain personnel, ce qui est à l'opposé de son but ! Voyons ce qu'en disait Mâ Ananda Moye :

> « Il n'y a méditation que quand elle vient spontanément. »

Ce point est très important. On peut volontairement se mettre en position pour méditer, mais c'est Dieu qui donne la « vraie » méditation, ou pas ! Et s'il ne se passe rien et qu'il y a déception, c'est que l'ego était encore là qui veillait ! C'est là ce que nous dit Mâ Ananda Moye :

> « Il n'y a vraie méditation que quand c'est Dieu qui la donne. »

Et maintenant quelques citations de MSL :

« Dans la méditation, on est tenté de rechercher un résultat agréable ou bienheureux. Rien n'est plus faux, c'est un piège ! La méditation se fait par amour de Dieu et non pour soi-même. »

« Thérèse d'Avila l'avait bien compris aussi, elle qui recommandait à ses jeunes Carmélites de "ne pas rechercher les consolations". (Comprendre, avoir le désir plus ou moins inconscient de faire des expériences spirituelles qui peuvent arriver dans la prière ou la méditation.) La seule conséquence de la méditation est un apaisement. »

« Saint Jean de la Croix, dans la montée du Carmel, fait parler l'âme qui dit "Ah l'heureux sort ! Par une nuit obscure je suis sorti alors que ma demeure était déjà en paix". Méditer, c'est aller vers l'inconnu, comme Abram quand il est devenu Abraham. »

C'est là le sens de l'injonction de la Genèse en son chapitre 12, injonction commentée par MSL et qui pourrait s'appliquer à la méditation :

« "Va vers le pays que je te montrerai" : on quitte nos habitudes mentales et intellectuelles. Il y a en nous une puissance de vie qui est tout, qui sait tout, et qui est toute autre chose que ce que l'on peut prévoir et imaginer, et autre que ce qu'on nous a dit. »

« La méditation n'est pas une technique, c'est s'offrir au Seigneur, c'est un don de soi à Dieu en soi-même. »

Et maintenant, ce récit de première main, exceptionnellement rare et précieux, relatif à ce qui se passe dans la méditation et dans le samadhi :

« Il y aurait bien des choses à dire de ces méditations, mais elles sont si loin de l'apparence concrète et de sa conscience qui est la nôtre habituellement qu'il est bien difficile de les décrire. Dans ce sens, les Vedas sont sans doute les plus précis parce qu'ils ont franchement transposé toute l'expérience psychique dans un langage organisé, concret, avec ses constantes basées sur l'existence des dieux. Droite, sur le dos, les mains le long du corps, ou croisées sur moi, et la méditation commence. La détente s'opère. Je quitte le monde concret, ses soucis, ses exigences. Je sens que je monte, que je m'allège. La lumière filtre en moi, la respiration se règle d'elle-même. Silencieusement je répète un mantra, [...] puis un flot de lumière m'envahit d'en haut par le sommet de la tête, ou par-devant, tombant sur moi comme une pluie. Des formes lumineuses rayonnantes plus ou moins nettes apparaissent, passent, reviennent, rarement plus de deux ou trois dans une même méditation et toujours les yeux du maître sont là. La présence divine est dès lors établie et la révélation peut venir. Souvent je plonge alors dans une sorte de sommeil. Le mantra cesse de lui-même, un abandon total de moi, physique aussi, dans mon corps et mon être intérieur. Parfois alors une prière surgit, adressée à la personne divine que je sens la plus proche, et prête à agir : "Oh Shiva, détruit en moi toute conscience multiple et conduit moi vers l'unité. Oh Mère bien aimée, subjugue mon âme, emporte-la dans ton ânanda, maître chéri conduit moi plus loin, plus loin encore."

La lumière s'intensifie, tombe, roule sur moi en vagues épaisses, étincelantes. Je suffoque un peu, le dieu reparaît, mon souffle se ralentit, s'arrête, ou au contraire se précipite. Une chaleur m'envahit, et la connaissance me pénètre : je sais ce que je vois et au-delà de ce que je vois. Il y a en moi une certitude et paix. Je sais aussi que j'atteins le sommet de ma méditation et je connais le moment où j'en redescends. De fortes pressions d'énergie se font sentir dans les membres, la nuque, la tête, partout, c'est l'annonce de l'approche du dieu, sa descente en moi, parfois une sorte de vertige me saisit. Je ne sais plus où je suis et sur quoi je repose. Je me sens plus légère que l'air, le plus souvent je monte, parfois je plonge en profondeur, mais ce n'est pas une descente. Parfois aussi la lumière papillonne. Elle semble retenir une partie de son intensité. Elle touche d'abord le centre du front entre les sourcils. Au moment du samadhi, elle s'étale en largeur envahissant le front l'étendant jusqu'à l'infini. Il y a alors une sensation de plénitude d'âme et de corps. Depuis qu'hier j'ai été touchée par la conscience de Brahman, une détente absolue est en moi. Et la paix m'habite. Je sais maintenant avec certitude que c'est bien le Purusha que j'ai vu. En cette vision merveilleuse toujours associée à la Mère Maha Shakti. Il y a une différence nette entre la réalisation du Brahman et celle des dieux : ces derniers agissent influent sur l'âme, l'attirent, la conduisent. La Mère conduit en Brahman et, dès lors, en lui, tout se tait et s'immobilise. Brahman est un état. L'état de l'âme dans sa plénitude absolue et immuable. Il est cela sans qui rien n'est et l'existence absolue et l'accomplissement parfait pour l'âme qui le perçoit en elle. » *Journal spirituel*, Mâ Suryananda Lakshmi, 1963

Un tel témoignage est extrêmement rare et précieux. MSL était réluctante à parler de ce qui se passait dans la méditation. Pourtant, cette fois-ci elle fit une exception !

**Mémoire**

Le dictionnaire Littré indique que « mémoire » vient du latin *memoria*, qui vient d'un radical qui est dans le sanscrit *smarâmi*, signifiant « je me souviens ». Voici ce que la Bhagavad-Gita augmentée du commentaire de MSL nous dit, de manière étonnante mais très pertinente, du fonctionnement de la mémoire :

> « "La colère et la rancœur ôtent la mémoire"… Sous-entendu, la mémoire de ce que nous sommes faits de Dieu ! »

Ce qui dit implicitement que dans une quête spirituelle, il ne s'agit pas d'acquérir quelque chose que nous n'aurions pas, mais de retrouver la mémoire de ce que nous avons toujours eu. En nous allégeant, entre autres, de la colère et de la rancœur. Il ne s'agit donc pas là de questions morales, mais d'une question pratique !

## Mendiant

Une lecture au premier degré des Évangiles pourrait conduire, et conduit effectivement certains catholiques, à être dépréciatifs vis-à-vis de l'intelligence intellectuelle et des savoirs lorsqu'ils s'exercent dans le domaine religieux. Et pas seulement. Ceci jusqu'à avoir recommandé, par le passé, l'ignorance pieuse, avec pour justification des citations mal comprises telles que :

> « Si vous ne devenez comme les petits enfants, vous n'entrerez pas dans le royaume des cieux. » Matthieu 18;3

Où le mot grec « παιδία » *(paidia)* est utilisé pour « enfants », signifiant par là ceux qui sont encore dans l'unité des tout-petits, et non pas le mot grec *nepios* signifiant ignorant, celui qui ne sait pas et qui se tait. Car le point important pour « entrer dans le royaume » n'est pas de savoir si nous avons des savoirs, ou pas, ainsi que l'affirme la citation ci-dessous, accompagnée du commentaire et correctif de traduction de MSL :

> « Dans la première Béatitude du Christ, Matthieu 5;3-12, la traduction usuelle du grec est :
>
> "Heureux les pauvres en esprit, car le Royaume des Cieux est à eux !"
>
> En fait, c'est le mot grec *ptochós* qui est utilisé, dont la traduction est « mendiant ». Il faut donc substituer "pauvre" par "mendiant". »

Ceci change significativement le sens de cette Béatitude puisque le point important pour atteindre le « royaume de Dieu » devient de demander avec l'intensité, l'insistance, l'humilité et le sentiment d'urgence de celui qui dépend totalement d'autrui, le « mendiant ». Et non pas de savoir si nous sommes ignorants, « pauvres en esprit », pauvres en connaissance ou bien savants. Ce clivage serait d'ailleurs à l'opposé du but recherché, à savoir l'unité bienheureuse du « royaume de Dieu »… en nous !

**Mental**

Le mental dualiste est le plan central de la conscience humaine, celui qui caractérise l'être humain, et le différentie du reste de la création. MSL y voit un plan « pivot » entre les plans inférieurs de la conscience et de la vie, le plan matériel et le plan vital, et les plans supérieurs dits « spirituels ». Voir à ce propos l'article intitulé « Plans (de la conscience et de la vie) ». C'est aussi le plan mental qui doit « protéger » l'homme des efficacités parfois négatives de son inconscient (cf. le chapitre 13 de l'Apocalypse où il est précisément défaillant dans ce rôle). Le présent article traite de deux sujets : la fragmentation du mental humain en facettes distinctes et souvent antagonistes, d'une part, et, d'autre part, la possibilité et la nécessité de réaliser l'unité du mental. Dans les récits de Golgotha il est un passage, Jean 18, qui illustre bien la possibilité et l'intérêt qu'il y a à voir dans les personnages bibliques beaucoup plus que des individus ayant eu une existence historique, mais des personnalisations de caractéristiques mentales humaines. Dans Jean 18, apparaît tout une galerie de personnages qui interfèrent, personnages qui incarnent des facettes de notre mental, et interactions qui sont une psychologie qui ne dit pas son nom, primitive certes, mais pas dans un sens dépréciatif.

Voici ce qu'en disait Mâ Suryananda Laksmi :

> « Pierre, Caïphe, Pilate, Hérode, Barabbas, mais aussi la femme de Pilate, les scribes et les Pharisiens, représentent des aspects du mental qui existe en nous tous :
>
> - Pierre, reniant, puis pleurant, c'est le mental qui n'est pas encore prêt au sacrifice de soi, qui a peur de la mort, puis, qui comprend ce qui se passe en lui, qui pleure, et qui maintenant est prêt pour être ce qu'il deviendra après.

- Caïphe, c'est la violence du mental dualiste, orgueilleux, fier de ses connaissances, qui se croit gardien de la vérité, et qui, en fait, ne connaît rien du tout ! C'est le moi jaloux, qui pense, et qui ne veut rien lâcher.

- Hérode, c'est l'orgueil de celui qui ne doute pas de sa puissance souveraine. Il se réjouit de voir le Christ… pour voir un miracle ! Faute d'en voir un, par dépit, il habillera le Christ d'une robe pourpre et d'une couronne d'épines, avant de le renvoyer à Pilate.

- Barabbas lui, représente le mental vital qui veut trouver la liberté, illusoirement, dans l'anarchisme.

- Pilate : il est un étranger ; un gouverneur romain, qui, par ses mérites a atteint ce poste. C'est le mental supérieur. Et, pour le mental concret, il est vrai que le mental supérieur est un "étranger" ! C'est lui qui pose la question pertinente "Qu'est-ce que la vérité ?" en réponse au Christ qui lui dit "Je suis venu pour rendre témoignage à la vérité". Il a compris comment fonctionne Caïphe, sa jalousie, la fureur du peuple, le fonctionnement de Barabbas. Pilate qui est lucide et refuse de modifier l'inscription "Il est le Roi des Juifs" pour la transformer comme le voudrait Caïphe en "Il dit qu'il est le roi des Juifs". Il a épousé l'intuition spirituelle en la personne de son épouse.

- La femme de Pilate : c'est l'intuition du mental supérieur, l'intuition spirituelle. »

Voici pour ce qui est de la possibilité de voir dans les personnages bibliques des facettes et des archétypes mentaux communs à toute l'humanité plutôt que des personnages plus ou moins sympathiques ou antipathiques.

Maintenant, considérons un autre passage du récit de Golgotha qui illustre l'intérêt et la pertinence qu'il y a à utiliser cette clé de lecture. C'est dans les passages où il y a invraisemblance pour l'intellect traditionnel que la puissance de cette appréhension des personnages est la plus convaincante. Ainsi dans le récit de Golgotha, à la fin du passage où Hérode, déçu par le silence de Jésus, renvoie ce dernier à Pilate :

> « Ce jour même, Pilate et Hérode devinrent amis, d'ennemis qu'ils étaient auparavant. » Luc 23;12

Sur le plan humain, Hérode et Pilate n'ont aucune raison d'avoir des affinités et de devenir des amis ! Il n'y a là aucune crédibilité psychologique et d'ailleurs aucun intérêt du tout à savoir que « Ce jour même, Pilate et Hérode devinrent amis, d'ennemis qu'ils étaient auparavant ». Le texte descendrait de sa hauteur et de son intensité pour arriver au niveau d'un commérage anecdotique ! Les textes sacrés n'auraient pas traversé des siècles s'ils étaient de petites histoires humaines sans intérêt, ils auraient disparu comme tant d'autres ! Ils doivent donc être compris autrement qu'au premier degré.

Voici ce que disait MSL à propos de Luc 23;8-12 :

> « Le résultat de la démarche divine au travers de la conscience et en particulier de ces plans, c'est la fusion de tous ces aspects du mental dans l'unité, et ça, c'est le miracle ! Non pas le miracle spectaculaire attendu par Hérode, et que Jésus ne lui donnera pas ! Voir Luc 23;8, verset auquel Jésus répond ceci :
>
> "Il ne lui sera donné d'autre miracle que celui du prophète Jonas" (Matthieu 12;39),
>
> qui, au troisième jour, sort du monstre marin, et réapparaît[71]. Le mental humain réalise son unité et pourra être projeté dans le dépassement de soi qui est le vrai sens de Golgotha. »

L'unité du mental, auparavant fragmenté en facettes plus ou moins antagonistes, est réalisée : « d'ennemis qu'ils étaient Pilate et Hérode

---

[71] Métaphore du sacrifice de Golgotha qui est à venir et débouchera, au troisième jour, sur la fusion, sur l'unité de la résurrection.

devinrent amis », mais attention, pas historiquement en un lieu et temps particulier, mais en nous-même, et en tout homme, quand le moment est venu, quand la maturité de chacun le permet.

**Mères divines**

La « Mère divine à son sommet » est Aditi (du sanskrit *a-* qui est un privatif et de *diti* qui signifie « limite ». Elle est donc sans limite, elle est une totalité). L'Inde nous dit que la Mère suprême est la première différenciation de l'unité de l'Absolu, du Brahman. Elle est en Inde l'équivalent de ce qu'est le Christ par rapport au Père, voir citation ci dessous, déjà plusieurs fois mise à contribution tant elle est essentielle:

> « Il est l'image du Dieu invisible, le premier-né de toute la création. Car en lui ont été créées toutes les choses qui sont dans les cieux et sur la terre, les visibles et les invisibles, trônes, dignités, dominations, autorités. Tout a été créé par lui et pour lui. Il est avant toutes choses, et toutes choses subsistent en lui. » Colossiens 1;15-17

Citation que MSL synthétisait et modernisait en disant :

> « Il est le premier né de la création, celui en qui, pour qui, par qui toutes choses ont été créées et demeurent. »

La Mère se met elle-même dans sa création, et y prend des formes diverses, d'où les nombreuses mères du panthéon hindou, connues et moins connues, telles que Mâyâ, Savitri, Sarasvati, Kâli, Ichvari, etc., etc. Voici ce qu'en disait MSL :

> « Les quatre principales Mères sont Ishvari, Kâli, Lakshmi et Sarasvati. Pourquoi « Mère » ? Parce qu'une mère sait la nourriture dont son enfant a besoin ! Voyons les attributs de ces diverses Mères :

> 1/ Ishvari est celle qui nous connaît de l'intérieur. Celle dont le Christ dit qu'elle est au-dedans de nous et sait mieux que nous-même ce dont nous avons besoin. »

Nota : bien évidemment le Christ n'a pas nommé Ishvari mais exprimé cette caractéristique du Père, rapportée à deux reprises dans les Évangiles, en Luc 12;30 et encore mieux dans l'Évangile de Matthieu :

> « car votre Père sait de quoi vous avez besoin, avant que vous le lui demandiez. » Matthieu 6;8

Et ce de l'intérieur de nous-même bien évidemment, pas dans une extériorité !

> « 2/ Kâli, la puissance exécutrice de Shiva, le sauveur, celle qui pourfend et détruit l'Ego égoïste, orgueilleux et attaché. »

Nota : Shiva est plus connu comme le destructeur de l'ego et donc de l'illusion de notre existence en tant que sujet, en tant qu'ego séparé, mais, à l'occasion, et c'est ici toute l'Inde, qui n'a peur de rien, il peut être le sauveur, c'est-à-dire Vishnou !

> « 3/ Lakshmi, est l'insaisissable, celle qui est tout beauté et pureté, et que le mental ne peut toucher. C'est l'abondance de l'Esprit. »

Au premier mouvement du mental pour la toucher, Lakshmi s'évapore. C'est le sens de l'injonction du Christ à Marie découvrant le tombeau vide au lendemain de Pâques :

> « Ne me touche pas » Jean 20;17

> « 4/ Sarasvati est la miséricordieuse, celle qui nous veut parfaits, et qui vient rechercher sans arrêt ce qui se perd. »

La tradition chrétienne préfère la figure paternelle, le Père. Pour autant MSL rapporte que le pape Jean-Paul 1$^{er}$ affirmait :

> « Dieu est notre Père, mais c'est bien davantage encore notre Mère. »

Il voulait sans doute dire par là que les attributs maternels ( nourrir, amour inconditionnel, etc…) sont au moins aussi importants que les attributs paternels ( protéger, ordre, etc…). Mais l'opposition entre les deux n'est pas fondée car tous ces attributs différenciés sont en Christ ou en la Mère divine, le Père étant l'indifférencié : l'Absolu.

**Moi (ego)**

Nous sommes ici, avec ce mot, au cœur même de l'objet des religions, et de leurs pratiques ! « Ego » est le terme latin qui signifie « je, moi ». En philosophie il désigne le sujet, le « je pensant » et est donc lié à la pensée. En psychanalyse, c'est le « moi », le centre de la conscience de soi. Son origine, sa constitution est relativement nébuleuse[72]. La transformation du moi, de l'ego, de cette forme de conscience de soi en tant que sujet observant des objets extérieurs, qui s'identifie au corps, et aux pensées, est LE sujet de la religion. La Bhagavad-Gita précise le rôle du moi dans la transformation de la conscience humaine qui conduit à la libération, « moksha » pour l'hindouisme, la « résurrection » et le « royaume de Dieu » pour les chrétiens :

> « Par le moi tu dois délivrer le moi, tu ne dois pas déprimer ni abaisser le moi, car le moi est l'ami du moi et le moi est l'ennemi. Le moi est un ami pour l'homme en qui le moi

---

[72] Pour le psychologue C.G. Jung : « En dépit du caractère relativement inconnu et inconscient de ses fondements le moi est un facteur de conscience privilégié […] Il résulte, semble-t-il, du choc du facteur somatique et de l'environnement et, une fois établi comme sujet, il se développe à partir d'autres chocs avec l'environnement aussi bien qu'avec le monde intérieur. » *Aïon. Études sur la phénoménologie du Soi*

inférieur a été conquis par le moi supérieur, mais, pour celui qui n'est pas en possession de son moi supérieur, le moi inférieur est comme un ennemi et il agit en ennemi. » Bhagavad-Gita 6;5

Affirmation que MSL commente comme suit :

« Le moi individuel n'a pas à être opprimé et réprimé : il doit être apaisé, allégé, débarrassé du "moi je" qui est si encombrant pour s'épanouir dans l'infini. Il faut dépersonnaliser et dédramatiser et déculpabiliser. Car en culpabilisant, l'on rend agressif. La "justice" ne s'oppose pas et ne condamne pas une autre manière de penser, elle est en union avec Dieu à chaque instant. »

Le mot « justice » ci-dessus doit être compris ici, et dans la Bible en général, comme « vérité » ou comme « justesse ». Il y a donc deux moi. Le premier qui s'identifie au corps, qui se perçoit séparé du reste du monde par une enveloppe de peau, qui s'identifie à ses pensées, et le deuxième.

Voici des citations qui sont des témoignages de première main faits par des personnes crédibles, ayant l'expérience vécue de la chose, et précisant les caractéristiques de ce deuxième moi :

« La vie éternelle, c'est la conscience d'être impersonnel d'avantage qu'une personne individuelle. » Swami Ramdas

« Tu m'as fait infini, tel est ton plaisir ! » R. Tagore, *L'Offrande Lyrique* (1$^{er}$ poème)

« Nous devons comprendre que l'homme a au moins deux moi ; l'un réduit, l'ego, fini dans l'espace et le temps, mortel, l'autre cosmique, universel, non tributaire de l'espace et du temps, perçu comme intemporel et infini. » Mâ Suryananda Lakshmi

On peut noter au passage que les caractéristiques de ce deuxième moi sont cohérentes avec l'étymologie du mot « religion ». En effet, ce terme vient du latin *religare*, signifiant « lier ensemble, unir solidairement, puis, assembler, mettre en communication ou en rapport ». Donc à l'opposé du fonctionnement clivant du premier moi, notre moi habituel. Il est donc clair et cohérent que LE sujet et le but du religieux est cette métamorphose du moi et non pas l'adhésion à tel ou tel credo !

Et maintenant, trois citations, la première étant relative à la transition du premier moi vers le deuxième moi, puis au-delà ; suivent deux citations traitant du même sujet, la libération de l'ego, mais par le biais de mots et méthodes complètements différents. Commençons par la première citation :

> « Il[73] est une image destinée à s'effacer dans l'être. Être qui est la voix venant du Buisson ardent et disant :
>
> "Je suis, tel est mon nom pour l'éternité."
>
> D'aucuns disent que ces deux moi sont amenés à une fusion bienheureuse dans l'Absolu, le Brahman indifférencié des hindous, Cela, Sat-Chit-Ananda (être-connaissance et béatitude indivisiblement), qui n'est pas un quelque chose d'inactif, mais une intelligence transparente et agissante des choses. » MSL

Et maintenant, la deuxième citation, qui rejoint l'affirmation de MSL à propos de « la fusion bienheureuse » où l'homme s'éprouve comme étant « à la fois le centre et le tout » :

> « L'homme est triple : il est à la fois Individuel (avec un nom et une forme déterminée) mais aussi Universel (cosmique) et la réalité supérieure qui les contient toutes les deux. » Sri Aurobindo

Conception qui est cohérente avec la conception que C.G. Jung a du Soi.

Et enfin la troisième citation, nous venant de Ramana Maharshi, en réponse à une question, le 6 janvier 1936 :

---

[73] Le premier moi

> « La conscience[74] n'est jamais née, elle reste éternelle. Mais l'ego prend naissance ; de même que toutes les pensées. Ils ne peuvent exister qu'en étant associés à la conscience absolue ; pas autrement. [...] Moksha consiste à savoir que vous n'êtes jamais né. "Reste tranquille et sache que je suis Dieu". Rester tranquille veut dire ne pas penser. Ce qu'il faut c'est savoir et non pas penser [...] On vous demande maintenant de vous accrocher fermement à ce "je". Si vous y parvenez, l'Être éternel se révélera. L'investigation sur le "je" est LE point important et non la méditation sur le cœur. Il n'y a rien qui soit interne ou externe. Les deux veulent soit dire la même chose ou ne rien dire du tout ! »

Dans toutes ces citations il apparaît donc que l'homme est beaucoup plus que son ego, cette formation « qui jaillit de l'absolu comme une étincelle » disait Ramana Maharshi. On dirait comme une « fenêtre pop'up » sur l'écran d'un ordinateur de nos jours ! Une futilité donc ! Il est aussi la conscience d'être, le Soi, cette conscience dont MSL disait que dans le récit de la Création elle précédait l'apparition du monde des formes et la conscience du monde. Mais l'homme ordinaire n'en a pas conscience. C'est le travail de toute une vie, de plusieurs vies dit l'Inde, d'en prendre conscience.

## Moïse

Le nom de Moïse apparaît dans plus de 800 versets de la Bible. C'est donc une figure très importante, connue comme « le plus grand des prophètes ». MSL considère que Moïse a peut-être été un personnage historique, ou pas, mais que le savoir est tout à fait secondaire ! Il est dit de lui :

> « Moïse était âgé de cent vingt ans lorsqu'il mourut ; sa vue n'était point affaiblie, et sa vigueur n'était point passée. » Deutéronome 34;7

---

[74] Sous-entendu, la conscience d'être

On peut en douter vu l'âge annoncé, et si l'on interprète au premier degré ce qui est dit de sa vue et de sa vigueur à ce grand âge et à cette époque ! Mais là n'est pas l'essentiel, l'essentiel étant que Moïse peut être vu et compris comme un plan de la conscience et de la vie, qui est là, souvent inconscient, rarement éveillé en nous, mais présent à titre latent en tout être humain. Interprétation cohérente avec la lecture au deuxième degré de l'état de sa vue (la vue de l'unité de toutes choses) et de sa vigueur (spirituelle).

Voici ce que dit MSL de Moïse au cours d'une conférence :

> « Moïse est considéré comme le plus grand des prophètes. Prophète qui veut donc dire parler au nom de Dieu, parler au nom de l'Éternel et non pas annoncer l'avenir. *Prophemis* en grec voulant dire parler devant, ou pour, et le dictionnaire précise bien "parler au nom d'un dieu". Donc Moïse, qui est en nous ce plan de la conscience spirituelle qui reçoit les instructions du Seigneur, et qui reçoit aussi la puissance, la force nécessaire pour les mettre en pratique, les exécuter, non pas seulement pour lui-même et en soi-même, mais pour ce peuple qui devient immense. Moïse aura ce mot bouleversant :
>
> "Ce peuple est devenu trop lourd à porter."[75]
>
> On peut comprendre cela aussi d'une manière personnelle : la vie dans le monde, sur la terre, ne cesse de croître, de grandir, de se multiplier, d'apporter de nouveaux éléments, si bien que nous nous trouvons, notre conscience spirituelle, humaine et divine à la fois, à la tête de tout un chargement que nous a amené la vie, tant en personnes qu'en choses, dont nous ne sommes plus le maître. Le matériel, le mental, la vie sur la terre ont pris tellement de poids, de place, qu'il devient vraiment très difficile

---

[75] La citation exacte est : « Je ne peux pas, à moi tout seul, porter tout ce peuple, car il est trop lourd pour moi. » Nombres 11;14

de les pénétrer et de les guider par l'esprit, de les aider par l'esprit et Moïse à un moment aura ce mot :

"Ce peuple est devenu trop nombreux je n'arrive plus à le conduire."

Alors, l'Éternel donnera à Moïse des espèces d'émissaires, de ministres, qui vont l'aider à faire son œuvre. Mais ici Moïse, avec son frère Aaron, est encore seul face à ce peuple qu'il a sorti d'Égypte avec l'aide de l'Éternel, à qui il a fait traverser la mer Rouge, qu'il a sorti de la servitude[76] pour l'engager dans un chemin de longue purification pour le préparer à rentrer dans la terre promise, le pays de Canaan où « coulent en abondance le lait et le miel », où coule en abondance la révélation de l'Esprit. De nouveaux ce n'est pas sans difficultés. Mais c'est tout de même l'arrivée en la terre extérieure et surtout intérieure, dans la terre où naît le fils de Dieu dans le monde, mais aussi dans l'homme. La révélation de Dieu en l'homme. Noël, c'est cela. C'est la naissance du fils en l'homme. Pas devant l'homme, et ceci, c'est une chose que l'Inde nous aide à comprendre. Les premiers temps chrétiens savaient cela, mais peu à peu, les siècles chrétiens ont perdu cette notion essentielle que Jésus est une naissance intérieure, une révélation de Dieu en l'homme au terme de tout un travail de maturation, de purification, avec beaucoup de difficultés, d'erreurs, de souffrances. Et voici ce que l'Éternel dit à Moïse le prophète, lui qui est la conscience spirituelle instruite par l'Éternel, lui qui transmet aux autres éléments de la vie et de l'homme cet enseignement spirituel qu'il faut essayer de vivre et de mettre en pratique. Sans renier la compréhension et acceptation historique, linguistique, ethnologique de la Bible et des récits sacrés, j'essaye à travers eux de pénétrer jusqu'à leur signification spirituelle qui est

---

[76] La servitude du mental, car, pour MSL, dans la Bible, l'Égypte est le pays du mental dualiste.

> encore efficace actuellement. De la sorte, au lieu d'être simplement des histoires du passé que l'on peut oublier, ils deviennent des enseignements actuels dont on doit se souvenir. »

Donc, ainsi conçu, Moïse est en nous ce plan de la conscience spirituelle qui reçoit les instructions de ce que l'on appelle le Seigneur en langage chrétien, et qui reçoit aussi la puissance, la force nécessaire pour les mettre en pratique et les exécuter. Par instructions, il ne faut bien sûr pas comprendre d'ordres exprimés extérieurement en telle ou telle langue, intimés par un ego divin tout puissant à l'adresse d'un ego humain misérable en vue d'accomplir on ne sait quel plan connu de lui seul ! Par instructions, il faut comprendre la révélation et les impulsions vitales intérieures pour que s'accomplisse le destin évolutif de l'espèce, destin qui est de dépasser l'ego mental et de s'épanouir dans l'universel.

**Morale**

L'encyclopédie Universalis indique que, étymologiquement, « morale » vient du latin *moralis*, traduction par Cicéron du grec *ta èthica*, les deux termes désignant ce qui a trait aux mœurs, aux attitudes humaines en général et, en particulier, aux règles de conduite et à leur justification. Elle dit aussi que l'on réserve parfois le terme d'origine grecque à la question des concepts fondamentaux, tels que bien et mal, obligation, devoir, etc. Le mot est donc pleinement dans le domaine de la dualité : il y a moi et les autres, il y a le bien et le mal, et la morale est conçue comme un système de règles et non comme le rôle de l'amour ou de l'empathie dans les relations de l'homme avec ses congénères et avec la nature. Dans un monde d'ego égoïstes au sens fonctionnel du terme, la morale est donc un outil précieux de modération des comportements visant à rendre vivable une collectivité d'hommes ordinaires, c'est-à-dire centrés sur le mental dualiste. Mais qu'en est-il des sages et de saints ? La réponse nous vient d'un sage de l'Inde du XIXe siècle, Ramakrishna, qui, à propos du Jivan Mukta, le libéré vivant, celui qui est libéré de l'ego dans son sens restrictif de « moi je », disait :

> « Il est au-delà du bien et du mal, mais il ne fait jamais le mal. »

Et d'ajouter cette belle image concrète issue de l'Inde rurale :

> « On prend une épine qui s'appelle le bien, et avec on enlève l'épine du mal, puis on les jette toutes les deux : Dieu est au-delà. »

Image et conseil à l'homme vivant dans la dualité, pour l'aider à faire un petit pas de plus en direction de l'unité : Dieu.

**Mort (dans la vie)**

Le mot apparaît plus de 450 fois dans la Bible, et il y fait partie des cent mots les plus utilisés. Si l'on compte les différentes déclinaisons et conjugaisons du verbe associé, il apparaît dans plus de 1 000 versets ! Préoccupation importante des hommes, mort (et résurrection) sont aussi au cœur du Nouveau Testament. Et aussi dans tous les textes sacrés de tous les temps et de toutes les traditions. Le mot concerne deux réalités très différentes : celle du corps bien sûr, mais surtout celle de l'ego, objet des religions et quêtes spirituelles. Une lecture superficielle, ou trop affectée par des biais cognitifs, occulte la deuxième lecture, et transforme en superstition les propos religieux qui lui sont relatifs. Et ceci, curieusement, même chez des personnes ayant reçu une éducation rationnelle et intelligentes par ailleurs. Souvent, elles finissent par trouver une échappatoire dans un athéisme plus ou moins déclaré, qui, de fait, est une attitude positive de purification qui ne dit pas son nom.

Voyons ce qu'en disent MSL et la sagesse indienne, en commençant par cette citation de MSL qui débute par une affirmation abrupte :

> « La mort n'existe pas ! Il est dit du Christ qu'il est :
>
> "le premier né de la création" (Colossiens 1-15),
>
> mais il est aussi dit de lui qu'il est :
>
> "le premier né d'entre les morts" (Colossiens 1-18). »

Nota : ceci ne signifie nullement, comme on l'a parfois pensé autrefois, qu'étant le « premier né » il a été le premier ressuscité ! Ce serait d'une logique explicative triviale du type de celles de la logistique industrielle « first in, first out » qui n'a rien à faire ici ! Car les textes sacrés ne sont pas historiques mais hors du temps. Et maintenant, toujours de MSL et à propos de la mort, cette citation qui aide à comprendre la parole de Saint Paul :

> « Le Christ est toute la vie, y compris cet aspect de la vie qui s'appelle la mort. Le fait de quitter un corps, appelé mort, qui renvoie généralement à la seule tristesse, est une naissance : on quitte la terre, on naît à une autre vie qui est ailleurs et qu'on peut ressentir à l'occasion ici-bas. »

Cette sensation est clairement perceptible au voisinage de la dépouille du défunt où, curieusement, dans le silence, c'est le sentiment de la vie qui domine ! Au fond, on ne sait pas grand-chose de cet après mort, qui, au demeurant, n'est une préoccupation que pour l'homme ordinaire. Car pour celui qui est passé par la première mort, qui ne vit plus dans cette création mentale qu'est le temps, la question ne se pose pas : il est rentré dans l'éternité ! D'ailleurs, nul besoin de connaître grand-chose de cet après mort ! Et MSL d'ajouter lors d'une conférence, pour apaiser cette préoccupation de l'ego angoissé :

> « Et si c'est un néant, ce sera Son néant ! »

Toujours relatif à la mort, toujours de MSL, mais cette fois à propos du Dieu personnel, et de la nécessité de s'en détacher :

> « Un Dieu personnel, l'apparence visible de Dieu, devient facilement pour nous un individu. C'est d'ailleurs ce qui s'est passé pour Jésus. À ce moment où est Dieu ? Il faut que Jésus meure, il faut que ce plan de l'apparence physique, que l'image concrète disparaisse pour que soit le tombeau vide de Pâques où seul l'Esprit rayonne de sa plénitude radieuse et blanche. Il faut que le Dieu personnel adoré disparaisse, en nous, pour que nous puissions connaître Dieu dans sa vérité. C'est la grande leçon de la mort dans la vie. Nous sommes souvent tellement attachés à

nos morts, mais c'est une erreur car justement ils sont passés par un effacement de l'apparence dans laquelle il ne faut pas les retenir. Car l'accomplissement de l'homme c'est aussi l'effacement de l'apparence de l'image dans l'Être : "Dieu créa l'homme à son image", la descente, "il le créa à l'image de Dieu", la remontée.[77] Dieu oui, mais non pas Dieu à figure humaine. L'homme à l'image de Dieu l'est surtout par sa nature complète, intérieure, spirituelle qui est sa ressemblance profonde avec Dieu et le chemin qui doit le reconduire à Dieu. »

Et pour terminer avec la tradition indienne, tout d'abord cet échange remarquable entre Ramana Maharshi et un avocat, M. Vaidyanatha Iyer, à Tiruvanamalai.

Précisions préalables relatives à cette citation : « Je » est la conscience, orthographiée avec un « J » majuscule, qui est aussi appelé le Soi ou Dieu par différence avec la conscience physico-mentale, l'ego, qui est noté « je » avec un « j » minuscule. À noter aussi que « jnani » est un mot sanskrit qui signifie « savoir », « sage », ou « celui qui possède la sagesse », l'homme libéré de la prépondérance de l'ego. Précédé du privatif *a-* , le mot sanskrit désigne cette fois l'homme ordinaire centré sur l'ego.

> « Shri Bagavan déclara : Le jnânî dit : "Je suis le corps", l'ajnânî dit aussi : "Je suis le corps" ; quelle est la différence ? "Je suis" est la vérité. Le corps est la limitation. L'ajnânî limite le "Je" au corps. Le "Je" reste indépendant du corps pendant le sommeil. Le même "Je" est maintenant dans l'état de veille. Bien qu'on l'imagine être à l'intérieur du corps, le "Je" est sans corps. L'erreur ne consiste pas à dire "Je suis le corps". C'est le "je" qui parle ainsi. Le corps est inconscient et ne peut dire cela. L'erreur consiste donc à penser que le "Je" est ce que le "Je"

---

[77] MSL aimait à répéter : « Dieu » au début, et aussi « Dieu » à la fin… et « l'image », « l'homme », qui est donc destiné à disparaître au profit de l'Être qu'est Dieu.

n'est pas. Le "Je" est conscience, il ne peut alors pas être le corps non-conscient. Les mouvements du corps sont confondus avec le "Je" et les souffrances s'ensuivent. Que le corps soit actif ou non, le "Je" reste toujours libre et heureux. Le "Je" de l'ajnânî n'est que le corps, c'est là toute l'erreur. Le "Je" du jnânî inclut le corps et tout le reste. Il est donc évident qu'une certaine entité intermédiaire s'élève et donne naissance à la confusion. » *L'Enseignement de Ramana Maharshi* (« 15 septembre 1936 », réponse n°248)

Cette entité intermédiaire, non nommée, est bien sûr l'ego. Ainsi, ce qui nous est dit, c'est que l'identification aux seuls corps et pensée qui portent le nom « je », cette entité intermédiaire entre le corps inconscient et la conscience du « Je » avec un « J » majuscule, le Soi, la conscience d'être, est à l'origine de la peur de la mort, la deuxième mort, celle du corps. La psychologie nous dit que l'origine de cette « entité intermédiaire » est floue. Mais il est certain qu'un conditionnement social de tous les instants, qui commence dès la naissance, y participe.

Maintenant, à la question : « Si le jnânî dit ''Je suis le corps'' que lui arrive-t-il quand il meurt ? », voici la réponse apportée :

« Le jnânî ne s'identifie pas à son corps même de son vivant […] Son " Je" inclut le corps puisque pour lui rien ne peut exister en dehors du "Je". Si le corps périt, il n'y a aucune perte pour le "Je". Le "Je" reste toujours le même. Si le corps sent qu'il est mort, qu'il pose, lui, la question ! Étant inerte il ne le peut pas. Le "Je" ne meurt jamais et ne pose pas non plus de question. Alors qui meurt ? Qui pose des questions ? […] La mort n'est qu'une pensée et rien de plus. Celui qui pense provoque des difficultés. Que le penseur nous dise ce qui lui arrive quand il meurt. Le " Je" réel est silencieux. On ne devrait pas dire « je suis ceci » ou « je suis cela » C'est faux. Ce sont aussi des limitations. Seulement « Je suis » est la vérité. Le silence est "Je" […] Être libre de pensées est notre vraie nature – la Félicité. »

Évidemment, tout ceci est à vivre et ne doit pas se limiter à de la spéculation intellectuelle, aussi belle et pertinente soit-elle. Le Maharshi lui, le vivait et pouvait « donner » ce qu'il disait à ceux qui étaient suffisamment mûrs pour le recevoir. Souvent, il ne disait rien. On dit de Ramana Maharshi, qu'un seul de ses regards pouvait changer la vie d'un homme. Et de nombreux témoignages disent que c'était effectivement le cas ! On ne peut évidemment pas manquer de faire le rapprochement entre le « Je suis » du Maharshi et le « Je suis » du Livre de l'Exode où Dieu, parlant du sein du Buisson ardent, dit :

> « Je suis celui qui suis [...] voilà mon nom pour l'éternité »
> Exode 3;14-15

Encore une fois, pour l'être rationnel, celui qui ne vit pas ou pas encore la chose, mais qui cherche la vérité, est-il meilleur garant de la réalité de ce qui est dit sur la nature de Dieu, que d'observer la correspondance parfaite des affirmations, au mot près, à plus de vingt-cinq siècles de distance, sur deux continents distincts et dans deux traditions différentes ?[78]

### Mort (la première)

C'est la mort à l'ego sous sa forme de « moi je », la personnalité individuelle autocentrée, cet « intermédiaire » dont parle le Maharshi ci-dessus. Intermédiaire qui s'identifie au corps et à ses pensées, et ce d'une manière exclusive, par séparation et opposition avec tout le reste :

> « La première mort, c'est le triomphe sur l'illusion de Mâyâ, sur
> les dualités, sur l'apparence. » Source inconnue

Cette mort est en fait une transformation qui porte des noms variés selon les traditions et au cours des siècles : réalisation, libération, résurrection, moksha, illumination, satori, individuation (probablement, mot assez

---

[78] Certes, le Maharshi connaissait les textes juifs et chrétiens, et il est possible de voir là un « ré-emploi » expliquant l'usage des mêmes mots. Mais il n'en reste pas moins que le contexte tant culturel que circonstanciel est complètement différent.

trompeur[79] utilisé par C.G Jung) etc. Cette transformation psychologique débouche sur un état de conscience décrit par un très ancien texte indien :

« Stable, en l'état de plénitude, où il n'est ni moi ni mien. »
Source Veda ou Gita

Et maintenant une parole extraite du Livre de l'Exode et qui concerne la première mort :

« L'homme ne peut pas me voir et vivre. »[80]

Parole à comprendre autrement qu'au premier degré ! La signification, c'est que vivre centré sur le « moi je » et voir Dieu sont incompatibles. Le « moi je » doit s'effacer jusqu'à disparaître, mourir donc, pour que Dieu soit perceptible. Ceci, c'est la première mort. À noter que Kâli, la Mère divine, la puissance exécutrice de Shiva, qui est représentée dansant sur le corps allongé de Shiva, porte précisément à son cou un collier de têtes de morts : ces têtes, pour MSL, représentent les fausses personnalités qui doivent nous être enlevées. Kâli danse en nous, et la seule victime de Shiva, en nous, c'est l'ego dans sa forme de « moi je ». C'est si simple ! C'est cela, la première mort.

**Mort (la deuxième)**

C'est la mort du corps et de la conscience mentale qui meurt avec le corps, la mort de l'être de chair. Voyons ce que l'Apocalypse nous dit du rapport de la première et de la deuxième mort :

---

[79] Vers la fin de sa vie, Carl Gustav Jung le définit ainsi : « J'emploie l'expression d'individuation pour désigner le processus par lequel un être devient un individu psychologique, c'est-à-dire une unité autonome et indivisible, une totalité » *Ma Vie*

[80] La citation exacte est : « L'Éternel dit : Tu ne pourras pas voir ma face, car l'homme ne peut me voir et vivre. » Exode 33;20

> « Les autres morts ne revinrent point à la vie jusqu'à ce que les mille ans fussent accomplis. C'est la première résurrection. Heureux et saints ceux qui ont part à la première résurrection ! La seconde mort n'a point de pouvoir sur eux ; mais ils seront sacrificateurs de Dieu et de Christ, et ils régneront avec lui pendant mille ans. » Apocalypse 20;5-6

Versets que MSL commente comme suit :

> « La deuxième mort est un anéantissement de la conscience [sous-entendu physique et mental] dans le néant. La première mort et résurrection, c'est la mort mystique où le moi perd sa prépondérance. C'est l'oubli de soi, le don de soi au Divin, à la "volonté divine pour la croissance". La mort physique n'existe plus, c'est le passage à une autre éternité même si elle anéantit l'être. Quant au "sacrifice", c'est la naissance sacrée où l'Esprit domine l'ego. Mais la sainteté est une menace pour la terre si elle se développe trop car tout part dans l'Absolu, car le but de la création est sa transfiguration [pas sa disparition, d'où sans doute la limitation à mille ans !] »

Donc il n'y a pas de peur de la mort (la deuxième mort) pour ceux qui ont connu la mort à l'ego (la première mort). C'est aussi ce qu'affirmait le Maharshi à un interlocuteur en identifiant, à la racine de cette peur, le phénomène d'identification au corps, d'une part, et, d'autre part, la création d'une identité intermédiaire qu'il appelle la pensée « je », qu'il faut distinguer de la conscience, le Soi, Dieu en l'homme :

> « La peur de la mort se présente après que la pensée « je » est née. La mort de qui craignez-vous ? Et de qui est cette crainte ? La cause en est l'identification du Soi avec le corps. Tant qu'elle existera, il y aura peur [...] La pensée "je" surgit et, simultanément, la peur de mourir. Accrochez-vous à cette pensée "je" ; elle disparaîtra tel un fantôme. Ce qui subsiste est le vrai "Je". C'est le Soi. » *L'Enseignement de Raman Maharshi*, 15 juin 1936

Conclusion : c'est la première mort, la mort à l'ego, le petit « je », qui fait disparaître cette peur de la deuxième mort, la mort du corps et de ses pensées.

Mâ Suryananda Lakshmi rapporte que Mâ Ananda Moyi, peu avant son décès, alors qu'elle était déjà très faible, disait :

> « La vérité c'est que rien ne s'est passé ici-bas, ni naissance, ni mort, seulement l'écoulement de l'Éternité dans toutes ces choses. »

C'est cette même Mâ Ananda Moyi qui affirmait :

> « Mourir c'est changer de vêtements. »

Donc rien d'important malgré l'inévitable tristesse que cela provoque chez les proches. Mâ s'exprimait parfois comme si c'était le corps qui nous quittait, le « nous » étant stable, à contrepied des conceptions et formulations religieuses habituelles. Est-il paroles et conception plus apaisante?

**Mourir (avec Jésus)**

Que veut dire l'expression « mourir avec Jésus » ? Réponse de MSL :

> « Mourir avec Jésus, c'est mourir à soi, mourir au moi individuel en soi-même et chez les autres, ce qui n'est pas facile ! Ne jamais voir un individu comme séparé de Dieu, mais en soi-même, en chacun et en tous. »

Il faut donc aller au bout de cette logique et espérer avoir la grâce d'éprouver, un jour, que « nous sommes les autres » ! Commentaire périphérique : Les saints, qui éprouvent cela, n'ont donc pas besoin de la morale. Cet instrument, assurant un ordre minimum dans une société qui est une assemblée d'ego, n'est alors plus nécessaire ! « Mourir à soi, être les autres », cette possibilité est révolutionnaire et ne peut être envisagée publiquement, hors cas particuliers très rares, sans que l'on vous prenne au mieux comme un original et au pire pour un fou ! C'est le grand tabou ! Et pourtant c'est bien vers cette mort à soi que Jésus « va » quand il répond à la question de Pierre :

> « Pierre lui dit : "Seigneur, où vas-tu ?" Jésus répondit : "Tu ne peux pas maintenant me suivre où je vais, mais tu me suivras plus tard." » Jean 13;36

Et c'est effectivement bien ce qui se passera plus tard après bien des chutes, des péripéties, des allers et retours dont le célèbre reniement de Pierre.

## Mundaka Upanishad

La Mundaka Upanishad est l'une des Upanishads principales les plus anciennes. Elle est magnifique, un pur joyau. Elle a peut-être été rédigée au VIII$^e$ siècle avant Jésus-Christ, mais, en Inde, on dit que ces textes upanishadiques ont toujours existé ! Ils se sont probablement retransmis par tradition orale avant d'être rédigés. Sri Aurobindo, maître de Mâ Suryananda Laksmi, l'un des plus grands penseurs de son temps, linguiste, a traduit un certain nombre d'Upanishads. Il est probable que c'est sur la base de cette traduction qu'a été fait le commentaire suivant lors d'une conférence de MSL :

> « "Mundaka" vient du mot sankrit *mundita* qui désigne la couronne de fleurs que l'on met sur la tête, et du mot sanskrit *munda* qui signifie "rasé, chauve" donc en correspondance avec le septième chakra. »

Chakra qui se trouve au sommet de la tête au niveau de la fontanelle. La troisième Mundaka commence par la description d'une scène champêtre :

> « Deux oiseaux qui s'agrippent à un même arbre, beaux de plumage, camarades de joug, compagnons éternels, et l'un mange les fruits délicieux de l'arbre, l'autre ne mange pas et

regarde son camarade » Troisième Mundaka (1$^{er}$ khanda, 1$^{re}$ strophe)

Scène dont MSL fait la « lecture expliquée » lors d'une conférence :

> « À noter tout d'abord quelque chose qui pourrait sembler paradoxal car les Upanishads appartiennent aux hymnes védantiques, donc qui traitent de l'unité de toutes choses. Or, le premier mot de l'Upanishad nous situe en pleine dualité puisque c'est le chiffre deux ! Ceci n'est pas contradictoire en fait, et, d'ailleurs, à chaque groupe d'hymnes védiques (donc concernant Dieu dans un monde créé) correspond un groupe d'hymnes upanishadiques (donc monistes, dans l'Absolu). Et, de fait, quand l'Absolu est réalisé, la terre en fait partie ! Ensuite, la symbolique de l'oiseau qu'il faut rapprocher du dernier des quatre êtres vivants autour du trône de Dieu dans le texte de l'Apocalypse, à savoir l'aigle qui représente les plans spirituels et l'âme, après le lion qui symbolise le plan physique, le veau qui représente le plan vital, et enfin l'homme qui représente le plan mental. Les deux oiseaux sont Dieu et son image, l'Ego (avec un « E » majuscule), ce qui correspond parfaitement à :

> "Dieu créa l'homme à son image, il le créa à l'image de Dieu" (Genèse 1;27)

> Les "deux oiseaux" sont l'Être et l'image, dont le seul destin est de se reconnaître identique à l'Être. C'est une métaphore semblable à celle de la septième lettre de l'Apocalypse :

> "Voici, je me tiens à la porte, et je frappe. Si quelqu'un entend ma voix et ouvre la porte, j'entrerai chez lui, je souperai avec lui, et lui avec moi." (Apocalypse 3;20)

> Les deux oiseaux sont "beaux de plumage" : dans une quête spirituelle il est bien des chemins. Mais il en est un auquel on ne pense généralement pas, pourtant sans doute le plus sûr et le plus

facile, celui du yoga de la beauté, celui qui nous fait cultiver la beauté des pensées, des actes, des intentions, des réactions… à côté des autres yogas tels que ceux de la vertu, de l'ascèse, de la vérité, et du plus connu en Europe, celui des postures et de la respiration, le hatha yoga.

"camarades de joug" : je pense ici à une parole de l'Évangile de Jean disant que Jésus sur la terre est lui-même soumis à la loi de l'Éternel. Dieu lui-même respecte la loi qu'il a créée, y compris la loi de la grâce, qui a toutes les libertés et toutes les puissances. Dans la vie ici-bas, Dieu et l'homme sont également soumis à la loi de la création, si c'est beau cela ! Soumis à son processus lent, car il a fallu des millénaires pour passer de la terre à la plante, de la plante à l'animal, puis à l'homme et enfin, non pas au "surhomme" de Nietzsche, mais à l'homme conscient de sa plénitude sachant qu'il est fils de Dieu.

"compagnons éternels" : phrase immense ! La conscience individuelle est éternelle aussi dans son identité, dans son identification avec Dieu dont elle est l'image. Répété sous une autre forme, cela donne la parole du Christ :

"Moi et le Père nous sommes un" (Jean 10;30)

Ici-bas, c'est moi d'abord ! Cette image est une avec Dieu, et c'est dans ce sens qu'elle est éternelle.

"et l'un mange des fruits délicieux de l'arbre, l'autre ne mange pas et regarde son camarade" : il y a une différence entre les deux oiseaux : celui qui mange, qui mange de l'arbre de vie, c'est l'image, l'autre pas, il est l'Être. Cf. Exode 3;14 : "Dieu dit à Moïse : 'Je suis celui qui suis'. Et il ajouta : 'C'est ainsi que tu répondras aux enfants d'Israël : Celui qui s'appelle 'Je suis' m'a envoyé vers vous.' " L'autre oiseau contemple. Avons-nous assez contemplé en nous le Christ, Ramakrishna, Lakshmi, Sarasvati, Kâli, Rama, Krishna ? Ce sont là des moyens de "regarder notre camarade", le semblable. Ces deux oiseaux, c'est la sixième lettre de l'Apocalypse, celle à l'église de Philadelphie, nom qui vient du grec *philae*, "l'amour" et de *adelphos* qui signifie "le semblable". La contemplation, c'est celle de l'échelle de Jacob avec les anges qui montent et qui descendent, dominée par Dieu, c'est la contemplation de la structure de notre être. Avoir soif de Dieu, c'est contempler Dieu, y compris contempler notre souffrance et le sentiment de notre impuissance[81]. À ce propos, je répète qu'il n'y a qu'un seul péché qui est de dire "Je suis ce corps, je suis cette pensée" et donc de tout ramener à notre petit "moi". Le corps est l'image, l'être c'est Dieu. Le péché, c'est une erreur d'appréciation. Le péché est un terme équestre qui signifie le faux pas du cheval qui manque sa cible et perd la victoire. La victoire sur cette illusion qui fait que l'oiseau ne regarde pas son camarade, mais se regarde lui-même. C'est le seul péché, celui dont tous les autres découlent ! L'oiseau au lieu de contempler son camarade qui se nourrit des fruits délicieux de la lumière, de l'infini, de l'éternité, de la sainteté, peut se regarder lui-même, et, comme il ne mange pas, il contemple sa faim. Alors il se sent pauvre, ce que l'on retrouve dans l'Évangile de Thomas :

"Quand vous vous serez connus, alors vous serez connus, et vous saurez que c'est vous les fils du Père le vivant. Mais s'il vous arrive de ne pas vous connaître, alors vous êtes la pauvreté, et c'est vous la pauvreté." (Thomas, logion 3)

La pauvreté, c'est l'oiseau qui ne regarde pas. En regardant, il s'aperçoit qu'il est semblable à l'autre oiseau et s'identifie à lui. Et il vit de la plénitude de l'autre. Celui qui se regarde lui-même s'aperçoit qu'il est pauvre et qu'il a faim et il est malheureux. Il

---

[81] L'impuissance à nous changer nous-même, vaine tentative de l'ego dont Alan Watts disait avec humour qu'elle était aussi efficace que de « vouloir s'élever en tirant sur ses lacets » !

ne grandit pas et ne devient pas l'unité avec son "compagnon de joug" son "camarade éternel". Il y a vraiment un monde de révélation dans cette première strophe ! »

Voici maintenant la suite de l'Upanishad :

« L'âme de l'homme est l'oiseau qui demeure avec Dieu sur un même arbre et, en sa douceur, s'égare et s'oublie et, parce que déchu de souveraineté, il a de la peine et est désorienté, mais quand il voit cet autre qui est le Seigneur et le bien aimé, alors il sait que tout ceci c'est sa grandeur et la peine s'écarte de lui. »
Troisième Mundaka (1$^{er}$ khanda, 2$^e$ strophe)

Strophe commentée par MSL :

« Deuxième strophe d'une richesse et d'une densité à nouveau étonnantes ! L'âme de l'homme, c'est son moi individuel, son ego, sa conscience différenciée. Et l'oiseau demeure avec Dieu sur le même arbre. Il y a donc ici une notion de plus : l'âme individuelle, l'ego de l'homme, n'est pas seul mais avec Dieu sur l'arbre de vie. Et nous avons la Trinité : Dieu, la vie et l'homme qui sont un, attelés[82] à un même effort, "compagnons de joug, camarades éternels". L'oiseau qui demeure sur la branche, celui-ci s'égare et s'oublie dans la douceur de Dieu, juste l'inverse de l'oiseau qui se regarde soi-même... quel programme ! Ce qui me fait penser à cette correspondante qui écrivait : "Dans ma méditation de ce matin, j'ai réalisé que la Mère m'aime d'un amour insondable, et qu'elle m'attend depuis toujours du fond de moi et au-dessus de moi, et qu'il fallait seulement la découvrir et ne pas tellement penser au progrès spirituel, mais seulement penser à cet amour de la Mère divine en nous."

---

[82] Attelés au joug

L'oiseau qui dans sa contemplation "s'égare et s'oublie", cela, c'est peut-être la plus belle chose qui puisse arriver à l'homme ! Dans Saint Luc 17 [sic][83] le Christ dit :

"Si vous ne devenez semblable à de petits enfants vous ne rentrerez pas dans le royaume des cieux."

Quand on observe un enfant jeune qui regarde quelque chose, il se donne totalement, s'oublie totalement dans sa contemplation, il est totalement absorbé. C'est ce sens-là qu'il faut donner à la parole du Christ. C'est aussi ce qu'écrit Sainte Thérèse d'Avila :

"Mon âme s'oublie et s'égare en Dieu et je la trouve si grande après, que je n'aurais pu réaliser un tel progrès après des années d'ascèse."

Un seul moment d'oubli en Dieu nous en apprend des milliers de fois plus que des années d'efforts douloureux !

"Heureux les doux car ils hériteront la terre (...)" (Matthieu 5;5)

La douceur des saints, des "doux", et non pas des "bons[84]", qui résulte d'une erreur de traduction. Et cette douceur est en fait une étonnante fermeté, la volonté inébranlable de n'aimer et de ne servir que Dieu en chacun, en soi, et en tous, et de n'y voir que Dieu. Cette contemplation de Dieu en soi, est un abandon qui laisse agir Dieu en nous. Cet abandon, dont Swami Ramndas, décédé en 1963, faisait la recommandation à Mâ Krishna Bai, qui regrettait les contradictions auxquelles elle était confrontée intérieurement :

---

[83] Il y a erreur, la citation est en fait tirée de Matthieu 18;3.

[84] Ou débonnaires. Commentaire annexe au sujet : on dit ou l'on imagine que Dieu est « bon »... mais le mot doit être compris dans le sens de « valable » et non en opposition à « méchant ». On serait sinon en plein dualisme et donc hors de l'unité divine.

"Donne tes contradictions à Ram !" Swami Ramdas

Toutes les difficultés tombent avec le japa, la répétition du nom de Dieu. Toutes les murailles intérieures et extérieures tombent avec la répétition du nom de Dieu. Et cette phrase charmante d'une personne pas vraiment douée pour la méditation et qui disait :

"Quand j'ai un problème, je laisse passer les jours, je n'y pense pas trop et un jour, dans un moment de recueillement, je reçois une jolie réponse."

C'est cela la compréhension. La plus grande joie que puisse connaître l'homme, c'est peut-être de comprendre avec son être entier, c'est-à-dire d'incarner une lumière, une lumière qui se fait en nous. Les anges, c'est ça ! Ce sont des moments d'illumination intérieure avec une lumière vue, ou pas vue, où notre intelligence, notre raison, notre bon sens, notre âme et notre esprit sont d'accord, et adhèrent à une compréhension qui les comble, les enfante, les soulage. La résurrection est faite de tous ces pas.

"L'âme de l'homme est l'oiseau qui demeure avec Dieu" : le plus grand malheur, c'est d'oublier Dieu, ou de le brandir comme une terreur, ce qui conduit au même résultat.

"déchu de souveraineté" : car il n'est que l'image et pas le souverain. Dans l'Apocalypse, Satan, celui qui séduit toute la terre, c'est l'âme, le moi individuel qui se prend au piège de son individualité et se prend pour le souverain. Cette déchéance n'est pas une punition ou une épreuve, mais un travail momentané qui dure des millénaires, d'où l'expression "compagnon éternel". Ce n'est pas une disgrâce de cette âme, elle est simplement dans l'apparence de la dualité et s'agrippe au même arbre que Dieu. Et puisqu'elle est "déchue", elle est soumise à la loi de l'incarnation, elle a de la peine, elle est "désorientée", elle n'est pas dans le chagrin, mais dans la difficulté. C'est dit sans dramatiser, et il faut se pénétrer de cette phrase. Nous ne sommes pas souverains de l'existence, mais, au sommet, nous sommes l'humilité des chrétiens. Nous ne sommes pas souverains de nos vies, ni de celles des autres, ni du monde. L'orientation, c'est l'Upanishad. C'est de regarder son camarade, et de "voir", au sens profond et vaste. Kunti "voit" le soleil se lever. Elle récite son mantra, elle fixe le soleil et, après l'avoir vu des centaines de fois, tout à coup, elle voit Dieu en lui. Elle est passée de la vision matérielle à la vision spirituelle. Dans la contemplation il y a un élément excessivement important, c'est l'"adoration", le "bien-aimé". En lui s'élève un amour qui l'unit à l'autre et lui fait pressentir que la dualité va se transformer en unité. L'intelligence naît de la contemplation. Alors, l'oiseau sait que tout ceci est sa grandeur, et la peine s'écarte de lui. Quand l'âme humaine, à force de contemplation, "voit" Dieu un jour, "voit" Dieu dans un texte, une personne, alors, automatiquement elle "voit" qu'elle est Dieu. Elle "voit" que tout est Dieu, et qu'elle est une avec le bien-aimé. C'est la naissance à la vision, qui devient identification, et qui est la nature du temps nouveau. Alors, toute la conscience n'est plus remplie que de la lumière de l'Esprit. »

Nota : pour une lecture complète de la Mundaka Upanishad, on peut se référer à l'e-book éponyme présenté par Swami Krishnananda

### Naissance

De même qu'il y a la première et la deuxième mort, il y a la première et la deuxième naissance. Il en est fait clairement mention dans l'Évangile :

« Si un homme ne naît d'eau et d'Esprit, il ne peut rentrer dans le royaume de Dieu. » Jean 3;5

Ce que MSL met en rapport avec la résurrection :

« C'est cela ressusciter, la deuxième naissance. C'est la vision de l'Éternité au-dedans de nous-même. »

Au risque d'enfoncer une porte ouverte, la première naissance est bien évidemment celle de notre être de chair !

**Naos (temple)**

Le mot « temple », traduction du grec *naos*, est utilisé 111 fois dans le Nouveau Testament. Le mot doit être compris comme le nom d'un lieu psychologique, en l'homme, plus que comme un lieu extérieur. Ceci sans antagoniser les deux. Voici ce qu'en disait MSL lors d'une conférence :

> « "Naos", du grec ancien ναός, "temple, sanctuaire", désigne, dans le domaine de l'architecture, la partie centrale d'un édifice cultuel, recevant généralement l'effigie d'une divinité. Dans la Bible en général, et tout particulièrement dans l'Apocalypse, le mot "temple" doit être compris comme le temple intérieur, le "lieu secret", celui où Dieu est en l'homme. C'est dans ce sens que doit être compris le verset :
>
> "Après cela, je regardai, et le temple du tabernacle du témoignage fut ouvert dans le ciel". (Apocalypse 15;5) »

Le naos extérieur est encore visible et actif dans les magnifiques temples de l'Inde du sud, notamment ceux de la période Chola. Les fidèles s'y pressent avec ferveur. Voir aussi l'article « Tabernacle ».

**Nature (de l'homme)**

Il y a deux « natures » en l'homme : l'originelle, qui est d'être dans la conscience de l'unité (qui est inconscience de soi), et celle de l'être mental, qui est dans la division, dans la dualité, nature qui s'ajoute ou plutôt se substitue dans un premier temps à la première du fait du devenir évolutif de l'espèce. Devenir qui le conduit à se confronter, puis à traverser la « nécessaire complication de la dualité », après avoir « mangé de l'arbre de la connaissance du bien et du mal » (cf Genèse 3;6, l'acte qui fait de lui l'être mental de la création). La tentative de description de cette « vraie nature », qui n'est autre que Dieu ou le Soi, mais conçue, cette fois, dans un corps d'homme qui a accès aux lumières de l'intelligence mentale, ainsi que la relation des affres du cheminement pour en prendre conscience, pour y revenir, en déjouant les pièges du mental dualiste, sont l'objet, cela a déjà été mentionné, des livres sacrés en général et de la Bible en particulier. Il en est question, par exemple, dans l'Évangile de Matthieu, au chapitre 22.

Voici ce qu'en disait MSL :

> « Le dépassement du mental est la condition d'une vraie vie religieuse, d'un véritable effort yogique, c'est-à-dire à un retour à une vision de l'unité, à un état d'unité, qui est notre vraie nature. Nous nous débattons dans la dualité, mais ce n'est pas notre vraie nature. Notre vraie nature est une, elle est l'unité du divin, de la lumière, de la vérité, de la béatitude, de la plénitude »

Cette « vraie nature », oubliée par l'homme ordinaire, et les affres auxquelles il est confronté au cours de sa vie dans la dualité, affres inhérentes à sa deuxième nature, ont été décrites par Swami Chitananda. Cette description magnifiquement simple, claire et finalement essentielle, commentée par MSL (commentaires entre crochets), est recopiée ci-dessous tant elle est fondamentale, éclairante, consolatrice, et bienfaisante :

> « Les textes sacrés affirment que votre nature essentielle est SatChitAnanda [Être, connaissance, béatitude, indivisiblement, d'où l'écriture en un seul mot].
>
> Ceci étant votre nature essentielle, on ne peut vous en priver.
>
> C'est votre identité éternelle, inépuisable, inséparable, d'une valeur inestimable :

\* Vous êtes Sat [l'Être], existence absolue qui est inaltérable.

\* Vous êtes Chit, conscience absolue, qui est inaltérable.

\* Vous êtes Ananda, félicité absolue qui est elle aussi inaltérable.

Ce n'est pas un élément qui vous qualifie, quelque chose que vous n'auriez pas auparavant et qui vous aurait été surajouté, vous avez toujours été SatChitAnanda, existence, conscience, félicité absolue. [C'est le fondement même de notre nature et de notre être.]

Vous l'êtes en ce moment même où vous m'écoutez.

Vous continuerez à l'être à jamais.

Ceci est la vérité.

Ce qui établit au moins une chose :

Pleurer, se lamenter, souffrir, éprouver du chagrin et de la douleur, votre mission en cette vie ne consiste pas en cela. Ce n'est pas dans ce but que vous êtes venus ici-bas. Ces sentiments peuvent exister comme faisant partie de l'univers phénoménal. Mais vous devez savoir que vous en êtes distincts, que vous transcendez cet univers.

Il se peut que vous le traversiez, il se peut que vous veniez en contact avec lui, que pour le moment vous vous trouviez à proximité de ce qui le constitue, ses imperfections, ses dualités, ses hauts et ses bas, ses plaisirs et ses souffrances, ses joies et ses peines, son bonheur et son affliction.

Mais ceci ne fait pas partie de vous mais du monde phénoménal.

C'est un point très important à saisir ; ce dont vous faites l'expérience dans ce monde phénoménal ne fait pas partie de vous.

[Ce sont des choses qui passent, ce que nous sommes demeure.]

Ce dont vous pouvez faire l'expérience sans effort et à quoi vous avez un accès direct, c'est SatChitAnanda.

Cela est toujours présent, la félicité est toujours présente, non affectée par le temps et l'espace, parce que vous êtes l'existence absolue.

[Nous sommes l'éternité, l'infini, l'impersonnelle plénitude]

Cette réalité s'applique aux trois périodes du temps : le présent, le passé et l'avenir.

Elle en constitue la vérité, elle n'est jamais absente.

[Dieu est toujours là, notre plénitude Divine est toujours là]

La capacité d'être conscient du fait que vous êtes félicité éternelle est inhérente à votre propre nature.

Elle est votre droit de naissance, car la conscience absolue est également votre nature essentielle. »

Swami Chitananda, revue *Terre du ciel*, numéro du 15 Octobre 1995

Telle est notre nature véritable, et le but de la vie est d'en prendre conscience. Ce texte a donné lieu à ce commentaire final de Mâ Suryananda Laksmi qui exprime les choses dans un langage peut-être plus familier aux chrétiens :

> « Cela paraît loin de nous, mais c'est si simple ! C'est le plus intime de nous-même, le plus intérieur, le plus vrai, le « sein du fond » la « perle dont parle le père Henry Lesault [qui, bien que chrétien était venu à Tiruvanamalai recevoir le darshan de Ramanha Maharshi]. Nous sommes les « fils de Dieu », les héritiers de la lumière, et notre travail est de « garder nos vêtements blancs » selon l'expression de l'Apocalypse, notre âme lumineuse, notre cœur plein d'amour, notre intelligence ouverte et s'élevant de plus en plus vers la vérité. »

Tout est dit ! On devrait apprendre ce texte par cœur ! Il n'y a plus qu'à vivre et à l'éprouver, ce qui n'est sans doute pas le plus facile !

**Nirvana**

Ce mot est composé du préfixe privatif sanskrit *nir-* et de *vana*, « le souffle ». Nirvana signifie donc « sans le souffle ». Souvent considéré comme l'extinction des passions, des désirs et de l'ignorance, il est la finalité de la pratique du bouddhisme. Dit positivement, c'est sans doute un état de détachement, de paix stable, qui se rapproche de ce que l'hindouisme[85], dans la Bhagavad-Gita, décrit comme suit :

> « Stable, en l'état de plénitude où il n'est ni moi ni mien. »

Cela, c'est le Nirvana. Ici et maintenant. Pas demain. Pas un paradis dans un ailleurs ! Pas non plus comme on le dit souvent un état sans désir. Mais ce qui est présenté comme un état sans attachement aucun aux objets du désir, objets qui ne sont en fait qu'une création illusoire et impermanente d'un sujet destiné à s'évanouir, la Mâyâ !

---

[85] Le bouddhisme est une branche dérivée de l'hindouisme née vers le VII<sup>e</sup> siècle avant J.-C. à la suite de la vie du Bouddha historique. Celui-ci aurait dit : « Je ne serai pas encore mort que vous aurez déjà créé une religion », ce que nous pouvons confirmer !

**Noël**

Tout comme le mot italien *natale* et le mot portugais *natal*, « Noël » vient de l'adjectif latin *natalis*, « relatif à la naissance ». La naissance de qui, de quoi ? De Dieu lui-même dans le monde des formes, naissance concrète qui est la métaphore de la naissance de Dieu en nous-même, dans notre conscience :

> « Noël, c'est Dieu avec nous, à l'extérieur, et à l'intérieur de nous. » MSL

Noël est donc, après la descente de Dieu dans le monde des formes, un début, un commencement, celui de la remontée vers la conscience de l'identité de l'homme et de Dieu. Extérieurement et intérieurement.

**Nom (de Dieu)**

Le mot « nom » est utilisé 346 fois dans la Bible. C'est l'un des 100 mots les plus employés. Un premier point à noter est que, assez logiquement, depuis la nuit des temps, le nom d'une chose, d'une personne, ou d'un dieu, est le mot qui désigne sa caractéristique principale. Ainsi, une fleur de couleur mauve est appelée « la mauve ». Un homme exerçant l'activité de couvreur va porter le patronyme « Dutoit », etc., etc. Un deuxième point est qu'en hébreu, et plus généralement dans les langues sémites, les choses vont encore plus loin et « le nom est identique à la réalité qu'il désigne » (André Chouraqui[86]). Le premier point est illustré par l'épisode du Buisson ardent :

> « Dieu dit à Moïse : "Je suis celui qui suis." » Exode 3;14

Ce que MSL commente :

---

[86] Dans Le Coran, note sur la sourate 1, éditions Robert Laffont, 1990

> « Nous sommes donc l'être et non l'apparence, apparence qui est prééminente ici-bas sous une forme et un nom spécifique auxquels nous nous identifions. »

Et Dieu, du sein du Buisson ardent confirme et précise :

> « C'est ainsi que tu répondras aux enfants d'Israël : "Celui qui s'appelle 'je suis' m'a envoyé vers vous". Dieu dit encore à Moïse : "Tu parleras ainsi aux enfants d'Israël : 'L'Éternel, le Dieu de vos pères, le Dieu d'Abraham, le Dieu d'Isaac et le Dieu de Jacob, m'envoie vers vous.' Voilà mon nom pour l'éternité, voilà mon nom de génération en génération." » Exode 3;14-15

Et dans l'Inde cette fois, Swami Ramdas affirme :

> « Dieu et son Nom sont un seul et le même. »

De même, dans la Bible, le nom de Dieu s'identifie souvent à Dieu lui-même, plutôt que d'en être l'image dans le miroir de la conscience mentale (1R 8;42 ; Es 30;27 ; Ps 20;2 ; 54;3 ; Pr 18;10). En définitive, le nom de Dieu peut être compris et surtout perçu comme étant identique à sa nature même, à ce qu'il est substantiellement, à sa substance. Par exemple au début de la prière du Notre Père, quand il est question de «Notre Père qui es aux cieux, que ton nom soit sanctifié»

## Nuit (mystique)

Les saints de tous les pays et de toutes les époques font état de périodes de « nuit », par opposition aux périodes « lumineuse ». Ainsi, Saint Jean de la Croix, faisant parler l'âme, écrit :

> « Par une nuit profonde,
> Étant pleine d'angoisse et enflammée d'amour
> Oh ! l'heureux sort
> Je sortis sans être vue,

> Tandis que ma demeure était déjà en paix. » *La Montée du Carmel*

Ici, c'est donc l'âme en l'homme qui parle : elle sort « sans être vue ». Vue par qui, par quoi ? Par le mental dualiste qui ne réagit plus, qui ne « s'accroche » plus à ce qui est perçu. En termes psychologiques, on peut dire que l'inconscient, dans sa forme de « sur-conscient » y joue sans doute un rôle puisqu'il y a bien chez Saint Jean de la Croix une conscience que l'âme sort, mais sans que le mental dualiste y touche, s'en mêle, (et s'emmêle dans ses ratiocinations !) : « sans être vue ». L'homme qui est « la demeure », l'homme qui est « en paix ». Condition dont il est dit qu'elle est essentielle à la vision de Dieu et qui doit être l'unique but des pratiques spirituelles. MSL commentait en disant qu'il faut accepter aussi ces périodes de nuit. Il ne faut pas s'en inquiéter, disait-elle, et rester en « paix ». D'ailleurs, la citation qualifie cette nuit « d'heureux sort », et le justifie puisqu'il est dit que l'âme quitte la « demeure en paix ». Cette « nuit » doit être considérée comme une heureuse nécessité inhérente au travail de purification :

> « Mes désirs sont nombreux et ma plainte est pitoyable, mais par de durs refus tu m'épargnes toujours ; et cette sévère clémence, tout au travers de ma vie, s'est ourdie »
> Rabindranath Tagore, *L'Offrande Lyrique, poème N°14*

Ainsi l'acceptation totale de la « nuit », celle des « durs refus », si elle vécue comme une adhésion et pas seulement acceptée du bout des lèvres, est ce qui conduit l'homme au nécessaire don total de soi à la vie telle qu'elle est, à l'amour qui en résulte et, au final, heureux paradoxe, à la connaissance de Dieu. Comme souvent dans la vie ordinaire, c'est quand on renonce à une chose que précisément cette chose arrive ! Heureuse loi des effets contraires qui veut par exemple que quand on s'efforce de flotter à la surface de l'eau on s'enfonce et que quand on veut s'enfoncer on remonte à la surface ! La volonté consciente permet de faire beaucoup de choses, mais elle a aussi ses limites, en particulier dans la vie spirituelle.

## Œuvre

Deux grandes questions qui traversent toutes les époques sont de savoir d'une part si la recherche de Dieu est compatible avec les œuvres dans le monde, et, d'autre part, si la connaissance de Dieu est le résultat de la grâce ou des œuvres. Quelques réponses de MSL à la première des deux questions, en rapport avec le Livre d'Osée :

> « Leurs œuvres ne leur permettent pas de revenir à leur Dieu »
> Osée 5;4

Il faut comprendre ici que « revenir à Dieu » comporte un certain nombre de conditions, dont des conditions de détachement, d'absence d'égoïsme et d'orgueil dans les œuvres, au sens fonctionnel et non moral. À ce propos deux commentaires de MSL :

> « Ce n'est pas à l'œuvre qu'il faut renoncer, mais c'est à l'attachement au fruit de l'œuvre. Comme l'artiste, il faut créer pour la beauté de la vérité ! »

> « Le vrai sannyasa, ce n'est pas de fuir le monde, c'est de faire les œuvres pour Dieu seul, sans en attendre aucun résultat personnel. »

C'est ce qu'exprime aussi la Bhagavad-Gita :

> « Accomplis l'acte prescrit, ô Arjuna, par la seule raison qu'il doit être accompli, sans attachement, sans égard pour ses fruits ; c'est là le renoncement qui relève du sattva. L'homme qui pratique vraiment le renoncement, l'homme pénétré de sattva, affranchi du doute, n'éprouve pas plus de répulsion pour un acte pénible que d'attrait pour un acte agréable. Quant à renoncer complètement à tous les actes, l'âme, liée au corps, ne le peut pas ; c'est celui qui renonce aux fruits des actes qui vraiment pratique le renoncement. » Bhagavad-Gita 18;9-11

On pourrait penser que la vie actuelle est à l'opposé du comportement décrit par la Gita, et à juste titre ! Il y a cependant une activité où l'efficacité commande de se détacher de l'obtention du résultat : celle de la négociation. En effet, on ne négocie « bien », dans le sens d'efficacement, que si l'on est détaché du résultat désirable de cette négociation. Et l'on dit que Thérèse d'Avila, qui du fait de son activité de créatrice de monastères à travers l'Espagne avait à négocier l'achat des terrains et bâtiments, était une négociatrice redoutée ! Encore une fois il est faux d'opposer vie spirituelle et vie temporelle. En revanche il ne faut pas tout mélanger et

> « rendre à César ce qui est à César et à Dieu ce qui est à Dieu. »
> Marc 12;17, Matthieu 22;21 et Luc 20;25.

**Offrande**

L'image que nous avons de l'offrande est souvent celle de l'offrande « extérieure ». Celle des offrandes de nourriture déposées devant les représentations divines dans les temples asiatiques par exemple. Pourquoi pas. On peut y voir de la superstition, mais on peut y voir aussi de l'amour ! Mais l'offrande véritable, ce qui n'est pas à opposer, est une offrande de soi et de toute la vie à cet inconnu que reste Dieu, très longtemps, pour la plupart d'entre nous. La Bhagavad-Gita l'exprime particulièrement bien (« Bhagavan » signifie « le bienheureux » en sanskrit et c'est lui qui s'exprime en la personne de Krishna) :

> « Celui qui M'offre avec dévotion une feuille, une fleur, un fruit, une coupe d'eau – cette offrande d'Amour, venue d'une âme qui s'efforce m'est agréable.
>
> Quoi que tu fasses, de quoi que tu jouisses, quoi que tu sacrifies, quoi que tu donnes, quelque énergie de tapasya que tu déploies, de volonté ou d'effort d'âme, fais-en une offrande à Moi.
>
> Ainsi tu seras libéré des résultats bons ou mauvais qui constituent les chaînes de l'action ; ton âme en Union avec le

Divin par la renonciation, tu deviendras libre et parviendras à Moi.

Je suis égal en toutes les existences, nul ne M'est cher, nul par Moi n'est haï ; cependant ceux qui se tournent vers Moi avec Amour et dévotion, ils sont en Moi et Je suis aussi en eux. » Bhagavad-Gita 9;26-29

Il y aurait de quoi faire des commentaires à l'infini sur ces versets si beaux, clairs, simples, apaisants et surtout si efficaces ! Mais il y a a minima deux points importants que sages et saints aiment à souligner :

Le premier, c'est qu'il faut agir et « aimer Dieu pour Dieu et pour rien d'autre », et pas pour en tirer un profit personnel, même de réalisation spirituelle. Ceci est en particulier vrai dans la méditation, qui doit être avant tout une offrande silencieuse de soi à Dieu, ou à l'infini, ou au Soi selon ses préférences métaphysiques.

Le deuxième, c'est l'importance qu'il y a à se détacher des résultats de l'action, détachement qui n'est pas une indifférence et une insensibilité mais un abandon confiant. Il faut agir pour l'action et avec une mentalité de serviteur de la vie, sans inquiétude, sans esprit d'importance personnelle. C'est quelque chose que l'on peut ressentir assez facilement dans la vie quotidienne et que l'on exprime en disant « J'ai fait ce que je devais faire, le reste ne m'appartient pas ». Le sentiment du devoir accompli, et ensuite remettre tout le reste dans les mains de la vie, de Dieu, de l'infini, comme l'on préfère. Dans les deux cas, avec « amour et dévotion ». Cet amour dont parle MSL quand elle fait mention d'un « grand amour pour le but à atteindre », but dont Krishna nous dit, dans la citation de la Gita, qu'il est de « parvenir à [Lui] ».

**Olivier**

Le mot apparaît une cinquantaine de fois dans la Bible, ce qui est significatif. Commentaire de MSL à propos de ce mot :

> « Le mont des Oliviers, la feuille d'olivier que la colombe ramène à Noé : dans les deux cas, l'olivier est symbole de réconciliation avec l'Éternel. »

C'est bien naturel d'ailleurs car l'olivier, du fait de sa capacité à refaire des rejets depuis la souche, est considéré comme immortel, donc éternel ! L'opposé de la « réconciliation », c'est la division, l'opposé du but visé, qui est l'unité. Notre époque a besoin d'une grande réconciliation avec l'Éternel, avec Dieu. Elle est fâchée avec lui car cette époque de rationalisme, à juste titre, n'accepte plus les représentations extérieures et superstitieuses de Dieu. Dieu doit être conçu intérieurement, il doit être « le bien-aimé, intimement », c'est-à-dire au cœur de notre intériorité, dans le « lieu secret », le naos, où le mental dualiste et périphérique ne rentre pas.

## Oraison

L'un des pères de l'Église, Saint Évagre le Pontique, définit l'« oraison » comme :

> « une élévation de l'intelligence vers Dieu ».

Et MSL, pour qui l'oraison est un état, plutôt qu'une prière ponctuelle, d'ajouter ce commentaire :

> « En sanskrit il y a deux mots différents pour définir l'intelligence :
>
> \* Chitta, pour l'intelligence concrète dualiste, différenciée
>
> \* Buddhi, pour l'intelligence spirituelle, intelligence qui unit [versus qui distingue, dualiste]
>
> L'état d'oraison, c'est quand la conscience de l'homme devient une avec Dieu. »

Chitta dans son sens le plus bas reste extérieure à ce qu'elle comprend, tout en essayant, honnêtement, d'être isomorphe, la plus ressemblante, la plus fidèle à ce qu'elle tente d'approcher et d'imager. Buddhi, elle, est toute pénétrante, elle donne le sens des choses et discrimine mais sans exclure, en intégrant. Elle rassasie celui qui reçoit ne serait-ce que « l'aube de sa concession » (Rimbaud, cité de mémoire). Elle est vaste, et donc vraie. À noter une affirmation surprenante de MSL, mais qu'il faut considérer par deux fois :

« La plus haute intelligence, c'est l'amour »

Et effectivement, dans les situations très complexes où nous sommes un peu perdus, chacun peut faire l'expérience que c'est l'amour plus que la raison qui comprend et permet la réponse juste. A sa manière, c'est ce qu'Arthur Rimbaud dit dans le dernier poème des Illuminations, Génie :

« Il est l'amour, mesure parfaite et réinventée, raison merveilleuse et imprévue »

## Origine (de l'homme)

La théorie de l'évolution explique l'origine de l'homme en tant qu'être physique, vital et mental. Mais elle ne traite pas de l'origine des plans supérieurs de la conscience et de la vie. Ce dernier sujet est l'objet des textes dits « sacrés », en particulier des livres de la Genèse et de l'Apocalypse pour ce qui est du christianisme. Ci-dessous, commentaires de MSL sur ce sujet :

« Sainte Agnès, sœur de Sainte Claire, compagne spirituelle de Saint François d'Assise disait :

"Il faut toujours retourner au commencement".

Affirmation qui doit être mise en correspondance avec cette citation extraite de l'Apocalypse :

"Souviens-toi donc d'où tu es tombé, repens-toi, et pratique tes premières œuvres". (Apocalypse 2;5)

> C'est ici la "nostalgie des millénaires", car nous sommes " tombés" de la conscience que nous sommes "l'image de Dieu" de la joie, de la conscience que "tout est un et tout est Dieu". »

Ce qui dit clairement que nous sommes, à l'origine, la conscience d'être, et destinés à retourner à cette conscience une fois la conscience du monde et l'identification au corps et à la pensée dépassée. Les sages et les saints, sous diverses formes, n'ont de cesse d'affirmer que telle est notre réalité originelle, ce que MSL appelle « la plus grande réalité de la vie », et que notre but et destinée sur la terre, est le retour à cette conscience, à cette réalité. Car l'homme dans son état ordinaire, centré sur le mental dualiste, en est inconscient ! Adam et Ève se retrouvent dans cette situation après avoir consommé le fruit de l'arbre de la connaissance du bien et du mal, la connaissance mentale dualiste.

**Où trouver Dieu ?**

Avec « Comment trouver Dieu ? », c'est l'une des deux grandes questions de tous les disciples de tous les temps et de toutes les traditions. Quelques citations et réponses à ces questions :

> « J'ai cherché Dieu partout et je ne l'ai pas trouvé, car voici, il était en moi-même. » Saint Augustin, *Les Confessions*

> « Mais le royaume il est le dedans et le dehors de vous. Quand vous vous serez connus, alors vous serez connus, et vous saurez que c'est vous les fils du Père le vivant. Mais s'il vous arrive de ne pas vous connaître, alors vous êtes dans la pauvreté, et c'est vous la pauvreté. » Évangile de Thomas, logion 3

La fin de la citation est magnifique, et risquons-nous à dire pourquoi : à première vue on pourrait penser l'inverse, penser que l'homme est « pointé du doigt » et en quelque sorte accusé : « vous », petit ego insignifiant ! Mais ce ne serait pas cohérent avec la hauteur du reste de la citation et de cet Évangile fort peu dualiste par ailleurs. Dire « c'est vous la pauvreté » c'est, après le constat du problème (« vous êtes dans la pauvreté ») mettre sur la voie de la solution : car l'origine du problème, c'est justement cet intermédiaire qu'est l'ego, qui se ressent sujet séparé de l'expérience (celle de la pauvreté), et qui s'interpose entre la perception à l'état brut, la donnée immédiate de la conscience (la perception de la pauvreté), et un « objet » (nommé pauvreté par le mental), ayant une existence dite « objective », que l'ego, identifié à la conscience mentale, crée, en lui donnant le nom de « pauvreté » : la Mâyâ, l'illusion ! Si c'est beau ! Donc, dire « vous êtes la pauvreté » plutôt que « vous êtes dans la pauvreté », qui suggère implicitement l'existence d'un « vous » séparé de l'expérience, c'est déjà mettre sur la voie de la remontée vers la solution du problème. La solution étant « de se connaître », de comprendre, de voir au moment même où il se produit, dans l'instant, le processus origine de l'illusion. L'illusion de la réalité objective de l'ego, le sujet séparé de l'expérience. C'est cela, le début de la « connaissance » !

Et voici maintenant le commentaire de MSL à propos des citations ci-dessus :

> « Ces deux citations sont à rapprocher de Luc 17;21, une parole fondamentale du Christ, mais où le texte grec original « *entos humon estin* » est souvent mal traduit, par exemple dans la Bible Segond, par "au milieu de vous" au lieu de "au-dedans de"/"à l'intérieur de vous". En effet, le sens premier de "*entos*" est "*à l'intérieur de*", mot qui a été employé là à dessein, car il n'est utilisé que deux fois dans la Bible grecque, contre 57 fois pour "*mesos*" dont le sens est exclusivement "au milieu de". Il faut donc lire : "On ne dira point : Il est ici, ou : Il est là. Car voici, le royaume de Dieu est au dedans de vous." (Luc 17;21) »

Commentaire : la correction de cette erreur de traduction rétablit la cohérence avec les deux premières citations et établit clairement d'une part que Dieu n'est pas une personne (bien qu'un être humain puisse incarner totalement Dieu, ainsi Jésus, Krishna et probablement plus proche de nous, Ramakrishna), et, d'autre part, que tout se passe dans une intériorité. Dit plus trivialement, tout se passe « dans notre tête », ce qui n'a absolument rien de dépréciatif. Au contraire, cela implique que l'homme est sacré et devrait nous amener à voir Dieu en tout homme. Cela établit aussi que la religion, bien que ne se réduisant pas à une psychologie, doit être totalement compatible avec les découvertes avérées de la psychologie.

**Paix**

Le mot « paix » apparaît 261 fois dans la Bible, dont 86 fois dans le Nouveau Testament, et fait presque partie des cent mots les plus utilisés. À juste titre, car il nous est dit que dans le domaine spirituel, sans la paix, rien n'est possible ! À telle enseigne que le but de toutes les pratiques religieuses est justement d'établir la paix dans notre mental habituellement agité. Ci-dessous, quelques citations et commentaires de MSL :

> « Dans *Les sept demeures de l'âme*[87], Thérèse d'Avila écrit : "Quand Jésus dit à ses disciples 'la paix soit avec vous', en fait, il leur donne la paix". La vraie paix est la compréhension de toute la vie selon l'Esprit. C'est le chemin de la foi qui monte vers Dieu au-dedans et au dehors de nous. »

> « Et dans la petite mais très belle épître de Jacques : "Le fruit de justice se sème dans la paix par ceux qui pratiquent la paix" (chapitre 3), le mot "justice" dans la Bible signifiant "vérité". »

Car la paix n'est effectivement pas, tout au moins au début, un état qui s'installe spontanément. C'est une pratique qui résulte de la volonté, de la « volonté pour sa croissance » dit MSL, telle que la prière, la méditation ou le japa (répétition du nom du Dieu qui nous parle). Ensuite, elle prend la forme d'une sérénité confiante, quels que soient les circonstances de la vie, y compris à sa fin.

Et maintenant, cette citation de MSL à propos de la conséquence d'un amour de Dieu désintéressé :

---

[87] On trouve en fait cet ouvrage sous le titre *Le Livre des demeures*, ou encore *Le Château intérieur*.

> « Avoir un cœur pur, c'est aimer Dieu par Dieu et pour Dieu, et la conséquence du cœur pur, c'est de propager la paix par sa manière d'être, comme un artiste, ou un médecin. Être et aimer, pas juger, pas critiquer, sans combattre de manière personnelle pour avoir raison. »

La « pratique de la paix » à son niveau le plus bas, peut prendre la forme d'un renoncement à la volonté de puissance ( par exemple renoncer « à avoir raison »). A un stade plus évolué, il implique un abandon à Dieu. Et ce qui est beau, c'est qu'elle est « contagieuse » : un seul la pratique, par exemple dans une famille, et elle se diffuse dans son environnement. D'où l'importance de ne plus « réagir » aux mouvements d'humeur, ou agressions venant de notre environnement. Ce qui est un signe de maturité. Cela peut prendre des années !

**Pâque(s)**

Le mot apparaît 78 fois dans la Bible dont 49 fois dans l'Ancien Testament et 29 fois dans le Nouveau Testament. C'est somme toute assez peu dans la mesure où c'est le sommet du temps chrétien, son aboutissement. Mais pour les juifs, la Pâque était plutôt la célébration d'un commencement que celle d'un accomplissement. Voici, à ce propos, ce qu'en disait MSL :

> « Pâque, en hébreu, signifie « passage », le passage de l'Éternel. C'est le nom de la fête des pains sans levain, le pain qui ne gonfle pas, sans l'enflure de l'orgueil. Pâque, c'est le passage de l'Éternel dans le pays d'Égypte, frappant de mort les premiers-nés et faisant traverser la mer Rouge au peuple juif. C'est le commencement de l'intervention divine qui doit conduire le peuple élu vers le pays de Canaan, le pays "de lait et de miel", celui de la révélation divine, celui de la révélation de l'unité divine. »

MSL ajoutait qu'il faut comprendre que le peuple élu est en nous tous ; il ne s'agit pas d'un peuple extérieur particulier, qui ferait l'objet d'une préférence partisane de la part d'un Dieu conçu à l'image d'un homme. Un peuple qui aurait reçu un privilège spécial pour on ne sait quelle raison mystérieuse. Le peuple juif est en l'homme, en tous les hommes. Et Pâque est une transition d'un état à un autre état, de la conscience dominée par le mental dualiste (le pays d'Égypte qui représentait à l'époque le sommet des acquisitions de l'intelligence mentale dualiste) à la conscience de l'unité divine (le pays de « lait et de miel », le pays de la nourriture de l'esprit et de la douceur). Entre ces deux états, il y a la longue errance dans le désert, le désert des affres de la purification, de la confrontation à l'inconscient. À noter que le processus d'individuation[88] décrit par le psychanalyste Jung, processus qui conduit à soustraire l'homme aux efficacités néfastes de l'inconscient individuel et collectif, ressemble ou à tout le moins fait partie de cette nécessaire purification.

**Paradis**

Le mot n'apparaît que dans trois versets de la Bible, orthographié avec un « p » minuscule, et seulement dans le Nouveau Testament ! La notion n'a pas l'air d'être fondamentale, et l'intérêt à son propos pas bien grand ! Pour ceux qui ont connu le catéchisme dans les années 1960, le paradis désigne un lieu situé quelque part dans un au-delà spatial, où irait séjourner l'âme du défunt (plus ou moins conçue pour l'occasion comme un ego survivant au décès), défunt qui bénéficierait de cette gratification en retour de son comportement méritoire du temps de son vivant sur terre. Il faut évidemment y voir bien autre chose, confère la citation de MSL à ce propos :

> « Le paradis, c'est la toute clarté de l'esprit, l'océan de lait indifférencié des hindous. »

---

[88] À comprendre, sinon écrire, sous la forme « in-dividuation », le préfixe « in » indiquant le contraire de la division, le mot signifiant donc non divisé, et ne faisant donc pas référence à l'individu dans le sens de personne, de sujet séparé de l'expérience, du monde.

Donc ce qui est dit, c'est que le paradis, c'est ici dans notre conscience, et non dans un ailleurs, et maintenant, pas demain après la mort de ce corps. Ce n'est donc pas un lieu mais un état, un état lumineux de la conscience. Ce qui est beaucoup plus crédible !

**Pardon**

Le mot « pardon », le verbe associé et ses conjugaisons sont utilisés plus de 120 fois dans la Bible. Il vient du verbe grec *aphiemi* qui signifie « alléger, enlever, retirer, jeter au loin ». Dans la religion chrétienne, il y a une forte injonction morale à pardonner, et il est malvenu de s'y soustraire. Asymétriquement accordé par l'offensé à l'offenseur, il est un allègement pour les deux. L'opposé de la crispation rancunière qui alourdit et paralyse la vie, qui empêche d'avancer. Il est donc un facteur de paix intérieure pour chacun, et un facteur de paix sociale pour la collectivité. Mais, pour être efficace, le pardon doit aller au delà d'une simple concession, faite plus ou moins de bonne grâce par un ego, celui de l'offensé. Et surtout, la condition préalable à son exercice effectif vis-à-vis de tiers, est qu'il s'exerce d'abord vis-à-vis de nous-même, une loi bien connue de la psychologie. Voici ce qu'en dit MSL en diverses occasions :

> « Le pardon est une incarnation de Dieu en nous. En fait, le pardon concerne tout autant l'offenseur que l'offensé dans ce sens qu'il est un allègement de la conscience. »

> « Le pardon, c'est l'allégement de notre conscience que Dieu décharge de notre ego. De cet embarras, de cet encombrement de nous-même, de ce poids, pour nous retrouver heureux dans la justice[89] de notre union avec lui, dans le pas à pas de la vie, ici et maintenant. »

> « L'allègement doit s'exercer en nous-même d'abord. C'est la miséricorde. Nous pardonner nous-même, nous accepter.

---

[89] Le mot « justice », ici comme dans la Bible, doit être compris comme « vérité ».

Ramakrishna, posait souvent la question suivante aux personnes qui venaient le voir : "Vous êtes-vous déjà pardonné vous-même ?" »

« La psychologie nous le dit, elle qui nous demande de nous accepter tels que nous sommes. La miséricorde nous enlève tout sentiment d'importance personnelle : nous nous sentons lésés (ou blessés) car nous nous accordons trop d'importance personnelle ! Nous ne sommes qu'une image, le "moi je", et derrière cette image il y a l'Être qui nous a fait "à son image". La miséricorde divine, c'est de pouvoir nous abandonner en toute chose et en Dieu. »

Au début, le pardon est vécu comme l'acceptation de plus ou moins bonne grâce de l'offense. Un peu comme celle de ce moine de l'hospice du Grand-Saint-Bernard, à la peine avec l'administration helvète, confiant à un hôte « qu'il faut beaucoup d'humiliation pour avoir un peu d'humilité ». Mais cela reste encore assez dualiste. Il nous est dit qu'à la fin du processus, le pardon nous fait voir l'offense et l'offenseur comme étant Dieu lui-même, avant que, pour finir, tout d'eux s'évaporent comme s'ils n'avaient jamais été. Cela, en Inde, porte un nom, celui de Ganesh, le fils de Shiva, le grand Dieu destructeur, à propos duquel MSL aimait à dire que « sa seule victime est l'ego ». Ganesh met la difficulté de l'offense et de l'offenseur sur notre chemin. Et c'est aussi lui qui la fait disparaître, évitant à notre petit « moi je » son renforcement par l'appropriation du mérite de ce détachement ! Tout ceci en nous. Les carnets de pèlerinage de Swami Ramdas sont remplis de petites histoires savoureuses qui illustrent parfaitement ce qui est affirmé ci-dessus.

### Parler (de Dieu)

Le verbe est utilisé plus d'un millier de fois dans la Bible, donc dans ou au voisinage des dix mots les plus utilisés. Ce n'est pas étonnant : l'homme, l'être mental de la création, se construit autour des mots et du mot prononcé, la parole. À notre époque de « communication », on parle et on écrit beaucoup, sur tout, parfois en ne connaissant que très partiellement le sujet, en particulier à propos de ce qui ou de ce que serait Dieu. Le présent glossaire est un peu lui même (hormis les citations) une illustration particulière de cette généralité ! Les « témoignages » sont recherchés, le « témoin » et son témoignage valorisés. Voici ce qu'en disait MSL après avoir, dans un premier temps, rappelé deux passages du merveilleux Livre de Job :

> « Job eut cette parole si sincère et si humble :
>
> "J'ai parlé sans les comprendre de merveilles qui me dépassent
> et que je ne connais pas."(Job 42;3)
>
> Avant de pouvoir dire valablement :
>
> "Mon oreille avait entendu parler de toi. Mais maintenant mon
> œil t'a vu." (Job 42;5) »

C'est toute la différence entre une connaissance de première main qui va être efficace, qui est un percept, « voir », quelque chose qui a été éprouvé, et une connaissance de seconde main, qui consiste à répéter ou commenter ce dont on a « entendu parler », qui est seulement compris par l'intellect, et qui est au mieux faiblement efficace, souvent inefficace, et au pire dangereux pour l'intéressé ! Et MSL d'ajouter :

> « Il faut bien se garder de parler tant que l'on n'a pas atteint la maturité nécessaire. Jésus a attendu trente ans avant d'avoir une vie publique. Ramakrishna a attendu trente ans aussi. Ma Suryananda Laksmi a attendu quarante ans. »

Il y a deux raisons à cela :

La première raison est que, pour parler valablement de quelque chose, dans quelque domaine que ce soit, il faut l'avoir vécu intimement. Dans le domaine spirituel, c'est encore plus vrai, et, pour apporter quelque chose à quelqu'un, une condition nécessaire, bien qu'évidemment non suffisante, est d'être devenu ce que l'on dit. Sinon, les mots n'ont aucune puissance. Autant dire que les cas de ces paroles pures de tout ego sont extrêmement rares. C'est pour cette raison que dans le présent ouvrage la mise en page est différente selon qu'il s'agit de citations originales de sages, de saints ou d'avatars, mises en retrait, ou bien des commentaires de l'auteur.

La deuxième raison est que celui qui parle sans en avoir la maturité spirituelle se met en danger. MSL disait qu'avoir une quête spirituelle crée, ou peut créer, des « difficultés avec l'environnement ». L'auteur de ce glossaire confirme ! Et parler prématurément peut bloquer tout progrès spirituel. MSL a parlé de son cas particulier en disant que bien qu'étant d'une famille aimante de pasteurs protestants, tout progrès aurait été bloqué si elle avait parlé. Elle ajoutait que l'on avait suffisamment à faire avec son propre ego pour ne pas ajouter la charge de l'ego des autres ! Sage, très précieuse et surtout très pertinente mise en garde ! Pour la petite histoire, elle ajoutait que quand elle a commencé à parler, son mari, qui était pourtant une personne ouverte, de surcroît ayant lu et appréciant C.G. Jung, avait été très en colère ! Mais à ce moment-là, précisait-elle, elle ne craignait plus rien, car « tout avait été dépassé ».

**Péché**

Le mot « péché » est employé 535 fois dans la Bible, ce qui le situe dans les 40 mots les plus utilisés. Il est la traduction du latin *peccatum*, qui signifie « faute ». Mot qui dans le langage courant a une connotation morale négative. Il est lui-même la traduction du grec biblique *hamartia*, qui signifie « déficience » ou « erreur », et qui est à son tour la transcription du mot hébraïque *hatta't*, qui voudrait dire à l'origine « manque, manquement ». Il y a donc l'image de manquer la cible, qui apparaît comme en Juges 20;16 dans la guerre punitive contre Benjamin, guerre qui est visiblement spirituelle et non, ou pas seulement, physique. Pour traduire au plus juste, il faudrait donc utiliser l'expression « manquer la cible ». MSL va un peu plus loin en affirmant, en cohérence avec l'époque où les écritures ont été rédigées :

> « "Péché" est un terme équestre qui vient du latin *peccatum*, qui a un lien avec le mot "méchoir", donc "mal tomber", et c'est le faux pas du cavalier qui manque sa cible. »

Quoi qu'il en soit, le mot ne devrait pas avoir cette connotation morale et culpabilisante qui était si commune dans l'enseignement catholique au XX$^e$ siècle. Mais alors, plus concrètement, qu'est-ce que le péché ? Ci-après, quelques réponses, à commencer par deux citations de citations, extraites des conférences de MSL :

> « Un vieux disciple de Ramakrishna disait : "Au fond, le seul péché est de dire, je suis ce corps, je suis cette pensée". »

Sous-entendu « uniquement » ce corps et cette pensée à l'exclusion de tout le reste (en particulier la conscience d'être, le Soi dans le sens que lui donne Ramana Maharshi ou C.G. Jung)

> « Mâ Ananada Moyi, en réponse à la question : "La violence est-elle un très grand péché ?" disait : "Le grand pécheur est celui qui considère son propre corps comme son moi réel." »

Et maintenant voici ce que MSL en disait directement :

> « Le seul péché est de tout ramener à l'ego, même Dieu, dont nous faisons quelqu'un, alors qu'il faut dépasser le Dieu personnel pour découvrir au fond de nous l'impersonnel divin, l'éternel, l'infini, qui est toute lumière, la vie, la connaissance et la béatitude inséparablement. Sat-Chit-Ananda indivisiblement, donc à la fois être, connaissance et béatitude en un seul mot. »

Péché et pardon sont intimement liés, confère l'Évangile de Matthieu :

> « Le péché contre le fils de l'homme sera pardonné, mais le péché contre l'Esprit ne sera pardonné ni dans ce siècle, ni dans un autre. » Matthieu 12;31

Voir aussi à ce propos l'article « Pardon » et aussi la fin de l'article « Blasphème ».

**Penser**

On est ici au cœur de l'humain, puisque penser est ce qui caractérise l'homme au sein de la création. Penser est plus ou moins conçu, habituellement, comme une activité neutre par rapport à ce que l'homme devient, intimement. Ce n'est pas ce que pensent et affirment Sri Ramakrishna et Shri Aurobindo, tous deux ayant constaté ce que la psychologie observera plus tardivement, à savoir que :

> « L'homme devient ce qu'il pense. »

Et MSL d'observer ce qui découle logiquement de la constatation :

> « Si l'homme pense mal, il devient le mal, s'il pense Dieu, il devient Dieu, s'il pense amour il devient l'amour, s'il pense beauté il devient la beauté, s'il pense vérité il devient la sagesse, s'il pense sérénité, non seulement il devient la sérénité, mais il force la sérénité. »

En marge du sujet, on pourrait ajouter que l'homme peut aussi devenir ce que l'on pense de lui ! Penser du bien de quelqu'un le fait rentrer dans un cercle vertueux, c'est un fait et une évidence psychologique. Penser du mal de lui le fait rentrer dans un cercle vicieux, tant il est vrai que, en particulier par dépit, la tentation existe de se conformer à ce que notre environnement pense de nous. D'où l'importance d'une pensée et parole positive à l'égard d'autrui, encore plus à l'égard des enfants, surtout petits, mais pour des raisons encore plus essentielles nous dit la psychologie : C'est entre trois et sept ans que naissent les blessures narcissiques. Elles abîment l'estime de soi des enfants, par exemple au travers de comparaisons, de jugements assassins, moqueries, etc. A l'âge adulte, ces blessures seront autant de noeuds à défaire, générant des besoins inconsidérés de reconnaissance, ou, à l'inverse, de dépréciation perverse des autres dans le vain espoir de restaurer leur estime de soi !

**Pentecôte**

Le dictionnaire indique que le mot « Pentecôte » vient du grec ancien *pentêkostê (hêmera)* qui signifie « cinquantième jour ». Il clôt le temps Pascal sept semaines (cinquante jours) après le dimanche de Pâques. Voici le sens que MSL lui donne :

> « La Pentecôte c'est le moment de la descente de l'Esprit Saint dans la pensée de l'homme. »

Vue ainsi, la Pentecôte n'est pas tributaire du calendrier et peut arriver à tout moment dans notre pensée ! Idéalement, on ne devrait jamais parler ou écrire sur des sujets religieux, autrement qu'au temps de la Pentecôte en nous-même. C'est ce à quoi s'astreignait Mâ Ananda Moye selon ses propres dires. Parfois elle se retirait de l'assemblée pour avoir son « inspiration » avant de faire réponse aux questions des disciples.

**Père**

Figurant parmi les vingt mots les plus employés dans la Bible, le mot « Père » orthographié avec une majuscule, y apparaît 975 fois. Le mot « Fils », avec et sans majuscule, est le cinquième mot le plus utilisé avec 3096 occurrences. C'est dire l'importance qu'il y a à tenter de bien saisir le sens de ces mots. Dans la Bible, ils ne désignent pas, ou pas seulement, des personnes, des individus. Ils sont des personnalisations d'états, d'états de conscience, que connaissent les sages et les saints. Pour l'homme ordinaire, ces mots ne sont encore que des concepts, et il attend d'en éprouver réellement le sens. Car ce n'est pas le mental qui peut en capter le sens :

> « Toutes choses m'ont été données par mon Père, et personne ne connaît le Fils, si ce n'est le Père ; personne non plus ne connaît le Père, si ce n'est le Fils et celui à qui le Fils veut le révéler. »
> Matthieu 11;27

Citation que MSL commentait :

> « En définitive, cela signifie que personne ne peut connaître le Fils et le Père sans identification avec l'Absolu. (Le Fils est la première, et seule, différenciation du Père, qui est l'Absolu. Dans ce sens le Fils est l'équivalent de la Mère divine en Inde. Le Fils est aussi le passage obligé pour le retour à l'unité dans l'Absolu, dans le Père (cf. l'épisode célèbre de Ramakrishna et de Tautapuri).) Le Fils n'est pas une personne. Il est :
>
> "L'image du Dieu invisible, le premier né de toute la création. Celui en qui ont été créées toutes choses sur le ciel et sur la terre, visibles et invisibles, Tout a été créé par lui et pour lui. Il est avant toutes choses et toutes choses subsistent en lui." (Saint Paul, Colossiens 1;15-18)
>
> C'est donc peu dire que Jésus (le sauveur), le Fils, le Christ (c'est-à-dire l'Oint), n'est pas seulement une personne, un individu, un ego de plus ! »

Il nous est dit que le « celui » de la citation de l'Évangile, ci-dessus, n'est pas quelqu'un qui bénéficierait de l'arbitraire du « Père » ou de superpouvoirs dont d'autres individus ne disposeraient pas. Il est « ce qui » en n'importe quelle personne est apte, du fait de sa maturité, à percevoir, concevoir et connaître la réalité qu'exprime le mot « Père ». Les choses sont impersonnelles ! (Voir aussi l'article « Christ ».)

Et maintenant, pour faire explicitement la différence entre notre « père » terrestre et le « Père » qui est désigné de manière plus neutre par « l'Absolu » ou encore par « le Brahman » en Inde, voici ce qu'en dit Jésus lui-même :

> « N'appelez personne ici-bas votre "Père", car un seul est votre père, c'est celui qui est dans les cieux. » Matthieu 23;9 Second et Chouraqui 1987 pour l'orthographe de "Père" et père

« Ici-bas », donc dans le monde des formes, sur les plans de la perception concrète, de la conscience physique, vitale et mentale. Mais « dans les cieux », sur les plans supérieurs, à commencer par le premier d'entre eux, celui du « verbe de vérité », dit autrement, celui de l'intuition mystique où les choses se conçoivent dans le silence intérieur. Le cinquième plan de la conscience et de la vie (voir l'article « Plan » du présent glossaire).

Commentaire latéral : Au risque d'enfoncer une porte ouverte, il y a la même différence entre le « Fils » avec un grand « F » et le « fils » avec un petit « f », qu'entre le « Père » avec un grand « P » et le « père » avec un petit « p ». Le « fils » est l'homme dont le géniteur est le « père ». Il vit sur les plans concrets et dit « Je suis ce corps, je suis cette pensée ». Il est « l'homme psychique » (Corinthiens, $1^{re}$ lettre 2;14). Le « Fils » est le Christ tel que défini par Paul en Colossien 1;15-17 ! Il est la première différenciation de l'unité, il est dans la conscience d'être avant d'être dans la conscience du monde.

# Peuple

Le mot « peuple » apparaît 1 853 fois dans la Bible et fait ainsi partie des dix mots les plus utilisés. Le mot désigne certes une collectivité humaine, par exemple juive, mais aussi, métaphoriquement, l'homme lui-même, tout homme, en tant que « collectivité » de plans de conscience, y compris d'éléments inconscients et sur-conscients entretenant entre eux des rapports complexes. À propos de l'exigence biblique :

> « Je veux mon peuple tout à moi » Deutéronome 18;9,

voici un commentaire de MSL :

> « Il faut comprendre ici qu'il faut s'astreindre longtemps au silence intérieur, y compris par la lecture. Ainsi apparaît le sens de la vie, son fonctionnement, sa naissance et sa réalité. Ce n'est évidemment pas une revendication possessive d'un Dieu qui serait une personne jalouse, qui porterait un nom que d'autres ne porteraient pas ! »

Dans ce « silence intérieur », nous perdons progressivement le sens de l'identification à, et de la propriété sur, « notre » corps et « nos » pensées, sur tout ce « peuple » qui, de ce fait, devient « tout à Dieu », l'impersonnel.

**Peur**

Le mot est utilisé 166 fois dans la Bible, ce qui est curieusement assez peu, et pas du tout à la mesure de sa présence dans nos vies. La peur, inséparable et redoutée compagne du désir, est une grande source de difficultés, de paralysie, d'inaction, de prétendue paresse, de dénis, de conflits, de confusion dans nos vies d'hommes ordinaires. La peur est un sentiment omniprésent dans nos vies, souvent inconsciemment, et les enjeux qui y sont liés sont considérables. La peur est la mère du plus gros des conflits entre les hommes, entre les peuples. Impossible d'écouter et d'être raisonnable si l'on a peur. La peur et le désir constituent les mobiles de l'action et surtout de la recherche du résultat dans l'action. Qu'en est-il de la fin de la peur ? Réponse de MSL :

> « Quand on oublie le moi individuel, on n'a plus peur, on est délivré de la peur. On est aussi délivré du besoin d'agir pour arriver à quelque chose, délivré du souci de soi-même et des petites personnes qui nous entourent. On est allégé. »

On est aussi délivré de la peur du regard des autres, car ils sont devenus « nous-même » ainsi que l'affirment sages et saints. La peur en définitive vient du sentiment de la séparation, qui est créateur de la figure de l'autre, et du regard des autres. JP Sartre a raison ! « L'enfer c'est les autres » :

> « Les ennuis ne surgissent que lorsqu'il y a un autre que soi-même ; lorsque l'on réalise que l'âtman est unique, il n'existe plus de second, et il n'y a donc plus de raison d'avoir peur. »
> *L'Enseignement de Ramana Maharshi* (« 4 juillet 1935 »)

En définitive c'est l'ego en tant que « moi je » séparé de l'expérience qui est le créateur de la peur :

> « Qu'est-ce que la peur ? Ce n'est qu'une pensée. S'il y avait quelque chose d'autre que le Soi, il y aurait lieu d'avoir peur. Qui est celui qui voit quelque chose d'autre, extérieur à lui-même ? C'est l'ego, qui s'élève en premier et considère les objets comme extérieurs. Si l'ego ne s'élève pas, le Soi seul existe et reste sans second (sans manifestation extérieure). Toute chose extérieure suppose un spectateur intérieur. En le cherchant à l'intérieur, tout doute, toute peur – non seulement la peur, mais toutes les autres pensées centrées autour de l'ego – disparaîtra en même temps que celui-ci. » *L'Enseignement de Ramana Maharshi* (« 26 janvier 1936 »)

Pour prendre un exemple trivial, dans la pratique de l'alpinisme, le lien entre la pensée et la peur est très clair : c'est la pensée qui imagine le corps glissant et tombant qui crée la peur. L'alpiniste concentré sur sa marche, qui ne pense pas, n'a plus peur. D'où l'importance de la concentration. Il en va de même dans tous les compartiments de la vie courante y compris professionnelle. Voir aussi l'article consacré au mot « pardon ».

**Pharisiens**

Il est fait état des Pharisiens 84 fois dans le seul Nouveau testament, en général dans des situations qui ne sont pas à leur avantage ! Ceux-ci, certes, peuvent être considérés comme des individus, mais cette lecture réduit les textes à des histoires d'intérêt assez moyen. Elle leur fait perdre leur caractère nourrissant pour la pensée et l'esprit et, finalement, nous nous sentons peu concernés. Que représentent ils, ces Pharisiens ? Réponse de MSL :

> « Les Pharisiens sont en nous ; ils sont notre conscience mentale dualiste qui a gardé une connaissance intellectuelle de la Loi de Moïse. Ils sont la connaissance de la Loi dans sa lettre, alors que Moïse, lui, a reçu cette Loi dans la lumière de l'extase. C'est le

niveau mental le plus bas, le plus proche des instincts du plan vital. »

Les Pharisiens ne connaissent pas la Loi dans son Esprit mais au niveau le plus bas du mental. C'est pourquoi les Pharisiens cherchent précisément à piéger Jésus au niveau du plan mental. C'est pourquoi Jésus y échappe en se plaçant sur le plan concret ou au contraire sur le plan spirituel. Voir aussi l'article traitant des « plans de la conscience et de la vie ».

**Pierre à Golgotha**

Que représente Pierre dans le « spectacle » de la Passion du Christ ? Réponse de MSL sur la base des différents récits de la passion : la piété sincère et persévérante…

> « Pierre, l'impétueux, n'a pas encore la maturité de Pilate. Contrairement aux autres disciples, qui ont fui, il a le courage de rester : "il était assis dans la cour". La servante de Pilate le reconnaît. Il jure qu'il ne connaît pas Jésus. "Et le coq chanta". Pierre, c'est la piété sincère et persévérante mais il est très, très loin de la compréhension du sacrifice qu'est Golgotha. Il a préjugé de ses forces en venant. Pourtant, Jésus l'avait averti :
>
> "Simon Pierre lui dit : 'Seigneur, où vas-tu ?' Jésus répondit : 'Tu ne peux pas maintenant me suivre où je vais, mais tu me suivras plus tard'. " (Jean 13;36)
>
> Pierre est encore impuissant, il représente ici l'impuissance de la piété humaine. La fuite des disciples et le reniement de Pierre sont la déroute d'une piété encore dualiste incapable d'assumer la mort à soi, sa transfiguration, et le processus correspondant : mourir à soi n'est pas si facile, et très peu d'hommes y arrivent. La Bhagavad-Gita dit même, seulement quelques-uns ! En Inde, ce travail est celui de la Mère divine Sarasvati, la Mère patiente,

celle qui vient chercher et sauver ce qui est perdu, comme le Christ. C'est la loi, et son accomplissement est le long travail persévérant, celui dont il est dit :

"Voici, parce que tu as peu de puissance, et que tu as gardé ma parole, et que tu n'as pas renié mon nom, j'ai mis devant toi une porte ouverte, que nul ne peut fermer." (Apocalypse 3;8) »

La suite de l'histoire est connue. C'est celle de la résilience, de la sincérité et de la persévérance qui le conduira jusqu'à Rome. Persévérance qui, pour MSL, était à la fois le plus beau des mots et une qualité essentielle en vue de la connaissance de Dieu.

**Piété**

Le dictionnaire Larousse définit la « piété » comme « une vertu qui dispose à rendre à Dieu l'honneur qui lui est dû par les actes extérieurs de la religion » (sic). Ceci, c'est la conception extérieure de la piété et de Dieu. MSL la conçoit comme une activité intérieure, comme une transformation psychologique conduisant à la connaissance de Dieu ce qu'elle exprime à l'occasion d'une de ses nombreuses conférences :

« La piété n'est pas une sentimentalité. La piété est la précision d'un chemin exact où l'homme est disponible et où c'est Dieu qui fait. Il y faut beaucoup de patience, de confiance, avec parfois des années d'attente. Deux formules contiennent toute la piété du monde :

- La première de Saint Benoît, étant que la seule condition requise pour être moine est de rechercher Dieu.

- La deuxième, de Thérèse d'Avila, qui est que : "Les textes sacrés sont difficiles à comprendre [et qu'] il y faut beaucoup d'oraison."

> Car la piété est la tâche fondamentale de l'homme sur la terre, qui est de chercher Dieu par la compréhension des textes sacrés, qui est tout simplement la compréhension de la vie. La Bible, de la Genèse à l'Apocalypse, est la révélation du chemin qui conduit à la possession de l'immortalité. Elle est une, indivisible, parfaite comme l'être divin dont elle procède et que le cosmos concrétise. »

Avec cette citation, l'on touche du doigt la proximité qu'il y a entre les textes sacrés et la psychologie, puisqu'il est clairement affirmé que la « compréhension des textes sacrés » est identique à la « compréhension de la vie » ! La vie qui est le terrain où se vérifie la qualité de notre compréhension. En quelque sorte, le terrain des « travaux pratiques » où se vérifie notre compréhension du « cours magistral » que sont les textes sacrés !

**Pilate**

L'image que nous avons de Pilate est en général négative : c'est celle d'un lâche ! Ce qui est étonnant au vu de textes pourtant explicites. Réhabilitation par MSL, d'une part, de l'individu ayant vécu il y a vingt siècles, et, d'autre part et surtout, mise en évidence de ce qu'il incarne, à savoir la belle figure du « mental impartial et juste » en l'homme. Une figure pas si fréquente que cela au sein du mental ordinaire, donc « étrangère » :

> « Pilate est un étranger en Judée, un Romain, un gouverneur, un homme de pouvoir. Pilate est le mental qui se maîtrise. Il est le mental impartial et juste. Il est au-delà de la folie meurtrière des Juifs. Il reconnaît que Jésus est un homme juste, il veut le relâcher. »

Dit trivialement, il veut le « tirer d'affaire », mais le moins que l'on puisse dire, c'est que Jésus ne lui facilite pas la tâche ! En cela, MSL fait remarquer qu'il est aussi soutenu et incité par l'intuition de son épouse :

« Pilate est aidé par sa femme, qui représente l'intuition :

> "Pendant qu'il siégeait au tribunal, sa femme lui fit dire : 'N'aie rien à faire avec ce juste, car aujourd'hui j'ai beaucoup souffert dans un rêve à cause de lui.' " (Matthieu 27;19)

Et le mental (personnifié par Pilate), qui cherche à influencer le plan physique et vital (la foule des juifs et les sacrificateurs) ne peut rien contre la haine qui veut défendre l'ego jusqu'au crime. (Mais Pilate ne peut pas épargner Jésus, car, en fait, c'est Dieu qui fait le sacrifice.) Le choix proposé, libérer Jésus ou libérer Barabbas, c'est le choix entre le grand moi et le petit moi, celui dont il est dit dans l'Apocalypse "qu'il séduit toute la terre", "le dragon, le serpent ancien". Le choix c'est entre le petit moi, l'ego, et l'Éternel. Pilate veut frapper la foule, il se lave les mains :

> "Je suis innocent du sang de ce juste."

Mais cela ne marche pas, voir Matthieu 27;25, et la foule répond :

« Que son sang retombe sur nous et sur nos enfants ! »

Ce qui fait apparaître [quand même a-t-on envie de dire !], au sein de la folie meurtrière de l'ego qui veut régner, quelles que soient les conséquences, un certain niveau de conscience ! Pilate est plus avancé que Pierre à ce moment-là, il est déjà sur le chemin d'une compréhension plus "philosophique" de ce qui se joue, compréhension qu'il n'est toutefois pas prêt à assumer. »

Et aussi, toujours à propos de Ponce Pilate :

> « Jésus dit : "Je suis venu dans le monde pour rendre témoignage à la Vérité."
>
> Pilate répond : "Qu'est-ce que la Vérité ?"

Pilate est un mental déjà évolué, pas un lâche ; il est au-dessus des passions de l'ego. (Contrairement à la foule et au Sanhédrin qui eux sont au niveau du mental vital.) Il a dépassé la déraison et ne trouve pas Jésus en faute comme[90] c'est Dieu qui accomplit Golgotha. Pilate ne peut rien pour Jésus. Jésus est le sauveur (celui qui nous sauve du danger de l'appropriation par l'ego, le possesseur, Satan) absolu de la terre, du ciel et de ce qui est entre les deux, de l'inconscient, du conscient et du supra-conscient. »

On est là bien loin des conceptions habituelles qui font de Golgotha un déicide sanglant, de Jésus une victime innocente et de Pilate un lâche ! Et aussi l'on ressent bien à la lecture de la citation comment la « volonté divine » s'exerce de l'intérieur des choses de la vie, et non de l'extérieur, perspective superstitieuse qui est souvent celle du mental humain inférieur. Et l'on mesure aussi combien le beau mental de Pilate est « étranger » !

**Plans (de la conscience et de la vie)**

Avec ce mot, nous touchons à l'un des apports fondamentaux de l'Orient à l'Occident. Fondamentaux, car la connaissance de ces plans peut constituer le fondement, la base, d'une grille de lecture très pertinente pour mieux comprendre les textes sacrés occidentaux. Sans cette « grille de lecture », ceux-ci sont souvent difficiles à comprendre, parfois opaques pour notre intelligence mentale, voire carrément illogiques et incohérents. Avec cette grille de lecture les personnages des textes ne sont plus, ou plus seulement, des individus mais des incarnations de plans de conscience présents en tout homme. Pour l'Inde, les plans de la conscience et de la vie sont au nombre de sept. Ils correspondent dans le corps humain aux sept chakras, ou centres nerveux, situés le long de la colonne vertébrale et sont représentés par des lotus (voir aussi l'article relatif au mot « Kundalinï »). MSL a vu une correspondance entre ces sept centres et les sept lettres aux sept églises de l'Apocalypse, leur contenu, et la signification du nom des églises. Voici ce qu'elle en dit :

---

[90] Comprendre « parce que »

1/ « Le premier plan de la conscience est la conscience physique. Pour les hindous il correspond au premier chakra nommé Mulhadara, localisé au niveau du coccyx. Il est symbolisé par le lotus à quatre pétales. C'est le plan de la matière. Les quatre pétales du lotus correspondent traditionnellement à la terre, au feu, à l'air et à la lumière[91]. Plan de la conscience physique, il est entièrement et passivement soumis à la loi transcendantale manifestée en la matière[92]. On peut aussi exprimer le visage de ce premier plan en disant que, concrétisé dans le monde, il est la matière, un état de conscience limité par l'opacité et la lourdeur, l'épanouissement pesant de l'Existence durcie en Sa substance. Le principe d'existence est en elle. Ce plan correspondance aussi à la première lettre de l'Apocalypse, celle à la ville d'Éphèse. »

Ce plan, comme les deux suivants, présente une part d'inconscience.

2/ « Le deuxième plan de la conscience, celui de la conscience vitale, ou énergie créatrice, est également subordonné à la volonté du créateur. Le chakra correspondant est Svadhisthana, situé au niveau des organes génitaux. Il est symbolisé par le lotus à six pétales, six étant le chiffre de l'inachevé (7 (chiffre de la complétude) -1 = 6). La conscience vitale, ou énergie créatrice, est également subordonnée à la volonté unique du créateur. On peut aussi exprimer le visage de ce deuxième plan en disant que, concrétisé dans le monde, il est la plante, le végétal. C'est un état de conscience limité à la croissance exacte, à l'éclosion naturelle de ce qui prend forme dans l'univers. Le principe de vie est dans la plante. Ce plan correspond à la deuxième lettre de l'Apocalypse de Jean, celle écrite à l'attention de la ville de

---

[91] On pourrait peut-être y voir de manière plus contemporaine, les quatre états de la matière, à savoir le solide, le liquide, le gazeux et le plasma qui est lumineux.
[92] Et dont la science physique fait son objet d'étude.

> Smyrne[93], le plan de l'adoration donc, de l'offrande de la vie à la vie elle-même. "Svadhisthana" vient du sanskrit, et peut se traduire par "possédant un bon emplacement de combat", ce qui peut être mis en parallèle avec Genèse 2;1 : "Ainsi furent achevés les cieux et la terre, et toute leur armée". En effet, la vie dans les dualités est, et reste, un combat jusqu'au bout ! Mais un combat bienheureux ou, en se dépassant soi-même, la conscience dualiste revient à son unité initiale qui est éternelle et qui est Dieu. »

À noter aussi que Smyrne était un quartier de la ville d'Éphèse. De même que la vie émerge du sein de la matière, de la même manière, au niveau supérieur, la pensée est le résultat dans notre cerveau de la vie de la matière. Ainsi chaque plan de la conscience et de la vie est potentiellement le fondement, le générateur et le support du plan immédiatement supérieur. Comme dans une pyramide à degrés, chaque degré supporte le suivant.

> 3/ « Le troisième plan de la conscience est celui de la conscience mentale inférieure, ou mental vital. Le chakra correspondant est Manipura. La racine sanskrite de "man" voulant dire "penser", et la racine sanskrite de "pura" signifiant "combler". Il est situé au niveau du plexus solaire et symbolisé par le lotus à dix pétales, pétales qui correspondent aux dix incarnations de Vishnou[94]. Vishnou est dans la Trinité hindoue le dieu qui protège l'homme et donc sa caractéristique principale, à savoir, le mental pensant. Le mot "penser" en sanskrit a aussi dix racines, qui, dans le dictionnaire, vont crescendo : prendre conscience, croire, examiner, s'imaginer, comprendre, connaître, honorer, et finalement, adorer. C'est le plan de la raison, de la pensée qui traite des choses concrètes. La conscience mentale ou

---

[93] Qui désigne aussi la myrrhe, sachant que l'encens de myrrhe est associé depuis des millénaires à la notion d'offrande et de sacrifice à Dieu. Ainsi, dans l'Antiquité, en faisait-on des offrandes à la déesse Aphrodite. Il y a donc une très grande logique et cohérence à traiter du sujet de la vie, qui doit être offerte, dans une lettre adressée à une ville portant le nom de l'encens offert aux dieux!

[94] Voir, pour plus d'explication, l'article consacré aux dix incarnations de Vishnu.

"image de Dieu" est le siège de la différenciation dans la création. On peut aussi exprimer le visage de ce troisième plan en disant que, concrétisé dans le monde, il est l'animal. L'animal est un état de conscience limité par l'instinct juste, mais borné, de l'existence divine fragmentée en aspects mentaux distincts les uns des autres. Le principe d'intelligence est en lui[95]. Ce plan peut être mis en correspondance avec la troisième lettre de l'Apocalypse, celle à la ville de Pergame, nom qui signifie « la citadelle »… et qui ne peut pas mieux représenter ce plan de conscience qui lutte pied à pied pour ne pas perdre ses prérogatives ! C'est le plan ou s'interpénètrent les plans inférieurs et les plans supérieurs. C'est le plan de l'homme. »

Ce plan du mental concret se prolonge par le plan du mental abstrait, celui des philosophes :

4/ « Le quatrième plan de la conscience, celui de la conscience mentale supérieure, est, par exemple, celui des philosophes. Le chakra correspondant est Anahata, qui signifie "le jeûne", car, sur ce plan, l'homme ne se nourrit plus de la terre, du concret. Situé au niveau du cœur, il est symbolisé par le lotus à douze pétales, chiffre 12 qui correspond aux douze années d'un cycle, d'une étape spirituelle. C'est le plan du détachement, où l'on vit sainement et sobrement, celui du dépassement de la forme, du nom, et de la prépondérance du physique et du mental inférieur. C'est le plan de la connaissance de l'intérieur. Il est le centre de la conscience affective, centre de l'adoration et principe de la perception intuitive qui conduit à la vision supra-mentale[96]. On

---

[95] Cela est particulièrement vrai pour les grands singes, dont on sait maintenant qu'ils utilisent des outils et qu'ils rient, alors qu'il y a encore cinquante ans ces caractéristiques semblaient réservées à l'être humain.

[96] Bien que cela puisse sembler étonnant au premier abord, MSL affirmait, cela a déjà été souligné, que l'amour et l'adoration sont la suprême intelligence. Ce sont eux qui comprennent lorsque le mental dualiste atteint ses limites. Il y a donc bien cohérence à ce que ce centre soit à la fois celui de l'intelligence mentale

peut aussi donner un visage à ce quatrième plan en disant que, concrétisé dans le monde, il est l'homme, un état de conscience limité par la vision mentale de l'existence divine. Le principe de la connaissance et de l'amour est en lui. Il correspond dans l'Apocalypse à la quatrième lettre, celle à la ville de Thyatire, qui signifierait "odeur d'affliction", et associé au "délire des Bacchantes", et à l'ivresse de Dionysos. C'est le plan de tous les dangers tels que ceux de l'orgueil spirituel, des dérives sectaires, du culte des idoles, voire de la folie et qui est illustré dans la Bible par la reine Jézabel. »

On peut encore dire ce qui suit de ce plan :

« Sur ce plan, l'homme est appelé à aimer Dieu sous la forme d'une incarnation divine, mais pour la dépasser. Sur ce plan du "jeûne", l'homme ne se nourrit pas, ne respire pas. Il cesse de se nourrir du nom et de la forme pour finalement naître à la lumière totale de l'Esprit. Cela peut prendre douze mois, douze ans, vingt-quatre ans. Si nous cessons de concevoir le temps (et l'impatience est une manière de le concevoir !), si nous cessons de nous achopper à des formes, des faits, des circonstances, des évènements, nous voyons alors au-delà d'eux et nous nous rendons compte que nous vivons déjà dans l'éternité ! D'où l'importance de consacrer quelques instants chaque jour au silence intérieur. »

Le nom du cinquième plan, celui du « Verbe de vérité », dont MSL dit qu'il est le « silence ici-bas », suggère assez clairement qu'il est issu du plan mental supérieur, tout en lui étant sur-ordonné :

5/ « Le cinquième plan de conscience, celui de la conscience du Verbe de vérité, ou supra-mental pour utiliser l'expression de Sri

---

supérieure, de son imagination, de son intuition, et celui de l'amour, car, finalement, c'est l'amour qui comprend ce que le mental supérieur pourra ensuite exprimer. Rimbaud ne dit pas autre chose dans le dernier poème des Illuminations: « Il est l'amour, mesure parfaite et réinventée, raison merveilleuse et imprévue »

Aurobindo, celui de l'intuition mystique. Le chakra correspondant se situe au niveau de la gorge et se nomme Vishuddha, ce qui signifie, "pur, clair". Il est représenté par un lotus à seize pétales, le chiffre 16 correspondant en Inde à une totalité. (Ainsi, Krishna est présenté comme l'Absolu au 16/16$^e$, c'est-à-dire totalement.) C'est le plan de l'intuition mystique, celui du Verbe de vérité qui est le silence ici-bas. C'est le plan du début de la vision lumineuse pour l'homme. C'est là que commence en lui le règne du Verbe de vérité une fois que l'agitation du langage mental, dominé par les dualités, s'est apaisée. On peut aussi exprimer le visage de ce cinquième plan en disant que, concrétisé dans le monde, il est le dieu (avec un "d" minuscule), un état de conscience limité par la formule dans la vision de la connaissance. Le principe de l'indifférencié est en lui. Il correspond à la cinquième lettre de l'Apocalypse, celle à la ville de Sarde. La pierre semi-précieuse associée est la Sardoine, pierre d'un blanc laiteux, blanc comme celui des "fidèles marchant en vêtements blancs", blanc semé de petites taches rouge sombre, couleur du sang séché, le sang de la vie. »

De ce plan MSL disait encore :

« 16 est le chiffre de la plénitude. La conscience s'achemine au-delà du mental des dualités vers sa plénitude essentielle et réelle qui est la toute lumière, la blancheur parfaite. Apocalypse 3;4, cinquième lettre à l'église de Sardes :

"Cependant tu as à Sardes quelques hommes qui n'ont pas souillé leurs vêtements ; ils marcheront avec moi en vêtements blancs, parce qu'ils en sont dignes."

C'est alors l'Esprit qui décide en l'homme, ce n'est plus l'homme[97]. La Kundalinï est créatrice, initiatrice, consommatrice

---

[97] Ici se trouve sans doute l'explication de ce qui faisait écrire à Rimbaud dans sa lettre du 15 mai 1871 à Paul Demeny : « Je est un autre ».

des pensées, actes et sentiments. L'homme commence à être délivré, car il n'est plus une personne en particulier. Il est libéré de sa personnalité humaine et entre dans sa personnalité universelle, ce qui faisait dire à Swami Ramdas :

"Rappelez-vous que vous n'êtes pas un individu, mais que vous êtes universels !"

Je ne suis pas "moi" mais l'univers. L'homme cesse d'être obsédé par sa personne et devient quelque chose de la totalité de l'accomplissement universel qui est Dieu. Il est libre de son moi individuel et transparent de l'Esprit. »

6/ « Le sixième plan de la conscience est le plan de la conscience psychique, déjà spirituelle, rayonnante et régénératrice. Elle enfante le moi individuel à la perfection de sa nature supra-consciente. Ce plan est inconscience par rapport à la matière et à "soi-même". Il n'y a plus de conscience du corps, mais seulement de la présence lumineuse. C'est le plan de la première et seule différenciation de l'unité. D'où les deux pétales du lotus qui symbolise ce chakra situé entre les deux sourcils : Adjana. On peut aussi exprimer le visage de ce sixième plan en disant que, concrétisé dans le monde, il est l'Éternel, qui est le suprême aspect, le seul au-delà duquel il n'est plus ni nom ni forme, et où tout est dans le jeu créateur de la perfection. Il correspond à la sixième lettre de l'Apocalypse de Jean, celle adressée à la ville de Philadelphie. *Philae* qui signifie "aimer" en grec, et *adelphos* qui signifie "le semblable, l'autre", donc l'amour du semblable, plan où l'adorateur finit par s'identifier à celui qu'il adore. C'est le plan de la première et seule différenciation de l'unité au commencement et, à la fin, le dernier plan avant la fusion dans l'Absolu, ce qui faisait déclarer à Jésus :

"Nul ne vient au Père que par moi." (Jean 14;6) »

De ce plan, MSL disait encore :

> « Inconscience par rapport à la matière, lotus à deux pétales, dernier seuil de la dualité, Adjana est l'amour parfait où Dieu n'est plus une personne mais cela en quoi l'on va s'accomplir. Le parallèle avec la sixième lettre de l'Apocalypse de Jean, la ville de Philadelphie est saisissant, *philae* signifiant "aimer" et *adelphos*, "le double", "le semblable". La conscience est tout près de l'identification avec l'Absolu. Elle adore Dieu comme cela qui est tout, en nous, le double, le semblable, celui dont nous sommes l'image :
>
> "Dieu créa l'homme à son image, il le créa à l'image de Dieu." (Genèse 1;27)
>
> La conscience commence à savoir qu'elle est l'image de Dieu sur la terre et qu'elle a à s'effacer totalement pour devenir l'image parfaite dont le rayonnement ici-bas est béni :
>
> "Le rayonnement est ta forme la plus bénie." (Isha Upanishad)
>
> On est là tout près de l'accomplissement dans le septième chakra, le cerveau. »

Le sixième plan, celui du Christ ou de la Mère divine en l'homme, première différenciation de l'unité dans la création, et dernière étape sur le chemin de retour de l'homme dualiste à l'unité, « culmine » en le septième et dernier plan, celui du Père, le Soi, l'Absolu indifférencié.

> 7/ « Le septième plan de la conscience, le plan de la conscience spirituelle, celui qu'Aurobindo Ghose appelle supra-conscience, béatitude infinie, éternelle et silencieuse : l'Absolu. Ramakrishna appelait le chakra correspondant « le cerveau » mais son nom habituel est, Shasrara, chakra qui se situe au sommet du crâne[98]. Symbolisé par le lotus à mille pétales qui représente

---

[98] D'où le nom de Golgotha, donné au lieu de la crucifixion, puis de la résurrection du Christ, le mot Golgotha venant du grec ancien, et signifiant « le lieu du crâne ».

> l'épanouissement dans l'infini. Tous les autres plans y culminent. C'est le plan de l'union avec le divin, celui de la plénitude de la conscience incarnée par l'Esprit et dans l'Esprit. Celui où le corps et les contours disparaissent, où l'homme et Dieu sont un, celui où la lumière est Dieu. Tous les autres plans y culminent et y sont réalisés. Corps, contours et pensées disparaissent. Il n'y a plus que la lumière de Dieu, toute joie ineffable. Ce plan correspond à la septième lettre de l'Apocalypse écrite à la ville de Laodicé, nom qui signifie en grec "la loi juste du peuple". Golgotha, c'est la mort à l'apparence et la fusion bienheureuse où l'homme et Dieu sont Un. On retrouve ici :
>
> "Voici, parce que tu as peu de puissance, et que tu as gardé ma parole, et que tu n'as pas renié mon nom, j'ai mis devant toi une porte ouverte, que personne ne peut fermer." (Apocalypse 3;8)
>
> La Kundalinï, l'énergie divine, "l'enroulée" dans la manifestation, l'âme, Dieu en nous, le souffle de vie, quand il s'éveille, remonte le long de la colonne vertébrale du Muladhara jusqu'au Shasrara. »

On touche là au but de la vie spirituelle, et à rien d'autre ! Dernière précision de MSL à l'attention de la conscience mentale qui serait tentée de voir une hiérarchie dans ces plans de conscience, avec certains plans qui seraient de valeur supérieure à d'autres :

> « Ces sept faces de la conscience unique incarnée dans l'univers et en l'homme sont égales, inséparables et simultanées[99]. Nulle n'est au-dessus de l'autre. Ensemble elles constituent l'intégrité de la manifestation divine dans le cosmos, les sept flammes de l'intelligence parfaite ou les "sept esprits de Dieu", la connaissance ultime de l'être. »

---

[99] On peut voir dans la Menorah, le chandelier juif, dont un magnifique exemplaire du XIV<sup>e</sup> siècle est visible dans la synagogue de Carpentras, la concrétisation de ces « sept flammes », « inséparables et simultanées ».

Donc aucun plan n'est d'une valeur supérieure à l'autre ! Pour autant, il ne faut pas tout confondre, le bas avec le haut, la base avec le sommet, comme dans une pyramide : une pyramide ne tiendrait pas en équilibre sur son sommet ! MSL expliquait souvent que le quatrième plan de la conscience et de la vie est un plan pivot, situé entre les trois plans inférieurs, qui présentent une part d'inconscience (voir à ce propos le chapitre 13 de l'Apocalypse), et les trois plans supérieurs qui eux sont de plus en plus inconscients, mais dans le sens opposé de « supra-conscients », selon l'expression de Sri Aurobindo. On pourrait ici comparer le quatrième plan à l'œil humain, qui n'est pour ainsi dire « conscient » de la lumière que dans une étroite bande de longueur d'onde allant du rouge au violet, celui-ci ne voyant pas, n'étant pas sensible ou étant « inconscient » en quelque sorte à l'infrarouge, en dessous, et à l'ultraviolet, au-dessus.

**Poème/poésie**

Parmi les activités créatrices, la poésie, la musique des mots, est comme la musique tout court, ce qui nous rapproche le plus de la vie de l'esprit. Voici ce qu'en disait MSL :

> « "Poème" vient du terme Grec *poíêma* qui signifie "œuvre, création". Le poème est donc un récit créateur, qui doit susciter une activité créatrice en nous. »

De Rimbaud, Sri Aurobindo, qui lisait le français, disait qu'il avait vu le vrai, et en voulait pour preuve cette phrase extraite du *Bateau ivre* :

> « J'ai vu des archipels sidéraux ! et des îles
> Dont les cieux délirants sont ouverts au vogueur :
> - Est-ce en ces nuits sans fond que tu dors et t'exiles,
> Million d'oiseaux d'or, ô future Vigueur ? »

Après le « prince des poètes », voici Rabindranath Tagore, considéré comme un saint au Bengale, prix Nobel de littérature 1913. Son recueil de poèmes *L'Offrande Lyrique*, dans la traduction d'André Gide, est un bijou.

Tagore et Aurobindo se tenaient en estime réciproque et Sri Aurobindo disait du poète :

> « Il est, à sa façon, un passeur vers les mêmes buts que les nôtres. »

Aurobindo qui savait de quoi il parlait, puisqu'il a lui-même écrit, outre l'énorme *Savitri*, six poèmes mystiques dont le magnifique *Rose de Dieu*. Le vent de l'esprit y souffle, et la traduction française par MSL a su le préserver.

**Prière et méditation**

Il y a environ 650 prières dans la Bible, la plus connue étant le « Notre Père ». Le mot et le verbe associé apparaissent plus de 350 fois. Traditionnellement l'Occident pratique la prière, alors que l'Orient pratique la méditation. En fait, ces deux pratiques sont voisines dans le sens où toutes deux doivent se pratiquer dans le même état d'esprit d'offrande de soi au divin et sans attente de « résultat ». Les deux pratiques, dans cet état d'esprit, débouchent sur la paix, condition essentielle d'une vie spirituelle. Voici ce qu'en disait MSL :

> « La prière est dualiste, c'est un dialogue avec le Dieu qu'on adore quel que soit son nom. La méditation, à première vue, est plus dans l'unité. C'est un effort pour s'unir à Dieu considéré comme impersonnel[100]. C'est un effort pour plonger dans la nuit. C'est la recherche d'un état d'unité qui fait que la souffrance, l'incertitude disparaissent pour nous. C'est un travail pour sortir de l'état habituel de conscience dualiste et entrer dans la stabilité qu'est la connaissance intérieure où l'homme reconnaît Dieu en soi-même. Un point important : la prière, comme la méditation, ne sont pas possibles tant que la peur, l'angoisse, un élément

---

[100] Dieu présent dans tous les êtres et dans une intériorité, ''au sein du fond'' disait le Père et moine bénédictin Henri Le Saux.

essentiel de notre nature humaine, ne sont pas apaisées. Le japa permet de dépasser cette angoisse. »

Voir aussi l'article traitant du mot « japa ».

Et maintenant, en se focalisant sur la seule méditation, voici, extrait de l'une de ses conférences, ce que MSL disait du raja yoga, citant des aphorismes de Patanjali :

> « Dans la méditation, c'est une réalité qui se révèle, s'installe en nous, et, peu à peu transforme toute notre existence[101], comme dans l'invisible, qui devient alors l'infini, car il n'y a pas de limite à la vie de l'Esprit. Le raja yoga est la voie de la médiation, "raja" signifiant "royal". L'ouvrage de référence est *Les Aphorismes* de Patanjali, traduits et commentés par Swami Vivekananda. Voici deux aphorismes relatifs à la méditation :
>
> "L'effort continu pour tenir les pensées tranquilles[102] devient solidement fondé par de longs et constants efforts accompagnés par un grand amour pour le but à atteindre."

Ce qui signifie qu'il y a un but, que ce but est Dieu et aussi que la soif de Dieu est nécessaire.

> "Le comble du non-attachement, c'est celui qui rejette jusqu'aux qualités, qui vient de la connaissance de la nature réelle de l'Éternel." »

Ces deux citations de Patanjali appelant le commentaire suivant de MSL :

> « Le rejet des qualités, c'est ce que déclare Ramakrishna :

---

[101] Sous-entendu dans le monde visible, dans le monde des formes.

[102] Pendant la méditation, et au cours de la sadhana dans la vie, qui, dixit MSL, « la prépare, puis vérifie son authenticité ».

"On prend une épine qui s'appelle le bien, et avec on enlève l'épine du mal, puis on les jette toutes les deux : Dieu est au-delà. On prend une épine qui s'appelle la vie, et avec on enlève l'épine de la mort, puis on les jette toutes les deux, l'Éternité est au-delà." »

La citation est magnifique ! Elle fait bien sentir que le « rejet des qualités » n'est ni de l'incapacité à discriminer, ni de l'indifférence, ni de l'équanimité. C'est une action et aspiration vers le haut et qui dépasse tous ces états. Le mental, qui discrimine, voit les différences en termes d'oppositions, se focalise sur elles, s'y crampone, s'y agrippe. Le Maharshi voyait là une caractéristique du mental qui, en outre, a « horreur du vide » et se « jette » sur les objets des sens. Ce faisant, en occupant tout l'espace et en clivant, en séparant d'un trait net il empêche le changement de point de vue et la perception de l'unité et de l'éternité de toutes choses. C'est peut-être pour cela que la peinture d'Edvard Munch a cet aspect d'étrangeté qui a malgré tout un goût de connu, car les surfaces colorées ne sont pas véritablement séparées, mais enlacées les unes avec les autres, donnant ainsi un sentiment d'unité, unité qui est notre origine mais dont nous sommes habituellement inconscients. Il en va de même de la peinture impressionniste, qui gomme la séparation brutale du trait. Ou de celle de Bonnard qui disait que l'œil doit pouvoir « se promener sur la toile sans accrocher nulle part ». Ou encore de celle de Léonard de Vinci, avec son « sfumato », qui substitue une « fumée » vaporeuse, évanescente, à la division brutale et clivante du trait et contribue ainsi au sentiment d'unité paisible que donnent les tableaux du maître.

**Prière et prérequis**

Le mot « prière » et le verbe associé apparaissent dans plus de 400 versets de la Bible. C'est donc une activité importante. Pour prier, Jésus mentionne deux prérequis : le premier d'être vrai, le second d'être intériorisé :

« Lorsque vous priez, ne soyez pas comme les hypocrites, qui aiment à prier debout dans les synagogues et aux coins des rues, pour être vus des hommes […] mais quand tu pries, entre dans ta chambre, ferme ta porte, et prie ton Père qui est là dans le lieu secret ; et ton Père, qui voit dans le secret, te le rendra. » Matthieu 6;5-6

Prérequis que MSL commente sous forme de lecture expliquée :

« Le Père qui sait ce dont tu as besoin avant que tu ne le demandes : le sens concret est facile à comprendre et à admettre. Il n'est pas dit d'aller à la synagogue !

Entrer dans sa chambre : c'est entrer en soi-même.

"fermer sa porte" : c'est fermer ses sens aux objets des sens selon l'expression de l'Inde. Tourner l'attention de l'extérieur vers intérieur. C'est donc du yoga !

"Entre dans ta chambre […] et prie ton Père qui est là dans le lieu secret" : c'est entrer en soi-même, là où le Père voit dans le secret de notre cœur, de notre esprit, de notre conscience, de notre âme, lui qui sait ce dont nous avons besoin avant que nous le demandions. C'est le Seigneur qui est nous-même, au-dedans de nous, dans son royaume, et qui sait exactement le pas que nous pouvons faire en ce moment précis. Nous demandons, dans la prière occidentale, beaucoup de choses, parfois de très bonnes choses ! Mais ce n'est pas à nous de les imposer à Dieu ! Alors que le Père sait, car il voit dans le secret de notre être, et il "voit" car il est la substance même de notre nature, et c'est aussi à ce titre qu'il sait où nous en sommes, et le pas que nous pouvons faire[103]. Voici le texte sorti de l'histoire et qui, maintenant, concerne tout le monde, dans le passé, le présent et le futur, un texte qui n'a pas d'âge donc, un texte sacré[104]. Après

---

[103] En Inde, c'est Ishvari, l'une des Mères divines, en nous-même, qui sait toujours où nous en sommes en termes de maturité spirituelle.

[104] Voir l'article « Textes sacrés ».

ce double conseil, soit, premièrement, être vrai, être sincère et, secondement, être dans un retrait au-dedans de soi-même, intériorisé et donc impersonnel. Voici donc comment vous devez prier. »

Après le commentaire de MSL sur les prérequis à la prière, voici ceux qu'elle fait sur l'oraison dominicale des chrétiens, le « Notre Père », juste après la réponse que Jésus donne à ses disciples suite à leur demande :

> « Jésus priait un jour en un certain lieu. Lorsqu'il eut achevé, un de ses disciples lui dit : Seigneur, enseigne-nous à prier, comme Jean l'a enseigné à ses disciples. Il leur dit : Quand vous priez, dites : 'Père ! Que ton nom soit sanctifié ; que ton règne vienne […] » Luc 11;1

Ce que MSL explique :

> « Dans l'oraison dominicale, qui commence par "Notre Père", il y a déjà l'indication de se centrer tout en haut, sur l'impersonnel, pas sur l'individu. Cela, c'est déjà de "prier en un certain lieu", ou, comme dit par ailleurs, "d'entrer en sa chambre et de fermer la porte", peut-être au sens propre […]. Mais encore plus certainement au sens figuré, dans une intériorité qui laisse de côté, comme dit l'Inde, "les sens et les objets des sens".
>
> "Que ton nom soit sanctifié" : sanctifier le nom de Dieu, c'est se sanctifier soi-même, puisque "le royaume de Dieu est en vous" et que nous sommes faits de la substance de Dieu. C'est naître à sa sainteté. Car tout homme est promis à devenir saint. Dire "Que ton nom soit sanctifié", c'est donc dire "que la sainteté, qui est ta qualité, se révèle en moi".
>
> "Que ton règne vienne" : signifie "que tu sois le souverain de cette pensée, de cette conscience de notre cœur et de notre âme".
>
> "Que ta volonté soit faite sur la terre comme au ciel" : signifie "que ta volonté soit faite sur tous les plans de la conscience et de

la vie", dans l'homme et dans le monde : que ta volonté devienne le mobile de la conscience physique, l'enthousiasme et la joie de la conscience vital, la vérité et sérénité de la conscience mentale, l'intuition de la conscience mentale supérieure, la générosité et la beauté du cœur, l'élan de l'âme et enfin l'étincellement de l'esprit ! Donc sur tous les plans qui sont ta lumière, voir le premier chapitre de l'Apocalypse et la vision des sept chandeliers d'or, les sept plans de la lumière et de la vie. »

À noter, dans la citation ci-dessus, la belle synthèse des caractéristiques des sept plans de la conscience humaine. Noter aussi qu'il peut arriver un moment où la prière devient routinière. MSL affirmait qu'il est alors préférable de s'en détacher et d'arrêter.

**Priorité**

Dans sa vie affairée, l'homme peut facilement perdre le sens des priorités. À ce propos, sous forme d'injonction, petit rappel de Jeanne d'Arc :

« Dieu premier servit. »

Commentaire puis digression périphérique au sujet : l'attitude décrite par cette phrase peut être considérée, intellectuellement, intérieurement et extérieurement, comme une superstition d'un autre temps. Considérée et vécu dans son esprit, intérieurement et extérieurement, c'est d'une puissance incommensurable ! On devrait toujours se souvenir de cette phrase et se la répéter dans les péripéties de la vie courante. C'est extrêmement précieux pour revenir à l'essentiel quand on perd le sens des priorités ! La vie de Jeanne d'Arc et sa projection dans le monde de son temps, en ont été les concrétisations. Chacun à son niveau, même le plus modeste, là où la vie l'a situé, peut vérifier, combien une telle attitude d'esprit balaye les questionnements, simplifie, et énergétise. La phrase, si l'on peut dire, « remet l'église au centre du village » ! C'est un fait vérifiable par chacun. En cela, la vie mystique est proche des sciences expérimentales, à ceci près qu'elle traite de faits subjectifs et non objectifs.

**Problèmes (sociaux)**

C.G. Jung disait que « la vie des hommes est très problématique ». C'est vrai de leur vie privée d'individu, mais aussi de leur vie de citoyen. Tout est « problème » et objet de revendication, et le mot « colère » revient sans cesse dans les journaux radiophoniques et télévisés. Mais il est une autre manière d'éprouver la chose pour celui qui voit Dieu en tout et partout. Ainsi Mâ Ananda Moyi affirme

> « Tous ces problèmes ne sont que Ses formes qu'il a choisi de prendre à cette époque désolante pour apparaître aux yeux des hommes. »

Tout est Dieu ! Même ce qui est « désolant » ! Venu de Dieu et destiné à y retourner, même le mal[105] car :

> « Dieu porte sa création, toute sa création, y compris son imperfection » Gita ?

On peut même voir du positif dans les problèmes et conflits :

> « C'est seulement ici, dans la vie terrestre où se heurtent les contraires, que le niveau général de conscience peut s'élever. Cela semble être la tâche métaphysique de l'homme. » C.G. Jung

Les problèmes et conflits potentiels peuvent être une opportunité de grandir successivement dans la conscience puis le détachement de soi, sous réserve qu'ils soient vécus convenablement. Encore une fois, ce fait et

---

[105] Même les horreurs des guerres et du terrorisme, car, certes, il est légitime de dire que cela c'est l'homme et non pas Dieu, mais ce sont « Ses formes qu'il a choisi de prendre ». Souvent on entend dire « Si Dieu ''existait'' cela ne serait pas, car Dieu est bon ». Mais quand il est dit que « Dieu est bon », par « bon » il faut comprendre « valable ». Et les voies et moyens que Dieu utilise pour conduire sa création à lui sont impénétrables au mental humain. Ce qui, bien évidemment, ne dispense en rien de faire tout son possible, chacun à son niveau, pour prévenir et éviter toutes ces horreurs, et à défaut pour en panser les plaies.

cette idée s'expriment en Inde sous la forme du dieu Ganesha, fils de Shiva le purificateur, un dieu qui pose les difficultés sur notre chemin, et aussi qui les résout pour nous, si nous nous abandonnons à lui ! Cet abandon n'est en aucun cas une passivité, il est actif mais détaché du résultat de l'action. Il débouche, nous dit-on, sur une transformation de la conscience qui devient alors plus haute et plus vaste que celle du « moi je ». Tout dépend donc de l'état d'esprit dans lequel nous abordons les « problèmes », et ceux-ci, bien vécus, avec humilité, peuvent devenir une opportunité pour nous départir de nous-mêmes, être l'occasion d'un don de soi et une occasion de croissance.

## Prophète

Le mot est utilisé 450 fois dans la Bible, ce qui le situe dans la cinquantaine des mots les plus utilisés. Dans le langage courant, prophétiser veut dire annoncer l'avenir par avance. Pourtant MSL nous dit à l'occasion d'une conférence que ce n'est pas le cas dans les textes sacrés :

> « Le mot "prophète" vient du mot grec *prophemis*, donc qui parle au nom de Dieu, et non pas qui annonce l'avenir par avance. Le moi doit parler au nom de Dieu et ne pas abdiquer en donnant son autorité à la bête c'est-à-dire à l'inconscient et au subconscient. »

Nota : la bête dont il est question ici est celle du chapitre 13 de l'Apocalypse, celle qui « monte de la mer » et qui, selon MSL, représente notre inconscient. Voir à ce propos l'article traitant du mot « bête ». D'où l'importance, d'une part, de la conscience mentale, qui a ce rôle de discriminer ce qui vient de « la bête » de ce qui vient de la raison, de l'intuition spirituelle ou de l'esprit, et, d'autre part, de la maîtrise de soi, pour rejeter justement les impulsions négatives qui montent de l'inconscient. Sans oublier qu'il monte aussi du positif de l'inconscient ! À ce propos, on peut rappeler l'injonction du si précis, pertinent, et trop délaissé Vivekanada, le grand disciple de Ramakrishna :

« Discriminez, discriminez sans cesse ! »

**Psyché**

Le mot n'est pas utilisé dans la Bible. Sauf par Saint Paul, une fois seulement, si l'on corrige la mauvaise traduction « L'homme animal, par ses seules capacités, n'accueille pas ce qui vient de l'Esprit de Dieu » (Corinthiens, 1$^{re}$ lettre 2;14), en remplaçant « animal » par « psychique », puisque, comme MSL le fait remarquer :

> « Le mot traduit par "homme animal" est *psuchikos*, et la bonne traduction est "homme psychique" c'est-à-dire centré sur le "moi je", dans la dualité. »

Le mot « psyché », comme le mot « âme », fait partie de ces mots dont le contour est un peu flou, ou dépendant du contexte et de l'époque. Un dictionnaire le définit comme suit : « Synonyme de l'activité mentale, elle englobe toutes les manifestations conscientes et inconscientes d'un individu. Le mot "psyché" vient du verbe grec *psukhein* qui signifie "souffler". Habituellement le mot "psyché" est traduit par "âme". » Donc, la psyché est décrite comme le fonctionnement de notre cerveau, celui de l'être vital, intellectuel, émotif, éthique, esthétique, etc., etc., au-delà de l'être physique. Il y a donc ici la notion d'une totalité, comme chez C.G. Jung. Le mot englobe à la fois l'activité mentale et ce qu'elle produit comme résultat, les « manifestations ». Mais Psyché est également le nom d'une princesse fabuleuse de l'antiquité grecque, extrêmement belle, et dont Cupidon tombe amoureux. Et enfin on désigne par ce même mot le miroir pivotant dans lequel celle qui se regarde est supposée se voir aussi belle que la princesse, raison invoquée nous dit-on pour cette dénomination, mais probablement pas la seule. Donc, trois sens pour ce mot. Souvent, les acceptions les plus concrètes d'un terme abstrait donnent des indications intéressantes. Ici, les deux derniers sens du mot, les plus concrets, donnent deux informations importantes : la psyché est belle, mais surtout elle est un miroir qui produit une image. La psyché est effectivement belle, c'est un joyau, le bourgeon terminal de la création, son raffinement extrême. Mais il y a aussi l'indication que la psyché pourrait être ce qui produit en nous une image du monde, en réaction à sa confrontation avec le monde. C'est bien ce qu'observe C.G. Jung chez ses patients, une conséquence et un résidu de leurs vies personnelles ou un héritage de l'interaction de leur lignée ancestrale avec le monde. Image consciente, et surtout inconsciente, d'origine personnelle ou impersonnelle, dont les fameuses images archétypiques dont parle Jung. La psyché humaine étant alors comme une trace et un reflet en l'homme de la totalité de la vie vécue par lui-même et sa lignée. La psyché, y compris la petite partie qu'est l'intellect, pouvant alors être comprise et définie comme la totalité du fonctionnement de notre cerveau qui crée en nous une image ou un reflet de la totalité de la vie. D'où cette notion que le macrocosme est dans le microcosme.

Voici maintenant ce que MSL disait du mot « psyché », elle qui connaissait le grec ancien :

> « Mot grec, qui veut dire "l'âme" ou "la vie", indivisiblement. L'âme est la vie, la vie est l'âme. L'un va avec l'autre. C'est la même chose. C'est […] le souffle de la force vitale, bien que dans le langage courant, ce soit perçu plutôt différemment, comme le siège des sentiments, des aversions, des préférences, le cœur de l'homme. »

Il y a donc pour MSL cette autre notion plus dynamique de « souffle de la force vitale », en arrière-plan, dans ce que recouvre le mot « psyché », ce qui correspond à la notion, essentielle en Chine, de « Qi », le souffle vital imprégnant et animant êtres et choses. En Chine le mot est d'ailleurs donné comme prénom ! Il est dit de Sri Aurobindo que sa conception de la psyché était assez voisine, ce qui n'est pas étonnant compte tenu du lien entre les deux personnages :

> « Chez Sri Aurobindo, "l'entité psychique" désigne l'individualité vraie et permanente ou âme qui se développe de vie en vie autour du centre divin dans l'homme. Elle soutient secrètement toutes les activités mentales, vitales, physiques qui sont les instruments de son expérience dans le monde manifesté. Le "psychique" est le noyau ou centre divin autour duquel se

forme "l'entité psychique". C'est la conscience profonde dans l'homme […]. Il est généralement voilé par les activités mentales vitales et physiques de la surface et les influences plutôt qu'il ne les dirige […]. Lorsqu'il émerge et que les parties mentales, vitales et physiques acceptent sa direction, l'évolution individuelle s'accélère (yoga) et finalement la conscience tout entière s'intègre et s'unit au Dieu intérieur. » Sri Aurobindo, *Le cycle humain* (Edition Buchet/Chastel, chapitre 3, « Avènement de l'âge subjectif », note de l'éditeur)

Dans cette description il y a une distinction faite entre le « psychique » et « l'entité psychique ». La première notion correspondant à celle de « souffle de la force vitale » et la deuxième ressemblant plus à la définition très englobante du dictionnaire. On y trouve aussi une autre notion qui est celle de son « intégration et union à Dieu » qui fait penser à l'union du « Fils » et du « Père », de l'homme et de Dieu, de l'image de Dieu et de Dieu puisque :

« Dieu créa l'homme à son image, il le créa à l'image de Dieu. »
Genèse 1;27

Dit autrement, il y a dans la conception que Sri Aurobindo a de la psyché, l'idée d'une transformation possible « par le yoga » et, à la fin de cette transformation, l'idée d'un aboutissement qui est en quelque sorte la conscience de la Trinité, la prise de conscience de l'unité indivisible du Père (qui est l'Un, une totalité, l'Absolu) et du Fils (qui est l'image), et du Saint-Esprit qui est leur substance commune (selon MSL, voir article relatif au mot « Trimurti »). Ce qui constitue la réalisation en l'homme, potentiellement en tout homme, de l'affirmation centrale du christianisme :

"Moi et le Père nous sommes un." Jean 10;30

Telle est la conception que l'on peut avoir de la psyché et de sa possible transformation.

**Purushotama**

Dans la Bhagavad-Gita, Krishna enseigne Arjuna et prononce une phrase surprenante pour notre raison :

> « Par la dévotion l'homme en vient à me connaître, qui je suis et combien je suis, et en réalité entier et en tous les principes de mon être. M'ayant ainsi connu, il entre en cela qu'on appelle le Purushotama. » Bhagavad-Gita, chapitre 18

Citation difficile à comprendre, car si l'on comprend assez bien que Krishna, incarnation divine parle de « qui je suis », l'on comprend moins qu'il dise « combien je suis ». MSL clarifie, en mettant à contribution l'Évangile de Jean et la parole de Jésus. Jésus qui est de même que Krishna, gardons-le bien en tête, un avatar et donc rien moins que le Christ incarné :

> « Le "Purushotama" est le principe suprême, premier, immuable de toute l'existence. De la même manière, le Christ affirme :
>
> "Il y a plusieurs demeures dans la maison de mon Père. Sinon je vous l'aurais dit." (Jean 14;2)
>
> "Combien je suis" signifie : Brahman est un et unique. L'avatar est aussi un et unique sous tous les noms et toutes les formes où il se révèle pour se faire connaître et aimer, à chaque âge, et pour chacun, selon ses possibilités. Cette seule pensée aide beaucoup à avancer sur le chemin de la perfection, car il n'y a pas de limite ! »

Il faut donc comprendre que le royaume de Dieu et Dieu lui-même sont à la fois un et multiple, d'où les expressions : « combien je suis » et « plusieurs demeures ». Et même des demeures modestes, pour que chacun selon ses possibilités puisse le « connaître et aimer » ! Y a-t-il parole plus réconfortante ? À noter aussi que, dans cette citation, comme dans bon nombre de textes sacrés, connaissance et amour sont liés. L'un étant le résultat de l'autre, et réciproquement. Ainsi, l'amour ou l'empathie est la condition de la connaissance, et la connaissance vraie, à son tour, génère l'amour. Ceci aussi est un fait toujours vérifiable par tout un chacun.

## Qualité

Il n'est pas demandé des qualités extraordinaires à celui qui cherche Dieu, au yogin[106] ou au moine[107]. Pour MSL, la première des qualités nécessaires est la sincérité :

> « La première qualité du yogin est la sincérité. La sincérité malgré sa propre misère, son impuissance et parfois sa fatigue. »

La raison en est simple : la sincérité n'est pas de nature morale. L'insincérité, la duplicité, c'est l'ego dualiste, l'opposé du but visé ! Donc la sincérité est une condition nécessaire, presque « par construction » ou « par définition » pourrait-on dire. D'ailleurs, dixit Jésus lui-même, elle peut aussi à l'occasion être une condition suffisante, car, de toute manière :

> « Aux hommes cela est impossible, mais à Dieu tout est possible. » Matthieu 19;26

Dieu en l'homme, pas dans une extériorité, et par Sa grâce. Sinon, c'est de la superstition !

## Raison

Il n'y a sans doute rien de plus beau et de plus juste qui ait été écrit sur l'authentique et belle raison mentale, celle qui est sous tendue par la vie de l'esprit, que ce poème :

---

[106] Le yogin est en Inde le nom de celui qui cherche Dieu.

[107] MSL rapporte que chercher Dieu était la seule condition requise par Saint Benoît pour être moine.

> « Là où l'esprit est sans crainte et où la tête est haut portée ;
> Là où la connaissance est libre ;
> Là où le monde n'a pas été morcelé entre d'étroites parois mitoyennes ;
> Là où les mots émanent des profondeurs de la sincérité ;
> Là où l'effort infatigué tend les bras vers la perfection ;
> Là où le clair courant de la raison ne s'est pas mortellement égaré dans l'aride et morne désert de la coutume ;
> Là où l'esprit guidé par Toi s'avance dans l'élargissement continu de la pensée et de l'action –
> Dans ce paradis de liberté, Mon Père, permet que ma patrie s'éveille. »
>
> R. Tagore, L'Offrande lyrique, traduction de A Gide

Tout est dit ! J. Krishnamurti, lui, disait douter qu'il puisse y avoir une pensée véritablement libre. La réponse de Tagore est là, et positive. Mais il faut quand même reconnaître qu'il est bien rare que la pensée s'élève en ce lieu décrit par Tagore et pour que notre univers mental, notre « patrie » soit ce « paradis de liberté » !

## Ratiocination

Le bon sens populaire dit que « La parole est d'argent, mais le silence est d'or ». Cela s'applique en particulier au domaine spirituel, domaine ou MSL aimait à dire que le bon sens est encore plus nécessaire qu'ailleurs. Voir ce qu'elle disait des ratiocinations, l'abus ou l'excès de sophistication du raisonnement :

> « L'effort principal est de ne pas mêler nos ratiocinations mentales au travail spirituel qui va se faire, et auquel il ne faut pas toucher ! Il faut laisser faire l'esprit en nous et ceci est une leçon que l'individu a un mal terrible, une peine terrible à apprendre ! Ne pas y penser, ne pas se demander si, et quand, il va se passer quelque chose. D'où la parole du Christ quand, en quelque sorte, il se défend en disant "mon heure n'est pas encore

venue". Il ne sert à rien de se lamenter, de pleurnicher, et de s'impatienter. Le fait d'avoir confiance et de persévérer est déjà une joie et un commencement de familiarité et d'intimité, et cela est plus important que la vision de Dieu. Cette familiarité et intimité qui, quand elle s'installe en nous, dans tout ce que nous faisons, pensons, aimons, nous fait progresser dans la vérité, par l'Esprit que nous ne connaissons pas et ne pouvons pas définir. La grande erreur est de vouloir définir Dieu. Il doit rester en nous l'inconnu, l'infini, l'éternel, "Cela". Au moment où nous le connaîtrons, ce sera le silence total et parfait. Le chemin qui conduit à Dieu, ce n'est pas l'abondance de paroles, mais le silence que l'on conquiert sur soi peu à peu. C'est quelque chose qui est difficile à apprendre que le silence. Quand le travail commence, automatiquement, nous nous taisons car la parole empêche de comprendre avec ses définitions trop partiellement justes. C'est dans la mesure où l'homme se tait que l'esprit, que Dieu, peu à peu, peut parler. Se révéler en lui. Non par une abondance de mots, mais par un travail qui se fait, et qui se fait parfaitement bien sur tous les plans de la conscience et de la vie. »

MSL disait que débattre sur le sujet est inutile. Avec nous-même, c'est certain, avec les autres aussi. Sauf, ajoutait-elle, exceptionnellement, avec des personnes ayant la même attente, ou avec des maîtres. Cet avis devait être partagé par Ramana Maharshi, lui qui est resté sans parler pendant des années, puis qui répondait souvent par le silence aux attentes de ses visiteurs de Tiruvanamalai. D'une manière plus générale il n'est pas nécessaire de beaucoup parler, sauf « en société », quand cela est bien évidemment nécessaire.

**Réalité**

Ce que l'homme ordinaire appelle « réalité » est « illusion » pour le sage ou le saint. Cette illusion porte un nom en Inde : la Mâyâ (voir l'article qui traite du sujet). Mais qu'est-ce que la « réalité » pour l'homme qui « a vu le vrai » ? Nous pouvons l'imaginer au travers des citations de MSL, de ce qui a été dit par elle et par des « maîtres » de l'Inde, sur la perception de l'unité là où, auparavant, on ne percevait que division, sur le caractère intemporel, éternel, infini et lumineux de ce qui autrefois paraissait impermanent, fini et un peu terne. Ramana Maharshi, en réponse à la question d'un visiteur, fait une réponse atypique, mais compatible avec ce qui a été dit précédemment :

> « La réalité doit toujours être réelle. Elle n'a ni forme ni nom […]. Elle est la base des limitations en étant elle-même illimitée. Elle n'a pas de liens. Elle est la base de ce qui est irréel en étant elle-même réelle. La Réalité est ce qui est. Elle est telle qu'elle est. Elle transcende la parole ; elle est au-delà des expressions, telles que existence, non-existence, etc… » *L'Enseignement de Ramana Maharshi* (« 19 Janvier 1936- 140 »)

La « réalité » qui préexiste au sujet pensant est aussi ce qui reste quand il s'est évaporé, quand l'ego purifié est devenu le « témoin fidèle » de l'Apocalypse de Jean, une conscience transparente. Ce que nous dit le Maharshi, c'est que la réalité est à la source de l'illusion de la réalité, la Mâyâ des hindous, d'un monde d'objets existant indépendamment du sujet. De manière symétrique, cette illusion fait également partie de la réalité. De la même manière qu'un rêve fait partie de la réalité, celle de notre psychisme, celle du fonctionnement de notre cerveau.

**Recevoir**

MSL disait souvent :

> « Dieu est en l'homme, en tous les hommes, également, immémorialement, dans la structure même de leur être, etc. »

Dieu n'est donc pas « réservé » à quelques heureux « élus » que d'autres ne seraient pas ! Comme le serait le peuple juif dans la Bible par exemple. Ou bien les Pandava, et les Kaurava en Inde dans la Bhagavad-Gita. Il est reçu par l'homme sans conditions[108] autre que celle de se donner à lui. Ceci est d'ailleurs exprimé, implicitement dans la Bhagavad-Gita :

> « Comme l'homme vient à moi, ainsi je le reçois. »

Et surtout explicitement dans la Bible, dans les Actes des Apôtres, après l'épisode de Corneille :

> « Alors Pierre, ouvrant la bouche, dit : En vérité, je reconnais que Dieu ne fait point acception de personne. » Actes des Apôtres 10;34

Ceci vaut pour les agnostiques et les athées. L'athéisme, de nos jours, apparaît comme une purification nécessaire, pour se débarrasser de la superstition, de l'obscurcissement des dogmes, des déformations et affadissements sous forme de morale individuelle et sociale, de la sottise et des préjugés, du superflu de nos fausses conceptions, pour rafraîchir et revivifier notre pensée et que le vent de l'Esprit puisse à nouveau souffler.

**Rédemption**

La rédemption n'est pas le pardon d'une faute dont l'homme serait coupable. C'est tout simplement une loi de la vie. Elle fait partie de l'histoire de l'évolution psychologique humaine en général, et de chaque individu en particulier :

> « Jésus-Christ est le maître de la rédemption. La rédemption, c'est le retour de ce qu'il est depuis le commencement et à jamais, à savoir la naissance de l'inconscience à la conscience relative dualiste, puis de cette conscience dualiste à la renaissance de l'infini lumineux. » MSL

---

[108] En particulier de condition d'intelligence, d'éducation, notamment religieuse, d'adhésion à des dogmes et credo, et même de moralité !

C'est tout le parcours de la Bible : depuis le Livre de la Genèse, avec Adam et Ève qui, de l'inconscience (y compris l'inconscience de leur nudité) vont naître à la connaissance dualiste après avoir « mangé de l'arbre de la connaissance du bien et du mal », jusqu'au dernier chapitre du Livre de l'Apocalypse (« apocalypse » signifiant « révélation » en grec) où il est donc révélé à l'homme que, comme promis dans l'Alliance, l'homme et Dieu sont un seul et le même, l'unité du Fils et du Père, le Saint-Esprit étant en quelque sorte leur substance :

> « Le trône de Dieu et de l'agneau sera dans la ville ; ses serviteurs le serviront et verront sa face, et son nom sera sur leurs fronts. » Apocalypse 22;3

On notera ci-dessus que l'agneau (l'ego devenu divin après sa transformation, l'ego qui ne se limite plus au « moi je » étriqué qu'il est pour l'homme ordinaire) fait « trône commun » avec Dieu dans la ville donc en l'homme (la ville dans l'Apocalypse est la métaphore de l'homme). Ce « nouvel ego » qu'est l'agneau[109] dispose donc d'un attribut royal, au même titre que Dieu lui-même : le trône. Par ailleurs les serviteurs portent « son nom sur leurs fronts » : ils sont eux-mêmes divins.

Et puis, ci-dessous, ceci encore : un passage de l'Évangile où il est affirmé que la rédemption est préexistante et consubstantielle à la création du monde (en comprenant le mot « gloire » dans le sens de « révélation ») :

> « Père, je veux que là où je suis ceux que tu m'as donnés soient aussi avec moi, afin qu'ils voient ma gloire, la gloire que tu m'as donnée, parce que tu m'as aimé avant la fondation du monde. » Jean, 17;24

Ce que MSL commente :

---

[109] Dans la cathédrale de Gand il est possible de voir le polyptyque de Van Eyck appelé, *Agneau mystique*. Ce qui est remarquable, ce sont les yeux et le regard de l'agneau : bien que la pupille soit celle d'un animal, ils ne sont pas animaux, mais humains et plus qu'humains, et remplis d'un force toute pénétrante.

> « La rédemption est avant la création du monde. Elle n'est pas venue après coup dans la création. C'est une articulation de sa Loi, une vérité de son être. C'est une articulation essentielle et fondamentale de la création. L'éveil dans la conscience dualiste, puis la naissance, la renaissance, dans la conscience de l'unité. »

On est ici en pleine théorie de l'évolution ! Il ne s'agit pas du plan préexistant d'un démiurge extérieur à sa création, du plan d'un grand horloger pour « sa » magnifique horloge comme disait Voltaire, mais de l'intelligence immanente au sein de la création, y compris dans sa matérialité (mais pas seulement), agissante et conduisant à l'évolution de l'espèce. Car la rédemption n'est pas totalement un retour à une situation antérieure : l'homme quitte le paradis de l'inconscience et de l'unité puis, retrouve l'unité, mais cette fois dans un corps d'homme en lequel le mental dualiste s'est progressivement développé, affiné, sophistiqué, jusqu'à devenir en lui ce « clair courant de la raison » dont parle Rabindranath Tagore. Voir à ce propos l'article traitant du mot « raison ».

**Regarder**

Ce verbe et le substantif associé apparaissent plus de 220 fois dans la Bible. Souvent sous la forme d'une injonction. MSL faisait assez régulièrement remarquer pendant ses conférences que voir et entendre sont deux constantes dans les textes sacrés, spécialement dans la Bible (par exemple dans Matthieu 19;16-30, Marc, 10;17-31 et Luc, 18;18-30). Voici ce qu'elle en dit :

> « Dans l'histoire dite du "jeune homme riche", Jésus "regarde" par deux fois ses disciples. Dans le Psaume 14;2, "L'Éternel du haut des cieux regarde s'il y a un homme intelligent qui cherche Dieu". Dans les deux cas, le regard n'est pas porté de l'extérieur pour juger, mais pour pénétrer. Car il s'agit d'évaluer le détachement de soi qui permet l'accomplissement, l'être que nous sommes vraiment, et qui est Dieu. »

D'une manière différente, l'homme doit lui aussi regarder pour « chercher Dieu », attentivement, avec concentration, et au bon endroit, pas forcément dans la stratosphère des conceptions théologiques compliquées, car c'est un fait que si nous ne voyons pas c'est souvent parce que nous ne regardons pas assez bas !

N'oublions pas ce beau verset, déjà cité, extrait de l'Évangile apocryphe de Thomas :

> « Fendez du bois, je suis ici, soulevez la pierre, je suis là »
> Évangile de Thomas, logion 81

Car ainsi que le disait Sri Aurobindo :

> « Dieu est là. »

Et non pas Dieu est ! Donc sous-entendu ici-bas, devant nous, sous nos pieds, devant nos yeux, dans le plus quotidien de la vie, ici et maintenant !

## Réincarnation

La notion de réincarnation semble être à priori exclusivement orientale. Ce n'est pourtant pas le cas :

> « La notion de la réincarnation existe aussi dans la Bible. » MSL

MSL soutenait cette affirmation par deux citations. La première est la réponse à la question de Jésus « Et vous, qui dites-vous que je suis ? » :

> « Les uns disent que tu es Jean-Baptiste, les autres Élie, les autres Jérémie ou l'un des prophètes. » Matthieu 16;14

La deuxième étant relative au retour du prophète Élie :

> « Élie est déjà revenu, mais ils ne l'ont pas connu et ils l'ont traité comme ils l'ont voulu. […] Les disciples comprirent qu'il parlait de Jean le Baptiste » Matthieu 17;12-13

Pour Jiddu Krishnamurti la question ne se posait pas ; il affirmait :

« Nous réincarnons le passé en permanence. »

La psychanalyse ne lui donnera pas tort ! Freud, parce qu'il voit dans l'inconscient individuel les matériaux psychiques refoulés anciennement par le conscient. Jung, parce qu'il voit dans les archétypes, ces images de l'inconscient collectif, le résultat de toutes les expériences vécues par l'humanité entière. Par exemple pour ces deux images archétypiques que sont « l'anima » et « l'animus » :

> « L'anima et l'animus sont des personnifications de la nature féminine de l'inconscient de l'homme et de la nature masculine de l'inconscient de la femme. Cette bisexualité psychique est le reflet d'un fait biologique : le facteur décisif dans la détermination de sexes est la prédominance de gènes mâles (ou femelle). Un nombre restreint de gènes du sexe opposé semble produire un caractère correspondant au sexe opposé, mais qui, du fait de son infériorité reste généralement inconscient. […] Depuis toujours chaque homme porte en lui l'image de la femme, non l'image de telle femme déterminée, mais celle d'un type de femme déterminé. Cette image est au fond un conglomérat héréditaire inconscient d'origine très lointaine, incrusté dans le système vivant, "type" de toutes les expériences de la lignée ancestrale au sujet de l'être féminin, résidu de toutes les impressions fournies par la femme, système d'adaptation psychique reçu en héritage. » C.G. Jung, *Ma vie* (glossaire, « anima, animus »)

Ce qui est dit par Jung, c'est que l'homme, dans sa matière même, dans ses cellules, dans ses gènes, réincarne le passé de l'espèce. Il disait aussi que s'ajoutait à cela dans l'inconscient des images et réminiscences beaucoup plus récentes et personnelles engrammées dans notre cerveau : pour un homme, d'une part celles venant de la mère et d'autre part celles venant des autres femmes auxquelles il est confronté dans sa vie d'individu telles que tante, sœur, amie, etc. Et symétriquement pour l'image inconsciente de l'homme pour la femme. Mais dans les deux cas, que ce soit au travers de l'inconscient collectif ou de l'inconscient personnel, l'être humain apparaît, entre autres, et comme l'affirmait Krishnamurti, comme une incarnation et réincarnation du passé, que celui-ci soit proche, ou lointain.

## Religion

Ce mot n'est pratiquement pas utilisé dans la Bible, seulement quatre fois ! Wikipédia indique que l'étymologie du mot semble encore débattue. Les origines les plus citées aujourd'hui seraient les mots latins *relegere* signifiant « relire » et *religare* signifiant « relier ». Saint Augustin retient clairement la seconde car pour lui, la religion devrait être « ce qui relie à Dieu et à lui seul ». Mais qu'est-ce que la religion ? Un ensemble de dogmes, de credo et de rituels ?

Ci-dessous deux citations, l'une de MSL, l'autre d'une sainte de l'Inde, Mâ Ananda Moye, contemporaine de MSL, et qui avait une relation particulière avec elle puisqu'elle lui a fait don de son sari. Geste qui bien évidemment n'est pas anodin, mais constitue en quelque sorte un « adoubement » de cette immense sainte à MSL.

> « Pour Saint Augustin, tel qu'il l'exprime dans *Les Confessions*, la religion[110] a toujours existé, et avant le Christ elle existait déjà, et elle était la Vérité des hommes. Depuis qu'elle est dans la chair[111] on l'appelle le christianisme, mais elle a toujours été. » MSL

Dans son sens restrictif, somme de rites, de pratiques, de credo, la religion a sans doute une utilité, mais qui doit être dépassée :

> « Les religions sont des béquilles. Il faut les utiliser, puis les jeter. Dieu est au-delà. » Mâ Ananda Moyi (citée de mémoire)

---

[110] Dans son sens le plus élevé.
[111] Comprendre incarnée par Jésus, le Christ.

Tolstoï exprime ici ce que la religion n'est pas, puis ce qu'elle devrait être, en prenant bien soin de ne pas l'antagoniser avec la science de son époque :

> « La religion n'est pas une croyance établie une fois pour toutes, une croyance aux phénomènes surnaturels qui, soi-disant, se produisirent autrefois, ni la croyance en la nécessité d'une certaine prière […]. Elle n'est pas non plus, comme le pensent les savants, le reste d'une superstition et d'une ignorance antique qui naît […] d'une nécessité qu'il s'agit d'adapter dans la vie. La religion, c'est le rapport de l'homme envers la vie éternelle, envers Dieu, rapport établi en accord avec la raison et la science contemporaine, et qui seul pousse l'humanité en avant vers le but qui lui est assigné. […] L'homme est un animal faible, misérable, tant que dans son âme ne brille pas [de] la lumière de Dieu, mais quand cette lumière s'enflamme, et elle ne s'enflamme que dans l'âme éclairée par la vision, l'homme devient l'être le plus puissant au monde, et il ne peut en être autrement, parce qu'alors ce n'est pas sa force qui agit en lui, mais celle de Dieu. Voilà ce qu'est la religion. » Tolstoï, 1909, dans un enregistrement audio réalisé en français un an avant sa mort (disponible sur Internet)

Étonnante modernité et perspicacité dans le contexte de la Russie du début du XXe siècle. Les écrits de Tolstoï sur le sujet lui valurent l'excommunication !

**Renoncement**

À propos du renoncement, cette lettre inédite de Sri Aurobindo, écrite en anglais, vers 1907/1910, à Pondichéry, dont MSL disposait, et qui dit clairement que le renoncement attendu n'est pas le renoncement aux bonheurs de la vie, mais le renoncement à la fausse perspective issue de l'autocentrage :

« Il faut que vous compreniez bien que ma mission ne consiste pas à créer des ascètes, mais à ramener les âmes fortes à faire la volonté du Seigneur. Le renoncement à la vie est une chose, rendre la vie plus grande et plus divine est autre chose. Le renoncement au moi individuel dans l'acceptation de Dieu et de la vie, tel est le Yoga que j'enseigne, et non tout autre renoncement. Comment affirmer plus violemment sa volonté propre qu'en exigeant immédiatement le résultat désiré qu'il soit extérieur ou intérieur et non au moment voulu par Dieu ! »

La dernière phrase, relative à l'exigence d'un « résultat rapide », qui pourrait sembler hors du sujet (celui du renoncement au moi individuel dans la vie) ne l'est pas en fait. Car l'exigence d'un résultat rapide est précisément à l'opposé du renoncement au moi individuel, et un sujet à la fois important et difficile ! Cette question est à rapprocher de la parole du Christ :

« Mon heure n'est pas encore venue. » Jean 2;4

Dans la vie spirituelle, finalement, il semble que ce soit comme dans la vie tout court : il y a un bon moment, un moment « juste » pour que les choses se fassent, ni trop tôt, ni trop tard. Avant, la maturité n'est pas là, et, quand elle est là, les choses se font dans une immédiateté. D'où l'expression employée par Jésus, relative au moment où l'adoration devient une adoration « en esprit et en vérité » :

« Mais l'heure vient, et elle est déjà venue […]. » Jean 4;23

Inutile donc de nous préoccuper de faire tel ou tel renoncement : la vie spirituelle, comme la vie tout court, est bien faite et les choses arrivent d'elles-mêmes au moment opportun. Y compris le dernier renoncement, celui à la vie, comme l'affirme la belle et apaisante épitaphe de Jean Valjean à la toute fin des *Misérables* de Victor Hugo :

« Il dort. Quoique le sort fût pour lui bien étrange, il vivait. Il mourut quand il n'eut plus son ange ; la chose simplement d'elle-même arriva, comme la nuit se fait lorsque le jour s'en va. »

**Repasser dans son cœur**

De la Vierge Marie, il est dit, dans le récit de la nativité :

« Marie gardait toutes ces choses, et les repassait dans son cœur. » Luc 2;19

Mais qu'est-ce donc que « repasser dans son cœur » ? Cela signifie-t-il que Marie repensait à « toutes ces choses » ? Réponse indirectement négative de MSL :

« "Repasser dans son cœur", c'est contempler intérieurement l'authenticité divine. »

Ce qui nous dit que la réalité divine est quelque chose qui se contemple, pas qui se pense, qui ressemble à un percept et qui n'est pas un concept bien que l'on puisse conceptualiser à son propos. Cette réalité s'éprouve, se « contemple » à l'intérieur de notre conscience et non pas dans une extériorité.

**Repos**

Le mot apparaît environ 120 fois dans la Bible. C'est un sujet important. Sri Aurobindo est un des rares maîtres à dire que dans la sadhana, qui nécessite, on l'a compris, une concentration de tous les instants, il faut aussi savoir se reposer :

« Après un effort, il faut un repos. »

Swami Vivekananda, lui, faisait remarquer que :

> « Cinq minutes de recueillement concentré en Dieu, reposent plus qu'une longue nuit de sommeil. »

Les deux affirmations ne sont pas contradictoires, car la possibilité de se « concentrer en Dieu » n'est pas donnée à tout le monde !

**Résurrection**

Le mot apparaît dans 42 versets, ce qui est significatif. Uniquement dans le Nouveau Testament. La résurrection n'est pas, pour l'essentiel, nous l'avons déjà compris, un « miracle », dans le sens de quelque chose qui ne serait pas naturel, quelque chose en écart par rapport aux lois de la physique, de la biologie ou de la psychologie. La réapparition de la forme du Christ après sa mort étant tout à fait anecdotique ! Si elle s'est passée uniquement dans le cerveau de ceux qui le voyaient et le touchaient, c'était une réalité subjective. Et si ce n'était pas le cas, même si la chose était une concrétisation objective dans la matérialité de ce qui se passait spirituellement, ce ne serait toujours qu'anecdotique, l'essentiel étant ailleurs. Voir à ce sujet l'article « Vibhuti » à propos des phénomènes miraculeux. Ce « spectacle » ainsi que Luc le nomme dans son Évangile au verset 23;48, dans une extériorité, à Jérusalem en l'an 30, n'est pas le point important même s'il excite notre curiosité. De même qu'Hérode était tout excité et « eut une grande joie » quand il vit Jésus car il espérait « voir un miracle » ainsi qu'il est rapporté en Luc 23. La résurrection se situe dans une intériorité, ici, dans notre cerveau, potentiellement chez tout homme, et effectivement chaque fois que les circonstances et sa maturité le permettent. Voici ce qu'en dit MSL :

> « La résurrection n'arrive pas quelque part, dans un paradis situé par exemple dans l'infini du ciel ! La résurrection se fait ici-bas, en nous-même, maintenant, dans la vie que nous avons à vivre, ce qui dépend de nous en grande partie, merveilleuse reconnaissance intérieure que le Christ est Dieu, notre propre vie et être, et qu'il est en nous-même ! »

Pour illustrer comment la « résurrection » arrive, celle qui l'a vécu de l'intérieur cite à plusieurs reprises, dans ses conférences, l'histoire suivante :

> « À la fin du XIXe siècle, au congrès des religions de Chicago, Swami Vivekananda, petit moine perclus de trac, retardant son intervention jusqu'au dernier moment, commence son intervention :
>
> "Hommes, frères, ayez confiance en vous-même, Dieu est en vous." [112]
>
> On dit que toutes les trois mille personnes de la salle se levèrent comme un seul homme et écoutèrent les vingt minutes suivantes debout ! Car alors[113], le mental est réduit au silence car il est comblé. L'Esprit descend en nous-même, nous comble de sa lumière, supprime toutes les différenciations, et reconnaît Dieu en soi-même et donc aussi dans tous les autres. »

Ceci est la résurrection, la résurrection des morts, dans le sens de « ce qui était mort en nous », ou plutôt assoupi, endormi, inconscient, en nous.

Et maintenant, toujours de MSL, voici deux autres tentatives de description de ce qui se passe dans la résurrection :

> « La résurrection, c'est la renaissance intérieure à l'éternité, qui, de l'apparence changeante et variable, nous enfante intérieurement à l'"immuabilité de la vie" qui est connaissance et béatitude : Sat-Chit-Ananda (littéralement traduit par "Être-Connaissance-Béatitude", indivisiblement, puisque cela s'écrit en un seul mot en sanskrit). »

---

[112] L'exactitude ou la véracité de l'usage de cette phrase en introduction ne serait pas attestée par les enregistrements de la conférence.

[113] Sous-entendu, quand c'est Dieu qui parle en l'homme.

> « L'homme ressuscite à ce qu'il est réellement, l'être qui dit "je suis" et qui est éternel. Le temps n'a alors plus d'importance, il est né une deuxième fois "d'eau et d'esprit", et sait qui il est, et qu'il est Dieu ! »

L'homme, mais pas l'homme réduit à l'ego, sait alors qu'il est devenu ce qu'on appelle Dieu, qu'on appelle « l'Éternel » dans la Bible. L'Éternel, car il est dit que ce qui en nous éprouve « je suis » est aussi ce qui nous fait éprouver « l'immuabilité de la vie » mentionné dans la citation ci-dessus. Mais aussi parce que tous les sages et saints de tous lieux et toutes époques s'accordent à dire que, pour l'homme « ressuscité » à la fraîcheur de la sainteté originelle, le temps psychologique n'existe plus. Il vit dans un « maintenant » perpétuel : l'éternité !

**Riche**

Le mot « riche » et ses dérivés sont employés plus de 200 fois dans la Bible, donc assez significativement. Ce n'est pas très étonnant tant il est vrai que l'attachement aux richesses matérielles et immatérielles que nous offre la vie est un frein à l'effacement de l'ego, objet de la religion véritable et but d'une quête spirituelle. D'ailleurs MSL aimait à ajouter le mot « détachement » à la belle et synthétique formule de l'Inde relative aux conditions de la connaissance de Dieu :

> « Il faut être sans orgueil et sans égoïsme... et sans attachement. »

Disposer d'argent, par exemple, n'est pas intrinsèquement un problème. Ce qui est un problème, c'est l'attachement au confort ou à la notoriété que donne l'accès à l'argent. D'ailleurs MSL observait que la plupart des sages et des saints connus sont issus de la classe moyenne (qui est donc une classe plutôt favorisée économiquement), puis d'ajouter :

> « L'homme est riche de sa science, de sa philosophie, de sa pensée, de sa vie ici-bas, vie qu'il faut donner à Dieu,

intérieurement, pas spectaculairement[114], en étant conscient. C'est mourir dans le sens de l'Esprit, pas du corps, pour renaître dans l'existence parfaite. »

Qu'il s'agisse de la pensée ou de biens matériels, l'attitude intérieure juste n'est donc pas de se priver des richesses de la terre, qui sont la « gloire de Dieu », mais de les donner intérieurement, et, à l'occasion, extérieurement, sans aucun attachement. De ce point de vue, la contre-réforme a vu juste en réaction aux excès d'austérité de la réforme. Ce détachement et sa nécessité sont illustrés en Inde par un grand nombre de petites histoires dont celle que Swami Ramdas rapporte à son propos dans ses si simples et si touchants carnets de pèlerinage. Étant pèlerin itinérant et donc emportant avec lui le strict minimum, un moine sadhu lui demande de lui donner successivement chaque objet dont il dispose, et le Maharshi s'exécute de bonne grâce. Puis le sadhu lui demande ses vêtements, ce qu'il fait également jusqu'à ce qu'il ne lui reste que son kaupin, le sous-vêtement traditionnel indien. L'histoire raconte que le sadhu arrêta là l'effeuillage. C'est ici que l'on voit l'importance de la vie concrète, de la vie de l'action, qui permet de vérifier l'authenticité de ce qui a été acquis, solidement intégré, et que nous sommes véritablement devenus. Car le critère de la vérité, de l'authenticité c'est qu'il n'y a pas de différence entre ce que nous disons, ce que nous faisons et ce que nous sommes, et cela ne peut se constater que dans le pas à pas quotidien de la vie concrète.

**Risque (du chemin spirituel)**

Tous les sages et maîtres de tous les temps ont alerté sur les dangers du chemin spirituel, et sur la manière de s'en protéger. Il ne faut pas s'en effrayer, et, à l'occasion, accepter de prendre le risque de se fourvoyer, car là comme ailleurs, c'est ainsi que l'on apprend. Par ailleurs il est un moyen sur lequel tous les sages et les saints de tous les temps insistent, et que MSL rappelle, pour éviter ce risque :

---

[114] Comme à Golgotha, qualifié de « spectacle » dans l'un des Évangiles.

> « Si c'est vraiment Dieu qu'on cherche, pas une supériorité humaine, un pouvoir différencié, alors, on ne risque rien, on n'a rien à craindre. En revanche, si c'est pour nous, pour être plus habile, plus fort, pour dominer les autres, alors on court tous les dangers ! S'engager sur le chemin sans une pureté profonde, c'est prendre le risque d'aller jusqu'à la folie. »

L'un des risques majeurs mentionnés tant par les saints que par les psychologues est celui de « l'inflation » selon le mot de Jung[115]. Cet orgueil qui nous fait nous attribuer telle ou telle réalisation ou compréhension, tel ou tel « pouvoir » dans le cas de l'occultisme, qui, rappelons le, est le « culte des idoles », le culte du « moi je ». Voir aussi l'article correspondant au mot « extase », où il est fait état des dangers de l'extase, et l'article « Vibhuti » à propos du danger des pouvoirs occultes.

**Royaume de Dieu**

Sages et saints disent que le « royaume de Dieu » n'est pas un lieu géographique. Il ne se situe pas dans une extériorité. Il n'est pas « objectivable ». Il se situe dans une intériorité. Dans la fraîcheur du regard que l'homme porte sur le monde à l'issue d'une transformation psychologique où l'ego ne s'identifie plus au corps et à ses pensées, où il n'est plus un « moi je », un sujet séparé qui observe des objets, mais qu'il est devenu « transparent de Dieu seul ».

Illustration par différentes citations des Évangiles canoniques et apocryphes :

> « Les Pharisiens demandèrent à Jésus quand viendrait le royaume de Dieu. Il leur répondit : Le royaume de Dieu ne vient

---

[115] Le mot « inflation » fait penser à la fable de La Fontaine « La Grenouille qui se veut faire aussi grosse que le bœuf », où il est dit que l'« envieuse s'étend et s'enfle et se travaille pour égaler l'animal en grosseur ». L'ambition est un poison mortel quand elle a un but de bénéfice personnel. Même avec un but de bénéfice collectif, elle l'est tout autant quand elle est spirituelle.

pas de manière à frapper les regards. On ne dira pas : Il est ici, ou : Il est là. En effet, le royaume de Dieu est au-dedans de vous." » Luc 17;20-21

« Au-dedans de vous » et non « au milieu de vous » qui est une erreur de traduction, voir ci-dessous :

« Puis il dit aux disciples : Un temps viendra où vous désirerez voir un seul des jours du Fils de l'homme, et vous ne le verrez pas. On vous dira : Il est ici, Il est là. N'y allez pas, n'y courez pas. En effet, tout comme l'éclair resplendit et brille d'une extrémité du ciel à l'autre, ainsi sera le Fils de l'homme dans son jour. » Luc 17;22-24

Il faut lire après correction de l'erreur de traduction non pas « le royaume de Dieu est au milieu de vous », mais conformément au texte originel grec « *enton humos estin* » donc à l'intérieur de vous, en vous, et non au milieu de vous. Le mot « *enton* » est rarement utilisé dans la Bible (deux fois), au contraire de « *mezos* » (57 fois) qui, lui, signifie bien « au milieu ». Ceci change bien sûr considérablement le sens du texte puisque le mot situe Dieu en l'homme, dans une intériorité, au cœur de l'homme, et non pas, bien que cela puisse arriver, dans l'extériorité d'une assemblée de personnes (une messe ou autre rassemblement physique). Cette erreur est caractéristique, typique, de l'aveuglement dont le mental peut faire l'objet du fait de ses préconceptions conscientes ou inconscientes que l'on appelle aussi des « biais cognitifs » ! Le logion 3 de l'Évangile de Thomas, déjà cité, et repris ci-dessous, situe lui aussi le « royaume » à l'intérieur de l'homme, le « dedans », mais aussi à l'extérieur, le « dehors », en insistant sur la nécessité de la connaissance (de soi), qui est toujours la même à savoir que l'homme ne se limite pas à son aspect individuel d'ego, mais est également universel (et aussi ce qui englobe et dépasse les deux ajouterait Sri Aurobindo) :

« Mais le royaume il est le dedans et le dehors de vous. Quand vous vous serez connu, alors vous serez connus, et vous saurez que c'est vous les fils du Père le vivant. Mais s'il vous arrive de

> ne pas vous connaître, alors vous êtes dans la pauvreté, et c'est vous la pauvreté » Évangile de Thomas, logion 3

Nota : déjà mentionné précédemment dans l'article « Où trouver Dieu ? », mais formulé différemment, répétons ce qui suit dans l'espoir de faire ressentir la pertinence et la beauté du logion. Ce qui est remarquable dans la dernière phrase, c'est la double perspective : celle de l'ego dualiste où il y a un sujet qui « est dans la pauvreté », et celle de l'unité, du « royaume de Dieu » où l'homme est tel qu'il est, donc « pauvre », où il ne fait pas l'expérience de quelque chose d'extérieur appelé « pauvreté », mais où il « est la pauvreté », sans la présence de cet intermédiaire qui s'appelle « je », l'ego. L'homme et Dieu sont un seul et le même dans le « royaume », où le sujet et l'objet se fondent dans l'unité de la conscience : « c'est vous la pauvreté ». L'Inde a une courte et belle expression pour exprimer la chose: « Tat Sat », où « Sat » est « la vérité » et « Tat » signifie « ceci » ou « cela ». On peut ainsi traduire « Tat Sat » par « Cela est », donc de manière neutre : vous « êtes la pauvreté », vous êtes « cela ». Point n'est besoin de l'interposition du « je », inutile intermédiaire et encombrant compagnon ainsi que l'affirmait Ramana Maharshi !

## Sacrifice

Le mot apparaît plus de 400 fois dans la Bible. Très présent dans l'Ancien Testament et dans les textes védiques, le « sacrifice », pour MSL, ne doit pas être compris comme un acte sanglant, mais comme une naissance sacrée, une naissance à la perception, à la conscience du caractère sacré des choses :

> « Il est toujours question de sacrifice dans les hymnes védiques, mais jamais ces sacrifices ne sont des sacrifices sanglants. Le sacrifice védique est un sacrifice tout intérieur où l'homme dépasse un plan de conscience moins élevé pour naître à un plan plus élevé. La progression dont il est question dans les Vedas, c'est une progression dans la lumière. »

Il en va de même dans la Bhagavad-Gita. Dans ce dialogue entre Krishna et Arjuna, l'incarnation du dieu Vishnu met l'accent sur l'importance de ne pas faire le sacrifice, quel qu'il soit, pour soi-même mais pour Dieu :

> « Quoi que tu fasses, de quoi que tu jouisses, quoi que tu sacrifies, quoi que tu donnes, quelque énergie de *tapasya*[116] que tu déploies, de volonté ou d'effort d'âme, fais-en une offrande à Moi. » Bhagavad-Gita 9;27

Donc toute la vie, à chaque instant, doit être considérée comme une offrande de « soi » à Dieu, donc au « Soi », jusqu'à ce que le « je », le « moi je », cet intermédiaire encombrant, s'efface au profit du grand « Je ». Il s'agit donc d'un engagement total, et le lecteur éprouvera peut-être le sentiment de la ferveur toute pénétrante qui émane du texte. Et l'on comprend aussi, du coup, l'intensité de concentration et le temps que cela représente, que de se départir de soi-même ! Ce qui inspire à Rabindranath Tagore le vers suivant:

> « Seigneur, tes siècles se succèdent pour parfaire une simple fleur des champs. » *L'Offrande lyrique*

Alors, s'agissant de l'homme qui est autrement plus complexe, on comprend que son devenir évolutif, quelle que soit son impatience, sera autrement plus long ! Ceci avec la belle exception des quelques précurseurs de l'espèce que sont les sages et les saints !

**Sadhana**

En Inde c'est le mot qui désigne la discipline et le chemin spirituel. Voici ce qu'en dit MSL :

---

[116] En Inde, exercice qui vise à maîtriser les sens et les passions pour obtenir « moksha », la libération. Le jeûne ou la restriction partielle de nourriture, la méditation en font partie.

> « Mot sanskrit qui signifie "efficace, opératif", qui fait apparaître, qui produit. C'est la discipline spirituelle, l'effort pour s'efforcer de rentrer dans l'unité en soi-même, pour y chercher Dieu et l'y voir au final. L'homme est partout en dehors, sauf en soi-même. C'est ce que disait Pascal : "Tous les malheurs du monde viennent de ce que l'homme ne sait pas rester seul dans sa chambre." »

La sadhana est donc un effort soutenu de concentration intérieure sur Dieu, et, en même temps, un abandon à Dieu comme mentionné dans l'article traitant du mot « sacrifice » situé, hasard de l'alphabet, juste ci-dessus. Une difficulté à dépasser est donc de vouloir faire par soi-même alors que, ainsi que le disait MSL :

> « C'est Dieu qui fait, c'est Dieu qui est. »

Dans la sadhana, l'homme s'offre et se concentre sur Dieu, et le grand dilemme de la sadhana dans la vie est de faire ou de laisser faire ! Où trouver la réponse ? Voir l'affirmation de MSL ci-dessous :

> « C'est en soi-même que l'on trouve la réponse aux problèmes, aux angoisses, et, quand on voit Dieu en soi-même, on le voit aussi à l'extérieur, en toutes les créatures, ce qui est une conséquence. Et le corollaire est la parole de Ramakrishna :
>
> "C'est depuis que je vois Dieu en tout homme que je connais vraiment Dieu." »

**Sagesse et piété**

On a l'habitude de différencier la sagesse antique de la sainteté plus récente. Selon MSL, l'une ne va pas sans l'autre :

> « La sagesse, qui est la maîtrise de soi et l'amour de la vérité, et la piété, qui est l'amour de Dieu, vont ensemble. L'une ne va pas sans l'autre, elles sont inséparables, elles sont à la fois

indépendantes et une. La vraie sagesse conduit à la piété. On a fait de la piété quelque chose de sentimental, une espèce d'émotivité devant l'inconnu, devant Dieu et face aux hommes, mais la piété doit devenir en nous une sagesse. C'est-à-dire une intelligence plus haute car, comme dit Saint Évagre le Pontique :

"La prière est une élévation de l'intelligence vers Dieu."

Il s'agit donc, dans la piété, de grandir dans une certaine intelligence, qui est faite de paix, de maîtrise de soi, d'une lucidité qui vient de plus haut que nos réactions habituelles, d'une tranquille observation de soi-même et des faits, des circonstances où, au lieu de réagir avec notre impulsion habituelle, qui est celle de la peur, de l'angoisse, de la révolte, ou de la colère, ou de la joie trop grande, nous avons un certain recul, une certaine réserve, une certaine retenue qui permet de juger des choses, de soi-même et des gens, avec plus de vérité avec plus d'équité. La piété grandit avec cette sagesse, car plus nous sommes simplement et tranquillement maître de nous-même, plus notre piété peut être vraie. Car elle est faite d'adoration, de recueillement, d'une concentration que nous essayons d'augmenter, d'une adoration qui donne à la sagesse l'envol de notre âme vers ce qui est grand, beau, vaste, lumineux, stable et, dans la sagesse, il y a le socle sur lequel s'appuie notre travail, notre pas à pas quotidien et les deux choses sont nécessaires. Il est nécessaire d'avoir cet élan, cet envol, cet espoir que donne la piété, cette espérance, car, tant qu'on n'a pas perdu l'espérance, on n'a pas perdu la vie, la piété, mais dans cette piété, cette espérance, il faut qu'il y ait la sagesse qui apporte la patience, la persévérance, la tranquillité dans nos réactions, sans laquelle la piété n'est qu'une fausse exaltation, qui ne nous apporte pas grand-chose. Au fond le critère d'un enseignement religieux, d'un enseignement spirituel, c'est la paix qu'apportent ceux qui le professent. La parole du Christ,

> "Heureux ceux qui procurent la paix car ils seront appelés fils de Dieu",
>
> est une parole essentielle. La domination de l'homme dans le monde est une domination d'intelligence et de compréhension, c'est-à-dire une domination de sagesse et de piété. La science véritable y participe et conduit à la piété, infailliblement. L'art véritable conduit aussi à la piété, infailliblement. »

Qu'ajouter à cela ? Tout a été dit d'une manière si limpide et qui sonne si juste ! Sans éluder le négatif mais sans personnaliser et cliver les choses. Et de même qu'on peut apprécier la musique tout en étant incapable d'en composer, il est possible que ces paroles pénètrent en nous et nous touchent sans que nous ayons déjà la capacité de vivre ce qui est affirmé. Peut-être ajouter que le contrôle de soi n'exclut pas la colère, une colère juste, efficace, mais une colère qui s'évapore instantanément sans laisser la moindre trace, sans ressentiment. Ainsi Jésus chasse les marchands hors du temple. Ainsi MSL au cours de la conférence du 16 juin 1979, chassant de la salle, à la fois avec la force de l'autorité et des accents de colère, un participant qui ne cessait de bavarder, et reprenant la conférence dans une tranquillité parfaite ! Et puis il y a les sages, sur lesquels la colère n'a pas prise, et pour qui le contrôle de soi est devenu une tranquillité et une paix merveilleuse, dans toutes les circonstances de la vie. C'est ce que Platon nous dit de Socrate, à Athènes, en 399 avant J.-C., quand le serviteur des Onze lui apporte la ciguë :

> « Après cela l'entretien se borna à quelques paroles ; car le serviteur des Onze se présenta et s'approchant de lui : "Socrate, dit-il, je ne me plaindrai pas de toi comme des autres, qui se fâchent contre moi et me maudissent, quand, sur l'injonction des magistrats, je viens leur dire de boire le poison. Pour toi, j'ai eu mainte occasion, depuis que tu es ici, de reconnaître en toi l'homme le plus généreux, le plus doux et le meilleur qui soit jamais entré dans cette maison, et maintenant encore je suis sûr que tu n'es pas fâché contre moi […]" […] Socrate s'adressant à nous, ajouta : "Quelle honnêteté dans cet homme ! Durant tout le temps que j'ai été ici, il est venu me voir et causer de temps à

autre avec moi. C'était le meilleur des hommes, et maintenant encore avec quelle générosité il me pleure ! […]"

[…] En même temps il lui tendit la coupe. Socrate la prit avec une sérénité parfaite […] sans trembler, sans changer de couleur ni de visage […] : "Que dirais-tu, demanda-t-il, si je versais un peu de ce breuvage en libation à quelque dieu ? Est-ce permis ou non ? […] Mais on peut du moins et l'on doit même prier les dieux pour qu'ils favorisent le passage de ce monde à l'autre ; c'est ce que je leur demande moi-même et puissent-ils m'exaucer !" Tout en disant cela, il portait la coupe à ses lèvres, et il la vida jusqu'à la dernière goutte avec une aisance et un calme parfaits. » Platon, *Phédon* (chapitres LXV et LXVI)

Toute la sagesse et la piété antique sont là dans cette scène émouvante : la « douceur » des sages et des saints, l'absence de ressentiment, le détachement empathique, le « calme », la « sérénité », et pour finir le don de soi dans le sacrifice et la « prière aux dieux ». Donc le lien indissociable entre sagesse et piété !

**Saint/sainteté**

Heureux hasard, dans l'ordre alphabétique le mot « saint », succède au mot « sagesse », des mots désignant des réalités étroitement liées (voir article précédent). Les mots « sage » et « sagesse » viennent du mot « saveur », le mot « saint », lui, étant issu d'un mot latin signifiant « consacré, dédié ». Ce dernier mot, dans ses différentes déclinaisons, apparaît dans 555 versets de la Bible. C'est donc un mot important, ce qui est naturel puisque la sainteté est le but de la religion ! On a parfois le sentiment que la sainteté serait quelque chose d'extraordinaire, réservé à quelques personnes exceptionnelles. Mais tel n'est pas le cas, ainsi que les intéressés eux-mêmes l'affirment, Mâ Suryananda Lakshmi par exemple :

« Les saints ne sont pas des exceptions, des privilégiées : nous sommes tous destinés à la sainteté ici et maintenant.[117] »

La conception dominante de la sainteté est celle d'une addition de vertus et d'une soustraction de défauts, mais là encore, ce n'est pas le cas :

« La sainteté, c'est la fraîcheur de l'âme. » MSL

« La sainteté n'est pas une vertu, c'est autre chose ! C'est la substance de l'âme au-delà du bien et du mal, ce n'est pas la négation du mal. C'est la plénitude de la substance qui est l'âme. La lumière de l'Absolu a quelque chose d'infiniment doux, chaud, tendre, subtil qu'il est impossible de décrire. On l'éprouve comme une plénitude vivante, ayant en elle le potentiel de toutes les créations, de ce qui nous anime[118] profondément et essentiellement. C'est ce que Saint Augustin appelle le "destin surnaturel de l'homme". » MSL

Par ailleurs, un saint indien, probablement Swami Ramdas ou Swami Vivekananda, faisait remarquer qu'il n'est pas si facile que cela de distinguer un saint d'un homme ordinaire ajoutant avec humour que :

« Il ne lui pousse pas une corne au milieu du front ! »

Et MSL d'ajouter avec un large sourire :

« Il faut de l'humour en toutes circonstances. »

Même celles qui semblent tragiques, car :

---

[117] C'est ce que le chanteur français Michel Polnareff suggère d'une manière approximative et triviale, même vulgaire, mais quand même avec une certaine justesse dans sa chanson *On ira tous au paradis* : « On ira tous au paradis même moi / Qu'on soit béni ou qu'on soit maudit, on ira / Toutes les bonnes sœurs et tous les voleurs / Toutes les brebis et tous les bandits / On ira tous au paradis […] Qu'on croie en Dieu ou qu'on n'y croie pas / On ira / Qu'on ait fait le bien ou bien le mal ».

[118] Du latin *animare* (« donner de la vie »), de *anima* (« souffle, vie »).

« Un saint triste est un triste saint ! »

**Samadhi**

Le samadhi est un état de la conscience. Son équivalent occidental est l'extase. Voici six citations de MSL, rares, très précieuses car de première main, qui précisent en quoi il consiste :

> « "Samadhi" vient de la racine verbale sanskrite *dha* qui signifie "poser, placer, établir, fixer sur, maintenir ensemble", enrichie du préfixe *sam* qui signifierait "égalité, complètement". Ceci est bien cohérent avec l'usage qui est fait du mot pour désigner l'égalité de vision de la connaissance ou tout est un, lumière, l'océan de lait indifférencié des hindous. »

> « Le samadhi est au-delà de toute vision, c'est un état d'être vivant dans l'unité immuable de la lumière indifférenciée. »

Voir aussi l'article « Extase », extase qui est décrite comme suit par MSL dans sa conférence du 1$^{er}$ mai 1994 à Vienne :

> « L'extase, ce n'est pas une perte de connaissance contrairement à ce que l'on dit, mais un état de la conscience supérieur plus vaste et plus intense. La caractéristique de l'extase c'est que l'on entre en soi-même comme étant Dieu, et le résultat est une humilité à nulle autre pareille. On n'est plus rien, sans aucune importance individuelle. L'homme voit, il sait pour toujours et n'est plus motivé que par l'Esprit. Tout y est plénitude et accomplissement. C'est un état de certitude et de bonheur. Tout n'y est qu'Existence, Joie et Plénitude parfaite. »

La fin de la description est à rapprocher de l'expression sanskrite « SatChitAnanda » en un seul mot, sans séparation, maintes fois citée et re-citée ici, car si essentielle, dont la traduction devrait donc s'orthographier « ÊtreConnaissanceBéatitude ». Indissociablement.

Maintenant, voici ce que MSL nous dit encore du samadhi :

> « Au samadhi, tout devient l'être, "je suis". Le moi individuel ne peut plus redevenir prédominant. Le moi est transfiguré, accompli dans sa vérité immobile. L'échelle des valeurs est renversée, le visible n'a plus qu'une valeur relative à laquelle on ne se laisse plus prendre. » Conférence du 11 mai 1979

À noter qu'il ne nous est pas dit qu'après le samadhi, l'homme vit dans un monde « hors sol ». Au contraire, il nous est dit qu'il ne se « laisse plus prendre ». Prendre à quoi ? Prendre au mirage qu'est la perception dualiste du monde visible considérée comme un absolu, comme étant la totalité de l'expérience psychique possible. Prendre à l'illusion de la « Mâyâ ». Et MSL d'ajouter :

> « Pour Ramakrishna : "Il n'y a pas de connaissance véritable sans samadhi", c'est-à-dire sans extase, sans devenir ce que l'on a vu et compris. »

Dernier point au sujet de ceux qui ont connu le samadhi, et dont on n'imagine pas forcément la dureté du parcours, cette citation de MSL à propos du point de vue de Sri Aurobindo :

> « Sri Aurobindo disait : "Il faut avoir brûlé de toutes les passions et souffrances terrestres pour être de taille à affronter le samadhi".
>
> Car le samadhi est une violence faite à la conscience, une transformation radicale qui change toute l'échelle des valeurs et où l'invisible devient plus réel que le visible. C'est comme quand on aime : le plus réel est l'amour que l'on vit et qui est pourtant invisible. »

Trois commentaires périphériques relatifs aux citations précédentes:
Ce qui est dit ci-dessus du samadhi supporte la conception de la foi selon laquelle elle est une confiance que « l'invisible est plus réel que le visible ». Une confiance qui attend d'éprouver la chose, au travers du samadhi (mais c'est rare !), ou autrement.

Par ailleurs, et sans rapport, au vu de ce qui est affirmé par Sri Aurobindo, autant dire qu'entreprendre une sadhana et rechercher le samadhi pour fuir les souffrances terrestres ne serait pas une bonne idée !

Enfin, quand MSL dit que « l'échelle des valeurs est renversée » et que « le visible n'a plus qu'une valeur relative à laquelle on ne se laisse plus prendre » on comprend que, pour elle, les phénomènes miraculeux et paranormaux qui sont relatés dans les textes sacrés et qui semblent parfois accompagner la vie spirituelle soient considérés comme tout à fait anecdotiques. Ces phénomènes « visibles » sont perçus comme secondaires par rapport à l'invisible qui est alors « plus réel que le visible ». Sans compter que le nature du « réel » renvoie à des considérations vertigineuses où l'on craint de perdre son équilibre mental ! Il est donc très sage de ne pas s'interesser plus que cela aux miracles et au paranormal.

**Satan**

Le nom « Satan » est un terme hébraïque qui signifie « adversaire » plutôt que « ennemi ». Il n'apparaît que 47 fois dans la Bible. Mais Satan porte d'autres noms (voir Apocalypse 12;9), tels que « dragon », 17 fois, ou bien « serpent », « serpent des origines », 37 fois, et enfin « diable », 32 fois, mot qui vient de « diviseur » ou « dualité ».

Dans le Livre de Job, Satan n'apparaît pas comme un ennemi : il échange avec Dieu, coopère et parie avec lui, à propos de la fidélité de Job dans l'adversité. Et c'est Dieu qui l'emporte ! Et dans le Nouveau Testament, en particulier dans le Livre de l'Apocalypse de Jean (chapitre 12;1-18), il est à noter que l'archange Saint Michel ne tue pas le dragon (contrairement à ce que l'iconographie et la statuaire des siècles passés donne à croire puisque, en général, Saint Michel est équipé d'une lance qui transperce la gorge du dragon) : il est simplement dit « le séducteur du monde fut jeté sur la terre ». Et il en va de même lors des diverses apparitions du dragon dans les chapitres 12 à 20. « Jeté sur la terre » signifie vraisemblablement qu'il est tenu à distance des plans supérieurs de la conscience et de la vie et reste cantonné aux plans inférieurs, physique, vital et surtout mental, le plan où règne la division dualiste, cohérente avec l'étymologie de nom « diable ». Donc Satan n'est ni le mal absolu, ni tué, mais cantonné à la « terre ».

Voici ce qu'en dit MSL :

> « "Celui qui séduit toute la terre", dans l'Apocalypse, c'est "le serpent, le dragon ancien", c'est-à-dire l'ego. C'est l'ego la source de la réaction individuelle face aux circonstances. C'est le moi égoïste (au sens fonctionnel du terme) qui se dresse avec sa force combative. »

Satan n'est donc pas un individu, une personne dans une extériorité, mais, en l'homme, en tout homme, une façon de voir les choses, une perspective, une efficacité, un conditionnement et un biais cognitif qui doit être compris et dépassé. Voir aussi à ce sujet l'article traitant du mot « ego ». Satan et son évitement sont une préoccupation de toutes les religions du monde. Elles ont toutes le même but, à savoir, par leurs pratiques et la paix qu'elles cherchent à créer, d'aider l'homme à se libérer de ses funestes efficacités.

## Satisfaction

Le mot n'est utilisé que trois fois dans la Bible, quatre si l'on compte l'erreur de traduction mentionnée ci-dessous. Dieu cherche sa « satisfaction » en l'homme, de l'intérieur de l'homme car « tout se passe dans notre cerveau » ainsi que MSL aimait à le souligner en commentant Matthieu 3;17 :

> « "Celui-ci est mon fils bien aimé en qui je suis satisfait" versus "en qui j'ai mis toute mon affection", car la traduction du grec, n'est pas pertinente, le mot juste étant "satisfait" ou "comblé". »

Cette nouvelle traduction, outre qu'elle est plus riche de sens, évite aussi un pléonasme : car si le fils est « bien-aimé » il y a forcément de l'affection ! Le sentimentalisme fait parfois irruption dans les traductions. Il n'a pas sa place en religion ! Il y faut des « âmes fortes » selon l'expression de Sri Aurobindo, « pas des enfants immatures ».

**Sauver sa vie**

Dans trois des quatre Évangiles canoniques, on trouve l'expression « sauver sa vie », et, au total, elle apparaît huit fois dans la Bible :

> « Celui qui voudra sauver sa vie la perdra, mais celui qui la perdra à cause de moi la trouvera. » Matthieu 16;25

Est-ce à dire qu'il faudrait mourir physiquement pour « trouver Dieu » ? Certes non, bien que, au hasard des circonstances de la vie, cela puisse arriver ! Il faut comprendre, c'est ce que nous disent tous les textes sacrés, que celui qui reste attaché à son petit moi individuel, ses espoirs et craintes, ses joies, plaisirs et déplaisirs, à l'individu qui est notre plus petite apparence, perd la possibilité d'une vie plus grande, plus vraie, plus divine. À l'inverse de celui qui accepte le sacrifice du don de soi. « Sauver sa vie » n'est donc pas l'opposé de mourir mais l'opposé d'« offrir sa vie » sans chercher à se protéger. C'est la « bienheureuse insécurité » dont parle Alan Watts dans son ouvrage au titre éponyme.

**Secret (de la réussite)**

Dans les complexités de la vie mystique, où souvent les « chemins sont à peine tracés » les repères effacés, et les guides rares, il est des moments où l'on recherche quelque chose de secourable, simple et efficace à quoi se raccrocher. Et voici, c'est l'amour. À l'appui deux citations, la première de MSL, la seconde de l'immense Ramakrishna :

> « Le secret de la réussite, c'est l'amour de Dieu. Aimez Dieu en tout acte, en toute pensée, en tout évènement, jusqu'à l'effacement de soi dans l'union mystique, l'union impérissable de notre être et de toute la vie. »

> « Tout se résume à ceci qu'il faut aimer Dieu, et goûter sa douceur. »

Pour MSL, ce qui est extraordinaire dans la citation de Ramakrishna, c'est l'ajout final : « …et goûter sa douceur ». Car, disait-elle, « un saint triste est un triste saint ! ». En effet, s'il se trouve que l'on aime Dieu sans goûter sa douceur dans toutes les circonstances de la vie, cela signifie qu'il n'est pas « notre bien aimé, intimement », qu'il reste encore une certaine distance entre lui et nous. Donc que cet amour n'est pas suffisant, qu'il n'est pas inconditionnel, exempt de réserve, et au final suffisamment efficace pour permettre de rentrer dans l'unité divine. Selon le mot de Rimbaud, il n'y a pas « l'abolition de toute distance » avec Dieu, la fusion dans l'unité divine. C'est à l'inverse ce qui frappe dans la relation d'Abraham avec Dieu, cette relation d'amitié exempte de toute distance car « faite de confiance et de simplicité réciproques, libre d'exigence et d'obligation » et qui débouche sur l'unité dans « un dialogue qui devient un monologue ». Il faut aimer la vie, adhérer à la vie, à toute la vie, sans l'ombre d'une réticence, quelles que soient les circonstances, favorables ou défavorables. C'est alors seulement, toute réserve à son égard étant comme évaporée, la goûtant comme une « douceur », que « l'effacement de soi dans l'union mystique » peut devenir réalité. Ne pas aimer suffisamment la vie est un très grand obstacle à dépasser, c'est ce qui nous est dit implicitement ! D'où les réserves de plus d'un maître par rapport à l'ascétisme. D'où la très grande valeur de la joie de vivre.

**Sel**

Le mot apparaît entre 50 et 100 fois dans la Bible. Le sel représente à la fois ce qui est immobilisé, qui ne bouge plus[119], et ce qui donne du goût, de la saveur (terme à l'origine du mot « sage »).

Quand, dans l'épisode de la femme de Loth fuyant Sodome, celle-ci regarde en arrière, et qu'elle est métaphoriquement transformée en statue de sel, c'est sa vie qui est immobilisée parce qu'elle se retourne sur le passé. Mais le sel c'est aussi ce qui donne du goût aux aliments,

---

[119] Les mines de sel sont connues et recherchées pour leur stabilité géologique, par exemple pour l'enfouissement sur le très long terme de substances toxiques.

métaphoriquement qui donne du goût à la vie, toute la vie, qui est une nourriture pour l'homme. C'est le cas à la fin des Béatitudes, où la métaphore du « sel » est aussi utilisée :

> « Vous êtes le sel de la terre. Mais si le sel perd sa saveur, avec quoi la lui rendra-t-on ? Il ne sert plus qu'à être jeté dehors, et foulé aux pieds par les hommes. » Matthieu 5;13

Citation que MSL commente :

> « La saveur de l'homme c'est l'esprit, c'est la justice[120] de l'union avec Dieu. La saveur de l'homme, c'est Dieu. Sinon l'homme est fade, il ne lui reste rien. L'homme est le pivot de la conscience incarnée ou les plans inférieurs[121] peuvent être enfantés à leur vérité profonde. Le rayonnement est la forme la plus bénie de l'Esprit, mais ce rayonnement est inconscient, involontaire. »

Et ce rayonnement exerce souvent une fascination tant est grande en l'homme « la nostalgie des millénaires », celle du temps où l'homme vivait dans l'inconscience du « paradis » de l'unité, avant la « nécessaire complication de la dualité ». Pour le meilleur dans le cas d'un homme parfaitement purifié, comme Jésus, possiblement pour le pire chez un homme qui n'est pas totalement purifié. D'où les dérives sectaires.

**Sépulcre**

Immédiatement après l'expiration de Jésus, qui est le Christ incarné, la terre se mit à trembler :

---

[120] Mot à remplacer par ''vérité'' pour bien comprendre le sens de la phrase, ici comme dans toute la Bible.

[121] Les plans inférieurs de la conscience et de la vie, le physique, le vital et le mental-vital, tels que décrits dans l'article ''Jérusalem ancienne, Jérusalem nouvelle''.

« Les sépulcres s'ouvrirent, et plusieurs corps des saints qui étaient morts ressuscitèrent. Étant sortis des sépulcres, après la résurrection de Jésus, ils entrèrent dans la ville sainte, et apparurent à un grand nombre de personnes. » Matthieu 27;52

Comment comprendre cette citation ? Ci-dessous, deux éléments de réponse issus des conférences de MSL :

« Les sépulcres sont les puissances inconscientes de notre être dans leur sainteté. Subconscient et inconscient sont souvent considérés comme le siège d'instincts mauvais, mais, en fait, il y a en eux autant de sainteté que dans les autres plans. Ils envahissent notre conscience qui est la "ville sainte". Dès l'accomplissement, même le subconscient s'éveille à la gloire de Dieu. La terre "trembla" car l'accomplissement ébranle la base même de la création. »

« Question : Qu'est-ce que c'est que ces saints qui sortent des sépulcres ? La conscience dualiste n'est plus séparée. Ce qui en sort, ce sont les puissances inconscientes de notre être dans leur sainteté. On parle toujours de notre inconscient, de notre subconscient, comme étant tout instinctifs et mauvais. Nous oublions que dans notre inconscient et subconscient il y a la sainteté, et que Dieu est là aussi. Ils envahissent notre conscience qui est la "ville sainte" et ils apparaissent à notre regard intérieur de multiples façons. Explication un peu psychanalytique du texte, mais elle est juste, et elle est vraie. Dans l'accomplissement où tout est un, et où tout est Dieu, même notre subconscient s'éveille à la splendeur et à la gloire de Dieu. À la vérité de la lumière, à la sainteté de l'Esprit et à la toute-puissance de Dieu. »

On retrouve ici la différence de conception de l'inconscient qui existe entre Freud et Jung. Freud considère que l'inconscient est personnel, individuel, constitué de tout ce qui est refoulé par le conscient, en particulier ce qui est moralement et socialement répréhensible, le stock des rebuts de la conscience en quelque sorte, avec des interférences essentiellement négatives avec celle-ci. Jung, lui, y voit beaucoup plus : des composantes individuelles et d'autres collectives, et aussi certaines archaïques appelées « archétypes » ou « images archétypiques », telles que « l'anima », l'image de la femme pour l'homme, et « l'animus » image de l'homme pour la femme. Par ailleurs, pour Jung, ces images peuvent avoir des influences aussi bien négatives que positives, et l'inconscient peut à l'occasion se substituer au conscient en cas de défaillance de celui-ci.

**Servir**

Les mots « service » et « servir » « serviteur », « servante » sont utilisés plus de mille fois dans la Bible. C'est donc un mot important. Le service des hommes et de Dieu n'est pas qu'une simple question de charité et d'humilité. Encore moins un moyen pour « gagner son paradis » ! Pour les personnes vraiment religieuses, c'est d'abord une pratique très efficace pour se départir de cet ego si encombrant. Voici deux affirmations, l'une relative au service des membres de la famille, l'autre à celle du service de Dieu :

> « Servez vos parents, époux, enfant comme s'ils étaient Dieu et vous connaîtrez Dieu. » Mâ Ananda Moyi

> « Servir Jésus, c'est penser Dieu, penser infini, divin, absolu ! »MSL

D'une manière générale, être au service de la vie, plutôt que considérer que la vie devrait être à notre service, est une pratique très bénéfique, qui simplifie et allège la vie. Mais malheureusement aussi, assez peu « vendeuse » pour notre époque ! Et si il se trouve que les circonstances de nos vies nous placent en situation de commander, il nous est profitable d'assumer humblement, dans un état d'esprit de service et non d'exercice d'un quelconque pouvoir. Sinon, il y aurait beaucoup à y perdre !

**Shakti**

Ce mot vient du sanskrit *saknoti* qui signifie « être capable, être fort ». Ce qui est cohérent avec les sens du mot dans l'hindouisme, à savoir la puissance, la force exécutrice divine, la Mère divine elle-même parfois, et la parèdre d'une divinité à savoir, comme le dit Jean Herbert, « sa puissance de manifestation et d'action particulière ».

Voici la définition qu'en donne MSL :

> « La Shakti, c'est l'énergie créatrice, une avec le Brahman, première et seule différenciation du Brahman. »

Pour MSL, la notion de Shakti correspond parfaitement à celle de Christ tel que défini par Saint Paul dans Colossiens 1;15-17 (voir l'article « Christ »). Tandis que la notion de Père correspond, elle, au Brahman, à l'Absolu. Pour la petite histoire, c'est Jean Herbert qui a mis MSL sur la route de l'Inde, à l'occasion d'une rencontre fortuite dans un train à destination de l'Italie, en lui conseillant des livres relatifs à l'hindouisme. MSL disait que, à cette époque, la religion chrétienne la laissait insatisfaite, et que, à la lecture de ces livres, le premier étant de mémoire *Jnâna Yoga* de Swami Vivekananda, immédiatement, elle avait été comblée. Comblée par la « respiration vaste » de cette pensée disait elle. Jean Herbert était interprète et traducteur de métier et a été à l'origine de plusieurs collections d'ouvrages, dont l'excellente collection « Spiritualités vivantes » aux éditions Albin Michel. Pour une raison mystérieuse, à ce jour, la totalité de cette collection et plus largement des ouvrages traitant des merveilles de la sagesse indienne des XIXe et XXe siècles semble avoir disparu des rayons « spiritualité » des librairies. Au profit, hélas, des ouvrages dits de « développement personnel », triste appellation qui en dit long sur la place centrale de l'ego en cette « époque désolante » ! Comme disait MSL, il y a le miel, et il y a la mélasse. À nous de discriminer !

**Silence**

Le « silence », l'homme est impuissant à l'imposer au mental. Le mental s'accroche aux objets et fonctionne par répétition. Il ressasse. Il est pratiquement impossible de lui imposer silence. Il est possible de l'apaiser par des pratiques, mais pas de lui imposer volontairement le silence. En revanche, le silence du mental peut s'imposer à l'homme sans qu'il le désire, par exemple, mais pas seulement, dans la méditation, ou dans une belle nature, ou en écoutant de la musique, ou par l'effet d'une parole de vérité. Et ce silence est indépendant de la situation extérieure, c'est le silence intérieur du mental, celui « qu'aucun bruit ne trouble », et c'est un grand bonheur !

Voici ce qu'en dit MSL dans une situation différente, inversée, celle du silence de Jésus devant Caïphe :

> « L'esprit divin ne répond pas aux argumentations des hommes.
> Il se tait devant Caïphe. C'est le plan du Verbe de vérité, ici-bas,
> c'est le silence du mental en l'homme. »

C'est aussi le silence qui s'impose aux Pharisiens et aux Saducéens quand, après trois tentatives infructueuses pour piéger Jésus, leur mental renonce, conscient de son impuissance face à la puissance du Verbe de vérité :

> « Nul ne put lui répondre un mot. Et, depuis ce jour, personne n'osa plus lui proposer des questions. » Matthieu 22;46

Ce plan, que MSL décrivait comme étant celui « du Verbe de vérité qui est le silence ici-bas », est le cinquième plan de la conscience et de la vie. Il est décrit en détail dans l'article traitant de « Plans (de la conscience et de la vie) ». Il correspond dans l'Apocalypse à la cinquième lettre, adressée à la ville de Sarde, et la pierre semi-précieuse qui lui correspond est la sardoine. Une pierre blanche, la blancheur du divin, parsemée de petites taches rouge brun, la couleur du sang figé, le sang de la vie.

**Sinaï**

Dans tous les couples pays/religions, il y a un rapport étroit entre Dieu, les dieux, et les montagnes. Pour la Grèce et le Panthéon antique occidental, ce sont l'Olympe, séjour des dieux et le mont Ida en Crète, lieu de naissance de Zeus. Pour le bouddhisme, l'hindouisme et pour les jaïnes, c'est l'impressionnante pyramide du mont Kailash sur le plateau tibétain, la demeure de Shiva. Pour les shintoïstes c'est le magnifique mont Fuji au Japon. Pour les taoïstes de Chine, les magnifiques et si poétiques monts Huang Shan avec leurs pins aux formes pittoresques se détachant sur la mer des nuages. Pour les Amérindiens c'est le mont Rainier. Et de l'ancien volcan d'Achunachala à côté de Tiruvanamalai, en Inde du sud, Ramana Maharshi disait que si le mont Kailash était la demeure de Shiva, Achunachala, lui, était Shiva lui-même ! Pour les juifs d'Israël et de la diaspora, c'est le mont Sinaï, ou le mont Nebo, tous deux reliés à des épisodes décisifs de la révélation faite à Moïse. On pourrait continuer la liste à l'infini tant ces montagnes à caractère sacré sont nombreuses. Pour les chrétiens, il ne semble pas y avoir de montagne significativement haute considérée comme « sacrée », mais bien des hauteurs modestes, à commencer par le lieu du sermon sur la montagne, proche du lac de Tibériade, non loin de Capharnaüm, ou le mont des Oliviers ou encore Golgotha. Ces lieux d'altitude ne sont pas des lieux où l'on séjourne, mais l'on séjourne souvent à leur pied. Ils sont présents dans les textes sacrés comme des lieux où il se passe des révélations importantes faites à l'homme. Ce sont des lieux qui sont un lien entre la terre et le ciel, métaphores de l'Alliance existant, pour ainsi dire « par construction », entre l'homme et Dieu.

Voici maintenant une illustration des révélations associées à ces lieux d'altitude au travers ce qu'en dit MSL :

« "Sinaï" signifie "la montagne incandescente". C'est là que se situe la scène des dix commandements rapportée par l'Ancien Testament dans le Livre de l'Exode :

"L'Éternel dit à Moïse : Écris ces paroles ; car c'est conformément à ces paroles que je traite alliance avec toi et avec Israël. Moïse fut là avec l'Éternel quarante jours et quarante nuits. Il ne mangea point de pain, et il ne but point d'eau. Et l'Éternel écrivit sur les tables les paroles de l'alliance, les dix paroles." (Exode 34;27-28)

C'est le lieu où l'Éternel donne à Moïse la révélation de l'Alliance à savoir que Dieu et l'homme, que Dieu et son peuple sont un. »

Lieu extérieur qu'est le mont Sinaï sans doute, mais surtout lieu intérieur situé entre la terre intérieure et le ciel intérieur ! Au passage, commentaire périphérique, noter que la révélation faite sur cette montagne est en correspondance, comme le souligne MSL, avec la parole de Jésus au temple de Salomon (situé lui aussi sur une petite hauteur, le mont du Temple) :

« Ce qui correspond très exactement, cette fois dans le Nouveau Testament, à l'une des affirmations centrales du christianisme : "Moi et le Père nous sommes un." (Jean 10;30)

Alors les Juifs prirent de nouveau des pierres pour le lapider [car] vivre l'unité fondamentale entre l'homme et son créateur […] est usuellement considéré comme un blasphème. »

Il faut comprendre que les juifs de l'époque, de même que les chrétiens d'aujourd'hui, considèrent que l'affirmation de l'unité fondamentale de l'homme et de Dieu est un blasphème. Même aujourd'hui, cette idée est inacceptable : oser croire, penser et finalement ressentir, vivre et exprimer la réalité ou la possibilité de cette unité et identité entre l'homme et Dieu est aujourd'hui toujours considéré comme iconoclaste, alors que c'est le cœur de toute religion et son but ultime ! Circonstance atténuante, il est vrai que si c'est l'homme qui dit cela, c'est d'un orgueil monstrueux, un blasphème effectivement. Mais si c'est Dieu en l'homme qui dit cela, il en va tout différemment, car c'est alors le vent de l'Esprit qui souffle dans un homme totalement humble ! Si cette distinction est essentielle, la marge, elle, est faible entre la sainteté et la folie dans sa forme de mégalomanie. Il y a, dans le Nouveau Testament cette fois, deux versets qui traitent de ce risque. Dans l'Évangile de Matthieu et dans celui de Luc, quasiment avec les mêmes mots, à propos de l'épisode de la tentation de Jésus par le diable, épisode où le diable

> « le transporta dans la ville sainte, le plaça sur le haut du temple » (Matthieu 5;5),

puis,

> « le transporta encore sur une montagne très élevée » (Matthieu 5;8).

Voyons l'attitude et la réponse de Jésus une fois rendu sur ces hauteurs et confronté à ce péril :

> « Alors Jésus fut emmené par l'Esprit dans le désert, pour être tenté par le diable. Après avoir jeûné quarante jours et quarante nuits, il eut faim. Le tentateur, s'étant approché, lui dit : Si tu es Fils de Dieu, ordonne que ces pierres deviennent des pains. Jésus répondit : Il est écrit : L'homme ne vivra pas de pain seulement, mais de toute parole qui sort de la bouche de Dieu. » Matthieu 4;1

Pour la petite histoire, le lieu supposé de cette tentation est fabuleusement situé par la tradition sur une haute falaise désertique non loin de Jéricho, lieu d'où la vue est belle et vaste. Là encore sur une hauteur ! Un monastère visitable y est installé.

Voici, ci-après, ce que disait MSL de la citation rapportée ci-dessus. À lire en se souvenant qu'elle ne se préoccupait pas, s'agissant des « miracles », de savoir si c'était « vrai » matériellement. Car elle faisait sienne l'affirmation de la psychologie selon laquelle une seule et même chose peut être vécue et perçue différemment selon le plan de conscience sur lequel on se situe, matériel, vital, mental, ou spirituel. Elle ne remettait jamais en cause la possible réalité matérielle des « miracles » mais ce qui l'intéressait en premier lieu était la réalité spirituelle sous-jacente :

> « Jésus, comme Moïse, est transporté sur une haute montagne. Peut-être matériellement. À ce moment le Christ a trente ans et il réalise que son moi, son ego purifié est un avec Dieu et il réalise

cette certitude écrasante que "Je suis le fils de Dieu". Et c'est là l'épreuve suprême, où l'ego essaye de ramener à soi la révélation de l'Esprit, et qu'il se voit Dieu à la place de Dieu ! Ultime tentation dont il faut triompher. Par trois fois, le diable [le moi dualiste, le diviseur car tous ces noms ont la même racine] va le tenter. Et c'est là qu'il faut bien réaliser que c'est Dieu en l'homme et non pas l'homme qui est concerné. Et il faut noter que la condition que fixe le diable pour lui "donner tous les royaumes du monde et leur gloire" c'est de se "prosterner". C'est une indication car Dieu ne demande jamais de se prosterner devant lui. Dieu demande de "marcher avec droiture" ! »

Ce dernier point est important en cette époque d'athéisme. Car il n'est pas demandé d'adhérer à un credo particulier, mais simplement de vivre, penser et agir avec honnêteté, avec vérité. Agir et penser sans duplicité, avec « droiture ». Ce sont en quelque sorte des « vertus » et des « valeurs » laïques qui peuvent être acceptées par pratiquement tous les hommes, quelles que soient leurs préférences métaphysiques ou leurs credo.

**Soi**

Ce mot a de multiples significations, selon qu'il est utilisé en psychologie, philosophie ou dans le domaine du spirituel. Significations plus ou moins imbriquées les unes dans les autres et toutes présentent un certain « flou » pour le mental de l'homme ordinaire. Essayons avec MSL, Mâ Ananda Moye, Ramana Maharshi et Jung d'en avoir un contour plus précis, mais sans exagérer car ce serait de la fausse rigueur et, au final, contreproductif.

Commençons par deux citations de MSL, la première commentant un verset de l'Apocalypse de Jean :

« La place de la ville était d'or pur, comme du verre transparent. Je n'y vis pas de temple car le Seigneur Dieu tout-puissant est son temple ainsi que l'Agneau. La ville n'a besoin ni du soleil, ni de la Lune pour y briller, car la gloire de Dieu l'éclaire, et l'Agneau est son flambeau. » Apocalypse 21;21-23

Ce que MSL commente, le 20 novembre 1978, lors d'une conférence :

> « Il faut voir ici la réalisation du Soi. La description de la ville est celle de l'homme transfiguré dans laquelle il n'y a plus de temple, donc plus de credo particulier, où tout est lumineux, car l'agneau est le moi individuel parfait [pas le petit « moi je » égoïste au sens fonctionnel et non moral, orgueilleux et attaché] qui est lui-même immolé sur l'autel de la plénitude. La réalisation du Soi est donc à la fin du dernier Livre de la Bible ! Le "vrai" moi est Dieu lui-même, le petit moi est l'apparence de nous-même ! L'homme est non seulement individuel, mais il est aussi universel [cosmique donc] et il est aussi cette réalité qui les contient tous les deux et les accomplit dans sa réalité parfaite et bienheureuse, Sat-Chit-Ananda [Être-Connaissance et Béatitude… indivisiblement].
>
> Nota : la réalisation du Soi a autant de visages qu'il y a d'hommes, ainsi que l'affirme le Christ :
>
> "Il y a plus d'une demeure dans la maison de mon Père, sinon, je vous l'aurais dit." (Jean 14;2) »

Et, autre citation de MSL à propos du Soi :

> « Le Soi c'est l'Être, donc Dieu en chacun et en tous. »

C'est ce que dit l'Éternel du sein du Buisson ardent quand il dit : « Je suis celui qui suis » et « Celui qui s'appelle ''Je suis'' m'a envoyé vers vous » (Exode 3;14). Cela, c'est précisément « l'Être ».

Voyons maintenant ce qu'en dit Mâ Ananda Moye dans les quatre citations ci-dessous. À noter que dans la première, le mot « pièce » renvoie au mot « spectacle » employé à propos de Golgotha dans l'Évangile de Luc 23;48 :

> « En vérité tout appartient à Dieu, et ainsi lui-même monte sa pièce avec uniquement son propre Soi. »

> « Celui que vous priez, c'est votre propre Soi, le cœur de votre cœur, votre si précieux bien-aimé. »

> « Aspirez à le connaître. En vérité, se connaître soi-même, c'est LE connaître. Le Soi une fois trouvé, tous les problèmes sont résolus. »

> « Trouver Dieu ne signifie que trouver son propre Soi. »

Donc, le Soi, Dieu et l'homme sont une seule et même chose ! Mais pas du point de vue de l'ego, de l'individu, qui structurellement ne peut pas en saisir la réalité. La grande difficulté est la transformation psychologique, le déconditionnement mental qui permet de « réaliser » cela, cette unité. MSL affirme que la « réalisation du Soi » est le but de la quête spirituelle, appelée sadhana en Inde :

> « La réalisation du Soi au-dedans de nous, c'est la reconnaissance de cette unité essentielle, immuable, ineffable, où celui qui s'incarne pour se faire connaître et aimer, l'Absolu, le Créateur, l'Éternité, […] et l'homme sont un ! »

C'est aussi, selon Jung, le but de la vie tout court, au travers de ce qu'il appelle le « processus d'individuation ». Cependant, le Soi est pour lui une notion un peu différente, quoique voisine, dans le sens où c'est une totalité, l'ensemble de la personnalité et du psychisme. Voici ce qu'il en dit dans l'ouvrage qui synthétise le mieux sa pensée, *Ma vie* :

> « Le Soi, c'est l'homme tout entier dans son individualité authentique, consciente et inconsciente ; cela comprend les désirs et besoins non satisfaits. Ces derniers tirent leur origine de ces parties de la personnalité qui ont été effacées par des retouches portées à l'ensemble de l'image de l'homme, et ce au profit de l'adaptation et de la personnalité sociale. »

C'est ce que Jung appelle la « Persona », en soulignant que le danger est de s'identifier à sa « Persona », ce qu'une personne n'est pas en réalité, mais ce que lui-même et les autres pensent qu'il est. C'est un système d'adaptation au monde. On pourrait dire que la nostalgie fondamentale de l'homme est de retrouver son unité initiale, celle perdue en quittant le paradis terrestre de l'inconscience de soi. Ce désir est sans doute le désir fondamental, et inconscient, de tout être humain, y compris dans la fascination pour l'autre sexe et le désir de fusion avec l'être aimé.

Pour mieux préciser ce qu'est le Soi pour Jung, cette deuxième citation tirée elle aussi de *Ma vie*, où apparaît la notion alchimiste de « Unus mundus », locution latine qui se traduit par « Monde un », et se rapporte donc à l'unité :

> « Je compris la vie du Bouddha comme la réalité du Soi qui avait pénétré une vie personnelle et la revendiquait. Pour le Bouddha le Soi est au-dessus de tous les dieux[122]. Il représente l'essence de l'existence humaine et le monde en général. En tant qu'"Unus mundus" selon l'expression de l'alchimiste Gérard Dorn, il englobe aussi bien l'aspect de l'être en soi[123] que celui selon lequel il est reconnu[124], et sans lequel il n'est pas du monde [...] Le Christ, comme le Bouddha, est une incarnation du Soi, mais dans un sens tout différent : tous deux ont dominé en eux le monde, le Bouddha pourrait-on dire par une compréhension rationnelle, le Christ en devenant une victime selon le destin qui est plutôt subi[125] [...] Plus tard il s'est produit dans le bouddhisme la même transformation que dans le christianisme : le Bouddha devint pour ainsi dire, l'imago de la réalisation du Soi, un modèle que l'on imite. L'individu ne suit pas la route de

---

[122] Donc il est Dieu, mais avec un « D » majuscule !

[123] Intrinsèquement, dans l'absolu.

[124] Particulier, relatif dans un certain contexte.

[125] Ici Jung fait un demi-contresens, car le Christ n'est pas une victime ! Voir l'article « Jésus à Golgotha ». (Demi-contresens, et non contresens complet, car il atténue son propos par un « plutôt » !)

sa propre destinée vers la totalité[126] mais au contraire, tente d'imiter le chemin qu'un autre a suivi. »

Dernier commentaire très important. C'est pourquoi un maître authentique ne cherchera jamais à imposer un chemin général, ou pire, le sien propre, à un disciple. Un maître valable l'aide à découvrir les voies et moyens qui sont pertinents pour lui. C'est pourquoi aussi il est dit que le vrai maître est à l'intérieur de l'homme et non une personne.

Voici maintenant, toujours tirée de *Ma vie*, l'interprétation d'un rêve concernant le Soi que fit Jung en 1944 :

> « J'eus ce rêve en 1944 après ma maladie. C'est une parabole. Mon Soi entre en méditation pour ainsi dire comme un yogi et médite sur ma forme terrestre. On pourrait dire aussi, qu'il prend la forme humaine pour venir dans l'existence à trois dimensions, comme quelqu'un revêt un costume de plongeur pour se jeter dans la mer. Le Soi, renonçant à l'existence dans l'au-delà, assume une attitude religieuse [...] peut faire l'expérience du monde à trois dimensions, et, par une conscience accrue, progresser vers sa réalisation. »

Après cela, et malgré les quelques probables erreurs de Jung, est-il encore besoin d'opposer psychologie et religion ?

Et maintenant, pour terminer, deux citations de Ramanah Maharshi, toutes deux en réponse à la question « Qu'est-ce que la Réalisation ? », et qui traitent du Soi :

> « On donne au Soi différents noms : Atman, Dieu, Kundalinï, mantra, etc. Accrochez-vous à n'importe lequel et le Soi se manifestera. Dieu n'est pas autre que le Soi. » *L'Enseignement de Ramana Maharshi* (« 29 septembre 1935 »)

> « Dans le sommeil profond vous existez ; au réveil vous existez toujours ; c'est le même Soi dans les deux états. Ce qui fait la

---

[126] Dieu

différence, c'est la conscience et la non-conscience du monde. Le monde apparaît avec le mental et disparaît avec lui. Ce qui apparaît et disparaît n'est pas le Soi. Le Soi est différent, il donne naissance au mental, le soutient et le résorbe. Ainsi le Soi est le principe sous-jacent. Quand on vous demande qui vous êtes, vous placez votre main sur le côté droit de la poitrine et vous dites "je suis". Là, involontairement, vous indiquez le Soi ; le Soi est donc connu. Mais l'individu est malheureux parce qu'il confond le mental et le corps avec le Soi. Cette confusion est due à une fausse connaissance. Seule l'élimination de cette fausse connaissance est nécessaire. Le résultat de cette élimination est la Réalisation. » *L'Enseignement de Ramana Maharshi* (« 19 novembre 1935 »)

C'est donc l'identification erronée avec le mental et le corps périssables, un phénomène qui est très largement un conditionnement social, mais pas que selon Jung, qui est à l'origine de l'ego sous sa forme de « moi » ou de « moi je ». C'est l'état ordinaire, considéré comme normal, égotiste, donc égoïste mais dans le sens fonctionnel et non dans le sens moral du mot. Et la « libération », moksha dans l'hindouisme, ou éveil dans le bouddhisme, ne résulte pas de l'acquisition de quelque chose qui nous manquerait, mais de la perte de quelque chose, de l'arrêt des identifications fausses. Fausses parce que exclusives et clivantes. Et ceci au bon moment, celui de la maturité, quand elles ont fini de jouer leur rôle et qu'elles doivent être dépassées ! Pour l'homme qui n'est pas encore libéré de ces identifications, et qui se rapproche du terme de sa vie, la seule compréhension intellectuelle de la chose a déjà quelque chose d'apaisant. Et pour le petit nombre de ceux qui ont traversé Mâyâ, l'illusion, et ont réalisé la chose, la mort n'existe pas, car ils éprouvent la continuité du Soi plutôt que la discontinuité du mental et de son support le corps périssable. (Voir à ce propos les différents articles relatifs au mot « mort » dans le présent livre.) Il y a unanimité de tous les sages et saints de tous les pays et de tous les temps sur le sujet. Pour eux, la peur de la mort n'existe pas, car la mort elle-même n'existe pas : ils sont dans le « Soi » éternel, et ils sont la continuité du Soi, et non plus seulement identifiés à ce corps périssable et à ses pensées. Et si à l'occasion ils avaient peur, on peut imaginer que cette peur ne serait pas séparée d'eux, ils seraient la peur elle-même, pas un sujet séparé de l'expérience de la peur. C'est dans cet esprit qu'un maître japonais répondit à ses disciples qui s'étonnaient de l'avoir vu avoir peur alors que, précédemment jeté d'un pont dans la rivière par les serviteurs du Shogun, il n'avait pas manifesté la moindre émotion !

**Solitude**

Ce mot et les termes associés (« seul », « seuls », etc.) apparaissent environ 400 fois dans la Bible. C'est donc un sujet d'intérêt significatif. Ramana Maharshi et Krishnamurti distinguent tous deux la solitude de l'isolement :

> « La solitude est partout. L'individu est toujours seul[127]. Ce qu'il doit faire, c'est la découvrir en lui-même et non pas la trouver en dehors de lui. » Ramana Maharshi

Et maintenant, dans le contexte d'une promenade, le soir tombant, dans une belle nature, cette citation de Krishnamurti :

> « Cette solitude n'est pas la douloureuse et terrifiante solitude de l'esprit. C'est la solitude de l'être ; c'est une solitude pure, riche et pleine. Ce tamarinier près de nous n'a d'autre existence que celle d'être ce qu'il est. De même cette solitude. On est seul, comme le feu, comme la fleur, mais on n'a pas conscience de sa pureté et de son immensité. On ne peut vraiment communier que lorsqu'on est seul. Être seul n'est pas la conséquence d'un refus, d'un repli sur soi-même. La solitude d'être s'épure de tout motif, de toute recherche du désir, de tous mobiles. Cette solitude n'est pas une fin en soi. On ne peut pas souhaiter être seul. Un tel désir n'est qu'une fuite devant la souffrance causée par l'impossibilité de communier. L'isolement, avec son cortège de craintes et de souffrances, est la conséquence inévitable de l'action du moi.

---

[127] Comprendre isolé, éprouvant un sentiment d'isolement.

L'isolement ne peut que donner naissance à la confusion, aux conflits de toutes sortes et à la douleur, jamais à la vraie solitude ; pour que la solitude soit, il faut que cesse l'isolement. La solitude est indivisible, l'isolement est séparation. La solitude donne souplesse et endurance. Ce n'est que dans la solitude que l'on peut communier avec ce qui est sans cause, avec l'incommensurable. Par la solitude, la vie se révèle à l'homme dans son éternité ; la solitude révèle l'inexistence de la mort. Celui qui connaît la solitude ne peut pas cesser d'être. »

Jiddu Krisnamurti, comme Ramana Maharshi, nous dit qu'il y a deux solitudes très différentes : celle de l'ego séparé du reste du monde « qui trouve la solitude en dehors de lui », qui est un « isolement », où il y a soi et les autres, et celle de l'homme qui est rentré dans l'unité, et qui découvre « la solitude en lui-même » car il ne voit plus que Dieu « seul » en lui-même et autour de lui.

**Sot/idiot**

Les valeurs de la vie spirituelle ne sont pas les valeurs « du monde », c'est certain ! À telle enseigne que les attitudes, comportements, les choix de l'aspirant à une vie autre que celle centrée sur le « moi je » sont parfois perçus pas les « gens du monde » comme ceux d'un sot ! De quelqu'un qui joue contre « son » intérêt. Un très vieux texte sanskrit va plus loin en recommandant, en quelque sorte, de cultiver la posture :

« Quand tu avances dans la vie spirituelle, vis pour les autres comme un sot, un idiot et un sourd. »

C'était aussi le point de vue de Lao Tseu, le père fondateur du Taoïsme, qui semble t'il cultivait la posture. Peut-être parce que c'est une manière de se mettre à l'abri des sollicitations et agitations du monde et de rester en paix. Ou bien est-ce pour éviter de rentrer dans des débats de justification où l'aspirant aurait beaucoup à perdre. Car nous avons déjà beaucoup à faire avec notre propre mental sans qu'il soit besoin d'y rajouter les complications, perplexités voire hostilité du mental des autres !

**Souffrance**

Il est encore assez courant d'entendre dire que la « croyance » en Dieu serait le résultat d'une recherche de compensation des souffrances (et des peurs) inhérentes à la vie. Leur acceptation dans cette vie-ci vaudrait en quelque sorte droit au paradis, plus tard, dans un au-delà temporel. Cette acceptation, ou résignation, pourrait aussi être vue comme la conséquence d'un marché « donnant-donnant » qui serait en quelque sorte un investissement : perdre au début dans l'espoir de gagner plus, mais plus tard ! Et cet espoir et cette superstition aideraient à vivre. Ils seraient « l'opium du peuple ». Peut-être, mais que ce soit le cas, ou pas, est très secondaire. En revanche ce qui est important c'est de bien vivre la souffrance, car, bien vécue, elle peut avoir un résultat positif immédiat, ainsi que l'affirme MSL dans la citation ci-dessous :

> « La souffrance est en nous un aiguillon qui nous pousse vers un accomplissement que nous ne pouvons ni prévoir, ni déterminer sans l'avoir vécu. »

En fait, d'une certaine manière, il est à demi faux de dire que le résultat n'est pas prévisible. Car cet accomplissement est toujours le même quelle que soit la souffrance, physique ou psychologique : c'est un don de soi, un décentrage, un « ego » plus effacé, tout ceci pouvant se décliner effectivement de mille et une manières différentes dans la vie extérieure et intérieure. Evidemment cela n'a rien à voir avec le masochisme, qui lui relève de la pathologie.

## Souvenir (de Dieu)

À l'occasion de ses conférences, MSL rappelait très régulièrement la nécessité de la continuité et de la persévérance dans la vie spirituelle. Elle aimait à citer une expression de l'Inde, très imagée et très parlante :

> « Le souvenir de Dieu doit être continu, "comme le filet d'huile qui coule d'un vase dans un autre" selon la belle expression de l'Inde. »

C'est-à-dire par opposition à la discontinuité des gouttelettes d'un filet d'eau. Ci-après, trois citations, toujours de MSL, qui vont dans le même sens :

> « L'Inde accorde une grande importance à "se souvenir de Dieu" à chaque instant et de diverses manières : il faut s'exercer sans cesse, s'accorder un moment de silence, ou répéter un mantra, ou prier ou méditer, et, au final, être en permanence infiniment attentif à ce qu'il y a derrière les apparences, derrière l'image, pour atteindre à l'Être. »

> « Le souvenir de Dieu, c'est marcher dans le chemin de l'unité, c'est laver ses pieds à la source transparente de l'unité, à la vérité de l'Esprit, et on naît ainsi à la conscience de l'unité. »

> « Et, pour se tranquilliser, il faut se dire que ce "souvenir" ne peut pas être toujours mental, et que par ailleurs, il n'a pas besoin de l'être. C'est ce qui peut se passer en particulier dans le sommeil. Si notre âme est éprise de Dieu et que par un amour continu notre âme se tourne vers la lumière, c'est suffisant. C'est le sens de la parole :

"Heureux les mendiants[128] de l'esprit, car le royaume des cieux est à eux" (Matthieu 5;3). »

Voir, à propos de ce verset, l'article relatif au mot « mendiant »

**Spectacle (de la rédemption)**

Le mot « spectacle » est peu utilisé dans la Bible, seulement neuf fois. Son usage dans les textes et paroles sacrés est déroutant, car l'image de futilité, de légèreté, qui serait hors sujet, peut y être associée. Mais il y a aussi dans le mot « spectacle » la notion d'« attirer l'attention ». De ce point de vue, Golgotha est effectivement voulu et conçu comme un « spectacle » destiné à attirer l'attention sur la réalité de Dieu, au-delà des formes, et sur l'accomplissement intérieur. Pour rendre visible ce qui est invisible. Et même ce qui est tragique à un niveau humain, qui est souvent vécu dans l'émotion du drame, peut et doit être vu autrement, selon l'esprit, faute de quoi le sens des choses nous échappe, nous ne comprenons pas. Ce n'est pas une question d'insensibilité.

Voici ce qu'en dit MSL :

> « Dans l'Évangile de Luc 23;48, à propos de Golgotha, il est fait mention d'un "spectacle". D'une manière générale les textes sacrés doivent être dédramatisés, dépersonnalisés, intériorisés, sans quoi l'on n'y comprend rien. »

Et maintenant, à propos de l'objet du spectacle, voici ce que dit MSL en commentant ce verset de l'Évangile de Jean :

> « Avant la fête de Pâque, Jésus, sachant que son heure était venue de passer de ce monde au Père, et ayant aimé les siens qui étaient dans le monde, mit le comble à son amour pour eux. » Jean 13;1

---

[128] Le mot « mendiant » devant se substituer à « pauvre » qui est une erreur de traduction.

Commentaire de MSL :

> « Ceci, c'est précisément leur amener le "spectacle" de l'accomplissement intérieur dans la plénitude de l'Esprit. C'est montrer à nous-même[129] le chemin de la rédemption qui était déjà là à la fondation de l'univers, qui n'est pas venu après coup. La rédemption qui est l'articulation même de la vie, qui, de l'inconscience du néant, est enfantée à la conscience relative dualiste dans les dualités, puis à la conscience de l'infini. C'est cela, la rédemption. Étant avant la création du monde, c'est une articulation, une loi éternelle du monde. Quand Jésus met "le comble à son amour pour eux", il assume et accomplit la transfiguration de l'homme, et de l'humanité entière, par-delà l'espace et le temps, à cette heure où le moment est venu de "passer de ce monde au Père", et où "toutes choses ont été remises entre ses mains" : c'est lui qui est, qui sait, qui fait ! Golgotha est hors de l'histoire, comme Noël, l'Ascension, la Pentecôte. »

Golgotha est donc le « spectacle » visible de la rédemption invisible. Attirant ainsi l'attention sur la possibilité d'une mutation de la conscience humaine, qui, de la conscience dualiste, peut rentrer dans la conscience de l'infini. En règle générale, l'église ne retient que l'aspect visible, le spectacle violent d'un meurtre sanglant suivi d'un miracle très spectaculaire, celui de la résurrection d'un corps, et ignore le reste qui, bien qu'invisible aux yeux de chair est pourtant l'essentiel !

## Spirituel/Esprit

Bien que le mot « spirituel » et ses déclinaisons n'apparaissent qu'une vingtaine de fois dans la Bible, le mot « esprit », lui, apparaît plus de 500 fois, ce qui le situe dans les 50 mots les plus utilisés. Mais qu'est-ce que

---

[129] Et bien évidemment aussi aux témoins de l'époque et plus généralement à tous les hommes de tous les temps.

l'esprit, ou Esprit ? Ci-dessous, quelques réponses, à commencer bien sûr par celle de MSL :

> « Est spirituel ce qui vient de l'Esprit. La compréhension spirituelle est celle qui mène à l'Absolu. Elle est essentielle, universelle, éternelle, absolue. »

Et impersonnelle bien sûr ! La compréhension qui « mène à l'Absolu », est donc celle qui n'est plus particulière, temporelle et relative. Elle est « essentielle », donc, émanant de l'essence des choses, intrinsèque aux choses, du cœur des choses, pas de la périphérie des ratiocinations du mental. Elle se distingue de la compréhension intellectuelle des choses, qui procède par oppositions, se meut dans le temps, dans la relativité, aussi sublime soit elle. Le Dalaï-lama, affirme que l'important dans les actes et paroles, ce ne sont pas tant ceux-ci tels qu'ils se manifestent explicitement, extérieurement, mais l'état d'esprit qui y préside, sous-jacent, non apparent directement, non explicite :

> « Tout est une question d'état d'esprit. » Conférence donnée à Grenoble, années 1990

Car, s'il est des cas où les mots « émanent des profondeurs de la sincérité » selon la belle formule de Rabindranath Tagore, il en est aussi où ils émanent des profondeurs de la duplicité, ce qui faisait dire à Sri Aurobindo :

> « Le mental prend une vérité et en fait un mensonge. »

C'est typiquement le cas des Pharisiens dans les récits évangéliques. Les Pharisiens étant en nous l'insincérité du mental-vital, voire franchement son hypocrisie.

**Sri (ou Shri)**

Voici ce que dit MSL de ce mot de trois lettres qui précède le nom des grands sages de l'Inde :

> « "Sri" en sanskrit, veux dire "la beauté, la splendeur, la prospérité", et finalement "le bonheur". C'est en quelque sorte une particule honorifique que l'on place devant le nom d'un des dieux, des sages ou des textes sacrés. L'équivalent en français pourrait être "Seigneur". »

Le mot « seigneur » a l'avantage de donner le sentiment de la puissance de ces grands sages, même après leur mort. En particulier leur capacité à donner la paix à ceux qui sont proches d'eux, dans tous les sens du terme. Ceci peut parfois s'éprouver aux abords de leurs tombes et de nombreuses personnes en Inde aiment à s'asseoir au voisinage des tombes des grands saints comme Sri Aurobindo ou Ramana Maharshi, et sans doute aussi de quelques autres.

**Stabilité**

Le Bouddha historique voyait les origines de la souffrance dans le désir. C'est ce qu'il exprime juste après son éveil, dans le serment des « quatre nobles vérités », confère le Dhammacakkappavattana Sutta et la deuxième noble vérité :

> « Voici, moines, la Noble Vérité de la cause de la souffrance : c'est le désir avide ou la *« soif »* qui est à l'origine des incessantes renaissances. Elle s'accompagne de la passion et de la recherche du plaisir que l'on trouve tantôt ici, tantôt là. En d'autres termes, c'est la soif des plaisirs des sens, la soif de l'existence et la soif de la non-existence. »

*MSL* voyait la cause de la souffrance dans l'instabilité, dans l'insécurité de la vie, un cas particulier très important de ce que le Bouddha exprime, puisque, dit autrement, c'est le désir de sécurité et l'impossibilité de le satisfaire extérieurement qui est à l'origine de beaucoup de nos souffrances :

> « De quoi souffrons-nous ? De l'insondable instabilité dans laquelle nous vivons, car rien n'est stable, car le mouvement est perpétuel. »

Tout est fugace, impermanent alors que l'homme a, chevillé au fond de lui, la « nostalgie » de quelque chose de permanent, de stable. D'où la souffrance ressentie dans un monde de formes impermanentes. C'est aussi le constat que faisait le Dalaï-lama : dans une conférence donnée à Grenoble dans les années 1990, il associait les deux observations. Il disait que tous les hommes recherchent le bonheur, mais qu'ils le recherchent et désirent l'atteindre au travers de choses impermanentes. De ce fait, ils ne l'atteignent pas de manière stable. D'où cette recherche de Dieu car, a contrario, Dieu…

> « est à la fois un mouvement et un repos. » Évangile de Thomas, logion 50

Donc la stabilité se trouve en Dieu. Voir aussi l'article suivant.

**Stable (et SatChitAnanda)**

La conscience du monde nous donne un sentiment d'instabilité, d'impermanence, de précarité, car le monde est vivant donc impermanent, soumis en permanence au cycle des morts et renaissances : Samsara dans les Upanishad ! À la différence de la conscience d'être qui, ainsi que nous le disent les sages et les saints de toutes les époques, est stable, permanente :

> « J'étais la même, je suis la même, je serai la même. » Mâ Ananda Moye

La Bhagavad-Gita, elle, fait dire à Krishna, l'amant divin, incarnation de Vishnou aux 16/16$^e$, donc complètement :

> « Stable, en l'état de plénitude où il n'est ni moi ni mien. »

Cet état de stabilité, celui de notre nature originelle, qui est aussi celui retrouvé à l'issue de la transformation/transfiguration de l'ego objet de la discipline spirituelle, a été décrit par Swami Chitananda. Cette description a été précédemment retranscrite dans l'article « Nature ». Un texte que l'on devrait apprendre par cœur et se répéter inlassablement, tant il est clair, limpide et pertinent. Des qualités qui justifient d'en citer le début une seconde fois (ou de le relire intégralement dans l'article mentionné ci dessus) :

> « Les textes sacrés affirment que votre nature essentielle est SatChitAnanda [Être, connaissance, béatitude, indivisiblement]
> Ceci étant votre nature essentielle, on ne peut vous en priver.
> C'est votre identité éternelle, inépuisable, inséparable, d'une valeur inestimable :
> * Vous êtes Sat[130], existence absolue qui est inaltérable.
> * Vous êtes Chit, conscience absolue, qui est inaltérable.
> * Vous êtes Ananda, félicité absolue qui est elle aussi inaltérable.
> Ce n'est pas un élément qui vous qualifie, quelque chose que vous n'auriez pas auparavant et qui vous aurait été surajouté, vous avez toujours été SatChitAnanda, existence, conscience, félicité absolue. [C'est le fondement stable de notre nature et de notre être.]
> Vous l'êtes en ce moment même où vous m'écoutez.
> Vous continuerez de l'être à jamais. »
> Swami Chitananda, revue *Terre du ciel*, numéro du 15 octobre 1995

Encore une fois, avec ce texte magnifique de simplicité et de clarté, l'on touche du doigt l'importance du lieu de notre identification. Et encore une fois il est rappelé que nous ne nous réduisons pas à ce dont nous faisons l'expérience dans ce monde, le corps et ses sensations, les pensées simples ou sophistiquées, relatives à la vie concrète ou à des abstractions, les

---

[130] L'Être

sentiments, les désirs et peurs, les joies et douleurs de la vie. Nous sommes plus que cela, et l'essentiel est la réponse que nous pouvons donner (en incarnant la réponse, donc pas seulement intellectuellement) à la question centrale « Qui suis-je ? ». Encore une fois, c'est toute la différence entre la conscience d'être et la conscience du monde. Conscience dont Ramana Maharshi disait qu'elle disparaît dans le sommeil profond, alors que la conscience d'être est permanente. Conscience du monde dont MSL disait que, dans le récit de la création de la Genèse, elle apparaît bien après la conscience d'être. Voir aussi à ce sujet l'article traitant du mot « identification » et l'article relatif à l'expression « conscience de soi ».

### Subconscient

Le mot « subconscient » n'apparaît ni dans la Bible ni dans les Puranas. Le dictionnaire nous dit que le mot fut forgé par le psychologue Pierre Janet qui voulait le différencier du mot « inconscient », trop connoté sexuellement et agressivement par Freud. Le mot « subconscient » serait utilisé plutôt pour des faits psychiques relatifs à des acquis, tandis que le mot « inconscient » le serait plus pour ce qui concerne l'inné. Quoi qu'il en soit, ces mots sont apparus bien après la rédaction de la Bible et des Puranas. Pour autant, ainsi que l'affirme MSL dans de multiples conférences, les notions de subconscient et d'inconscient sont clairement présentes dans ces textes sacrés :

\* Dans la Bible à son début :

> « Avec de la terre, le Seigneur Dieu modela toutes les bêtes des champs et tous les oiseaux du ciel, et il les amena vers l'homme pour voir quels noms il leur donnerait. » Genèse 2;19

Au sein de la création il y a d'abord l'inconscience des plans physique et vital chez les « bêtes des champs et tous les oiseaux du ciel », mus par l'instinct, puis celle de l'homme chez qui s'ajoute l'inconscience du mental à son stade inférieur de développement. Puis les « impressions » du subconscient deviennent conscientes par le biais des mots, des « noms donnés ». C'est l'émergence de la conscience mentale dualiste du sein du subconscient des plans physiques, vital et mental. Conscience mentale qui va se développer sur le plan du mental supérieur, celui des philosophes par exemple .

\* Toujours dans la Bible à sa toute fin, lorsque Saint Jean relatant sa vision déclare :

> « Je vis monter de la mer une bête qui avait dix cornes et sept têtes, et sur ses cornes dix diadèmes, et sur ses têtes des noms de blasphème. La bête que je vis était semblable à un léopard ; ses pieds étaient comme ceux d'un ours, et sa gueule comme une gueule de lion. Le dragon lui donna sa puissance, et son trône, et une grande autorité. » Apocalypse 13;1

MSL disait du chapitre 13 que c'était « de la psychanalyse avant l'heure ». Le dragon étant le diable, donc un détournement et une perversion de la conscience mentale dualiste[131], et la bête qui monte de la mer étant une émanation de la métaphore de l'inconscient qu'est la mer. Le mental dualiste « chassé du ciel » (comprendre, qui n'a structurellement pas accès au ciel de l'unité, et encore moins quand il est dans un état d'esprit clivant) est « précipité sur la terre » des plans inférieurs de la conscience et de la vie. Il est très « irrité » et abdique face aux efficacités négatives de l'inconscient. Il donne sa puissance, donc sa crédibilité, et se fait l'avocat de la bête :

> « Et toute la terre était dans l'admiration derrière la bête. Et ils adorèrent le dragon, parce qu'il avait donné l'autorité à la bête. » Apocalypse 13;3-4

Le piège se referme ! Ce phénomène d'abdication du mental qui renonce à son rôle de discriminateur et de modérateur face aux puissances de l'inconscient et qui en devient le faire-valoir, est à l'origine de bien des misères petites et grandes : de notre simple mauvaise foi humaine, en

---

[131] Voir l'article portant sur le mot « diable », le diable étant comme son nom l'indique celui qui divise. (Ceci correspond parfaitement à la première et structurelle caractéristique du mental dualiste qui nomme et définit par opposition, la deuxième étant de rassembler et de retisser du lien au sein d'une phrase entre ce qui a été divisé précédemment.)

passant par les conflits interpersonnels, jusqu'aux atrocités collectives les plus épouvantables du XXᵉ siècle[132].

\* Dans les Puranas enfin, l'inconscient et le subconscient sont aussi présents à travers la notion hindouiste de « samskara ». MSL explique, dans sa conférence du 14 novembre 1981 à Melun, que le terme a deux significations complémentaires : d'une part la « purification » et ce qui va de pair, la « consécration », d'autre part les « impressions », ces résidus inconscients ou subconscients des actions et perceptions réalisées et ressenties par l'individu au cours de sa vie, donc acquis, et aussi ceux hérités de l'espèce depuis la nuit des temps, donc innés pour le dernier rejeton de la lignée. L'Inde enjambant la différence puisqu'elle considère que l'inné est l'acquis des vies antérieures. De même, Jung considère que les images archétypiques de l'inconscient collectif résultent de toute la vie vécue par l'espèce. Il en est ainsi de l'anima, image de la femme en l'homme, de l'animus, image de l'homme en femme, de l'Arbre de vie, image du développement naturel et harmonieux de la personnalité, etc., etc., et pour finir de l'archétype central du Soi, illimité et transcendant, totalité de la psyché consciente et inconsciente d'un homme et au-delà, donc quelque chose qui commence à ressembler, de par ses caractéristiques, à Dieu en l'homme :

> « Tous tant que nous sommes, nous épions ce *miroir dépoli* sur lequel défilent les figures d'un mythe obscur, cherchant à en extraire l'invisible vérité. Tout ce que je puis dire c'est que regardant pour mon compte dans ledit miroir, l'œil de mon esprit y a discerné une forme ; je l'ai appelée le Soi, tout en restant parfaitement conscient du fait qu'il s'agit là d'une image anthropomorphe ; nommée par cette expression, cette forme n'est pas pour autant expliquée. Certes, par ce terme de Soi, nous

---

[132] Jung en a abondamment parlé à propos de l'émergence du nazisme en Allemagne et aurait pu faire de même plus tard pour le stalinisme. À noter que l'inconscient a aussi des aspects positifs que Jung a aussi largement soulignés et illustrés. Pour lui, l'inconscient ne se limite pas à ce qu'il était pour Freud, à savoir le stock de ce que la conscience refoule. Ces aspects positifs sont suggérés dans le texte de l'Apocalypse par les cornes (signes d'abondance) et les diadèmes (signes de royauté) portés par la bête qui monte de la mer de l'inconscient.

> voulons désigner la totalité psychique. Mais nous ne savons et ne saurions savoir quelles sont les réalités qui se cimentent dans cette notion. » C.G. Jung, *Un mythe moderne*

Commentaire périphérique au sujet : l'image du « miroir dépoli » fait penser à celle de « l'écran du cinéma » utilisée par Ramana Maharshi pour donner le sentiment de ce qu'est le Soi, autrement dit Dieu (voir la citation correspondante dans l'article traitant du mot « conversion »). L'utilisation de l'adjectif « dépoli » semble indiquer que le sage de Kusnacht avait encore du chemin à faire pour passer du flou du miroir à la clarté de vue du sage de Tiruvanamalai. Ou à celle de Saint Jean quand il décrit la place de la ville « transparente comme du cristal » !

Les textes sacrés traitent donc bien, de la conscience, de sa mutation naturelle en l'homme, qui va de l'inconscient et du subconscient, à la conscience mentale dualiste puis à la supra-conscience, la conscience divine, le « JE SUIS » du Buisson ardent. Pour décrire cette métamorphose, voici l'analogie qu'utilisait MSL :

> « Le subconscient est déjà un potentiel conscient dans la conscience relative, tandis que l'inconscient n'est pas du tout encore éveillé à une conscience quelconque si relative ou minime soit-elle. Le processus de la vie consciente peut être comparé à une chambre dans laquelle on aurait une obscurité complète. Elle est là mais on ne voit rien. C'est la nuit. On allume une bougie, on voit une enceinte, des murs. Quelque chose qui est limité. On pourrait appeler cette première bougie le subconscient. C'est un potentiel qui contient des murs, donc une limitation, une certaine forme. On allume une deuxième, troisième, cinquième, dixième, vingtième puis centième bougie, et à chaque bougie le subconscient émerge dans une conscience relative plus claire. C'est ce qui se passe dans le deuxième chapitre de la Genèse où l'Éternel Dieu conduit vers l'homme les créatures qu'il a faites. C'est le subconscient qui émerge de cette espèce d'état de conscience vague à un état de conscience plus précis, qui est effectivement plus individuel du fait que la conscience voit plus clair, qu'elle reconnaît les objets, qu'elle les distingue, qu'elle les

nomme. Et au fond, chaque fois qu'un petit enfant vient dans le monde, il émerge dans cette conscience toujours plus claire où peu à peu il différencie les visages, les objets et se différencie de ce qui l'entoure, et le subconscient devient la conscience individuelle relative qui peut se développer énormément devenant l'intelligence de l'homme, sa capacité de créer, de comprendre et même de pénétrer dans la conscience de l'invisible. Peu à peu, quand la chambre s'éclaire toujours plus, on distingue les formes les couleurs, les personnages qui s'y trouvent, ce qu'ils font, et quand on va plus loin, la lumière devient toujours plus grande, intérieurement et extérieurement, et le subconscient devient une conscience dualiste pleine, totale, où l'on voit même dans le regard des gens ce que contient chaque personne, si c'est la difficulté ou au contraire si c'est la réussite, et en allant plus loin, s'il y a encore plus de lumière, il arrive un moment où l'on ne voit plus rien du tout parce que tout est devenu lumineux. Tout est devenu la lumière et l'inconscient du début, et le subconscient du début, étant passé par la conscience mentale de plus en plus développée est devenu la toute conscience lumineuse où de nouveau les formes s'effacent, mais cette fois dans la lumière et non pas dans la nuit […] Alors la conscience entre dans la conscience divine proprement dite, qui est la conscience de l'unité, le supra-mental. » Conférence du 7 mai 1980

Les textes sacrés affirment que tous les hommes sont potentiellement aptes à évoluer, comme décrit ci-dessus. Dans la pratique, fort peu de personnes parcourent en une vie l'intégralité du cursus ! Et c'est une vraie question de savoir quel sera le devenir évolutif de la conscience humaine. Sera-t-il, comme jusqu'à présent, celui d'une évolution toujours limitée à quelques personnes, ou bien celui de toute l'espèce ? MSL y voyait un danger pour la pérennité de la vie, pour le plan vital. Jung se posait la question peu avant son décès et l'exprimait, à la toute fin de son autobiographie :

« J'ai l'espoir anxieux que le sens l'emportera et gagnera la bataille. »

Il a développé au début du XXᵉ siècle une pratique, celle de la cure psychanalytique maintenant appelée « jungienne ». Contrairement aux analyses freudienne et lacanienne, celle de Jung a dans son fondement, dans son but, dans sa pratique et dans son achèvement, sinon dans son vocabulaire, plus d'un point commun avec les quêtes spirituelles religieuses authentiques[133] :

\* Dans son fondement, à travers cette notion que l'être humain ne se réduit pas à un ego identifié au corps et à sa pensée dualiste, qu'il est bien plus et qu'en lui, l'invisible est plus réel que le visible, que ce soit l'inconscient, le subconscient, l'âme, la psyché et sa force vitale, ou le supra-mental selon l'appellation de Sri Aurobindo. Sri Aurobindo qui affirmait que l'homme est triple, à la fois individuel, universel et ce qui englobe et dépasse les deux : Dieu. De même chez Jung, il y a l'idée que l'homme est certes cet ego qui se constitue autour de la « persona », mais aussi bien plus avec l'inconscient et ses archétypes, l'ombre et enfin le Soi qui est, lui aussi, conçu comme incluant la totalité de l'expérience psychique et au-delà.

\* Dans son but, but qui est d'accéder à cette totalité, à cette conscience de l'unité de la vie qui est dormante en l'homme, depuis la nuit des temps, qu'on l'appelle conscience de l'unité, ou le Soi ou Dieu, et qui doit se révéler en l'homme. C'est visiblement l'objectif final du processus d'individuation jungien et de la cure analytique qui va au terme de sa quatrième étape, la « métamorphose » :

> « Deviens celui que tu as été depuis toujours ! C'est-à-dire efforce-toi d'atteindre à cette totalité à cet épanouissement de toi-même que nous font perdre les circonstances d'une existence consciente et civilisée, à cette totalité que chacun porte potentiellement en lui-même depuis toujours. » *C.G. Jung, Un mythe moderne*

Il y a donc ici, comme dans la religion, la recherche de « quelque chose » de vaste et d'éternel bien au-delà des limitations du petit ego étriqué et

---

[133] Elle subit parfois de ce fait les accusations en charlatanisme des praticiens freudiens et lacaniens.

impermanent. Commentaire annexe : chercher à être heureux, ce qui est bien naturel, est parfois la motivation de l'homme qui se « lance » dans une quête spirituelle et presque toujours celle du patient qui commence une cure analytique. Mais souvent l'homme recherche un bonheur qui est l'opposé d'un malheur. Il est donc fugace. Les sages et les saints nous disent que le bonheur est bien au rendez-vous, mais il est d'une autre nature, car il est stable et indépendant des bonheurs et malheurs inhérents à la vie. Ils disent aussi que leur vie d'après n'est pas plus facile que celle d'avant, bien au contraire !

\* Dans sa pratique, car le commencement de la cure analytique jungienne, la « confession », fait penser à la sadhana, toutes deux étant des pratiques de purification qui nécessitent de l'humilité notamment dans un dialogue honnête avec un « maître ». À noter au passage que, dans les deux cas, il y a beaucoup de « faux maîtres » ! Dans le déroulement, il y a aussi des points communs. Dans les religions l'homme en tant qu'ego « fait un effort », mais il nous est dit que c'est Dieu, Dieu en nous, qui le fait. Jung exprime la même chose quand il décrit le processus d'individuation :

> « Le processus d'individuation est plus qu'un simple ajustement du germe inné de la totalité aux circonstances extérieures qui constituent son destin. L'expérience subjective qu'on en a suggère à l'homme l'intervention active de quelque force suprapersonnelle. On a l'impression quelquefois que l'inconscient nous guide en accord avec un dessein secret. » C.G. Jung, *L'Homme et ses symboles*

\* Dans son achèvement, car dans les deux cas, cet achèvement est la connaissance de soi dont les sages et les saints nous disent qu'elle n'est pas différente de la connaissance de Dieu. Et l'achèvement, c'est aussi dans les deux cas la réalisation de ce que nous sommes, une totalité, une unité indivisible complètement dépourvu du sentiment d'importance personnelle : le SatChitAnanda de l'Inde qui se traduit par Être-Connaissance-Béatitude, « indivisiblement », précise MSL.

Il y a aussi bien sur d'importantes différences entre cure analytique jungienne et quête spirituelle : certes, toutes deux traitent du même élargissement de la conscience et de la libération de l'ego dans sa forme étriquée de « moi je », mais, comme déjà dit, en citant MSL :

> « La psychologie le fait par le bas et avec beaucoup de prudence, alors que la spiritualité authentique le fait par le haut et avec audace. »

On pourrait ajouter deux autres différences à caractère général, parmi un grand nombre d'autres plus spécifiques : la première, qui est l'intensité de l'engagement, car une cure psychanalytique dure quelques années à raison de quelques heures par semaine, alors qu'une quête spirituelle est le sujet de chaque seconde d'existence pendant toute une vie. L'Inde dirait de plusieurs vies ! La seconde, qui est l'ambition, à savoir un changement radical de la conscience pour la spiritualité alors que la psychanalyse s'arrête visiblement et souvent bien avant, à la fin de la « petite thérapie » selon l'expression jungienne, quand un niveau de bien-être suffisant est obtenu. Le processus d'individuation pouvant continuer bien au-delà, mais seulement dans un petit nombre de cas.

### Suivre (Jésus)

Le verbe dans ses différentes conjugaisons est utilisé une grosse centaine de fois dans la Bible, pas plus, dont la moitié dans le Nouveau Testament, donc plus en proportion. Qu'est-ce que « suivre Jésus » ? Réponse de MSL :

> « Suivre Jésus, c'est mourir à soi-même, comme Jésus est mort à soi quand l'Esprit triomphe des apparences à Golgotha. C'est le sacrifice total de soi. C'est pour cela qu'autrefois on considérait que ceux que Dieu "éprouvait" étaient aimés de Dieu. »

MSL disait que la chose se retrouve dans le film *Out of Africa* : quand les bâtiments de séchage et de torréfaction du café prennent feu, et que la ferme est menacée, le serviteur africain de Karen vient réveiller l'héroïne, et lui dit : « Je crois que tu ferais bien de te lever, Mamsa : Dieu arrive ! » L'épreuve, bien vécue, est encore une occasion de se départir de soi-même, de s'alléger, et peut être vue comme Dieu lui-même en action au sein de SA création. Et encore cette citation sur le même sujet :

> « Suivre Jésus, c'est aller avec lui jusqu'à Golgotha, l'accompagner, c'est l'effacement de la personne individuelle, c'est être "glorifié", c'est-à-dire révélé. »

Comme rappelé dans l'article traitant du mot « doxa », dans le langage concret, une gloire, c'est l'ensemble des rayons qui « révèlent » le soleil caché derrière un nuage, ce qui justifie en quelque sorte concrètement de traduire « glorifié » par « révélé ».

## Supports

Il nous est dit par tous les sages et saints de tous les temps qu'une quête spirituelle est une aventure. Difficile, longue, inconfortable, possiblement périlleuse. L'homme y a besoin de « supports », faute de quoi il ne « tient pas le coup » :

> « Les religions sont des béquilles. Il faut les utiliser, puis les jeter. Dieu est au-delà. » Ma Ananda Moye (citée de mémoire)

Ceci étant dit bien évidemment sans irrespect. Le Christ incarné, Jésus, parle dans la parabole de l'Économe infidèle d'autres supports, d'autres « béquilles ». On peut imaginer par exemple amitié, amour, vie familiale, loisirs, art, richesse, etc., qui nous sont nécessaires pour « tenir le coup » au cours du processus de transformation, parfois inconfortable ou aride, qui fait passer l'homme du petit « je » au grand « Je » :

> « Faites-vous des amis avec les richesses injustes (illusoires) afin qu'elles vous accompagnent dans les tabernacles éternels quand elles viendront à vous manquer. » Luc 16;9

Et voici maintenant le commentaire que fait MSL de ce passage de la parabole. Parabole qui est considérée par la plupart des chrétiens, dont les théologiens, comme particulièrement difficile à comprendre :

> « Dans une perspective morale, cette parole du Christ est incompréhensible outre qu'elle est une offense à la morale !

> "Les richesses injustes"[134] sont celles de la perception dualiste. Agissez bien envers vous-même et envers les autres dans le sens de la dualité. "Se faire des amis", c'est se faire des forces avec les richesses illusoires. Pour tenir le coup face à l'opulence de la révélation. Car l'ego est une prison et pour la supporter il faut des "amis". Les richesses illusoires de la dualité sont des supports artificiels, mais néanmoins nécessaires pour un temps. Le sacrifice vient de Dieu, pas de nous-même. »

Cette citation est extrêmement importante d'un point de vue pratique : la passion, le sentiment d'urgence à se libérer de l'emprisonnement de l'ego, peut entraîner un manque d'amour de la vie ordinaire et de ses « petits et grands plaisirs » ou bonheurs. Il nous est dit qu'il ne doit pas en être ainsi tant que l'on n'est pas assez solide pour cela ! Encore une fois, l'ascétisme peut être un piège. Et, pour compléter avant de terminer, voici quelques commentaires sur la parabole dite de l'Économe infidèle, synthétisés sur la base d'extraits plus longs d'une conférence de MSL :

\* Quand elles « viendront à manquer » signifie à l'heure du choc de la révélation.

\* Pour ce qui est du « tabernacle éternel », voir l'article traitant du mot « tabernacle » ci-dessous. Ces « tabernacles éternels » sont vraisemblablement le lieu psychologique de la révélation de la structure de l'homme, de ce qu'il est réellement, quand la révélation de son unité avec Dieu et la création se fait.

\* Enfin, par rapport à la dernière phrase du commentaire, MSL disait que ce n'est pas à nous de décider des renoncements qui doivent se faire, à vouloir nous « alléger », alors que nous n'en avons pas encore la maturité, la solidité, pour le supporter. Les « supports » tombent d'eux-mêmes quand l'heure est venue : la vie est bien faite !

---

[134] Pas vraies donc, puisque le mot « justice » est très souvent et utilement remplaçable par les mots « vrai » ou « vérité » dans la Bible.

**Svar**

*Svar* en sanskrit désigne le ''ciel des dieux''. Des dieux en l'homme, pas à l'extérieur de l'homme ! Concevoir les dieux, et Dieu, à l'extérieur de l'homme, c'est ouvrir la porte à deux maux : la superstition et le culte des idoles ! Car, ainsi que l'affirmait MSL :

« Tout se passe dans notre cerveau. »

Comme déjà mentionné, l'immense Ramakrishna lui-même appelait « cerveau » le dernier des chakras, le Shasrara, celui dont il est dit qu'il s'ouvre au moment de la « libération » (libération de l'ego, « moksha » pour l'Inde). Les récits de la Grèce antique et leurs descriptions de l'intimité des hommes et des dieux le suggèrent également. La science contemporaine le confirme[135], grâce aux électroencéphalogrammes du fonctionnement du cerveau pendant la méditation. Affirmer cela n'est en aucune manière dépréciatif, mais conforme au bon sens et à la logique ! Et ceci conforte l'affirmation selon laquelle il est faux d'opposer la matière et l'esprit.

**Tabernacle**

Le mot « tabernacle » est utilisé 123 fois dans la Bible. Au sens concret du terme, le tabernacle est la tente destinée à abriter l'arche d'alliance. Le mot «arche» est la traduction de l'hébreu «aron» qui signifie «coffre ou caisse». Y sont contenues les tables de la Loi remises par Dieu à Moïse au sommet du mont Sinaï (Exode 24;12 puis 31;18 et enfin 34;1). Le tabernacle est un lieu de culte, le lieu de la rencontre de l'homme et de Dieu, car le propitiatoire de l'arche, son couvercle, est considéré comme le trône de Yahvé, le lieu de sa résidence terrestre. Pour MSL, le contenant (

---

[135] Voir sur le sujet les articles scientifiques traitant des enregistrements du fonctionnement du cerveau faits sur M. Ricard, le traducteur français du Dalaï-lama, pendant des méditations.

le tabernacle), le contenu (l'arche), l'homme et sa structure (la Loi) et en quelque sorte sa destinée surnaturelle, ne font qu'un :

> « Le Tabernacle originel est la tente qui abritait l'Arche d'alliance à l'époque de Moïse. En fait, le Tabernacle, c'est la structure de l'homme, la loi qui le gouverne, c'est l'homme tout cours finalement. C'est dans ce sens qu'il faut comprendre "Tabernacle" dans l'Apocalypse :
>
> "Après cela, je regardai, et le temple du tabernacle du témoignage fut ouvert dans le ciel." (Apocalypse 15;5)
>
> Le mot traduit par "temple" étant *naos* c'est-à-dire, le cœur du temple, le lieu qui abrite la divinité. Si l'on considère que le témoin, le témoignage, c'est l'homme lui-même, il faut alors comprendre que c'est le cœur du cœur de l'homme qui "fut ouvert dans le ciel". »

Résumons : Le tabernacle, une tente, c'est l'homme dans sa complexité. L'arche qu'il contient, un coffre, est le coeur de l'homme, donc sa partie centrale, et son couvercle est le siège de Dieu dans sa création humaine. Dans l'arche reposent les Tables de la Loi, remises à Moïse par Dieu, des lois qui régissent la vie des hommes. Dieu est donc en l'homme, qui est un lieu sacré.

**Table (nourriture/repas)**

Ces trois mots sont utilisés environ 250 fois dans la Bible, dans le sens concret, mais aussi dans un sens métaphorique. Le sujet est donc important. Il l'est car l'homme, pour vivre, doit être nourri sur tous les plans qui le constituent : physique, vital, mental, spirituel. Faute de quoi, il ne « tient pas le coup » dans la lutte contre l'ego sous sa forme faussée de « moi je ». La table est le lieu où l'on pose la nourriture, le repas pour disposer des forces nécessaires dans le combat intérieur. D'où l'importance de la table tout comme celle des repas, sans négliger le fait, bénéfice secondaire, que sur le plan vital ces repas puissent être des moments de relation conviviale, de lien et d'unité. Ils sont alors l'un de ces « supports » dont il est question dans la parabole de l'économe infidèle. Voir l'article relatif au mot « support ».

> « Tu dresses devant moi une table face à mes adversaires. »
> Psaume 23 de David

Psaume que MSL commente comme suit lors d'une conférence :

> « La nourriture occupe une place importante dans la Bible. La nourriture est ce qui permet de lutter contre les adversaires que sont, l'égoïsme, l'orgueil, l'attachement, la crainte, l'angoisse, le découragement, la lassitude, la paresse. »

Dit en langage chrétien, dans la lutte contre la tentation des sept péchés capitaux.

Nota : les textes sacrés sont eux-mêmes une nourriture dont nous avons besoin pour « tenir le coup » dans l'adversité. Tout comme les « richesses injustes » de la parabole de l'Économe infidèle dont il est question dans l'article relatif au mot « support ». Ce sont des textes nourrissants, ce qui les distingue en cela du plus gros de l'énorme production littéraire contemporaine.

### Taire (se taire)

S'il est un domaine où le « silence est d'or », c'est bien celui de la vie de l'Esprit. Tous les sages et les saints de tous les temps et de tout pays l'affirment, MSL en particulier :

> « Il faut beaucoup d'amour et de persévérance pour rester dans la direction de l'Esprit, l'Esprit qui est la saveur de la vie. Pour être assez effacé, et donné, pour que l'Esprit parle. Apprendre à se taire avec joie, à aimer Dieu et à laisser parler Dieu. Ce n'est pas

un mystère[136], c'est un fait de l'Esprit, toujours vérifiable[137]. Se taire, et surtout aimer se taire. Pour cela il faut comme disait la petite Thérèse de Lisieux "avoir un grand amour pour la Vérité". »

Au fond, si l'on veut réduire à l'essentiel ce qui nous est présenté comme nécessaire pour parcourir utilement le petit bout de chemin qu'est cette vie, il y a deux choses incontournables avec lesquelles on peut avancer, et avancer sûrement : le silence et l'amour. Les exercices spirituels, prière, méditation, japa surtout, pratiqués dans un état d'esprit d'abandon, peuvent y contribuer efficacement.

**Témoignage (vrai et faux)**

Les mots « témoin » et « témoignage » sont utilisés plus de 250 fois dans la Bible, donc significativement. Les groupes religieux catholiques raffolent des « témoignages », mais, en général, ces témoignages, quelque touchants qu'ils puissent être à l'occasion, restent très souvent centrés sur l'individu, ils viennent de l'ego. Mais qu'est-ce qu'un « vrai » témoignage ? Réponses au travers de plusieurs citations :

> « Le mental, fixé sur la notion de moi individuel, ne peut donner que des témoignages en rapport avec l'ego, la perspective humaine dualiste limitée, alors que Jésus, Dieu, est l'infini. » MSL

En définitive, on témoigne toujours de ce que l'on est. Le témoignage de l'homme centré sur l'ego est donc « faux » dans le sens où il ne reflète pas pleinement la vérité de l'être qui n'est pas, ou pas seulement, personnel et limité, mais universel et illimité. Il ne témoigne pas de la réalité qui est l'unité.

---

[136] Sous-entendu, pas un mystère que dans ces conditions Dieu se mette à parler en nous.

[137] Par n'importe qui pourvu qu'il fasse silence.

Ci-dessous, deux autres citations sur le même sujet, la première en commentaire du verset suivant des Évangiles :

> « Ceux qui sont dans la vérité m'écoutent. » Jean 18;37

Verset que MSL commente à deux reprises comme suit dans ses conférences :

> « Nous identifier à notre moi personnel, individuel, à notre nom, à notre forme, alors que nous sommes de la substance de l'Esprit, est un "faux témoignage". Dire "moi, je suis ce personnage" constitue le faux témoignage, c'est cela Satan, l'entrave principale, alors que nous sommes cela qui est l'Éternel. »

> « Nous sommes de faux témoins, un faux témoignage, si nous ne sommes pas le "témoin véritable" de l'Apocalypse de Jean, celui qui dit "je suis" du sein du Buisson ardent du Livre de l'Exode, quand Moïse demande : "Quel est ton Nom ?", et que Dieu parle, et répond : "Je suis, tel est mon nom pour l'éternité". Donc Dieu est le seul qui puisse dire "Je suis". Si nous, petit ego, disons "je suis", c'est un faux témoignage ! Quand on proclame une religion qu'on n'a pas ou qu'on a mal vécue, c'est apporter un faux témoignage. S'efforcer d'être vrai, c'est souvent de rester silencieux, de se taire. Longtemps ! »

Nota : C'est pour éviter les faux témoignages qu'il y a une différence de mise en page dans le présent glossaire, entre les citations des maîtres, sages et saints, mises en évidence par un retrait du texte, et les commentaires introductifs ou succédant aux citations : distinguer ce qui vient du mental encore dualiste de ce qui vient du Soi, les paroles de vérité, qui viennent de l'Esprit et parlent à l'Esprit en nous. Si nous le voulons bien.

Et maintenant voici une dernière citation qui confirme, à la suite des précédentes, que le témoignage est une manifestation de l'Esprit et non du mental. S'y ajoute que la marque de son authenticité est la maîtrise de soi du témoin :

> « Le seul témoignage authentique de l'Esprit est la maîtrise de Soi dans toutes les circonstances, l'inébranlable sérénité que donne la foi réelle face à l'instabilité des saisons terrestres. La maladie est une occasion de n'exister que pour le Seigneur, une offrande, peut-être douloureuse et sans force, mais consciente de l'infaillibilité divine et de son inépuisable bonté. Le plus malheureux des hommes est dans la grâce de Dieu, car il ne dépend plus que de Dieu. Il est dans la miséricorde divine quoi qu'il arrive. » MSL

Ce ne sont pas les belles paroles qui peuvent manifester efficacement la présence et l'action de l'Esprit en l'homme, mais notre manière d'être là, présent au monde et maître de nous quelles que soient les circonstances. Il a déjà été affirmé que souffrance et maladie sont des opportunités d'abandon et donc de croissance, des occasions de nous alléger encore un peu plus de ce petit moi encombrant. Y compris la maladie mentale, où l'homme est totalement « dans les mains de Dieu », puisque sa structuration mentale, son outil de maîtrise de la vie concrète et relationnelle, se délite. Mais ce qui est ajouté, c'est que bien vivre souffrance et maladie, les vivre avec une maîtrise de soi, constitue le « témoignage » authentique de la réalité de Dieu dans la vie, dans toute la vie, y compris son effacement. Car c'est là, plus que dans les circonstances flamboyantes de la vie, que nous sommes les plus vrais, les plus libres de duplicité, donc les plus convaincants !

**Témoin**

Pourquoi l'homme dans la création ? La réponse de Alan Watts, citée de mémoire était :

> « Pour cause de joie ! Dieu se projette dans sa création, s'y perd ou s'y oublie, pour le bonheur de s'y redécouvrir dans la conscience de l'homme libéré de l'ego. »

Voici maintenant ce qu'en disait MSL :

> « La conscience incarnée de Dieu, l'homme, est le témoin de Dieu ici-bas [...] Car il en a la structure[138], il est fait pour cela ! Car :
>
> "Dieu a fait l'homme à son image" (Genèse 1;26).
>
> Ceci, c'est le chemin de la descente dans l'incarnation, auquel succède, dans un enchaînement immédiat, le chemin de la remontée :
>
> "Dieu créa l'homme à son image, il le créa à l'image de Dieu, il créa l'homme et la femme." (Genèse 1;27) »

Et c'est sur le chemin de la remontée que se situent les difficultés :

> « Car l'homme ne s'en souvient guère ![139] Car, ainsi qu'exprimé par la Bhagavad-Gita [...] "la colère et l'envie ôtent la mémoire". »

Les passions humaines nous rendent oublieux, nous « ôtent la mémoire », la mémoire de là d'où nous venons et de ce que nous sommes, c'est-à-dire rien moins que Dieu lui-même ! Mais nous ne le savons pas, et le travail d'une vie (de plusieurs vies ?) est de le redécouvrir. Les textes sacrés sont là pour nous y aider ; encore faut-il les connaître et les lire, et les lire avec « engagement » selon l'expression de Zwingli (voir le dernier article de ce glossaire), en espérant que leurs paroles « pénètrent » et « demeurent en nous » (Jean 15;7) ainsi qu'exprimé par Jésus.

> « C'est pour cela qu'il est si important de lire et relire les textes, de ne jamais oublier Dieu et de faire de toute notre vie, de nous-

---

[138] Celle des sept plans de la conscience et de la vie, et celle de la Loi qui le gouverne, voir les articles « Naos » et « Tabernacle ».

[139] Ne se souvient guère qu'il est l'image de Dieu !

même, une offrande. La tâche la plus belle de l'homme c'est la divinisation de l'humanité ! » MSL

Ceci peut paraître austère, mais ne l'est pas, y compris la lecture des textes, dès lors qu'on dispose de clefs de lecture valables, par exemple celles mentionnées dans le présent glossaire. Car alors le sujet de ces textes est la vie, notre vie, toute la vie et sa bienheureuse transfiguration, ici et maintenant. Donc ce qui nous concerne le plus directement et intimement.

**Temple (et sa destruction)**

Le mot « temple » est utilisé 167 fois dans la Bible. Qu'est-ce que le temple ? Réponse à la fois dans le récit de la Passion par Matthieu et, pour finir, dans l'Apocalypse de Jean.

Commençons par Matthieu :

> « Les passants l'injuriaient, et secouaient la tête en disant : Toi qui détruis le temple, et qui le rebâtis en trois jours, sauve-toi toi-même ! Si tu es le Fils de Dieu, descends de la croix ! Les principaux sacrificateurs, avec les scribes et les anciens, se moquaient aussi de lui, et disaient : Il a sauvé les autres, et il ne peut se sauver lui-même ! S'il est roi d'Israël, qu'il descende de la croix, et nous croirons en lui. Il s'est confié en Dieu ; que Dieu le délivre maintenant, s'il l'aime. Car il a dit : Je suis Fils de Dieu. » Matthieu 27;40-43

Et maintenant le commentaire de MSL, qui fait bien apparaître la nécessité d'une « intériorisation » des textes sacrés, qui, sinon, sont incompréhensibles :

> « Chaque fois que la foule demandait à Jésus un miracle dans les derniers temps avant sa mort, Jésus répondait :

"Cette foule adultère[140] et méchante[141] demande un miracle et il ne lui en sera pas donné d'autre que celui de Jonas qui est mort, est resté trois jours dans le ventre d'un poisson, et qui est ressuscité."[142]

Et Jésus a dit aussi aux Pharisiens :

"Je détruirai le temple de Jérusalem en trois jours et au troisième jour je le rebâtirai."

Et personne n'a compris l'image qui était colossale ! Le temple de Jérusalem, qu'il avait fallu des siècles pour construire, prétendre le détruire en trois jours et le rebâtir était une image évidemment un peu difficile à comprendre et à "avaler" en quelque sorte ! Jésus voulait parler de sa mort et de sa résurrection. Car il est lui-même le temple et sa vraie signification. »

La vraie signification se trouve assez logiquement à la fin de l'Apocalypse :

« Je ne vis point de temple dans la ville ; car le Seigneur Dieu tout-puissant est son temple, ainsi que l'agneau. » Apocalypse de Jean 21;22

Et voici le commentaire afférant de MSL :

« Sa vraie signification, il faudra attendre la fin de l'Apocalypse pour la connaître vraiment. Toute adoration différenciée, particulière, a disparu. Dieu et Dieu seul, la toute lumière, la

---

[140] Donc tournée vers un autre, au sens étymologique du mot à savoir « ad alter ».

[141] C'est-à-dire oublieuse de Dieu, méchant venant du vieux français « méchoir » qui signifie mal tombé, qui est malchanceux, donc une circonstance atténuante dans le contexte du texte

[142] La métaphore de Golgotha avec les trois jours de disparition avant la réapparition.

> toute vérité, la toute sainteté de la vie, qui n'a aucun temple particulier, adoration particulière, à respecter exclusivement, mais qui doit s'accomplir au-delà de toutes ses différenciations, pour se connaître dans la plénitude de la vérité. »

Tout a été dit ! C'est la fusion bienheureuse de l'adoré (Dieu), de l'adorateur (l'ego divin, l'agneau, le moi purifié) et du lieu différencié de l'adoration, géographique et psychologique (le temple). Tout est un et tout est Dieu ! Et il nous est dit que c'est le destin commun à toute l'humanité que de l'éprouver.

**Temps**

Le mot apparaît 603 fois dans la Bible, ce qui le situe dans les quarante mots les plus utilisés. Ceci n'est pas étonnant, car la vie de l'homme centré sur le mental se situe dans l'espace et le temps, Dieu, l'Éternel, étant lui hors du temps. Donc la question du temps est centrale. À propos de l'impatience dans la vie spirituelle, deux citations. La première, déjà citée, extraite d'un recueil de poèmes :

> « Seigneur, tes siècles se succèdent pour parfaire une simple
> fleur des champs » Rabindranath Tagore, *L'Offrande lyrique*

L'impatience n'a pas sa place dans l'évolution de la création vers sa perfection, et encore moins s'agissant de la perfection de l'homme, création autrement plus complexe que la fleur.

Seconde citation, cette fois de Sri Aurobindo, issue d'une lettre inédite rédigée en anglais, vers 1907/1910 à Pondichéry, dont MSL disposait, et qui pointait l'incohérence de l'impatience spirituelle par rapport au but visé :

> « Comment affirmer plus violemment sa volonté propre qu'en exigeant immédiatement le résultat désiré qu'il soit extérieur ou intérieur, et non au moment voulu par Dieu ! »

Dans son rapport au temps, au-delà de l'impatience, il y a dans l'esprit humain cette tendance à se projeter en permanence dans un ailleurs spatial et temporel, ainsi que le soulignait Montaigne, dans *Les Essais* :

« Nous ne sommes jamais chez nous, nous sommes au-delà. »

Montaigne toujours, citant, comme souvent, Sénèque :

« Un esprit soucieux de l'avenir est malheureux. »

Dans son rapport au temps, l'Inde raffole de petites histoires succulentes et instructives. En voici une qui était racontée par MSL et citée de mémoire : deux sadhaks méditent depuis des années en vue de connaître l'illumination (la libération de l'ego, moksha dans l'hindouisme, le nirvana dans le bouddhisme, la résurrection dans le christianisme). À telle enseigne que le premier assis en méditation, est presque recouvert par une fourmilière qui s'est installée là, alors que le deuxième saute d'un pied sur l'autre en chantant le nom de Dieu. Passe par là un dieu, Narada peut-être, à qui chacun pose la même question : « Combien de temps encore devrais-je méditer pour connaître la libération ? » A chacun, Narada fait la même réponse : « Autant de temps que tu as déjà passé mon ami. » Le premier yogin a une réaction de déception et se remet à méditer. Le deuxième dit : « Mais ce n'est rien, c'est merveilleux ! », et aussitôt, il connaît la libération !

Le temps psychologique et le temps spirituel n'ont décidément rien à voir avec le temps linéaire et chronologique du mental dualiste ! Henri Bergson a beaucoup élaboré sur le sujet dans son ouvrage intitulé *Essai sur les données immédiates de la conscience*.

**Temps nouveau, le corps après sa mort**

La science contemporaine sait que les atomes tels que le carbone et l'oxygène, dont le corps de l'homme est constitué, sont le résultat des réactions de fusion thermonucléaire au cœur des étoiles. L'explosion de certaines d'entre elles, en fin de vie, phénomène appelé « supernova » s'y ajoute, et l'ensemble des deux phénomènes constitue ce qui s'appelle « nucléosynthèse stellaire ». La science décrit aussi le passage de la lumière à la matière condensée, dans les dix premières minutes du Big Bang, donc avant la formation des étoiles, phénomène appelé « nucléosynthèse primordiale », quand se forment des atomes tels que l'hydrogène, l'hélium ou le lithium. Dans les deux cas, il y a un lien « lumière-matière ». Il est intéressant de mettre en parallèle ce que disait MSL, qui n'était pas du tout scientifique, avec ce que dit la science :

> « La science actuelle admet que tout vient et naît de la lumière. Nous sommes la lumière, notre corps est fait de la lumière et notre vraie destinée est de revenir à la lumière. Il est évident qu'il n'y a pas dans l'Éternité des milliards de petits individus, mais une plénitude qui est la lumière redevenue la totalité, la toute lumière de l'existence dans sa plénitude. Or, nous sommes cette toute conscience, cette toute lumière, mais, pour le moment, elle est condensée, elle est alourdie, elle est durcie dans une forme, mais la véritable résurrection, c'est que le corps lui-même redevienne la lumière. Le Christ remonte donc dans la lumière, redevient la lumière, et il est bien dit que ce Jésus que vous avez vu remontant au ciel reviendra de la même manière. La vraie naissance, c'est la naissance de l'Esprit par l'Esprit sans intermédiaire ; la vraie mort c'est que le corps redevienne la toute lumière infinie. »

Il est évident que les quatre-vingts milliards d'hommes ayant vécu sur cette planète Terre jusqu'à nos jours ne s'y retrouveront pas après la « résurrection ». Heureusement ! La planète s'en trouverait bien embarrassée ! Ni même dans quelque autre lieu, qu'il s'appelle paradis, enfer, vallée de Josaphat ou autre. Ces idées peuvent se comprendre, mais pour autant ce sont des superstitions (la superstition consistant à concevoir et mettre Dieu dans une extériorité, extérieurement à sa création et à l'homme en particulier). En revanche, MSL aimait citer la belle affirmation apocryphe du chimiste Antoine Lavoisier, qui dessinait une perspective en accord avec ses conceptions métaphysiques :

> « Rien ne se perd, rien ne se crée, tout se transforme. » *Traité élémentaire de chimie* (1789)

Pour ce qui est du reste, de ce qui arrive après la deuxième mort, la mort de notre corps et de ses pensées, le mental humain n'en sait rien, et n'en saura vraisemblablement jamais rien, car le mental n'est sans doute pas le bon outil. Et d'ailleurs ce n'est pas un problème, car, sages et saints valables nous disent unanimement que la vie de l'Esprit c'est « ici et maintenant » !

**Tentation**

Ce mot et le verbe associé dans ses différentes conjugaisons apparaissent plus de 300 fois dans la Bible, donc dans la première centaine des préoccupations ou centres d'intérêt importants. La tentation est une seule et toujours la même. Elle peut se résumer à une seule « tentation » générique qui s'exprime de multiples manières différentes. C'est ce qu'affirme MSL :

> « La tentation, c'est de tomber dans l'individu, c'est de voir l'individuel en toute chose et non l'unité. Toujours tout ramener à l'homme et à l'homme seul, alors que l'homme n'agit que de Dieu, et de Dieu seul. »

> « Arrivé à cet endroit il leur dit : Priez, afin de ne pas entrer en tentation. » Luc 22;40

Toujours pour illustrer le même propos en s'appuyant cette fois sur l'Évangile de Luc :

> « Et il leur dit : Pourquoi dormez-vous ? Levez-vous et priez, afin de ne pas entrer en tentation. » Luc 22;46

Citations que MSL commente comme suit :

> « Jésus emmène les disciples à Gethsémané, où il sait qu'il va affronter le combat intérieur de l'accomplissement, qu'ensuite il réalisera sur le plan visible, extérieur, le "spectacle" dont parlera l'évangéliste Luc. La tentation justement, c'est de tout ramener à l'individu, de s'épouvanter, de s'affoler, de s'apitoyer, et d'être

> incapable de voir en Jésus Dieu lui-même, qui réalise sa plénitude dans l'incarnation. Car la tentation, c'est cela, c'est de ne pas comprendre que Dieu est Dieu, et que ce qu'il fait sur la terre, c'est pour nous montrer le chemin du retour à Lui. Ses disciples ne sont pas encore prêts à assumer la naissance à l'unité. »

Voir aussi, à propos de l'affolement et de l'apitoiement dont il est question ci-dessus, l'article « Agonie ».

Et maintenant, toujours à propos de la tentation, les commentaires de MSL à propos des deux textes, de Saint Matthieu et de Saint Luc au chapitre 4, rapportant l'histoire de la tentation de Jésus :

> « Jésus est transporté en esprit sur une haute montagne qui est la montagne de l'illumination. Et sur cette montagne, Satan vient et le tente, et Jésus, par trois fois, lui répond :
>
> "Tu aimeras le seigneur ton Dieu de tout ton cœur, de toute ton âme, de toute ta pensée et tu le serviras lui seul."
>
> Au moment où l'illumination descend en l'homme, effectivement, Satan surgit, et ce n'est pas seulement là dans la Bible, c'est raconté dans d'autres endroits dont le chapitre 12 de l'Apocalypse. Effectivement, dans un dernier sursaut, le moi individuel peut s'attribuer à soi ce qui revient à Dieu seul. Et c'est toute la signification des si nombreuses fausses extases, où l'homme prend personnellement, individuellement, ce que l'Esprit lui donne mais qui reste à l'Esprit, et qui appartient à l'impersonnel, à l'Esprit, à l'Absolu. Mais le danger à ce suprême instant est immense, et c'est pourquoi, à Golgotha, au moment où Jésus lui-même s'accomplira dans sa plénitude il aura ce cri, "Eli, Eli lama sabachthani", "Mon Dieu, mon Dieu pourquoi m'as-tu abandonné ?" Parce que dans l'incarnation, la conscience est ainsi faite qu'elle ramène tout à soi, même l'illumination. Et voilà pourquoi les vrais mystiques sont tellement prudents. Pourquoi ils refusent la vision, ont peur

qu'elle soit une supercherie du mental, un jeu de l'imagination. Saint François d'Assise, Jean à Patmos, Zacharie dans le temple, Marie devant l'archange Gabriel, tous, ils doutent. Kunti dans le Mahabarata, quand le dieu la visite. Au moment de l'illumination il y a un sursaut d'égoïsme qui dit "moi je" au lieu de s'oublier en Dieu, au lieu, comme Judas, de mourir à l'apparence physique, vitale, mentale, affective, de l'âme, spirituelle. Le moment est excessivement dangereux et difficile. Et justement le rôle de Jésus est de bien marquer toutes ces étapes dans l'accomplissement, et de n'en camoufler aucune. »

Au vu de ces propos sur la prudence des saints, à mettre en regard avec l'audace de leur but, à savoir vivre en Dieu, c'est-à-dire totalement décentrés de l'ego, on se dit qu'ici, dans le combat intérieur, comme dans l'art de la guerre …..

« Le succès est le résultat d'un mélange d'audace et de prudence. » (Napoléon Bonaparte)

Commentaires annexes à propos de l'usage de références guerrières dans des textes traitant de la vie spirituelle: le recours à une citation de ce grand guerrier peut sembler surprenant. Ce n'est pourtant pas le cas, et à plus d'un titre! A commencer et à minima en considérant que:

« Dieu se met dans sa création dans toute sa création, y compris son imperfection. » Bhagavad-Gita vraisemblablement (citation de mémoire)

Mais aussi en considérant le dialogue de Krishna et d'Arjuna dans la Bhagavad-Gita, Arjuna ayant des scrupules moraux à entrer dans la sanglante bataille de Kurukshétra et Krishna le poussant à y combattre. (Voir article consacré au mot « tuer ».) La vie religieuse et spirituelle est un combat, et le « champs de bataille » est toute la vie, surtout intérieure mais aussi parfois extérieure, pas un sentimentalisme ! C'est d'ailleurs ce que le Christ affirme métaphoriquement (et sans doute plus) en Matthieu

10;34-38[143]. Et n'oublions pas aussi la déclaration de Beethoven ayant vu passer l'empereur Napoléon Bonaparte à Vienne, sans doute le 14 novembre 1805, après la bataille d'Ulm et avant celle d'Austerlitz :

« J'ai vu Dieu passer à cheval ! »

Car l'on peut voir Dieu en toute chose et toute personne affirmait MSL : dans un beau paysage, dans une pomme de terre qui germe, dans le visage d'un enfant, d'un nouveau-né. Et pourquoi pas à la vue d'un guerrier et plus qu'un guerrier dans le cas de Napoléon !

**Terre**

Cet article est à rapprocher des articles intitulés « Conscience de soi » et « Eau », dont les affirmations sont supportées par l'exégèse des versets 1 à 8 du Livre de la Genèse, articles qu'il est recommandé de lire au préalable. Rappelons et résumons ces deux articles : l'eau a plusieurs significations dans la Bible ; elle peut être le symbole de l'inconscient, par exemple dans le chapitre 13 de l'Apocalypse, mais aussi un symbole de purification, comme dans les récits du baptême du Christ. Dans les versets 1;6-8 du Livre de la Genèse, l'eau se sépare en deux ce qui donne lieu à l'apparition « d'une étendue » qui sera appelée « ciel » et qui séparera les « eaux du dessous », symbole de l'inconscience, des « eaux du dessus », symbole de

---

[143] « *Ne pensez pas que je sois venu apporter la paix sur la terre : je ne suis pas venu apporter la paix, mais le glaive. Oui, je suis venu séparer l'homme de son père, la fille de sa mère, la belle-fille de sa belle-mère : on aura pour ennemis les gens de sa propre maison. Celui qui aime son père ou sa mère plus que moi n'est pas digne de moi ; celui qui aime son fils ou sa fille plus que moi n'est pas digne de moi ; celui qui ne prend pas sa croix et ne me suit pas n'est pas digne de moi* ». Citation dans laquelle le glaive et l'épée sont des symboles du tranchant de la vérité, du mental qui discrimine à l'occasion du combat intérieur. Citation ne devant pas être perçue comme contradictoire avec une autre déclaration bien connue : « *Je vous laisse ma paix, je vous donne ma paix. Je ne vous donne pas comme le monde donne* » car, ainsi que le suggère la fin de cette 2$^{ième}$ citation, elles sont faites dans des contextes et sur des plans de la conscience et de la vie bien différents.

purification et de fécondation par l'Esprit. Et c'est au sein des « eaux du dessous », celles de l'inconscience, que va apparaître le « sec », qui sera appelé « terre ». La « terre » qui est donc le début de la création cosmique, le monde des formes concrètes. Celui où va se développer la conscience du monde à travers les sens et le mental humain. Le monde des formes, puis la conscience du monde, apparaissent chronologiquement bien après que « la lumière soit », expression qui, selon MSL, désigne l'apparition initiale de la conscience d'être dans le néant.

Voici, après le rappel de Genèse 1;9-10 ci-après, les explications données par MSL au cours de la conférence du 4 mai 1985, explications qui font donc suite à celles données sur les versets 1 à 8 des articles intitulés « Conscience de soi » et « Eau ».

> « Dieu dit : Que les eaux qui sont au-dessous du ciel se rassemblent en un seul lieu, et que le sec paraisse. Et cela fut ainsi. Dieu appela le sec terre, et il appela l'amas des eaux mers. Dieu vit que cela était bon. » Genèse 1;9-10

Versets que MSL commente comme suit :

> « Voici pour la première fois, dans la création, la forme concrète. Dans tout le début de la Genèse, dans les huit premiers versets, il n'est pas question de création cosmique : Dieu a d'abord créé la conscience d'être, qui est la base de tout car c'est la conscience de soi, qui est la conscience de Dieu. Et maintenant Dieu créa la terre, le sec, et appela l'amas des eaux "la mer". Il y a maintenant une forme. Une base au travail, une base à la vie, et le corps de l'homme plus loin dans le texte. Pour le moment, c'est le sec, la terre et les eaux, la mer, l'amas des eaux cette masse mouvante sur laquelle on ne peut rien ; le feu, on peut l'arrêter, mais on ne peut pas arrêter l'eau ! L'amas de l'inconscient encore qui doit devenir le reflet du ciel. La terre de la croissance et du travail, et la mer de l'inconscience qui doit encore naître au rayonnement de l'esprit. »

Donc en premier apparaît la conscience d'être, puis ce monde de formes, ce monde concret, visible avec les yeux de chair. Puis vient sa mise en mouvement, sa reproduction et sa croissance, son évolution adaptative, qui est sa caractéristique à tous les niveaux, du plus concret, du plus matériel au plus spirituel, en passant par tous les plans intermédiaires (voir l'article « Plans » consacré aux divers plans de la conscience et de la vie).

Passons maintenant au verset suivant :

> « Puis Dieu dit : Que la terre produise de la verdure, de l'herbe portant de la semence, des arbres fruitiers donnant du fruit selon leur espèce et ayant en eux leur semence sur la terre. Et cela fut ainsi. » Genèse 1;11

Verset que MSL commente comme suit :

> « La Vie ! Mais rappelons-nous, avant la vie il y a eu la conscience de soi […] Comme élément de croissance et de vie pour la conscience de soi, il y a la terre, le sec, la mer, l'amas des eaux, il y a la fécondation, la floraison, la fécondité et la fertilité de la terre, et tout dans ce verset 11 parle de croissance, de renaissance de recommencement perpétuel. L'arbre, le fruit qui porte en soi sa semence pour pouvoir toujours recommencer. Et cela n'est pas vrai seulement pour la végétation de la terre, mais est vrai pour tout ce qui est créé, et d'abord pour la conscience de soi. C'est vrai en deuxième lieu pour la terre et sa végétation, les arbres, etc., mais la conscience aussi porte en elle sa semence, sa fécondité : c'est la lumière ! C'est Dieu, d'où elle vient, en qui elle croît, Dieu qui est sa substance, sa toute première substance ! »

Continuons avec le verset suivant :

> « La terre produisit de la verdure, de l'herbe portant de la semence selon son espèce, et des arbres donnant du fruit et ayant en eux leur semence selon leur espèce. Dieu vit que cela était bon. » Genèse 1;12

Verset que MSL commente comme suit :

« Il n'y a donc pas de mélange confus : c'est chacun selon son espèce. Alors, la conscience de soi, elle a aussi une espèce. Et la semence de la conscience de soi, elle aussi a une espèce. Et quand on oublie cela et qu'on fait de la conscience et de la pensée une obscurité, on trahit la vérité de la conscience et son principe de progression qui est la lumière. C'est pour cela, quand, après une conférence, il y a une grande intensité, quand la méditation est très belle, à l'issue de la conférence je demande qu'on sorte en se taisant. Pour que chacun puisse emporter le silence vécu, la joie vécue, la semence, la nourriture reçue. Il ne faut pas discuter, car quand on discute[144] on ne comprend plus. Et c'est un fait que, quand on discute de ces choses que le mental ne peut pas comprendre, de fait, on ne comprend plus ! L'intelligence mentale, qui est dualiste, ne peut pas comprendre cette unité de Dieu, cette unité de toute la vie, cette unité de l'esprit. C'est un fait, c'est ainsi.[145] Le mental ne le comprend pas, mais il peut s'émerveiller de quelque chose qu'il ne comprend pas, mais qui est beau. Il peut aussi le croire comme Jésus dit : « celui qui croit en moi vivra. » Il peut s'émerveiller, croire, et, à partir de là, croître dans l'étendue, grandir dans l'étendue et dans le ciel. Le mental n'est pas là pour venir ratiociner et discuter : il ne peut pas comprendre [146]. L'ignorance

---

[144] Après une conférence où il s'est passé ''quelque chose'', où il y a eu une compréhension.

[145] Ce n'est pas une théorie, c'est un fait d'expérience que chacun peut éprouver dans ces circonstances. Alan Watts écrivait d'ailleurs que plus généralement, le phénomène religieux, Dieu et ce qui s'y rapporte, sont plus de l'ordre du percept que du concept.

[146] Un point c'est tout ! Encore une fois, aborder la vie de l'esprit avec le mental dualiste est aussi approprié que de vouloir enfoncer un clou avec un tournevis ! On peut le regretter, mais c'est ainsi. Le mental dualiste, qui par ailleurs permet des choses merveilleuses, notamment dans le domaine de la science et de la technologie, n'est tout simplement pas le bon outil pour comprendre ces choses. Pour une raison de fond et par construction : la dualité ne peut pas saisir l'unité ! Ceci n'étant évidemment pas un plaidoyer en faveur de « l'ignorance pieuse » !

doit être humble. Elle n'est pas un mal en soi, ce sont les ténèbres du néant, du commencement, qui doivent être peu à peu transfigurées. Ce qui est grave, c'est l'ignorance orgueilleuse qui dit "je sais". Ignorer, se tromper, c'est toujours permis. Mais piétiner en disant "je sais" quand on est dans l'ignorance et dans l'erreur, c'est là qu'est le mal, la souffrance. La semence selon l'espèce de la conscience c'est la lumière, c'est l'amour, c'est la joie, c'est Dieu, c'est la progression, c'est la création perpétuelle où il faut toujours accepter de mourir à soi[147] pour renaître à nouveau. Et, dans une vie, cela se produit plusieurs fois. C'est pourquoi l'image du dieu Shiva et celle de la déesse Kâli sont tellement justes, ce dieu qui vient trancher les têtes[148] plusieurs fois dans notre existence pour que nous puissions renaître à nouveau. Si cela ne se produit pas, si tout reste gentiment tel que cela a été établi, on ne fait pas de progrès. Il faut qu'il y ait ces secousses où, tout d'un coup, ce que l'on pensait stable est bousculé. Accepter la bousculade en disant "Seigneur cela vient de toi aussi", comme Job l'a dit : "L'Éternel a donné, l'Éternel a repris. Que le Nom de l'Éternel soit béni." Se dire que la "bousculade" vient de Dieu aussi. Et qu'il en sortira un nouveau matin : "Il y eut un soir, il y eut un matin. Ce fut le troisième jour", la troisième offrande. Entre parenthèses, comme c'est beau ! La troisième béatitude de la création ! La troisième offrande à l'éternité, à partir du néant de l'inconscient. Nous naissons à la vie, à la conscience, dont le royaume est l'étendue du ciel. Dont la semence, la puissance de croissance est la lumière de l'Esprit, ça ne peut pas être plus beau ! Alors ces arbres, ces fruits, cette végétation qui porte en soi la semence selon son espèce, ce sont des éléments qui permettent à notre conscience de prendre conscience d'elle-même et de grandir. Observer la nature est une leçon merveilleuse ! Et il ne faut

---

[147] Mourir au petit « moi je », voir l'article correspondant.

[148] La tête ici n'est évidemment pas la tête physique mais la métaphore de nos fausses personnalités, la représentation du « moi je ».

jamais négliger de le faire quand on le peut. Être un moment dans la verdure, dans la nature, cela fait du bien au corps c'est sûr, mais cela fait du bien à l'âme encore plus ! Elle a respiré un peu de l'étendue qui est son vrai royaume. Son vrai Domaine. Et "Dieu vit que cela était bon". Cela aussi est parfait, donc le chemin est parfaitement établi à partir de la naissance à la conscience de soi ! »

Ainsi se termine cette série de trois longs articles relatifs au récit métaphorique de la création dans le Livre de la Genèse. Articles traitant successivement de l'apparition de la conscience de soi qui est la conscience d'être (lumière issue de l'Esprit de Dieu vibrant au-dessus de l'eau, séparée de l'eau et qui est alors la seule vie, connue de lui seul), de l'apparition de l'eau du dessus ( l'eau de la fécondation par l'Esprit issue de la division de l'eau et de sa séparation d'avec de l'eau du dessous, celle de l'inconscience) et du ciel (qui sépare les deux types d'eau, le ciel de la supra-conscience), puis enfin de la terre au sein de l'eau du dessous, de l'eau de l'inconscience, terre d'où va émerger, tardive apparition, le monde des formes concrètes et de la conscience du monde, notre conscience humaine ordinaire physique et mentale.

**Textes sacrés**

Du mot « sacré », le dictionnaire Larousse indique qu'il « dérive étymologiquement de l'adjectif latin *sacer*, "ce qui ne peut être touché sans être souillé, ou sans souiller", ou bien du verbe *sancir* qui signifie "délimiter, prescrire". » Cette définition pointe deux choses : d'une part, le mot s'applique à un objet (un texte, une œuvre d'art par exemple), donc il a un caractère objectif. D'autre part, la perception du caractère de cet objet, qui est d'être sacré, s'évapore dès lors qu'un sujet le touche, ou même simplement s'en approche, donc la perception du sacré est conditionnelle et donc subjective. S'agissant spécifiquement des textes sacrés, voyons ce qui nous en est dit à travers trois citations :

> « Les textes sacrés sont difficiles à comprendre, il y faut beaucoup d'oraison. » Thérèse d'Avila

L'oraison est une prière fervente. Courte mais fervente. Thérèse d'Avila nous dit, en creux, que ce n'est pas le mental raisonneur qui peut comprendre les textes sacrés, mais autre chose en nous puisque la prière est une « orientation du mental vers Dieu » (Saint Evagre le Pontique). Ce n'est donc pas le moi mental qui comprend, mais autre chose : Dieu en nous ! Ce qui fait écho à la définition du dictionnaire en sous-entendant que c'est l'intellect qui, « touchant » le texte, le rend incompréhensible et donc lui ôte son caractère sacré. La compréhension des textes est un peu comme la perception de la beauté dans la musique ou dans la peinture valable : il y faut cet autre chose que l'on ne saurait définir, peut-être une sensibilité similaire à celle de l'être esthétique dont parle Sri Aurobindo, être qui a sans doute à voir avec ce qu'on appelle l'intuition spirituelle. Mais les ratiocinations du mental y sont impuissantes ! Ceci n'étant pas, bien évidemment, un plaidoyer en faveur de l'ignorance pieuse ! Voici maintenant deux autres citations qui précisent deux autres caractéristiques de ce qui est sacré, en particulier dans les textes :

> « Est sacré ce qui a toujours été actuel, et qui, ici et maintenant, donne le sens de l'infini et de l'éternel, hors de tout temps spécifique. Le sacré est efficace en nous et non en dehors de nous. Les textes sacrés sont en nous, pas dans l'histoire. Ils sont toujours actuels et intérieurs à nous. » MSL

> « Un texte sacré est, par définition, un texte qui n'a pas d'âge. Le terme sanskrit "brahman" veut dire "sacré". Sans âge, sans couleur, c'est l'esprit sans "folklore" ! Il n'est d'aucune religion, car toutes les religions sont une. Dans ces textes, les hommes ne sont pas des personnes, ils sont impersonnels, ils ne sont plus quelqu'un avec un nom et une forme. » MSL

On notera au passage qu'on pourrait appliquer ces deux phrases à l'art. Lui aussi donne le sens de l'infini et de l'éternel. Tout particulièrement la musique, spécialement celle dite sacrée. Et aussi la peinture, spécialement les estampes japonaises, ces images dites du « monde flottant » (ukiyo-e, ukiyo étant une notion issue du bouddhisme) où la représentation de l'abondance de la vie des hommes et de la nature génère, paradoxalement, à la fois le sentiment de l'impermanence des choses et en même temps celui de l'éternel et de l'infini. L'art est efficace en nous et donne ce sentiment de respiration vaste. La vue de la mer et celle des paysages au sommet des montagnes peuvent aussi donner ce même sentiment.

Donc non seulement quelque chose de « sacré », un texte en particulier, ne peut être touché sans qu'il soit dégradé, mais il nous est dit que le sacré est vaste, qu'il donne le sentiment de « l'infini et de l'éternel ». Et c'est précisément parce qu'il est vaste qu'il ne faut pas le toucher avec le mental dualiste, le mental discursif. Sinon, il rentre dans l'espace, le temps, les opposés, la division, l'individuel au lieu de rester dans l'unité. Sinon, son caractère vaste, intemporel, impersonnel disparait, s'évapore ! C'est pourquoi les textes sacrés doivent être en quelque sorte contemplés et non « touchés » par la pensée. Il y faut « beaucoup d'oraison » !

Dans la dernière citation, MSL insiste aussi sur le caractère intemporel et impersonnel des personnages des textes sacrés : lire les textes sacrés en voyant leurs personnages comme des individus, c'est les ramener au rang de « petites histoires » sans intérêt particulier, et leur ôter tout caractère sacré, donc toute efficacité. Martelons la chose : Abraham, Moïse, Job, Krishna, Arjuna, la princesse Kunti, les Pharisiens, les Pandavas, etc., etc., ont peut-être eu une existence historique, mais le savoir n'est ni nécessaire ni même utile. Ils sont des figures qui vivent, ou peuvent vivre, en nous, en l'homme, en tous les hommes, dans leur cerveau ! Les voir autrement c'est leur ôter toute efficacité psychologique. Encore une autre caractéristique des textes sacrés (et aussi des œuvres d'art) : leur capacité à nous transformer, si l'on n'y touche pas par la pensée, se contentant de les contempler, dans une intimité respectueuse.

**Toucher (à Dieu)**

Heureux hasard de l'alphabet, le verbe « toucher » suit l'adjectif « sacré » ! Dans la ligne que ce qui a été dit dans l'article précédent, on trouve la parole du Christ adressée à Marie de Magdala, le dimanche de Pâques, quand elle découvre le tombeau vide, et s'approche de Jésus :

> « Ne me touche pas, car je ne suis pas encore remonté vers mon Père et notre Père, vers mon Dieu et notre Dieu. » Jean 20;17

Et voici le commentaire que MSL fait de ce verset :

> « Le mental humain ne doit pas toucher à la révélation. On ne peut parler qu'après avoir tout dépassé. L'homme ne doit pas toucher à la révélation car il la ramène à ses propres limites et la fausse. »

Ceci requiert un certain « contrôle de soi », car le mental a pour habitude de se « jeter » sur tout ce qui passe et se passe ! D'y réagir, a minima en nommant, voir en appréciant (agréable, désagréable), au pire en jugeant (bien, mal) et en débattant. D'où, encore une fois, l'importance des pratiques universellement répandues visant à apaiser et contrôler le mental. À noter à ce propos les observations de Krishnamurti qui soulignait l'importance de l'attention portée au petit temps qui sépare la perception brute de la réaction qui advient, de type « agréable/désagréable » puis de nouveau au petit intervalle de temps qui le sépare de la suite des réactions (mouvement d'attraction/ répulsion ou autre).

**Tradition (d'homme)**

Les religions se confondent souvent avec la « tradition », mais une tradition coupée du sens de son origine, ce que stigmatisait déjà Jésus en son temps, faisant un reproche aux Pharisiens :

> « Vous prenez les commandements de Dieu et vous en faites des traditions d'homme. » Marc 7;8

Rappelons encore une fois, que, dans la Bible, les Pharisiens représentent le mental humain, en particulier le nôtre, qui, selon la formule de Sri Aurobindo :

> « prend une vérité, et en fait un mensonge. »

L'application mécanique de la tradition, sans tenir compte de son esprit, c'est aborder la vie toujours flexible et complexe avec une rigidité inappropriée. Alan Watts disait avec humour, et de manière très parlante, que le mental, dans sa rigidité, entretenait avec la vie toujours fluctuante et imprévisible le même rapport que le plan des lignes de tramway de San Francisco avec le relief de collines de la ville !

**Transformation (de l'homme)**

Le mot n'existe pas dans la Bible. Seul le mot « transfiguré » apparaît, deux fois, en Matthieu 17;2 et en Marc 9;2 à propos de Jésus et de son visage. Le mot « transformer », qui signifie changer de forme, est sans doute trop récent. Pour autant, il désigne bien le but de la vie spirituelle. C'est ce que disent les sages et les saints de tous les pays et toutes les époques : le but de la vie religieuse, et le but des textes qui en tracent le chemin, est une transformation radicale de l'homme, de la conscience humaine. Bien plus radicale dans son but et dans les moyens mis en œuvre, temps, intensité de concentration, que celles que proposent les thérapies basées sur la psychologique ou la psychanalyse. Voir à ce sujet, dans le dernier article du glossaire, ce que Zwingli disait de la transformation provoquée par une lecture « engagée » des textes sacrés. Et aussi ce que nous dit Saint Jean de la Croix :

> « Quand on revient de là[149], tout est transformé, et l'on y voit plus que Dieu seul. »

C'est bien plus que la transformation résultant d'une vie religieuse ordinaire, à savoir une adaptation morale cosmétique de l'individu à la société, renforçant la Persona et « l'ombre » dans l'inconscient et l'adhésion à des dogmes et credo dans le conscient ! La transformation dont il s'agit est celle du regard porté sur toutes choses, appelée « supra-conscience » par Sri Aurobindo et « transfiguration » dans le christianisme. Transfiguration intérieure dont il est dit dans le cas de Jésus qu'elle était perceptible extérieurement :

---

[149] L'union avec Dieu

« Il fut transfiguré devant eux ; son visage resplendit comme le soleil, et ses vêtements devinrent blancs comme la lumière. »
Matthieu 17;2

Mais dans le cas général, où l'ampleur et la profondeur de la transformation est sans doute bien moindre, il nous est dit que rien n'est visible extérieurement !

**Travail**

Curieusement, le mot apparaît 122 fois dans la Bible, notamment dans le Livre de l'Exode, mais seulement une fois dans les Évangiles, en Jean 4;38 et trois fois dans le Livre de l'Apocalypse. Il apparaît souvent dans les Puranas, par exemple dans le dix-huitième et dernier chapitre de la Bhagavad-Gita, présenté et commenté par Sri Aurobindo. Ce chapitre important se décompose en quatre paragraphes. Le premier commence par la dernière question d'Arjuna, disciple de Krishna, qui réclame en quelque sorte, une distinction claire entre la renonciation extérieure, le « sannyasa », renonciation à l'action, donc au « travail » dans le monde des formes, et la renonciation intérieure le « tyaga », qui est une renonciation non pas à l'action, mais aux fruits de l'action. Le deuxième paragraphe traite de « svabhava » et « svadharma ». Le dictionnaire indique que « svabhava » vient du sanskrit, de *sva*, qui signifie « propre », et de *bhava*, qui signifie « nature ». Donc, c'est la nature propre, particulière à chaque être humain. Dans « svadharma », *dharma* signifie « loi, devoir ». Donc le mot signifie la loi ou le devoir d'un être humain particulier, le « travail » qu'il doit accomplir, lui, en particulier, dans cette vie, dans le monde des formes et au-delà. Travail qui inclut, bien sûr, « son travail », son activité professionnelle, mais aussi sa transformation psychologique, celle du regard qu'il porte sur les choses, sur les hommes et sur lui-même. Et ce malgré les influences normatives de la société, qui peuvent aller jusqu'à des « totems et tabous » et qui résultent dans ce que C.G. Jung appelle la Persona. C'est le travail de la totalité de notre être, « devoir » qui a le parfum d'une nécessité, « devoir » perçu comme un destin. Le verset ci-dessous appartient au deuxième paragraphe mentionné ci-dessus :

> « Celui qui est l'origine de tous les êtres, dont est pénétrée cette vie même, c'est en l'adorant par son propre travail qu'un homme atteint la perfection. » Bhagavad-Gita 18;46

Donc, pour Krishna, le travail lui-même est une des formes de l'adoration ! Commentée par Sri Aurobindo en 1928, la citation est aussi commentée comme suit par MSL :

> « Ayant un travail qui requiert notre perfection, il nous élève à l'adoration véritable, parce que l'adoration, c'est d'être concentré sur la réalité du travail de notre être et du monde entier, qui a un seul créateur, origine, destin et fin. Il faut être attentif au travail qui nous développe, à ce qui convient à notre propre nature. C'est pour cela que les comparaisons sont si négatives. »

La citation ci-dessus concerne tous les hommes, mais plus particulièrement l'homme qui a choisi la voie du « tyaga », donc celle des œuvres faites sans attachement, du « travail » dans le monde des formes mais fait en renonçant intérieurement aux fruits habituellement attendus du travail. Dans le commentaire, il est dit que « l'adoration » est le fruit véritable du travail pour celui qui a renoncé aux fruits qui sont un bénéfice personnel. L'adoration est donc le résultat bénéfique de la concentration sur le travail, intérieur et extérieur, concret extérieur et psychologique intérieur, sous réserve que ce travail corresponde à notre nature particulière, donc « svadharma ». Cela comprend en particulier le travail qui est notre gagne-pain. Et c'est pour cela qu'il est si faux de considérer le travail comme un mal nécessaire pour pouvoir par ailleurs « profiter » de la « vraie vie ». Celle-ci étant conçue comme l'ensemble des activités visant la satisfaction de nos désirs, par exemple une vie de loisirs ! Les cinq versets qui suivent appartiennent au troisième paragraphe du chapitre 18. Paragraphe qui prépare la révélation du « secret » du quatrième et dernier paragraphe. Des cinq versets qui suivent, Sri Aurobindo dit dans ses commentaires « qu'ils peuvent s'appliquer aux deux voies, celle de la renonciation extérieure et celle de la renonciation intérieure ».

Commençons par ce verset où le mot « naishkarmya » peut se traduire, selon Sri Aurobindo, qui était linguiste, par « quiétisme intérieur » :

> « Avec en toute chose une compréhension sans attachement, avec une âme souveraine d'elle-même et vide de désir, l'homme atteint, par la renonciation, à la perfection suprême de naishkarmya. » Bhagavad-Gita 18;49

Citation commentée comme suit par MSL :

> « C'est la libération, la fin de l'action. Tout est arrivé à son comble, à sa perfection, à sa vérité, et alors l'action cesse : c'est l'état de Brahman, l'être qui est connaissance et félicité indivisiblement. C'est la fin de l'action, car le Samâdhi, c'est quand l'action cesse. »

Et Krishna de continuer comme suit en s'adressant à Arjuna (le fils de la princesse Kunti) :

> « Comment, parvenu à la perfection, on parvient au Brahman, entends-le de moi ô fils de Kunti, c'est là l'ordre suprême, condensé de la connaissance. » Bhagavad-Gita 18;50

Verset commenté comme suit par MSL :

> « Le but essentiel de la vie c'est l'Absolu, la plénitude de la compréhension parfaite, l'être parfait qui s'appelle le Brahman. »

Commentaire que l'on peut augmenter des précisions que donne Sri Aurobindo dans des extraits de ses propres commentaires du même verset :

> « Le Brahman dont on parle ici est d'abord le Silencieux, l'Impersonnel, l'Immuable. Mais pour les Upanishads et la Gita, il est tout ce qui est la vie, mouvement et être. Il n'est pas seulement un infini impersonnel ou un Absolu impensable et incommunicable […] Le Brahman suprême est à la fois tout ce qui se meut et tout ce qui est immobile, ses mains, ses pieds, ses yeux, ses têtes et ses visages sont tout autour de nous […] C'est seulement quand nous perdons notre personnalité limitée de l'ego dans l'impersonnalité du moi que nous arrivons à l'unité calme et libre par laquelle il nous est possible d'être en vraie

> relation d'union avec la puissance universelle du divin en son mouvement cosmique [...] Le culte de l'impersonnalité est la condition naturelle de l'existence vraie, un prélude indispensable à la vraie connaissance et, par conséquence la condition préalable à l'action vraie [...] Emprisonné dans cette personnalité[150] nous ne pouvons avoir qu'une vision limitée, par les moyens de la sympathie, ou par notre adaptation relative aux points de vue, au sentiment et à la volonté des autres » *La Bhagavad-Gita commentée et présentée par Sri Aurobindo* (extrait du commentaire du verset 18;50)

Ce dernier point fait partie de la « Persona » dont parle Jung et constitue, l'essentiel du comportement de « bonne volonté » ou de « négociation » des hommes ordinaires dans leur vie sociale. C'est le nécessaire comportement d'adaptation au monde. C'est là que la morale joue utilement son rôle pour l'immense majorité des hommes. Ceux qui n'ont pas la chance d'être devenus un moi impersonnel, un avec toutes les existences, délivrés de cet importun intermédiaire, à la fois point de vue et identification, qu'est l'ego. Et Krishna de continuer :

> « Maîtrisant l'être entier par une volonté forte et stable, ayant renoncé aux objets des sens, se retirant de toute affection et aversion, recourant à l'impersonnelle solitude, sobre, ayant maîtrisé la parole, le corps et le mental, constamment uni par la méditation avec son moi le plus profond, renonçant complètement au désir et à l'attachement, rejetant égoïsme, violence, arrogance, désir, courroux, sentiment et instinct de possession, délivré du sens du moi, et du mien, calme et lumineusement impassible, un tel homme est prêt à devenir le Brahman. » Bhagavad-Gita 18;51-53

Vaste programme ! Travail de toute une vie, voire de plusieurs vies disent les hindous. Travail apparemment rébarbatif, mais qui ne l'est pas en réalité, car se comprendre et comprendre la vie est un bonheur.

---

[150] L'ego

Voici maintenant le commentaire de MSL qui fait le lien entre la Gita et la Bible :

> « Il s'agit donc de devenir et d'être, et non de regarder comme un « deuxième », comme un autre. Longtemps la vérité, la lumière, Dieu, est pour nous l'autre. Il faut qu'il devienne notre propre moi. Il arrive un moment où tout acte cesse pour nous, et où, dans l'immobilité de la méditation, il y a cette rencontre, cet échange profond qui permet à l'être de s'accomplir en soi. Ceci correspond au sens de la septième lettre de l'Apocalypse :
>
> "L'Éternel dit : Voici je me tiens à la porte et je frappe. Si quelqu'un entend ma voix et ouvre la porte, j'entrerai chez lui, je souperai avec lui et lui avec moi. " (Apocalypse 3;24)
>
> C'est la rencontre, dans la fusion substantielle, entre le divin et l'homme spirituel et temporel, entre la vérité immuable et lumineuse, et l'apparence passagère ici-bas. »

On est évidemment ici bien loin de la conception ordinaire du travail dans la vie ! Et c'est toute la vie qui devient un travail d'acquisition de la connaissance[151] et de transformation de la conscience, indissociablement. Travail, œuvre qui se fait en nous, dont la préparation nous incombe, mais dont l'exécution n'est pas de notre ressort en tant que volonté consciente, et dont le résultat, fruit de la grâce, est la Réalisation :

> « La grâce divine est essentielle à la Réalisation. Elle conduit à la Réalisation de Dieu. Mais une telle grâce n'est accordée qu'au dévot sincère ou au yogi qui a travaillé avec acharnement et sans répit sur la voie de la liberté » *L'Enseignement de Ramana Maharshi* (« 4 février 1935 »)

---

[151] La « connaissance » tout court n'est pas une accumulation de savoirs. C'est la connaissance de soi, de ce que nous sommes réellement, la fin de la fausse identification exclusive au corps et à la pensée, le « Connais-toi toi-même » du fronton du temple de la pythie à Delphes. Et la connaissance à son sommet pour MSL c'est percevoir que : « Longtemps la vérité, la lumière, Dieu, est pour nous l'autre. Il faut qu'il devienne notre propre moi »Voir aussi l'article « L'autre ».

Il n'y a donc pas lieu d'antagoniser la grâce et les œuvres. Voir aussi l'article « Grâce ».

**Trimurti et Trinité**

La Trimurti est le pendant hindouiste de la Trinité chrétienne. MSL en disait dans la session de questions/réponses du 12 mai 1982 que c'est l'articulation de toute la vie, mais que le mental humain ne peut pas la concevoir. Trinité dont elle disait aussi dans cette même session qu'elle est « l'association et l'identité » du Père, « le créateur, commencement et fin de toute vie, de toute croissance », du Fils, « un avec le Père, identique au Père, qui le révèle dans un monde de formes, le premier né de toute la création », donc le Christ, y compris Jésus son incarnation dans un monde de formes, et au final du Saint-Esprit, « qui est leur nature, la substance du Père et du Fils, la blancheur immaculée qui est la nature du divin, la lumière de la conscience parfaite et totale ». Donc Le Père EST le Fils qui le révèle, et EST aussi le Saint-Esprit, la nature de tous deux. MSL ajoutait que cette articulation s'exprimait en Inde par la formule SatChitAnanda, « Sat, étant l'être, qui est Chit, connaissance et révélation de l'être, et Ananda, béatitude de l'esprit qui est leur nature ».

Voyons ce qu'un des très grands représentants de la sagesse indienne dit de la Trinité chrétienne, avant de voir ce qu'une sainte chrétienne dit de la Trimurti hindoue :

> « Dieu le Père représente Ishvara [le Seigneur suprême]. Dieu le Saint-Esprit représente l'âtman [l'âme unique]. Dieu le Fils représente le guru [celui qui écarte les ténèbres].
>
> "À lui qui s'est manifesté sous différentes formes : Ishvara, le guru, le Soi, à Lui qui est tout-pénétrant tel l'éther, à Shri Dakshinâmurti cette prosternation"[152],

---

[152] Verset 30 du commentaire d'après Sureshvara-Achârya sur le Dakshinâmûrti-stotra par Shri Shankara (VIIIe siècle, cité par Ramana Maharshi).

signifie que Dieu apparaît à son adorateur sous la forme d'un guru (fils de Dieu) afin de lui indiquer l'immanence du Saint-Esprit, c'est-à-dire lui révéler que Dieu est Esprit et que cet Esprit est immanent en tous lieux et que le Soi doit être réalisé, ce qui est la même chose que réaliser Dieu. » *L'Enseignement de Râmana Maharshi* (« 6 novembre 1935 »)

Voici maintenant ce que MSL disait de la Trimurti hindouiste :

« La Trimurti, c'est la Trinité de l'hindouisme : Brahma, Shiva, Vishnu.

- Brahma, le créateur, à ne pas confondre avec Brahman, l'Absolu, Cela, Le Père, Sat-Chit-Ananda qui est être-connaissance et félicité indivisiblement.

- Shiva, le purificateur, le destructeur de la dualité, par qui la conscience incarnée s'enfante à l'unité.

- Vishnu, le sauveur, qui intervient pour que le mental ne soit pas détruit mais transfiguré, purifié et enfanté à la lumière qui va le conduire à s'accomplir dans la fusion de l'unité. C'est le plan de l'homme, qui est là pour nommer et définir, mais qui doit dépasser cela. »

Voir aussi les articles traitant des noms « Vishnu » et « Cela ». MSL par ailleurs disait de Saint-Ignace de Loyola qu'il avait exprimé de manière particulièrement claire ce qu'est la Trinité. Elle aimait aussi rappeler que c'était Sainte Cécile qui, dans les premiers siècles du christianisme, à Rome, avait fait découvrir au pape Urbain ce qu'était la Trinité. Et aussi à décrire sa statue dans les catacombes de Rome : on l'y voit mourante, allongée, le cou poignardé, et ouvrant trois doigts de sa main droite pour exprimer la Trinité dans un dernier geste.

---

## Tristesse

Le mot et ses dérivés apparaissent seulement une cinquantaine de fois dans la Bible. Ce qui n'est pas étonnant, tant est pertinent le dicton bien connu, souvent rappelé par MSL de son vivant et par l'auteur dans ce glossaire:

> « "Un saint triste est un triste saint", car c'est l'ego qui est triste, l'âme elle est joyeuse ! »

Et elle peut être joyeuse sans extériorisation : la sainteté conserve le caractère et ne fait pas un extraverti d'un introverti ! C'est un autre sujet, et la joie dont il s'agit est intérieure, une félicité, une béatitude, celle de « l'âme » ! Par ailleurs, la tristesse est souvent le résultat d'un désir inconscient insatisfait ou d'un souvenir devenu inconscient et douloureux. Une fois l'inconscient et ses désirs et souvenirs rendus conscients à la lumière de l'Esprit, l'attachement à l'objet du désir s'évanouit, le fardeau des souvenirs douloureux s'allège, et la tristesse s'évapore comme si elle n'avait jamais été. « C'est l'ego qui est triste ». Plus d'attachement, plus de tristesse. Plus d'ego, plus de fardeau !

## Tuer

Le verbe « tuer » est employé un peu moins de 200 fois dans la Bible, ce qui le met bien loin des cent mots les plus utilisés. Ce n'est donc pas une préoccupation centrale dans la Bible ! Dans nos pays et de nos jours, la vie humaine est quasi sacralisée, et tuer un homme se rapproche d'un « mal absolu ». Il n'en est pas de même dans tous les pays du monde ! Dans les Dix Commandements, il est dit :

> « Tu ne tueras point. » Exode 20;13

Mais ce commandement figure entre l'injonction à aimer et honorer ses parents et celle à ne pas commettre l'adultère, ce qui relativise les choses. Dans le Livre de la Genèse, le meurtre d'Abel par Caïn est l'objet d'un dialogue entre Dieu et Caïn, et le meurtre ne semble pas avoir pour conséquence une rupture définitive entre Dieu et l'homme. D'ailleurs, à supposer qu'il ne faille voir dans l'histoire de Caïn et Abel qu'un fratricide, ce qui n'est évidemment pas le cas car elle est une allégorie[153], si la rupture était définitive, cela apparaîtrait dans le texte, sinon explicitement, au moins indirectement, ce qui n'est pas le cas. Bien au contraire, il est dit que :

> « L'Éternel mit un signe sur Caïn pour que quiconque le trouverait ne le tuât point. » Genèse 4;15

La Bhagavad-Gita, elle, fait de l'acte de tuer son sujet d'introduction (mais pas central), et, partant de là, va aborder tous les sujets relatifs à la vie, à sa finalité, et aux problématiques de la vie spirituelle. En effet, son point de départ est la déstabilisation d'Arjuna avant la bataille de Kurukshétra, le terrible épisode sanglant du Mahabarata où s'affrontent les membres d'une même famille. Épisode qui, lui, n'est vraisemblablement pas qu'une allégorie selon l'argumentation documentée de Sri Aurobindo (voir citation plus bas). Arjuna est confronté à un dilemme, à un conflit de loyauté: doit-il remplir son devoir et tuer les membres de sa propre famille, ou bien ne pas tuer, mais ne pas accomplir son devoir ? Tout ceci en considérant que Kurukshétra a une signification hautement intéressante puisque signifiant « champs d'accomplissement du dharma ». Ce qui veut donc dire que cette période de troubles avec ses destructions, horreurs, et reconstructions a sa place puisqu'elle est le résultat de l'accomplissement de la loi et de la volonté divine. La Bhagavad-Gita se développe sur dix-huit chapitres et le dernier traite du meurtre, en son verset 17. Voir ci-dessous le verset en question et surtout les extraits du commentaire qu'en fait Sri Aurobindo :

> « Celui qui est délivré du sens de l'ego, dont l'intelligence n'est pas affectée, il ne tue pas, même s'il tue ces hommes, ni n'est enchaîné. » Bhagavad-Gita 18;17

Ce que Sri Aurobindo commente comme suit :

---

[153] Confère *Le chemin de l'arbre de vie. L'allégorie de Caïn et Abel*, Serge Eymond-Laritaz (éditions BoD)

« Nous supposons ordinairement que l'auteur de l'action est notre ego personnel superficiel, mais c'est là l'idée fausse d'un entendement qui n'est pas arrivé à la connaissance. Selon les apparences, l'ego est l'auteur, mais l'ego et sa volonté sont les créations et les instruments de la nature avec lesquels l'entendement ignorant identifie à tort notre moi […] Quand nous sommes libérés de l'ego, notre vrai moi, qui restait à l'arrière-plan, passe au premier plan, impersonnel et universel, il voit l'universelle nature comme l'auteur de l'action et la Volonté divine comme le maître de l'universelle nature […] C'est seulement tant que nous n'avons pas cette connaissance que nous sommes enchaînés par cette idée que l'ego avec sa volonté est l'auteur des actions, fait le bien et le mal […] L'œuvre peut être extérieurement une action terrible comme cette vaste bataille, ce massacre de Kurukshétra, mais bien que l'homme libéré prenne part à la lutte, bien qu'il tue tous ces hommes, il ne tue pas d'homme et n'est pas enchaîné par son œuvre, parce que l'œuvre est celle du maître des mondes, et c'est Lui qui a déjà, en Sa toute-puissante volonté cachée, tué ces armées entières […] L'homme libéré accomplit l'action qui lui est assignée en tant qu'instrument vivant, un en esprit avec l'esprit universel […] Il agit non pour lui-même, mais pour Dieu, et l'homme pour l'ordre humain et l'ordre cosmique […] conscient de la présence et de la puissance de la force divin en ses actions et en leurs résultats […] Cette "action terrible" qui est le pivot de tout l'enseignement de la Gita, est un exemple saisissant d'action en apparence funeste, akushalam, cachant pourtant un grand bien par-delà son apparence. C'est impersonnellement qu'elle doit être accomplie par l'homme qui a été désigné par le Divin afin de maintenir l'unité du dessin du monde, lokasangrahârtham, accomplie sans but personnel, sans désir personnel, seulement parce que c'est la tâche à faire ; il est clair alors que l'œuvre n'est pas la seule chose qui importe ; c'est la connaissance dans laquelle nous faisons les œuvres qui a une importance spirituelle immense. »

Ce que nous dit cet immense penseur que fut Sri Aurobindo, sans doute le plus grand du XX$^e$ siècle, c'est encore une fois que « Tout est une question d'état d'esprit ». Ce propos, dans la bouche d'une personne qui ne serait pas libérée, serait le signe d'une folie extrêmement dangereuse pour la société et pour elle-même. Nous en avons eu de terribles exemples en ce début du XXI$^e$ siècle, et en ce moment même au Moyen orient, sur les lieux mêmes où Jésus-Christ a vécu et où les religions sont encore si présentes ! Ce qui en dit long sur leur dégradation et sur la nécessité de leur réforme... ou disparition ! À noter, par ailleurs, que Sri Aurobindo met en garde sur la généralisation du point de vue, couramment mais pas exclusivement adopté par MSL, qui consiste à voir avant tout dans ces batailles des allégories de la lutte intérieure à l'homme, lutte qui va le conduire à dépasser l'ego. Il l'exprime très clairement, avec précision et nuance en commentaire des quatorze premiers versets de la Gita :

> « Arjuna est le combattant dans le char et le divin Krishna son conducteur. Il y a, pour expliquer la Gita, une méthode selon laquelle, non seulement cet épisode, mais le Mahabharata tout entier sont transformés en une allégorie de la vie intérieure, ne concernent plus notre vie et nos actions humaines extérieures, mais seulement les batailles d'âme et les forces qui se disputent en nous la suprématie. C'est une conception que ne justifient pas le caractère général ni le langage même du poème épique ; poussée jusqu'à ses conclusions logiques, elle transformerait le langage philosophique direct de la Gita en une mystification constante, laborieuse, et quelque peu puérile. Le langage des Vedas, et d'une partie au moins des Puranas, est nettement symbolique, plein d'images et de représentations concrètes de ce qui est derrière le voile. Mais la Gita est écrite en termes clairs, et prétend résoudre les grandes difficultés éthiques et spirituelles que soulève la vie de l'homme ; il ne convient pas de chercher un sens caché à cette pensée et à ce langage direct et de les torturer pour les mettre au service de notre fantaisie. Pourtant, cette conception comporte une part de vérité, c'est que le cadre où est exposée la doctrine, sans être symbolique, est certainement typique – et le cadre d'un discours tel que la Gita doit

nécessairement l'être s'il doit avoir quelque rapport avec ce qu'il renferme. »

Ceci n'est pas une remise en cause générale de la méthode interprétative de MSL, mais particulier à la Gita. Et surtout doit nous inciter à ne pas antagoniser les choses, ainsi que MSL le faisait d'ailleurs, et ainsi qu'il en est dans la vie : les batailles intérieures vont avec les batailles extérieures. Si les batailles des textes sacrés sont allégoriques et symboliques des batailles intérieures, rien n'empêche aussi leur existence extérieure. Mais les réduire à cela peut leur faire perdre leur sens « typique » selon l'expression de Sri Aurobindo, voire « archétypique », pourrait dire C.G. Jung. Ce que dit Sri Aurobindo, c'est que dans le cas de la Gita, Arjuna, comme Krishna, incarnation de Vishnou, sont aussi des êtres de chair et de sang confrontés à un vrai problème humain, pratique, éthique et aussi spirituel. On n'est pas dans du « hors-sol » ! Cela doit nous inciter aussi à voir entre les événements du monde intérieur, et ceux du monde extérieur, des analogies et des passerelles. C'est ce qu'a fait René Daumal, lui qui connaissait les Upanishads, dans son livre *Le Mont Analogue*.

**Un (et deux)**

Étonnamment, le mot « un », de même que le mot « unité », est peu utilisé dans la Bible. A contrario du mot « deux » qui, lui, est utilisé 935 fois ! L'homme a décidément autant de mal à voir l'unité dans la dualité qu'il en a à voir l'unité dans la Trinité ! À cet égard, l'erreur de traduction, corrigée dans le verset cité ci-dessous, est très significative de nos biais cognitifs :

« L'Éternel est notre Dieu, l'Éternel, notre Dieu, est Un. »
Deutéronome 6;4

Verset habituellement mal traduit ainsi que le souligne et commente MSL :

« Et non "l'Éternel, notre Dieu, est le seul Éternel", qui est une fausse traduction de théologien sans doute… ! »

Et qui est aussi un pléonasme et un truisme ! (Voir l'article « Démoniaque ».) Il faut peut-être chercher la raison de cet écart quantitatif d'usage entre les deux nombres dans le fait que « un », la perception de l'unité, est le but final de la Bible, alors que la Bible proprement dite est la description du très long chemin et de ses affres... dans la dualité : « deux » !

**Upanishad**

Les Upanishads sont des textes sacrés de l'Inde. Ils ont été importés en Europe par un Français, A.H Anquetil-Duperron, après la prise de Pondichéry par les Anglais en 1762. Il est dit de cet homme qu'il avait une empathie sincère pour la culture indienne tout en étant catholique. Il traduisit une cinquantaine d'Upanishad en latin et les publia au tout début du dix-neuvième siècle. Sur les 108 Upanishads, on en compte dix majeures associées au Veda, chaque hymne védique ayant son correspondant upanishadique. Les Upanishads constituent la conclusion du Veda, d'où leur autre appellation de Vedanta signifiant « la fin du Veda ». Ces textes sont au cœur de la tradition hindoue. Ce sont par eux que l'Occident a connu l'hindouisme. En France, Victor Hugo et René Daumal avaient lu une des Upanishads majeures, la plus connue, la Kena Upanishad. (Voir des extraits de cette Upanishad dans l'article « Cela ».) Voici ce que nous en dit MSL :

> « Les Upanishads sont la connaissance intérieure, les Vedas étant la connaissance dans un monde créé, le monde des dieux. »

MSL fait donc la différence, mais en se gardant bien de les hiérarchiser, entre des textes relatifs à la connaissance dans un esprit envahi par l'esprit de Dieu avec un « D » majuscule, et ceux relatifs à la connaissance dans le monde de la division des « dieux » avec un « d » minuscule et au pluriel. En complément, voir l'article ci-après traitant du mot « Veda ».

Commentaire de C.G Jung, périphérique au sujet mais important, à propos de l'arrivée des textes Upanishadiques en Europe :

« Il est bien hors de doute que, depuis le commencement du dix-neuvième siècle, depuis l'époque mémorable de la Révolution française, le psychique s'est peu à peu glissé au premier plan de la conscience générale, exerçant une force attractive sans cesse grandissante [illustrée par l'intronisation de la déesse Raison à Notre-Dame...] Sans doute faut-il voir plus qu'une simple fantaisie de l'Histoire universelle dans le fait que, précisément à la même époque, un français, Anquetil-Duperron, séjournait aux Indes, d'où il rapporta, au début du dix-neuvième siècle une traduction de l'Oupnek'hat, collection de 50 Upanishads qui, pour la première fois, permit à l'Occident de pénétrer plus profondément le pensée mystérieuse de l'Orient. L'historien ne veut voir là qu'un enchainement causal de l'Histoire. Mon préjugé médical m'interdit de n'y voir qu'un hasard, car tout se déroula selon la règle psychologique qui joue infailliblement dans la vie personnelle : chaque fois qu'une partie importante de la conscience se trouve dévalorisée, et par conséquent disparait, une compensation apparaît d'autre part dans l'inconscient. C'est un déroulement conforme à la loi fondamentale de la conservation de l'énergie, parce que nos processus psychiques sont aussi des processus énergétiques. Nulle valeur spirituelle ne peut disparaître sans être remplacée par son équivalent. Telle est la règle heuristique fondamentale de la pratique psychothérapeutique quotidienne qui ne manque jamais de se confirmer. La masse obscure et anonyme qui se déversa dans Notre-Dame pour détruire, atteignit aussi l'isolé ; elle toucha aussi Anquetil-Duperron provoquant en lui une réponse qui prit place dans l'Histoire universelle »

Autrement dit, au dix-neuvième siècle, la dévalorisation du sentiment religieux (le bébé de la vie de l'esprit fut jetée avec l'eau du bain des crédos et des superstitions) au profit de la raison raisonnante, à conduit à repousser ce sentiment dans l'inconscient. Et mu par son inconscient, Anquetil-Duperron ramena des Indes les Upanishads, contribuant ainsi à la réapparition en Occident d'un sentiment religieux revivifié.

# Veda (et Vedanta)

Heureux hasard de l'alphabet, Veda succède à Upanishad ! D'après le *Dictionnaire sanskrit-français* de N. Stchoupak, L. Nitti et L. Renou, « la sémantique du nom ''Veda'' s'étend du sens de ''découverte, révélation'', qui correspond à l'expérience des premiers sages védiques, les Rishis, qui ont reçu la ''révélation '' [ mot qui est aussi le titre du dernier livre de la Bible : ''Apocalypse'' !] et composé ces hymnes, jusqu'au sens de ''science, savoir'' donné aujourd'hui par l'hindouisme à ce mot. »

Voici maintenant ce qu'en dit MSL :

> « Les Vedas sont sans doute les plus anciens textes de l'humanité. En Inde certains disent même qu'ils ont toujours existé ! "Veda" désigne la "connaissance dans un monde créé", dans l'incarnation, dans le monde des dieux. Vedanta désigne "la fin du Veda", donc, de la connaissance qui va de la dualité, de la division des dieux, vers la connaissance intérieure dans l'Esprit qui a tout envahi : la connaissance dans l'unité. Mais attention, il ne faut pas voir en cela une continuité historique, dans le temps ! D'ailleurs un groupe védique est toujours associé à un groupe upanishadique. Ils sont en nous les étapes successives (et il y a autant d'étapes qu'il y a d'hommes), et c'est avec eux que commence l'intelligence spirituelle en Dieu. »

Le livre de Sri Aurobindo, *Le Secret du Veda*, contient un texte qui fut publié pour la première fois entre 1914 et 1916 dans *Arya*, revue éditée à Pondichéry conjointement en anglais et en français. Sri Aurobindo y propose quelques hypothèses et affirmations pour interpréter ces textes difficiles à comprendre pour notre mentalité contemporaine. Il y explique notamment un point très important pour aborder les Vedas, qui vaut sans doute également pour d'autres textes très anciens tels que la Bible :

> « Donc, le Veda est la création d'une époque antérieure à celle de nos philosophies intellectuelles. En cet âge lointain, la pensée se développait selon d'autres modes que celui du raisonnement

logique, et le discours selon des règles que n'accepterait plus le langage moderne. Car les sages, alors, fondaient sur une expérience interne, sur les données de l'intuition, la connaissance de tout ce qui dépasse le champ des perceptions et des activités ordinaires de l'homme. Ils se proposaient comme but non de convaincre mais d'illuminer, comme idéal non l'exactitude du dialecticien, mais l'inspiration du voyant. » *Le secret du Veda* (chapitre 2)

Tel est donc ce qu'il faut bien garder en tête en lisant ces textes anciens : leur but est de nous « donner » ce qu'ils disent, tout comme le Christ donnait la paix quand il disait « Je vous donne ma paix, je vous laisse ma paix ». Les poètes comme Rimbaud, à leur manière, essayent de faire la même chose à savoir « d'illuminer », en retrouvant ce mode de pensée des Rishi védiques. D'où le titre *Illuminations* de son dernier recueil de poèmes. D'où aussi ce que Rimbaud exprime plus ou moins confusément dans sa « lettre du voyant » quand il parle de « dérèglement de tous les sens » et de « JE est un autre ». La comparaison s'arrêtant là, car le Veda est « tout en haut » (MSL) alors que, faute de purification de l'intéressé, la poésie de Rimbaud oscille entre le sublime et l'infernal, confère le titre *Une saison en enfer* !

## Vérité

Les mots « vérité » et « vrai » sont utilisés environ 300 fois dans la Bible et plus de 200 fois dans le seul Nouveau Testament, ce qui le situe dans les 20 mots les plus utilisés. C'est dire son importance. MSL faisait remarquer, observation très utile car éclairante, que le mot « justice » est souvent interchangeable avec le mot « vérité » dans la Bible. Le rapport à la vérité, qui est important dans la vie concrète ordinaire, est au cœur de la vie de l'Esprit. Illustration sur la base du dialogue entre Jésus et Pilate dans l'Évangile :

> « Je suis né et je suis venu dans le monde pour rendre témoignage à la vérité. Quiconque est de la vérité écoute ma voix. Pilate lui dit : "Qu'est-ce que la vérité ?" » Jean 18;37

Et voici ce que MSL répond à la question de Pilate. En prenant le soin d'ajouter au début ce qu'est Pilate, personnellement, en tant que personnage historique, mais aussi impersonnellement, et finalement intérieurement en chacun de nous, en cet instant même où nous lisons :

> « Pilate est un mental déjà évolué, pas un lâche. La vérité n'est pas unique et limitée, quelque chose qui s'oppose à ce qui serait une autre vérité. Elle contient toute la vie, avant le commencement du monde et bien après. "Quiconque est de la vérité écoute ma voix" (celui qui possède la grâce de comprendre le langage de l'unité a la possibilité de m'écouter et de comprendre, mais pas le mental dualiste). Être dans la vérité, c'est avoir dépassé le petit moi, celui du personnage isolé, perdu dans un monde qui ne serait pas lui, face à un Dieu qui serait un autre ! »

Commentaire périphérique mais important : il est certain que vivre dans un tel monde est angoissant ! A contrario, on peut imaginer facilement combien vivre dans un monde où « nous sommes le monde » et où « nous sommes Dieu » doit être enveloppant et apaisant ! Certes, et c'est logique, sages et saints évoquent le sentiment de solitude qui en résulte[154], mais, disent-ils, il s'agit d'une solitude bienheureuse, non d'un isolement, en particulier pas d'un isolement social !

Pour revenir au sujet principal de l'article, MSL aimait à répéter, cela a déjà été mentionné, qu'une caractéristique de la vérité est d'être inclusive et non exclusive. Toute vérité nouvelle inclut, en plus large, la vérité ancienne. De même que dans le domaine des sciences, toute nouvelle théorie scientifique intègre les anciennes comme cas particuliers, dans un domaine de validité réduit. Elle parlait aussi assez souvent du dieu Varuna, en des termes assez proches de ceux de Wikipédia rapportés ci-après :

> « Varuna (devanāgarī वरुण [vəruṇə]) est l'une des divinités les plus importantes du panthéon du védisme en tant que dieu du ciel, du "serment" et de l'ordre du monde, le rita. Il devient dans l'hindouisme le dieu de l'océan, le gardien de l'orient (lokapala)

---

[154] Voir l'article relatif au mot « solitude ».

> de l'ouest. // Le théonyme Varuṇa est, analogiquement, une dérivation du verbal vṛ ("entourer, couvrir" ou "retenir, lier") au moyen d'un suffigal -uṇa-, pour une interprétation du nom comme "celui qui couvre ou lie", en référence à l'océan cosmologique ou à la rivière encerclant le monde, mais aussi en référence à la "liaison" par la loi universelle ou rita. Par son étymologie, Varuna est un dieu du "serment". "Varuna" est formé sur var- "parole de serment". »

Ceci est compliqué ! Mais il se dessine deux choses simples : la première est l'association de Varuna avec ce qui est vaste, le ciel, l'océan. La deuxième est l'association avec ce qui est vrai. Car, une « parole de serment » ce n'est rien d'autre que la « Vérité » elle-même. Or, Varuna est aussi le dieu du ciel. Le ciel de l'Esprit, qui, comme le ciel concret, est vaste, dont on peut même éprouver physiquement la vastitude. C'est le cas notamment à l'ouest de Chicago, dans ce lieu nommé à juste titre le « Pays du grand ciel ». Varuna, dieu du ciel, dieu de la Vérité qui est donc forcément vaste, comme le ciel. D'où le rappel et l'injonction de MSL :

> « La vérité est donc vaste, pas ratatinée ! Souvenons-nous en. »

C'est effectivement un critère discriminant et infaillible : quand nous avons un doute, souvenons-nous en, c'est irremplaçable pour distinguer le vrai du faux ! Et aussi cette autre citation, toujours de MSL :

> « La vérité est que tout est Dieu et tout est un, Jésus-Christ est le monde et les hommes, un avec leur créateur. »

Ayant fait le constat que, dans les églises, on ne parlait plus que de l'homme au lieu de parler de Dieu, elle ajoutait :

> « Il faut rendre à Dieu sa puissance, c'est la seule vérité ! Dans notre intelligence, dans notre cœur, dans nos gestes, dans nos travaux, quels qu'ils soient, où que nous soyons appelés à parler, à travailler et à vivre. »

On peut enfin rappeler une dernière fois cette mise en garde, déjà mentionnée à plusieurs reprises, notamment à propos des Pharisiens, citation qui nous incite à « discriminer sans cesse », comme Swami Vivekananda nous y encourageait :

> « Le mental prend une vérité et il en fait un mensonge. » Sri Aurobindo

Il y a un lien étroit entre vérité et humilité :

> « Il me semble que l'humilité c'est la vérité ; je ne sais si je suis humble, mais je sais que je vois la vérité en toute chose. » Thérèse de Lisieux

Ce qui est rapporté de la vie de Thérèse et son livre *Histoire d'une âme* montrent que, pour elle, il n'y avait pas de différence entre l'amour de Dieu et l'amour de la Vérité. Et au jour de sa mort, Thibault de Pontbriand rapporte qu'elle aurait dit :

> « Il me semble que je n'ai jamais cherché que la vérité, oui j'ai compris l'humilité du cœur. »

Et pour terminer cet article sur une note de légèreté, cette petite histoire pour illustrer la capacité du mental humain à ruser et « à prendre une vérité et à en faire un mensonge » : il y a environ une trentaine d'années, le journal *Le Monde* faisait une publicité sur deux pages recto verso, dans le but de montrer que le journal avait, profondément ancré dans ses gênes, le sens de la vérité. Sur le recto figurait une photo d'une barque et de deux rameurs sur l'eau, paisibles, avec le commentaire suivant : « Amis faisant de la barque ». Sur le verso, le champ de la même photo s'agrandissait et faisait apparaitre de part et d'autre de la même barque, deux rangées de maisons avec l'eau arrivant au niveau des fenêtres, et le commentaire était cette fois : « Inondation » augmenté de « Quand on ne dit pas toute la vérité, on ne dit rien de la vérité ». Eh bien, c'est exactement ainsi que fonctionne le mental qui s'est perverti. « Il prend une vérité, et il en fait un mensonge ». En sortant la chose de son contexte, ou, au contraire, en faisant une généralité d'un cas particulier. Les Pharisiens étaient des spécialistes de l'exercice et le Christ, fort habilement, déjouait tous les pièges tendus !

# Vibhuti

Il est difficile de trouver, en langue française, l'étymologie puis la définition de ce mot sanskrit, sauf en tant que nom désignant la cendre appliquée sur les visages des sadhus indiens, ce qui n'est pas le sujet ! Cependant il est certain que ce terme est lié aux mots, idées et concepts suivants : manifestation de force, puissance manifestée dans le monde, incarnation d'une énergie particulière, forme suprême qui se manifeste dans des objets, manifestation de puissance, incarnation de pouvoirs et enfin cendres sacrées. La Vibhuti serait ainsi l'expression extérieure, dans le monde des formes de l'unique réalité intérieure. Des hommes comme César et Napoléon sont l'expression particulière de la forme unique que serait Vibhuti, tout comme Shankara ou Vivekananda que Sri Aurobindo appelle « Vibhutis ». Cette partie marginale, mais spectaculaire de la manifestation, qu'on appelle les « pouvoirs » ou les « miracles », ou les « siddhis », le nom donné aux pouvoirs occultes ou magiques en Inde, et qui est souvent source de curiosité ou de perplexité.

Voici ce que Mâ Ananda Moye dit de Vibhuti :

> « Vibhuti, c'est l'unique forme suprême révélée dans tous les objets des sens. »

Exprimé différemment, mais toujours par la même Mâ Ananda Moye, « Mâyâ » étant l'illusion de la séparation, et « Lila » le jeu divin :

> « Tout est Vibhuti de Dieu, Sa Mâyâ, Sa Lîla, son propre jeu. Dépenser à des fins du monde ce que l'on a reçu spirituellement au cours de ce jeu n'est pas correct »

Autrement dit, tout est l'expression de la puissance divine, y compris les pouvoirs divers que l'esprit confère à ceux qui, dans le jeu divin, en ont reçu la concession. Mais les utiliser pour un profit personnel égoïste « n'est pas correct », c'est-à-dire est inapproprié, inutile et contreproductif. Ramakrishna, cité de mémoire, allait plus loin en focalisant sur le risque qu'il a à les rechercher et utiliser :

> « Presque personne n'est assez pur pour les utiliser sans risque. »

Par ailleurs il considérait ces pouvoirs miraculeux comme tout à fait dénués d'intérêt spirituel, outre qu'ils sont dangereux. De même la Bible met clairement en garde contre l'usage intentionnel des pouvoirs psychiques dits « surnaturels », par exemple dans le Deutéronome :

> « Lorsque tu seras entré dans le pays que l'Éternel, ton Dieu, te donne, tu n'apprendras point à imiter les abominations de ces nations-là. Qu'on ne trouve chez toi personne qui fasse passer son fils ou sa fille par le feu, personne qui exerce le métier de devin, d'astrologue, d'augure, de magicien, d'enchanteur, personne qui consulte ceux qui évoquent les esprits ou disent la bonne aventure, personne qui interroge les morts. »
> Deutéronome 18;19-11

Les miracles de Jésus excitent parfois notre curiosité de même qu'ils excitaient la curiosité d'Hérode :

> « Lorsque Hérode vit Jésus, il en eut une grande joie ; car depuis longtemps, il désirait le voir, à cause de ce qu'il avait entendu dire de lui, et il espérait qu'il le verrait faire quelque miracle. »
> Luc 23;8

Mais, encore une fois, les maîtres spirituels authentiques affirment unanimement qu'ils n'ont aucune valeur spirituelle :

> « Les gens désireux de siddhi ne se contentent pas de leur idée de jnana, aussi veulent-ils y associer des siddhis. Ils s'embourbent ainsi dans des voies latérales au lieu de s'engager sur la voie royale. Ils ont toutes les chances de s'égarer. » *L'Enseignement de Ramana Maharshi* (« 23 juin 1935 »)

Les maîtres authentiques ne nient pas la possibilité des miracles, mais affirment que dans le cas des maîtres authentiques ce n'est pas la volonté consciente personnelle qui est à leur origine :

> « Jésus était-il en ces moments-là, conscient qu'il guérissait les hommes de leurs maladies ? Il ne pouvait pas être conscient de

ses pouvoirs » *L'Enseignement de Ramana Maharshi* (« 30 janvier 1935 »)

Il est d'ailleurs vraisemblable que tout se passe dans le cerveau, y compris possiblement les naissances « virginales » comme celles de Jésus dans la Bible ou de la princesse Kunti dans le Mahabarata. Ces « miracles » étant peut-être des cas de parthénogenèse humaine de nature psychosomatique. C'est en tout cas ce qu'affirme indirectement Ramana Maharshi à l'occasion d'une question sur la télépathie, en faisant une remarque « fondamentale » et de bon sens remontant ainsi les choses du niveau anecdotique au niveau spirituel :

> « La télépathie et la radio permettent de voir et d'entendre à distance. Elles se ramènent toutes deux au phénomène de l'audition et de la vision. Que l'on écoute de près ou de loin ne change rien au fait d'entendre. Le facteur fondamental, c'est l'auditeur, le sujet. En l'absence d'auditeur et ou de voyant, il ne peut pas y avoir d'audition ou de vision. » *L'Enseignement de Ramana Maharshi* (« 30 janvier 1935 »)

Il est dit aussi que les personnes dotées de siddhi sont souvent des personnes douées sur le plan spirituel mais pas assez purifiées, encore centrées sur l'ego, par exemple les faux gurus. Ces personnes finissent par s'enfoncer dans les « profondeurs de Satan » et dans le malheur :

> « Si l'on considère que les gens sont malheureux avec des facultés de perception limitées, alors on peut en conclure que leurs malheurs s'accroîtront proportionnellement à l'augmentation de celles-ci. Les pouvoirs occultes n'apporteront jamais de bonheur à qui que ce soit. Bien au contraire, ils le rendront d'autant plus malheureux ! Par ailleurs à quoi servent ces pouvoirs ? Le soi-disant occultisme (siddha) désire exposer ses pouvoirs afin d'être apprécié par les autres. Il recherche la reconnaissance et s'il n'en reçoit pas, il est malheureux. Il faut absolument que les autres l'apprécient. Il peut même rencontrer quelqu'un dont les pouvoirs sont supérieurs aux siens. Un grand occultiste peut toujours rencontrer un occultiste encore plus

> grand que lui et ainsi de suite jusqu'à ce que survienne quelqu'un qui volatilisera tout d'un clin d'œil ; un tel personnage est le plus haut adepte (siddha) et il est Dieu ou le Soi. Quel est le réel pouvoir ? Est-ce l'accroissement des richesses ou bien le fait d'amener la paix ? Ce qui conduit à la paix est la plus grande perfection (siddhi). » *L'Enseignement de Ramana Maharshi* (« 30 janvier 1935 »)

MSL disait que le regard des personnes se livrant à ces pratiques était triste et que, dans les cas extrêmes, pour celles qui prenaient conscience de leur erreur, le désespoir pouvait être tel qu'il les conduisait parfois jusqu'au suicide. Pour terminer avec ce qui relève du paranormal, ajoutons que pour Jung « la relation médecin-malade peut, surtout quand y intervient un transfert du malade ou une identification plus ou moins inconsciente entre médecin et malade, conduire à des phénomènes de nature parapsychologique » (*Ma vie*). Il précisait qu'il en avait souvent fait l'expérience. Mais tout ceci est très secondaire pour ceux qui, ayant dépassé l'ego, étant rentrés dans le présent éternel, voient la vie infinie ici et maintenant, comme un miracle permanent ! Dieu !

**Vie éternelle**

Le mot « vie » apparaît environ 600 fois dans la Bible, et figure parmi les 40 mots les plus employés. Autant dire que la vie doit avoir un rapport intime avec Dieu. Ce que confirme MSL :

> « Aucune forme et aucun nom ne contient Dieu en exclusivité, fussent-ils dix mille fois sacrés ! Seule la vie en sa plénitude contient Dieu, la vie éternelle et infinie, présente partout, en tout être et en tout temps, œuvrant, peinant, et se réjouissant dans l'unique et totale révélation qui ne connaît pas le doute mais qui est dans l'immortalité vivante de chaque conscience. »

C'est pourquoi il est si faux de vouloir enfermer Dieu dans une religion, des dogmes et des credo particuliers. Sans parler d'en dénier l'accès à telle ou telle personne ! Et c'est pourquoi la vie et la joie de vivre sont si importantes dans une quête spirituelle et que Sri Aurobindo voulait que son yoga soit « dans la vie et pour la vie ».

Et maintenant, qu'est-ce que la « vie éternelle » ? Réponse de Saint Jean :

> « Or, la vie éternelle, c'est qu'ils te connaissent, toi, le seul vrai Dieu » Jean 17;3

Encore une fois, la vie éternelle c'est ici et maintenant, et c'est LA connaissance !

**Vie spirituelle**

L'expression n'apparaît pas dans la Bible. Et « spirituel/spirituelle » n'apparaît qu'une douzaine de fois. Par contre le mot « vie » ou « vies » apparaît, nous l'avons vu ci-dessus, dans environ 600 versets. D'une certaine manière[155], ce n'est pas très étonnant, car si la vie est partout, la vie spirituelle, elle, se fait rare ! Et ce, quelles que soient les époques ! Mais quels sont les éléments constitutifs de la vie spirituelle ? Les attitudes, les comportements, qui conduisent à percevoir l'Esprit dans la vie et la vie dans son unité plutôt que selon la dualité séparatrice du mental ? Voici ce que nous en dit un ermite chrétien, Charles de Foucault :

> « Les éléments de la vie spirituelle sont : abandon, acceptation de tout, don de soi, amour, l'amour de se donner, confiance, joie du don de soi. »

Au fond, il y a assez peu de différence avec ce que Sri Aurobindo nomme le « secret des secrets, le message le plus direct de l'Ishvara » :

> « Emplis de Moi ta pensée, deviens mon amant et mon adorateur, sacrifie à Moi, sois prosterné devant moi, à Moi tu viendras,

---

[155] La raison de fond serait sans doute à chercher ailleurs, mais cela constituerait une longue digression à la limite du hors sujet !

c'est l'assurance et la promesse que Je te fais, car tu m'es cher. Abandonne tous les dharmas et prends refuge en Moi seul. Je te délivrerai de tout péché et de tout mal, ne t'afflige point. » Bhagavad-Gita 18;65-66

Ce qui revient à dire ce que MSL affirmait de manière très condensée, enlevant ainsi un lourd fardeau à celui qui se perd en conjectures sur le comment faire, et se culpabilise de ses manquements :

« C'est Dieu qui est, c'est Dieu qui fait. »

Et ce qui revient aussi à dire ce qu'affirmait le sage de Tiruvanamalai face à un visiteur qui déplorait son impuissance à éliminer ce faux « je », que l'on appelle « ego », pour enfin connaître le vrai « Je » :

« Vos efforts ne peuvent pas vous porter plus loin. L'au-delà s'occupera de lui-même. À ce niveau vous êtes impuissants. Aucun effort n'aboutira. » *L'Enseignement de Ramana Maharshi* (« 14 juin 1936 »)

Toutes choses qui ne sont pas si faciles que cela à accepter et à intégrer à notre comportement. Car laisser faire, s'abandonner, est l'effort inverse à ce qui nous est familier, familier à l'ego, tant notre culture occidentale valorise l'action volontaire, nous éduque à cela, et finalement nous y conditionne !

**Ville**

Le mot « ville » est employé 1 145 fois dans la Bible, dont 158 fois dans le Nouveau Testament, donc très souvent, ce mot étant l'un des 20 mots les plus utilisés. Mais qu'est-ce que la ville ? La ville, c'est un ensemble de bâtiments de fonctions et d'usages divers, plus ou moins connectés par différents types de réseaux. Dans la Bible, MSL la considère comme la métaphore de l'homme, cet ensemble de plans de conscience eux aussi regroupés, différents et interdépendants. C'est le lieu de leurs rapports conflictuels pour le Mahatma Ghandi, et le meilleur y côtoie le pire. Mais comme le cosmos (*kosmos* est un mot grec qui signifie « ordre, bon ordre, arrangement ordonné »), la ville perd son apparence hétéroclite quand les lois qui la gouvernent se clarifient à nos yeux. C'est d'ailleurs logique tant il est vrai que le macrocosme est dans le microcosme. MSL en parle dans le commentaire qu'elle fait de ce verset de la Genèse :

> « Les hommes s'éloignèrent, et allèrent vers Sodome. Mais Abraham se tint encore en présence de l'Éternel. Abraham s'approcha, et dit : Feras-tu aussi périr le juste avec le méchant ? Peut-être y a-t-il cinquante justes au milieu de la ville : les feras-tu périr aussi, et ne pardonneras-tu pas à la ville à cause des cinquante justes qui sont au milieu d'elle ? » Genèse 18;22-23

Verset commenté par MSL :

> « La ville, c'est l'homme. Tout au long de la Bible, c'est cela. La nouvelle Jérusalem, l'ancienne Jérusalem, l'homme ancien, l'homme nouveau, la cité sainte, ici la cité du péché énorme (Sodome). Feras-tu périr le juste[156] avec le méchant[157] ? Peut-être y a-t-il cinquante justes au milieu de la ville, peut-être que le cœur de la conscience incarnée est-il encore pieux, peut-être se souvient-il encore de Dieu, essaye-t-il encore de l'adorer et de le servir. Mais les actes tout autour se sont égarés, sont partis dans toutes sortes de directions. Souvent nos intentions sont bonnes, souvent l'attitude profonde du cœur est juste mais, pourtant, nos actions, elles, sont profondément imprégnées d'égoïsme et d'orgueil, égarées sur les chemins d'une ivresse de soi qui l'éloigne de Dieu. » Conférence du 4 mars 1981

Et Dieu ne détruira pas la ville de Sodome, donc l'homme, tant qu'il y aura cinquante justes, et même un seul juste, au milieu d'elle : comprendre que, tant qu'en l'homme il y a quelque chose de juste, donc de vrai, celui-ci

---

[156] Ce qui est juste est ce qui est vrai.

[157] « Méchant » vient du vieux français « méchoir », qui signifie « mal tomber ». Les « méchants » sont donc ceux qui sont « mal tombés ». Donc aucune connotation morale à voir dans l'usage de ce mot.

sera épargné. Le corollaire, puisque dans les villes que sont l'homme et l'humanité le meilleur côtoie le pire, c'est qu'épargner les justes, c'est aussi épargner les méchants. De toute manière la sainteté est au-delà du bien et du mal, du vrai et du faux, du juste et de l'injuste. Elle est, sans les symétriser, dans le dépassement des opposés, ainsi que l'exprime Ramakrishna dans cette citation encore une fois répétée tant elle est essentielle :

> « Avec l'épine du bien on enlève l'épine du mal, puis on les jette toutes les deux : Dieu est au-delà. »

La Jérusalem céleste, l'homme nouveau, est au-delà du bien et du mal. Au-delà de la dualité de Jérusalem, la ville ancienne, l'homme ancien, l'homme ordinaire.

**Vishnu**

Deuxième dieu de la Trimurti hindoue, Vishnu est le dieu sauveur, celui qui s'incarne sur terre, dans le monde des formes, pour sauver l'homme des périls de l'ego. Le sauver, le protéger des influences négatives conscientes et inconscientes des plans vitaux et mentaux, mais aussi pour que ceux-ci, le moment venu, ne soient pas détruits mais transfigurés :

> « ...[Il] intervient pour que le mental ne soit pas détruit mais transfiguré, purifié et enfanté à la lumière qui va le conduire à s'accomplir dans la fusion de l'unité. » MSL

Décrites par MSL, voici les dix incarnations dont l'histoire et la caractérisation sont des bijoux de psychologie archaïque (sans aucune nuance péjorative, et, au contraire, avec émerveillement) :

> « La première, le poisson ; il vient sauver le premier homme du déluge, de même que Noé est sauvé du déluge dans l'Ancien Testament. Ceci pour que le plan mental subsiste et continue son travail.

La deuxième, la tortue ; elle vient récupérer ce qui est perdu après le déluge.

La troisième, le sanglier ; il lutte contre le démon nommé « œil d'or », qui est une fausse vision, « anti-divine », qui a précipité la terre au fond de l'océan. Il sort la terre de l'océan et la recouvre de forêts, de cultures, d'animaux et autres beautés. "Œil d'or", c'est lui qui, en voulant servir Dieu, tord en quelque sorte le mental, et nous fait croire que la "terre" est un mal qu'il faut détruire[158]. Vishnu remet la terre à sa place, de même que Sri Aurobindo dans son volumineux ouvrage de quatre livres intitulé *La vie divine*.

La quatrième, l'homme lion ; il combat Bali, l'anti-Dieu, l'ego qui, par ses austérités a chassé tous les dieux qui vont se plaindre et demandent à retrouver leur place dans le mental de l'homme. En trois pas, il reconquiert la terre, le ciel et l'invisible, la conquête que le mental doit encore faire. Il rend à Dieu, aux dieux, leur puissance et leur place.

La cinquième, le nain ; il est Dieu dans le mental, qui est aussi souvent un nain ! Mais il va grandir pour combattre le démon appelé « Drapé d'or », une énergie qui s'imagine avoir une vision juste, qui se trompe, qui torture et empêche son fils Dhranada[159] de se donner à sa piété. La fausse conception ascétique qui empêche la piété. Heureusement, Brahma protège la conscience dualiste, et il est détruit au crépuscule, entre jour et nuit.

---

[158] On reconnaîtra ici la théorie de la secte du Temple solaire, avec la fuite recherchée vers Sirius. Secte qui défraya tristement la chronique en octobre 1994 après un suicide collectif.

[159] Orthographe incertaine…

La sixième, Rama à la hache ; il combat les Chatrias, la caste des princes guerriers. Il est donc en nous l'épée de l'Apocalypse qui combat la dualité. Le plan mental, là aussi, risque d'être détruit... dans le divin ! Les quatre castes des Chatrias sont les suivantes :

- "Tyran sous contrôle des rois" : le Roi en nous, c'est l'ego qui s'attribue la gloire de la lumière, alors que l'ego doit se laisser dépasser et dilater pour devenir "l'image de Dieu".

- "Tyran sous contrôle des marchands" : c'est l'esprit de gain. La Bhagavad-Gita souligne que "l'homme a droit au travail, mais pas au fruit du travail" ! Notre seul gain doit être Dieu, sa connaissance. Le reste, ce ne sont que des entraves si l'on s'y attache. La volonté d'avoir des résultats est terrible. Ne rien attendre, ne rien vouloir. C'est Dieu qui récolte le résultat du travail !

- "Tyran sous contrôle de la classe ouvrière" : quand l'homme est prisonnier du travail selon les ambitions du moi individuel. Le travail doit être donné et offert.

- " Tyran sous contrôle des prêtres" : quand le mental s'empare de la révélation et exclut d'autres noms et d'autres formes. La Vérité est au-delà de toutes les religions, elle ne s'apparente à aucune ; chaque religion peut être un chemin, physique, vital, mental, qui doit être dépassé dans le vent de l'Esprit. Il la fait voir, puis s'efface et l'explique.

La septième, Rama ; il est le Ram qui est invoqué dans l'exercice du japa : "Aum, Sri Ram, Jai Ram, Jai Jai Ram"[160]. C'est le seigneur qui apporte la notion de justice, de dharma, la loi juste pour chacun. Chacun doit trouver en soi-même la façon qu'il a

---

[160] Le son primordial à partir duquel l'univers se manifeste, suivi de « Seigneur Ram, victoire à Toi, victoire, victoire à Toi ! »

d'être vrai. Connaître Dieu dans ce sens, c'est se connaître soi-même, car chacun a son chemin, son dharma. Il suffit souvent de répéter inlassablement le nom de Ram pour trouver la vérité au fond de soi, ceci sur le plan mental. Répéter le nom de Dieu suffit, même sur le plan mental, même inférieur, pour que le mental se comble du nom de Dieu[161].

La huitième, Krishna ; il est l'incarnation de l'Absolu au 16/16ᵉ. Sur le plan mental, Krishna apparaît de couleur bleu sombre. Il est comme voilé, l'Absolu n'est encore perceptible que de loin. Krishna est le dieu qu'on adore, on est donc encore en pleine dualité, et pourtant il est la révélation de l'Absolu. Krishna qui veut dire "le sombre", qui apporte la révélation de l'Absolu au mental, la possibilité par l'amour qu'on a pour lui de grandir dans l'absolu. Krishna est le dieu qu'on adore.

La neuvième, Balaram ; il est le frère aîné de Krishna, le puissant guerrier qui accompagne parfois son frère, et son teint est plus pâle que celui de son frère cadet.

La dixième, Kalki ; il est l'incarnation qui est toujours à venir, le cheval blanc surmonté du Seigneur tenant dans sa main une épée qui détruit le monde des dualités et fait toutes choses nouvelles. Sur la fin, la mort du monde des dualités, il enfante l'accomplissement dans la révélation parfaite de l'unité. C'est le cavalier du dix-neuvième chapitre de l'Apocalypse, lui aussi blanc, avec un cheval blanc et une épée flamboyante, qui détruit le ciel et la terre et ce qui s'y trouve, et qui fait "toutes choses nouvelles". Et il est vrai que quand le mental a connu cette purification-là, toute chose, l'échelle des valeurs est renversée, et l'homme est capable de comprendre et sa vie sur la terre, et lui-

---

[161] Ceci était le cas des petits moines russes qui parcouraient toutes les Russies en répétant inlassablement : « Jésus-Christ, notre Seigneur, aie pitié de nous. » Et se remplissaient ainsi d'amour pour Dieu.

même, et Dieu, de façon infiniment plus lumineuse, vaste et généreuse, plus miséricordieuse que jusque-là. »

Il y aurait bien des choses à dire et à commenter à propos de cette compilation, description et caractérisation des dix incarnations de Vishnu. Car à elles seules, ces caractérisations sont déjà, dans le langage imagé et analogique de l'époque, un formidable manuel d'évolution psychologique de l'espèce et donc de chacun de nous.

**Voile (du temple)**

Le mot et le verbe associé apparaissent environ 170 fois dans des versets bibliques. À la fin du récit de Golgotha, au moment où Jésus rend l'esprit, il est question du voile du temple de Jérusalem :

> « Et voici, le voile du temple se déchira en deux depuis le haut jusqu'en bas. » Matthieu 27;51

Question : Qu'est-ce que ce voile du temple qui se déchire ? Voici la réponse de MSL :

> « Il faut se référer à ce propos au Livre de l'Exode : il y a dans le temple deux parties, le lieu très saint ou Moïse allait parler avec l'Éternel en étant caché de l'autre partie du temple par un grand rideau, un voile. Moïse, quand il se présentait devant le peuple d'Israël mettait un voile sur son visage car son visage rayonnait du fait qu'il avait conversé avec l'Éternel. Et quand il entrait dans le "lieu très saint" pour converser avec l'Éternel, il enlevait le voile et parlait avec l'Éternel face-à-face, et son visage rayonnait de la gloire de l'Esprit. Ce voile du temple est le symbole du voile qui, en nous, sépare notre conscience dualiste, individuelle, de l'infini radieux. Tout est accompli. Le triomphe de l'esprit dans l'incarnation. Donc le voile n'a plus de raison d'être et il se déchire depuis le haut jusqu'en bas. Comprendre que la séparation entre le temporel et l'éternel, entre le fini et

l'infini, entre l'homme et Dieu a disparu. Jésus a accompli l'unité de la vie qui est toute lumière et sainteté en Dieu. »

Encore une fois, le déchirement du voile d'un point de vue objectif, extérieur, concret, historique est de peu d'intérêt, et semble totalement disjoint de l'issue de ce meurtre sanglant qu'est, extérieurement, la crucifixion d'un homme appelé Jésus. En revanche, si la crucifixion est la métaphore de la mort à l'ego et de l'entrée d'une conscience dans l'Absolu, et que, de même, le temple est vu métaphoriquement comme étant l'homme lui-même, et le voile du temple vu comme la séparation du divin infini et éternel d'avec l'humain fini et impermanent, alors, le texte devient continu, cohérent, logique, limpide, éclairant, satisfaisant pour la raison et finalement nourrissant et donc utile. Ce voile fait penser à la Mâyâ hindoue, ce voile de l'illusion qui sépare l'homme centré sur la perception mentale dualiste du monde, de la réalité de l'unité du monde. Ces voiles ont une fonction importante en rapport avec la couleur bleu sombre du visage de Krishna (Krishna veut dire « le sombre ») : ce bleu sombre est là pour que la lumière de Krishna n'éblouisse pas l'homme, de même que le voile de Moïse est là pour que son visage rayonnant de Dieu n'éblouisse pas le peuple juif.

### Voir (Dieu)

« Voir » et « entendre » sont deux verbes qui reviennent très fréquemment tout au long de la Bible, plus de 550 fois pour « voir » et plus de 250 pour « entendre ». Il est question de voir ou d'entendre Dieu, donc de faire appel aux sens de la vue et de l'ouïe, confortant en cela l'idée que Dieu et la spiritualité sont plus affaires de percepts que de concepts, et plus d'expérience vécue que de théologie. Les deux n'étant évidemment pas à antagoniser ! Considérons l'exemple du verset très connu :

> « Mon oreille avait entendu parler de Toi, mais maintenant mon œil t'a vu ! » Job 42;5

Cela pose au moins deux questions : est-ce l'œil de chair qui voit Dieu ? Et que voit-on ou perçoit-on au juste ? La Bhagavad-Gita et le commentaire qu'en fait MSL nous aident à comprendre, en considérant que « sattvique », pour l'occasion, peut être remplacé par « spirituel », par différence avec « rajassique » et « tamasique » :

> « Cette connaissance par quoi on voit un être impérissable et unique en tout devenir, un tout indivisible unique en toutes ces divisions, sache qu'elle est sattvique. » Bhagavad-Gita 18;20

Et voici maintenant le commentaire annoncé. Il précise comment on finit par « voir » l'unique, l'impérissable, Dieu, l'Un, en ce monde ordinairement perçu comme morcelé. Il commence par une précision essentielle, à savoir que cette vue doit être « sattvique », donc selon l'Esprit, vraie, donc non faussée, sous-entendu, faussée par la perspective mentale dualiste ordinaire du mental humain :

> « Sattvique, donc, selon la Vérité qu'elle est, vraie et spirituelle. On accède à cette connaissance par une concentration constante et un souvenir de Dieu au travers de tout ce qui se passe, de tout ce qui est et que nous rencontrons. Au lieu de voir untel ou unetelle et des êtres différenciés […] de voir le Brahman, un seul être impérissable, unique, en tout, et, attendre avec patience et confiance. C'est un essai intellectuel de la pensée qui s'efforce, une tentative humaine mais valable, et une pratique religieuse qui débouche sur une perspective plus calme et plus heureuse de la vie, ou l'on reste immobile, avec un certain recul face aux évènements. Notre éducation chrétienne nous a conditionnés à une sensibilité et une piété égoïste et sentimentale, alors que l'attitude juste est le calme qui l'offre plus haut : il faut une attitude maîtrisée et divine ! »

Les deux mots-clés ci-dessus sont « s'efforcer » et « patienter » : l'effort inlassablement concentré et la persévérance patiente parce que confiante. La foi donc !

Continuons avec un verset de la Bhagavad-Gita. Un verset, qui, comme le verset 18;20, fait partie de ce que Sri Aurobindo, dans son propre commentaire, décrit comme la réponse de Krishna à Arjuna qui « réclame une distinction claire entre la renonciation extérieure et la renonciation intérieure ». Ceci d'une manière un peu pressante et exigeante. Ce qui est tout l'homme !

> « Cet entendement qui voit la loi de l'action et la loi de l'abstention, l'action à faire et l'action à ne pas faire, ce qui est à craindre et ce qui n'est pas à craindre, ce qui enchaîne l'esprit de l'homme et ce qui le libère, cet entendement, ô Pratha, est sattvique. » Bhagavad-Gita 18;30

Donc nous avons une réponse « claire » : c'est « l'entendement » qui voit, pas l'œil de chair ! Nous « voyons » dans le sens que nous attribuons au terme quand, ayant compris par exemple une situation complexe, nous disons : « Je vois ! » Et nous « entendons » dans le sens où lorsque quelqu'un nous expliquant quelque chose de compliqué ou que nous allons contester, nous commençons par manifester que nous avons bien compris ce qu'il voulait exprimer : « J'entends bien… »

Et maintenant, le commentaire de MSL :

> « Sattvique, donc juste, en union avec Dieu, spirituel. Il y a en effet un choix de faire ou de laisser faire qui se fait, non par le raisonnement, mais par le souvenir constant du divin. L'Inde a une belle expression pour décrire cette continuité :
>
> "Se souvenir de Dieu comme un filet d'huile qui coule d'un vase dans un autre".
>
> Ceci permet la discrimination juste. Se souvenir de Dieu par la lecture, pas trop, par l'amour du but à atteindre, est la discrimination du Divin en nous, et permet le choix, même si c'est difficile, par exemple parce que l'on manque de temps, ou parce que l'entourage n'est pas favorable. Toutes ces difficultés ne sont pas graves si l'on a un grand amour pour le but à atteindre… et que ce but est vraiment Dieu, et non pas l'homme. L'artiste de ce point de vue porte en lui de laisser tomber ce qui n'est pas important pour ne conserver que l'essentiel. Quand on n'y arrive pas, c'est là que commencent les règles, la morale en

premier lieu. Pour "voir", la condition est que la paix s'installe, cette paix qui surpasse toute intelligence, un abandon confiant. »

Donc toujours, et en toutes circonstances, le souvenir de Dieu, la concentration sur Dieu et sur Dieu seul, oublieuse de toutes les distractions périphériques. Encore et encore, et toujours, et dans la paix sans laquelle rien n'est possible. Et toutes les pratiques religieuses humaines n'ont que ce seul but. Le reste nous échappe, n'est plus de notre ressort :

> « Que ta volonté soit faite et non la mienne. » Prière dite du Notre Père, Matthieu 6;10

## Yoga

En Occident, de nos jours, le yoga s'est popularisé. Mais plus comme une pratique qui s'apparente à une gymnastique apaisante se rapprochant du hatha yoga, que comme une discipline à finalité spirituelle. Voici ce que MSL disait du yoga au cours d'une conférence :

> « Yoga est un mot sanskrit désignant la conscience en état d'union avec Dieu. C'est la connaissance de l'état de un en deux ou plusieurs. Pour Swami Vivekananda :
>
> "Il y a autant de yogas qu'il y a d'hommes."
>
> Ceci étant, la réponse finale est unique et indivisible : dans cet état de toute clarté de l'Esprit, dans la conscience de l'homme qui est profondément apaisé et vraiment comblé. Il a le sentiment qu'il n'a plus rien à attendre, que tout est là, que tout est vrai, que tout est lumière, et que tout est accompli. »

Il en est ainsi à la fin de Golgotha. Et voici maintenant et de nouveau ce qu'en disait Swami Vivekananda :

> « Il n'y a pas de yoga sans Dieu. Le yoga sans Dieu, ce serait comme le drame de *Hamlet* sans Hamlet. »

Commentaire qui, au passage, pourrait aussi s'appliquer à la méditation, une pratique qui s'est également popularisée en Occident sous le nom de « méditation de pleine conscience ».

Voyons, à propos de cette « laïcisation » de la chose, ce que Sri Aurobindo dit du yoga :

> « Le fondement principal du yoga est : "Dieu est là". »

Ce que MSL augmentait d'un commentaire :

> « Pas seulement "Dieu est", mais "Dieu est là", en nous, hors de nous, tout autour de nous. »

En cet instant et en ce lieu même où nous lisons ces lignes ! Encore une fois un souvenir et une concentration mentale de tous les instants ! Cette citation qui nous dit l'instantanéité, la permanence, l'omniprésence, de Dieu dans le concret de chaque instant de nos vies, est à rapprocher de la si belle et si parlante parole du Christ, déjà citée plusieurs fois :

> « Fendez du bois, je suis ici, soulevez la pierre, je suis là. »
> Thomas, logion 81

Pour celui qui n'éprouve pas encore la chose, mais qui a toujours, chevillé au corps, une soif de sens, est-il parole plus apaisante et plus secourable ? On devrait toujours avoir cette phrase en tête !

## Zwingli (Ulrich)

Et pour terminer, l'ordre alphabétique nous réserve un petit bijou : une citation d'Ulrich Zwingli. Ulrich Zwingli est un réformateur protestant suisse du XVe siècle, contemporain de Luther, traducteur de la Bible et tenant d'un recentrement sur les Ecritures. La citation ci-dessous nous permet de terminer ce glossaire sur une merveilleuse synthèse de ce qu'affirment sages et saints de toutes traditions et de tout temps à propos de l'écoute de la parole sacrée, et de sa puissance de transformation :

> « En écoutant attentivement et de manière engagée les paroles de Dieu, l'homme devient lui-même Dieu. Il est entièrement transformé, et ne sera plus que le lieu de la présence et de l'action de Dieu sur la terre. »

C'est si simple, si clair, si direct ! Il nous est dit explicitement que le but des textes sacrés est une transformation radicale de l'homme qui fait de lui tout à la fois « Dieu lui-même » et plus qu'un serviteur et éxécutant. Cela sous réserve que leur lecture soit « attentive », donc concentrée, et « engagée », donc mise en pratique.

Mais cela nous dit aussi, implicitement cette fois, ce qu'est le devenir évolutif de l'homme, le sens de sa vie, à savoir sa croissance jusqu'à devenir « lui-même Dieu »; et que les textes sacrés sont LA nourriture que la création se donne à elle-même pour que son dessein s'accomplisse[162]. Cela étant dit tout en haut, sans dégrader le texte en cédant à la tentation de dénouer rationnellement le faux paradoxe qu'il y a, pour le mental ordinaire, à devenir tout à la fois « lui-même Dieu » et « plus que » son simple exécutant.

Zwingli ne vivait pas « hors sol », mais visiblement « les pieds sur terre, la tête dans les étoiles et le cœur en Dieu » selon la formule de St Ursule :

Il est mort le 11 octobre 1531, à Kappel, au cours d'une sanglante bataille durant l'une des guerres de Religion de son époque. Il était aumônier et assistait les blessés et les mourants. Comme Krishna, bien que d'une autre manière, en tant que « non combattant ».

---

[162] Raison pour laquelle, selon l'auteur, ces textes ont traversé les millénaires et cela sans trop d'encombres.

## *ÉPILOGUE*

Avec la lettre Z le glossaire arrive à sa fin. Pour chaque lettre, le travail pourrait continuer à l'infini, mais il est temps de l'arrêter là : l'essentiel a été dit et répété, peut-être trop, et la difficulté n'est pas la compréhension intellectuelle des choses, souvent assez bonne, mais leur pénétration en nous-mêmes et l'intégration effective à ce que nous sommes et faisons. Arrivé au terme de cette compilation, en ce cinquième jour de Mai 2025, mon vœu le plus cher est que toutes ces citations donnent au lecteur le désir de vérifier par lui-même et d'éprouver ne serait-ce qu'un peu, ce qui est affirmé ! Car cette parole de Pascal, que mon épouse m'a fait connaître (bien qu'elle se revendique athée), sans doute après avoir été touchée par sa vérité,

« Dieu n'est pas quelque chose qui se prouve, mais quelque chose qui s'éprouve »,

est toujours valable et vérifiable par tout un chacun. Je nous souhaite de tout cœur qu'il en soit ainsi, et que ce livre, surtout ses nombreuses citations, ait apporté sa pierre.

## *INDEX*

*Les termes en* **gras** *correspondent aux entrées du glossaire. Ils sont suivis des numéros des pages correspondantes ; en-dessous, sont rapportés des éléments de précision et les notions associées.*

**Abraham**, 13
    L'Alliance
    Le pays montré
**Aditi**, 19
**Adoration**, 21
**Adultère**, 22
    Bonté
**Agenouillement**, 24
**Agneau**, 24
    L'Agneau de Dieu
    Le moi
**Agonie**, 26
    Angoisse à Gethsémané
**Aimé**, 28
    Le Christ aimé
**Amen**, 29
**Amour**, 30
    Joie
**Amrita**, 33
    La Trimurti
    Shiva
**Ange**, 34
    L'âme
    Le corps
**Angoisse (à Gethsémané)**, 35
**Apocalypse**, 37
    Le Livre de l'Apocalypse
    Babylone
    Purification et sacrifice
**Ascèse**, 38
**Aum (ou Om)**, 39
    Amen

**Avatar**, 40
**Barabbas**, 41
    Interprétation des textes
    Psychologie
    Destin évolutif de l'homme
**Bâton (verge/houlette)**, 43
**Bête**, 43
    Celle qui monte de la mer
    Celle qui monte de la terre
    L'inconscient et le subconscient
**Bethléem**, 48
    Le sauveur
    Le pain et la nourriture
    L'hostie
    La demeure
    Le Christ
**Bhagavad-Gita (ou Bhagavadgita)**, 50
**Bien/mal**, 52
    La morale
    Juger
**Bien-aimé**, 54
**Blasphème**, 56
**Bon/bonté**, 58
**Bonheur**, 59
**Brahman**, 62
    L'état de Brahman
    Le sacré
    Dieu et dieux
**Brigands/malfaiteurs**, 64
    Paradis

**Buddhi et chitta**, 65
  La connaissance
**But**, 66
  But de la vie
  But de la vie spirituelle
  But de l'homme dans la vie
  La connaissance
**Caïphe**, 70
**Cela**, 71
**César**, 74
  Rendre à César
  Rendre à Dieu
**Chambre**, 75
  La concentration
**Chitta et Purusha**, 76
**Chrétien**, 77
**Christ**, 78
**Clé (de la résurrection)**, 81
**Clé (de la compréhension des textes)**, 82
**Cœur**, 83
**Colère**, 84
  Envie
**Combat/combattant**, 85
**Comblé**, 86
**Commandements**, 87
**Communion**, 90
**Comprendre (les textes sacrés)**, 90
  Versus discuter des textes sacrés
**Concret**, 92
  Le monde concret
**Connaissance**, 94
  Extase
  Samadhi
**Conscience**, 97
  L'inconscient
  Le subconscient
  Le supra-conscient

**Conscience physique**, 99
  La conscience mentale
  La conscience du monde
  La conscience d'être
**Conscience de soi ou du Soi**, 100
  L'eau
  L'esprit
  La lumière de la conscience
  Le jour et la nuit
**Consolation**, 106
  Extase
**Contemplation**, 107
**Conversion**, 108
**Cosmos**, 110
  L'ordre et le désordre
**Croître**, 111
**Croix**, 111
  Porter la Croix
  Mort à l'ego
**Darshan (et metanoïa)**, 113
**David**, 114
  Le fils
  Le Christ
  La Croix
**Démoniaque**, 117
  Daemon, démon
  Anti-Dieu
**Désintéressement**, 119
**Désirer**, 119
  La peur
  Le sujet
  La solitude
**Dharma et Kuruchetra**, 123
  La Loi et son champ d'accomplissement
**Diable**, 124
  Deux, la dualité
  La division

**Dieu**, 125
    Dieu que l'on voit
    Dieu qui est lumière
    Les dieux
**Disciples (Jean et Pierre)**, 128
**Discours**, 130
**Discrimination**, 131
    Chitta et buddhi
**Doxa**, 132
    Vérité
    Gloire
**Dragon**, 132
**Eau**, 133
    L'eau de l'inconscience
    La terre
    L'eau du ciel
    La conscience d'être
    La conscience cosmique
**Écouter**, 137
    Le silence
    La paix du mental
**Égal**, 138
    Égalité
    Absence de préférence
**Église**, 139
**Ego**, 143
**Ego purifié**, 147
    Chitta et Purusha
    Religion et psychologie
**Égoïsme**, 150
    Orgueil
**Égypte**, 151
**Enfant**, 152
    Versus enfantin
**Ennemis**, 155
    Le combat spirituel

**Enseignement**, 156
    La morale
    La culpabilité
    L'angoisse
    Les autres
**Épouse**, 157
    La conscience incarnée
**Esprit**, 160
    Comment il enseigne
    Sa définition et les mots conceptuels
**Essentiel**, 162
    Ce qui est essentiel dans la vie spirituelle
    Les dix-sept vertus essentielles
**Éternel/l'Éternel**, 188
    Dieu et son nom
**Évangile**, 190
    Les bonheurs fugaces
    Le bonheur stable
    SatChitAnanda
**Évangile de Thomas**, 191
    Les deux morts
    Le royaume
    La lumière
    Le Père
    Où trouver Dieu
**Extase**, 194
    Samadhi
    Le « moi »
**Faire/laisser faire**, 198
    Le rôle du silence
**Faire tort (aux autres)**, 199
**Fardeau/joug**, 200
**Faux pas**, 201
    Déformation
**Femme (enveloppée du soleil)**, 201

**Fils de l'homme**, 202
**Fin du monde à Golgotha**, 203
**Fléau (des anges)**, 204
**Foi**, 206
**Folie**, 209
**Fou (de Dieu)**, 210
**Géhenne**, 211
   Versus enfer
**Gethsémané**, 212
**Golgotha**, 213
   Sa signification
**Grâce**, 217
**Grain de blé**, 218
   La métaphore de l'Évangile
   de Jean
   La mort
   L'esprit
   Le royaume
**Grecs**, 219
**Guna**, 219
   Sattvique
   Rajasique
   Tamasique
**Guru**, 222
**Haïr (sa vie)**, 223
**Hérode et Golgotha**, 224
**Homme**, 225
   L'homme psychique
   L'homme spirituel
**Hypocrite**, 226
**Identification**, 227
   Identification au corps
   Identification au mental
   Le Soi, le Je
   L'imagination
   L'intuition
   La peur de la mort
**Image**, 232
**Immanent**, 234

**Immortalité**, 234
   Le néant
**Imperfection**, 235
   Le « problème » du mal
**Impersonnel**, 237
   Versus égoïsme
**Inconnu**, 238
**Indra**, 239
**Inimitié**, 239
**Intègre**, 240
   Egoïsme
   Orgueil
**Intelligence (spirituelle)**, 241
**Intimité (avec Dieu)**, 246
**Japa**, 247
**Je suis**, 249
**Jean et Marie à Golgotha**, 254
**Jérusalem** , 255
**Jérusalem ancienne, Jérusalem nouvelle**, 255
   Jérusalem céleste
   Les sept plans de la conscience
et de la vie
**Jésus**, 260
   Le sauveur
   L'ego
   La Loi
**Jésus à Golgotha**, 260
   Jésus maître de sa Passion
**Joie**, 264
   Douleur
**Judas l'Iscariote**, 266
**Jugement (dernier)**, 269
**Justice**, 270
   Vérité
**Kali Yuga et Kâli**, 271
**Karma**, 271
**Kena Upanishad**, 272
**Krishna**, 273
   Sa couleur bleue

**Kundalinï**, 273
**Langage spirituel**, 276
**L'autre**, 277
    Les autres
    L'amour du prochain
    Le compagnon
**Liberté**, 280
    Moksha
    La pensée libre
    Libre dans l'esprit
    Le Soi
**Libre arbitre**, 282
    Le libre arbitre de l'homme, versus la volonté de Dieu
**Loi**, 286
    Les vingt-quatre vieillards
    Les vingt-quatre Tattvas
**Lumière**, 287
**Maison**, 289
    Diversité
**Maître**, 290
    Vrais et faux maîtres
**Mantra**, 291
    Japa
    Prière
**Marie**, 292
**Mâyâ**, 293
    L'illusion
    Le Soi
**Méchanceté/méchant**, 295
**Méditation**, 296
**Mémoire**, 299
**Mendiant**, 300
    Le Royaume des cieux
**Mental**, 301
    Les facettes du mental que sont les personnages bibliques
**Mères divines**, 304
**Moi (ego)**, 306
**Moïse**, 309

**Morale**, 312
**Mort (dans la vie)**; 313
**Mort (la première)**, 317
**Mort (la deuxième)**, 318
    Pourquoi elle fait peur
**Mourir (avec Jésus)**, 320
**Mundaka Upanishad**, 321
**Naissance**, 328
    Deuxième, et première
**Naos (temple)**, 329
**Nature (de l'homme)**, 329
    Ses deux natures
**Nirvana**, 333
**Noël**, 334
**Nom (de Dieu)**, 334
**Nuit (mystique)**, 335
**Œuvre**, 337
    Le renoncement à ses fruits
**Offrande**, 338
    Son résultat
**Olivier**, *339*
**Oraison**, 340
**Origine (de l'homme)**, 341
**Où trouver Dieu ?**, 342
**Paix**, 344
**Pâque(s)**, 345
**Paradis**, 346
**Pardon**, 347
    Allègement
**Parler (de Dicu)**, 348
**Péché**, 350
**Penser**, 352
**Pentecôte**, 353
**Père**, 353
    Le Père et le Fils
**Peuple**, 355
**Peur**, 356
**Pharisiens**, 357
**Pierre à Golgotha**, 358
**Piété**, 359

**Pilate**, 360
    Son épouse
**Plans (de la conscience et de la vie)**, 362
**Poème/poésie**, 371
**Prière et méditation**, 372
    Japa
    Les pensées
    Le rejet des qualités
**Prière et prérequis**, 374
**Priorité**, 377
**Problèmes (sociaux)**, 378
**Prophète**, 380
**Psyché**, 381
    L'âme
    La vie
    La Trinité
**Purushotama**, 383
    Dévotion
**Qualité**, 384
    La première qualité du yogin
**Raison**, 384
    Connaissance
    Pensée
    Liberté
**Ratiocination**, 385
    Versus silence et raison
**Réalité**, 386
    L'illusion
    La Mâyâ
**Recevoir**, 387
    Être reçu par Dieu
    L'athéisme
**Rédemption**, 388
**Regarder**, 390
    Voir
**Réincarnation**, 391
    L'inconscient
    L'anima, l'animus

**Religion**, 393
    (sont des béquilles)
**Renoncement**, 394
    (Le bon moment pour le …)
**Repasser dans son cœur**, 396
    Contempler
**Repos**, 396
**Résurrection**, 397
**Riche**, 399
    Argent
    Détachement
**Risque (du chemin spirituel)**, 400
**Royaume de Dieu**, 401
    Tat Sat
**Sacrifice**, *403*
    Offrande
**Sadhana**, 404
**Sagesse et piété**, 405
    Maîtrise de soi
**Saint/sainteté**, 408
**Samadhi**, 410
    Extase
**Satan**, 412
**Satisfaction**, 413
**Sauver sa vie**, 414
    Perdre sa vie
**Secret (de la réussite)**, 414
**Sel**, 415
**Sépulcre**, 416
    Les corps ressuscitent
**Servir**, 418
**Shakti**, 419
    Parèdre
**Silence**, 420
    Silence du mental
    Verbe de vérité

**Sinaï**, 421
   Montagne
   Dieu et l'Alliance
   La tentation
   Les risques
**Soi**, 424
   Moi
   Je suis
   L'être
   Le cœur
   Unus Mundus, l'unité
   Dieu
**Solitude**, 430
   Isolement
**Sot/idiot**, 431
**Souffrance**, 432
   Décentrage
**Souvenir (de Dieu)**, 433
**Spectacle (de la rédemption)**, 434
**Spirituel/Esprit**, 435
**Sri (ou Shri)**, 436
**Stabilité**, 437
   Souffrance et désir
**Stable (et SatChitAnanda)**, 438
**Subconscient**, 440
   Inconscient
   Conscient et supra-conscient
   Psychanalyse et religion
**Suivre (Jésus)**, 447
**Supports**, 448
   Les supports artificiels
   La parabole de l'économe infidèle
   Les richesses injustes
**Svar**, 450
**Tabernacle**, 450
**Table (nourriture/repas)**, 451
**Taire (se taire)**, 452
**Témoignage (vrai et faux)**, 453

**Témoin**, 455
   Tâche de l'homme
**Temple (et sa destruction)**, 457
**Temps**, 459
   Impatience
**Temps nouveau, le corps après sa mort**, 460
   Le devenir du corps dans la transcendance
**Tentation**, 462
**Terre**, 465
   La terre, puis la vie
**Textes sacrés**, 470
**Toucher (à Dieu)**, 472
**Tradition (d'homme)**, 473
**Transformation (de l'homme)**, 474
   Transfiguration
**Travail**, 475
   Travail de transformation
   Les œuvres et leurs buts
   L'action
**Trimurti et Trinité**, 480
**Tristesse**, 482
**Tuer**, 482
   La guerre vue par la Gita
**Un (et deux)**, 486
**Upanishad**, 487
   Veda
   Raison et Esprit
   Une règle de la psychothérapie
**Veda (et Vedanta)**, 489
**Vérité**, 490
   Mensonge
   Varuna
   Humilité

**Vibhuti**, 494
  Siddhis
  Pouvoirs occultes
  Miracles
  Paranormal et parapsychologie
**Vie éternelle**, 497
  Vie infinie
  Dieu
**Vie spirituelle**, 498
**Ville** , 499
  L'homme
  Les justes et les méchants

**Vishnu**, 501
  Ses dix incarnations
**Voile (du temple)**, 505
  Son déchirement
**Voir (Dieu)**, 506
  Comment faire pour le « voir »
  Vue sattvique
**Yoga**, 509
**Zwingli (Ulrich)**, 510
  L'homme transformé
  L'homme devient Dieu

# Principaux ouvrages nommément cités ou utilisés

*Aphorismes de Patanjali* inclus dans *Les Yogas pratiques* de Swâmi Vivekânanda, Albin Michel 1970 (Traduction du sanskrit en anglais par Vivekananda et de l'anglais en français par Jean Herbert)

*Evangile selon Thomas*, Métanoïa, 1979 (traduction du copte par Emile Gillabert et Pierre Bourgeois)

*La sainte Bible*, nouvelle version Segond révisée, Alliance biblique universelle, 1989 (traduite d'après les textes originaux hébreux et grecs)

*L'enseignement de Mâ Ananda Moyî*, Albin Michel, 1984 (traduction de Josette Herbert)

*L'enseignement de Ramakrishna*, Albin Michel, 1972, paroles de Râmakrishna notées au jour le jour en bengali par un disciple laïc : Mahendranath Gupta (traduction par Jean Herbert avec Marie Hanegger-Durand et M.P. Seshadri Iyer)

*Mundaka Upanishad*, Librairie d'Amérique et d'Orient, 2006 (traduction Jacqueline Maury)

*Récits d'un pèlerin Russe*, Baconnière/Seuil, nouvelle édition remise à jour de l'édition originale de 1966 (traduction de Jean Laloy)

*Trois Upanishads Ishâ, Kena, Mundaka*, Albin Michel, 1970 (traduction du sanskrit en anglais et commentaires de Shri Aurobindo)

Alan Watts, *Mémoires (1915-1965)*, Fayard, 1977, première édition sous le titre de *In my own way, An Autobiography* Pantheon books 1972 (traduction de l'anglais par Frédéric Magne)

Alan Watts, *Bienheureuse insécurité*, Stock, 1977 (traduction de l'anglais par Frédéric Magne)

Arthur Rimbaud, *Derniers vers. Une saison en enfer. Illuminations*, Le livre de poche, 1972

Carl Gustav Jung, *« Ma vie », souvenirs rêves et pensées recueillis par Aniéla Jaffé*, NRF Gallimard, nouvelle édition 1973 (traduction de l'allemand par Roland Cahen et Yves Le Lay)

Carl Gustav Jung, *Problèmes de l'âme moderne*, Buchet/Chastel, 1960 (compilation par le Dr Roland Cahen de textes puisés dans quatre ouvrages de C.G Jung, y.c. *Essais de Psychologie analytique*)

Carl Gustav Jung, *L'homme et ses symboles*, 1964 (ouvrage collectif, comprenant une première partie de C.G Jung, *Essai d'exploration de l'inconscient*, Gonthier 1964, et quatre autres contributions dont celle de Marie-Louise von Franz, *Le processus d'individuation*)

Jean de la Croix, *La Montée du Carmel*, Points, 1998
Aussi disponible sur Internet :
https://www.livres-mystiques.com/partieTEXTES/JdelaCroix/Tabl.htm

Jiddu Krishnamurti, *Commentaires sur la vie (tomes 1,2 et 3)*, Buchet/Chastel, 1973 et 1974 (traduction de Roger Giroux)

Jiddu Krishnamurti, *Le vol de l'aigle*, Delachaux et Niestlé, 1978 (traduction Annette Duché)

Jiddu Krisnamurti J, *Le Livre de la méditation et de la vie*, Le livre de poche, 1999

Noutte Genton-Sunnier (Mâ Suryananda Lakshmi), *Les sentiers de l'âme*, Edition Noutte Genton-Sunnier, deuxième édition 1988

Noutte Genton-Sunnier (Mâ Suryananda Lakshmi), *L'Ascension de Jésus-Christ*, La Baconnière, 1979

Noutte Genton-Sunnier (Mâ Suryananda Lakshmi), *Quelques aspects d'une Sâdhanâ*, Albin Michel, 1963

Noutte Genton-Sunnier (Mâ Suryananda Lakshmi), *Exégèse spirituelle de la Bible. Apocalyspse de Jean*, La Baconnière, 1975

Noutte Genton-Sunnier (Mâ Suryananda Lakshmi), *Journal spirituel*, La Baconnière, 1978

Noutte Genton-Sunnier (Mâ Suryananda Lakshmi), *Foi chrétienne et spiritualité hindoue*, éditions Noutte Genton-Sunnier, Tome 1 1981, Tome 2 1989, Tome 3 1996, Tome 4 2016

Platon, *Phédon*, Garnier-Flammarion, 1991 (traduction de Émile Chambry)
Aussi disponible sur Internet :
https://www.beq.ebooksgratuits.com/Philosophie/Platon-Phedon.pdf

Rabindranath Tagore, *L'Offrande Lyrique*, NRF Gallimard, 1963, 1914 (traduction de l'anglais par André Gide)

Ramana Maharshi, *L'enseignement de Ramana Maharshi*, Albin Michel, 2005 (traduction de Eleonore Braitenberg)

René Daumal, *Le Mont Analogue*, Galimard, 1981

Shrî Aurobindo, *La Bhagavad-Gîta présentée et commentée par Shrî Aurobindo*, Shrî Aurobindo 1942, Albin Michel 1970, (traduction française de Camille Rao et Jean Herbert)

Shrî Aurobindo, *Le cycle humain*, Buchet/Chastel, 1972 (traduction de Mirra Alfassa)

Shrî Aurobindo, *Le secret du Veda*, Fayard, 1975, Première édition sous le titre de *The secret of the Veda,* Sri Aurobindo Ashram, 1955

Shrî Aurobindo, *Réponses*, Albin Michel, 1978, textes regroupés et traduits par Jean Herbert

Swami Krishnananda, *Commentary on the Mundaka Upanishad*, THE DIVINE LIFE SOCIETY, 1971 Aussi disponible sur Internet :

India….. https://www.swami-krishnananda.org/mundak1/Commentary_Mundaka_Upanishad.pdf

Swâmi Râmdas, *Carnets de pèlerinage*, Albin Michel, 2007 (traduction sous la direction de Jean Herbert)

Swâmi Vivekânanda, *Les Yogas pratiques*, Albin Michel, 1970 (traduction de Lizelle Reymond et Jean Herbert)

Thérèse d'Avila, *Le Château intérieur* ou *Le Livre des demeures*, Seuil, 1997 (traduction de l'espagnol par le Père Grégoire de St Joseph) Aussi disponible sur Internet :
https://livres-mystiques.com/partieTEXTES/Avila/Chateau/preface.html

Thérèse de Lisieux, *Manuscrits autobiographiques*, Office central de Lisieux, 1957

Noutte Genton-Sunnier (Mâ Suryananda Lakshmi) *L'enseignement de Sri Ramakrishna. Les vertus essentielles de la vie spirituelle,* enregistrement audio de la conférence du 15 Novembre 1987 à Paris. Disponible sur Internet à l'adresse suivante :
 https://www.youtube.com/watch?v=M00mKWxmOGU

Léon Tolstoi, *enregistrement audio original en français relatif à la religion*, 1909, disponible sur le web à l'adresse suivante :
https://www.radiofrance.fr/franceculture/archive-exceptionelle-leon-tolstoi-sur-dieu-en-1909-4069097

Henri Bergson, *Essai sur les données immédiates de la conscience*, Première édition 1889, GF Flammarion 2013

St Augustin, *Les confessions*, Livre de Poche, 7 Janvier 1993